——东南学术文库——
SOUTHEAST UNIVERSITY ACADEMIC LIBRARY

私法视野下的水权配置研究

Research on Water Right Allocation from
the Perspective of Private Law

单平基 • 著

东南大学出版社
·南京·

图书在版编目（CIP）数据

私法视野下的水权配置研究／单平基著．—南京：东南大学出版社，2019.11
 ISBN 978-7-5641-8556-5

Ⅰ．①私… Ⅱ．①单… Ⅲ．①水法－研究－中国
Ⅳ．① D922.664

中国版本图书馆 CIP 数据核字（2019）第 216770 号

◎ 本著作是作者主持的国家社科基金青年项目"私法视野下的水权配置研究"（13CFX101）课题成果

私法视野下的水权配置研究
Sifa Shiye Xia De Shuiquan Peizhi Yanjiu

著　　　者	单平基
出版发行	东南大学出版社
地　　　址	南京市四牌楼 2 号　邮编：210096
出 版 人	江建中
网　　　址	http：//www.seupress.com
经　　　销	全国各地新华书店
印　　　刷	南京工大印务有限责任公司
开　　　本	700 mm × 1000 mm　1/16
印　　　张	18.75
字　　　数	357 千字
版　　　次	2019 年 11 月第 1 版
印　　　次	2019 年 11 月第 1 次印刷
书　　　号	ISBN 978-7-5641-8556-5
定　　　价	85.00 元（精装）

本社图书若有印装质量问题，请直接与营销部联系。电话：025-83791830

编委会名单

主 任 委 员：郭广银
副主任委员：周佑勇　樊和平
委　　　员：（以姓氏笔画为序）
　　　　　　王廷信　王　珏　龙迪勇　仲伟俊
　　　　　　刘艳红　刘　魁　江建中　李霄翔
　　　　　　汪小洋　邱　斌　陈志斌　陈美华
　　　　　　欧阳本祺　袁久红　徐子方　徐康宁
　　　　　　徐　嘉　董　群
秘　书　长：江建中
编务人员：甘　锋　刘庆楚

身处南雍　心接学衡
——《东南学术文库》序

每到三月梧桐萌芽,东南大学四牌楼校区都会雾起一层新绿。若是有停放在路边的车辆,不消多久就和路面一起着上了颜色。从校园穿行而过,鬓后鬓前也免不了会沾上这些细密嫩屑。掸下细看,是五瓣的青芽。一直走出南门,植物的清香才淡下来。回首望去,质朴白石门内掩映的大礼堂,正衬着初春的朦胧图景。

细数其史,张之洞初建两江师范学堂,始启教习传统。后定名中央,蔚为亚洲之冠,一时英杰荟萃。可惜书生处所,终难避时运。待旧邦新造,工学院声名鹊起,恢复旧称东南,终成就今日学府。但凡游人来宁,此处都是值得一赏的好风景。短短数百米,却是大学魅力的极致诠释。治学处的静谧景,草木楼阁无言,但又似轻缓倾吐方寸之地上的往事。驻足回味,南雍余韵未散,学衡旧音绕梁。大学之道,大师之道矣。高等学府的底蕴,不在对楼堂物件继受,更要仰赖学养文脉传承。昔日柳诒徵、梅光迪、吴宓、胡先骕、韩忠谟、钱端升、梅仲协、史尚宽诸先贤大儒的所思所虑、求真求是的人文社科精气神,时值今日依然是东南大学的宝贵财富,给予后人滋养,勉励吾辈精进。

由于历史原因,东南大学一度以工科见长。但人文之脉未断,问道之志不泯。时值国家大力建设世界一流高校的宝贵契机,东南大学作为国内顶尖学府之一,自然不会缺席。学校现已建成人文学院、马克思主义学院、艺术学院、经济管理学院、法学院、外国语学院、体育系等成建制人文社科院系,共涉及 6 大学科门类、5 个一级博士点学科、19 个一级硕士点学科。人文社科专任教师 800 余人,其中教授近百位,"长江学者"、国家"万人计划"哲学社会科学领军人才、全国文化名家、"马工程"首席专家等人文社科领域内顶尖人才济济一堂。院系建设、人才储备以及研究平台等方面多年来的铢积锱累,为东南大学人文社科的进一步发展奠定了坚实基础。

在深厚人文社科历史积淀传承基础上,立足国际一流科研型综合性大学之定位,东南大学力筹"强精优"、蕴含"东大气质"的一流精品文科,鼎力推动人文社科科研工作,成果喜人。近年来,承担了近三百项国家级、省部级人文社科项目课题研究工作,涌现出一大批高质量的优秀成果,获得省部级以上科研奖励近百项。人文社科科研发展之迅猛,不仅在理工科优势高校中名列前茅,更大有赶超传统人文社科优势院校之势。

东南学人深知治学路艰,人文社科建设需戒骄戒躁,忌好大喜功,宜勤勉耕耘。不积跬步,无以至千里;不积小流,无以成江海。唯有以辞藻文章的点滴推敲,方可成就百世流芳的绝句。适时出版东南大学人文社科研究成果,既是积极服务社会公众之举,也是提升东南大学的知名度和影响力,为东南大学建设国际知名高水平一流大学贡献心力的表现。而通观当今图书出版之态势,全国每年出版新书逾四十万种,零散单册发行极易淹埋于茫茫书海中,因此更需积聚力量、整体策划、持之以恒,通过出版系列学术丛书之形式,集中向社会展示、宣传东南大学和东南大学人文社科的形象和实力。秉持记录、分享、反思、共进的人文社科学科建设理念,我们郑重推出这套《东南学术文库》,将近些年来东南大学人文社科诸君的研究和思考,付之枣梨,以飨读者。知我罪我,留待社会评判!

是为序。

《东南学术文库》编委会
2016 年 1 月

作者简介

单平基，男，东南大学法学院副院长、副教授、硕士生导师，法学博士，最高人民检察院检察研究基地东南大学民事检察研究中心主任，东南大学环境资源法研究中心主任，《东南法学》编辑。现为中国法学会民法学研究会理事、中国水利学会"水法专业委员会"委员、江苏省环境资源法学研究会常务理事兼副秘书长、江苏省民法学研究会理事、江苏省生态法学研究会理事、南京市人大常委会立法咨询委员会委员、南京市"七五"普法讲师团成员。入选江苏省高校"青蓝工程"优秀青年骨干教师、第四届江苏省优秀青年法学家提名奖、东南大学至善青年学者、东南大学优秀青年教师教学科研资助计划。研究方向：民法原理、物权法、环境资源法。

作为主持人，主持承担国家社科基金项目、教育部人文社科基金项目、教育部人文社科基金后期资助项目、司法部国家法治与法学理论研究项目、中国法学会部级法学研究课题、江苏省社科基金项目、江苏省教育规划十三五重点课题等国家级、省部级课题7项，主持承担中国民法学青年学者研究项目、江苏省高校哲学社会科学研究课题等厅局级及其他课题20余项，出版著作3部（专著1部），在《法律科学》《法商研究》《清华法学》《法学》《当代法学》等期刊发表学术论文近40篇，其中在CLSCI法学核心期刊发表论文10余篇，在CSSCI核心期刊发表论文20篇。多篇论文被人大报刊复印资料《民商法学》《经济法学、劳动法学》《中国社会科学报》及《检察日报》等转载或摘载。曾获中国民法学佟柔民商法发展基金青年优秀研究成果奖、环境保护部与中国法学会优秀论文一等奖、中国法学家论坛二等奖、江苏省社科应用研究精品工程优秀成果一等奖、江苏省法学优秀成果奖等奖项。

摘　要

　　严峻的水资源危机需要从私法角度探讨水权配置问题。本书在解读、修正相关水权配置理论的同时，从私法视角思考、研究水权配置问题，寻求水权配置及应对水资源危机的私法路径。首先，通过私法手段配置水权，有利于定分止争，减少滥用、乱用及抢占水资源的状况，实现合理配水、有效节水、高效用水目标，为解决用水、排水纠纷、规范水权转让及提高用水效率提供规范依据。其次，在论证水资源之上权利划分层次性的基础上，探究水权成立及配置的母权基础，为水权的生成及配置提供私法理论支撑。第三，明晰水权初始配置的优先位序，为水权初始取得纠纷的解决提供理论及制度依据，为水权配置提供私法理论基础及制度保障。这是水权初始取得制度的核心内容。第四，探讨水权市场配置规则的私法构建路径，修正、完善物权法理论，有利于将水权配置纳入市场机制，进而发挥市场对水权的再配置作用。最后，对排水权的私法配置规范进行具体条文设计，克服既有规范所呈现的道德化、简单、笼统及欠缺司法操作性的弊病，并为我国《民法典》编纂中排水权规范的重构提供借鉴素材。

Abstract

The severe water resource crisis needs to discuss the problem of water right allocation from the perspective of private law. While interpreting and revising the relevant water rights allocation theories, this book considers and studies water rights allocation from the perspective of private law. The purpose of this book is to seek the water right allocation path and to deal with the water resource crisis. First of all, the allocation of water rights by means of private law is conducive to dividing and ending disputes, reducing the abuse, misuse and preemption of water resources. It plays an important role in achieving the goals of rational water allocation, effective water saving and efficient water use, and can also provide a normative basis for solving disputes over water use and drainage, standardizing the transfer of water rights and improving water use efficiency. Secondly, on the basis of demonstrating the hierarchical division of rights over water resources, this book explores the right foundation for the establishment and allocation of water rights. This will provide theoretical support for the formation and allocation of water rights in private law. Thirdly, the priority order of the initial allocation of water rights should be clarified to provide theoretical and institutional basis for the settlement of disputes arising from the initial acquisition of water rights and provide theoretical basis and institutional guarantee of private law for the allocation of water rights. This is the core of the system of initial acquisition of water rights. Fourth, discuss the construction path of water right market allocation rules, revise and improve the theory of property law, which is conducive to bring water right allocation into the market mechanism, and then give play to the role of market in water right redistribution. Finally, this book designs the specific provisions of the configuration norms of the right of drainage in private law to overcome the shortcomings of the existing norms, such as moralization, simplicity, generality and lack of judicial operability. It provides reference materials for the reconstruction of the right of drainage in the compilation of the Civil Code.

目 录

导　论 …………………………………………………………… 1
　一、研究背景 ………………………………………………… 1
　二、研究现状及存在的问题 ………………………………… 12
　三、主要研究内容 …………………………………………… 20
　四、研究思路及研究方法 …………………………………… 27

第一章　私法配置水权的理论证成 ………………………… 33
第一节　为何是私法 ………………………………………… 33
　一、私法配置水权的制度性优势 …………………………… 33
　二、其他法律在水权配置中的补强 ………………………… 39
第二节　水权的私权定性 …………………………………… 42
　一、水权定性——一个无法回避的法学问题 ……………… 43
　二、作为水权客体之水资源的流动性与物权客体特定性 … 44
　三、水权之定性：水资源用益物权 ………………………… 55
　四、水权的私法效力 ………………………………………… 65
第三节　私法配置水权的路径选择 ………………………… 69
　一、水权配置的私法路径 …………………………………… 69
　二、水权配置中的公法定位 ………………………………… 71

三、水权配置中私法与公法协力的领域 …………………………… 73
本章小结 …………………………………………………………………… 75

第二章 水权的生成路径：水资源之上权利层次性解读 …………… 76

第一节 水资源国家所有权"平面化"定性之批判 ………………… 77
一、"平面化"定性水资源国家所有权之检讨 ……………………… 77
二、亟需解决的问题及论证思路 …………………………………… 83

第二节 水资源之上多层权利的体现 ………………………………… 86
一、水资源之上多层权利的解释论 ………………………………… 86
二、水资源权利层次性的具体体现 ………………………………… 94

第三节 不同水资源权利的过渡、转化、派生及生成关系 ………… 97
一、水资源于宪法层面之全民所有与宪法层面之所有权的关系 … 97
二、水资源于宪法层面之所有权与民法层面之所有权的关系 …… 99
三、水资源于民法层面之所有权对水权派生及水资源产品所有权生成
 ……………………………………………………………………… 104
四、证成水资源之上权利层次性对水权配置的实践价值 ………… 110

本章小结 …………………………………………………………………… 115

第三章 水权初始配置之优先位序规则的立法建构 ………………… 117

第一节 我国水权初始配置之优先位序规则的制度缺陷及适用困境
 ……………………………………………………………………… 117
一、我国现行水权初始配置之优先位序规则的立法缺陷 ………… 119
二、我国水权初始配置之优先位序规则适用的司法困境 ………… 121

第二节 建构水权初始配置优先位序的规则参照：现代水权许可制度
 ……………………………………………………………………… 125
一、现代水权许可规范的产生背景——传统水权初始配置规则的修正
 ……………………………………………………………………… 126
二、现代水权初始配置之行政许可模式的比较法趋势 …………… 146
三、现代水权许可模式下水权初始配置之优先位序的制定法确定 … 154

第三节 我国水权初始配置之优先位序规则的具体建构及其适用 … 158
一、水权许可下我国水权初始配置先后位序的立法确立 …………159

二、水权初始配置之优先位序规则的实践运用 …………………… 167
　　三、水权初始配置之登记制度的相应完善 ……………………… 170
　　四、水权初始配置之优先位序规则的创设对实践困境的具体回应 … 172
　　五、水权初始配置之优先位序规则在将来《民法典》中的立法体现 … 173
　本章小结 …………………………………………………………………… 176

第四章　水权市场配置规则的私法选择 ………………………………… 183
　第一节　水权市场配置的基点——水权转让的定性 ………………… 184
　　一、水权转让的实践误读——以我国"首例水权转让"案为例 ……… 184
　　二、水权转让的应然定性：一项他物权的变动 ………………… 186
　第二节　水权市场配置的立法障碍及其克服 ………………………… 187
　　一、水权市场配置规则的制度考察及立法缺陷 ………………… 187
　　二、水权市场配置的实践价值 …………………………………… 189
　　三、对水权市场配置第三方效应的回应 ………………………… 192
　第三节　水权转让的主体及其范围界定 ……………………………… 195
　　一、水权转让的主体界定 ………………………………………… 195
　　二、可交易水权之类型界定 ……………………………………… 198
　第四节　水权市场配置导致用水目的变化之法律困境及其应对 …… 199
　　一、水权市场配置可能导致用水目的变化及其法律困境 ……… 200
　　二、应对水权市场配置导致用水目的变化之法律困境的可能参照 … 201
　　三、水权市场配置导致用水目的变化之法律困境的具体应对 … 202
　第五节　市场配置中的水权变动模式选择 …………………………… 205
　　一、其他用益物权变动模式对水权变动模式选择的立法参照 … 205
　　二、水权变动应采取债权形式主义变动模式 …………………… 207
　　三、践行水权移转登记公示对水权转让之影响及其公信力 …… 212
　本章小结 …………………………………………………………………… 213

第五章　排水权的私法配置——基于695件排水纠纷的分析 ………… 215
　第一节　问题提出：排水权规范道德化安排的弊病 ………………… 216
　　一、排水权规范的立法缺陷及司法适用困境 …………………… 216
　　二、亟需解决的问题 ……………………………………………… 223

第二节　自然流水之排水权及承水义务 …………………… 225
　　　　一、尊重自然流水流向及排水权人之疏水权 …………… 225
　　　　二、低地权利人对自然排水的承水义务及其限度 ……… 236
　　　　三、水流及水路变更权及其限制 ………………………… 240
　　第三节　人工排水之权利义务配置 ………………………… 243
　　　　一、人工排水可利用邻地的例外及缘由 ………………… 243
　　　　二、设置屋檐排水及其限制 ……………………………… 252
　　　　三、人工排水权人之设堰权 ……………………………… 258
　　第四节　排水权规则在民法典中的立法设计 ……………… 260
　　　　一、排水权于《民法典·物权编》予以规范配置 ……… 260
　　　　二、排水权的《民法典》规范配置 ……………………… 262
　　本章小结 ……………………………………………………… 263

结　论 ………………………………………………………… 265

参考文献 ……………………………………………………… 269

后　记 ………………………………………………………… 283

导 论

一、研究背景

（一）水资源危机亟需法律应对

当前，水资源所呈现的日益稀缺性亟需法学界关注水权[1]配置问题。毕竟，一项自然资源是否具有市场价值只有在其实用性和稀缺性并存时才能显现出来。[2]经由法律制度对水权进行配置的缘由也是如此。反之，如果水资

---

[1] 本书中所称的"水权"，是指派生于民法上水资源国家所有权的水资源用益物权，而非水资源所有权或其他权利。参见崔建远：《水权转让的法律分析》，《清华大学学报（哲学社会科学版）》2002年第5期，第42-43页。水权定性为用益物权的依据是《物权法》第123条。本条使用的虽是"取水权"，但它包含着"取用"水资源这一水权的内核，并非单指"汲取"水资源。依据《取水许可和水资源费征收管理条例》第2条第1款规定，取水指利用取水工程或设施直接从江河、湖泊或地下"取用"水资源。《水法》第48条亦规定，直接从江河、湖泊或地下"取用"水资源的单位和个人，应按取水许可和水资源有偿使用制度的规定，向水行政主管部门或流域管理机构申请领取取水许可证，并缴纳水资源费，取得水权。遵循法律的整体性解释，取水权实际指向"取用"水资源，既包括取水的权利，也包括用水的权利，"只取不用"也与社会常态相悖。参见单平基：《我国水权取得之优先位序规则的立法建构》，《清华法学》2016年第1期，第142页注释1。基于水权定性是本书研究得以展开的逻辑前提，本书还将在后文中的"第一章 第二节 水权的私权定性"中对此进行具体论证。

另外，本书中的水权配置仅指向国内的水权制度安排，不包括国际河流的水权制度。涉及国际河流的水权制度与一国国内的水权制度存在明显的差异，往往会受到不同国家的资源主权（水资源主权）及复杂的地缘政治、经济等因素的影响。与此相应，国际水法的核心范畴是一国主权，而不是水权，具体指向水资源主权，而非国际河流水权。参见张梓太、陶蕾：《"国际河流水权"之于国际水法理论的构建》，《江西社会科学》2011年第8期，第13-18页。

[2] 参见[美]托马斯·思德纳：《环境与自然资源管理的政策工具》，上海三联书店、上海人民出版社2005年版，第33页。

源取之不尽、用之不竭,处于足以满足所有人任意使用的程度,任何时候都可被需用水人从自然界中进行索取,〔1〕那么,就没有必要为水资源的利用担心,甚至此时都不必建立水资源法律制度,当然也就没有探讨水权配置制度的必要。因此,如果我们缺乏对当前水资源所呈现出的这种严重稀缺性的清醒认识,就难以意识到水权配置制度的必要性及重要性。水资源的价值最容易被忽视,因为依据水资源在当地稀缺程度的差异,它可能毫无价值,也可能价值巨大。〔2〕简言之,水资源的稀缺性决定了构建水权配置制度的必要性。

实际情况是,可供人类利用的水资源非常有限。〔3〕其一,地球上的淡水资源十分匮乏,仅占总水量的大约2.76%,且只有不到1%的淡水资源可供人类获取或利用。〔4〕其二,除固有的淡水资源外,水资源的可再生供应取决于水循环。虽然从大气层降落地球表面的水经由蒸发再返回大气层的过程,是一个不间断的水流动系统,而且每年有大量的水参与及存在于水循环之中,但其间仅很小部分水可供人类直接利用。其三,海水淡化计划实施已久,但成本一直过高,现今世界上除水资源极度匮乏,且缺乏更廉价的可替代地表水的中东地区之外,淡化海水计划并非一项可供广泛推行的理想选择。〔5〕可见,虽然科技在应对淡水资源短缺问题上能够发挥重要作用,〔6〕但尚无法从根本上解决水资源匮乏难题,也无法替代法律在配置水资源中的独特制度优势。

水资源的短缺、枯竭已成为世界性的难题。长期以来,在秉持"人是一切事物的尺度"〔7〕的哲学理念之下,加上水资源"取之不尽、用之不竭"的传统性

---

〔1〕 这或许正是人们认为水资源具有可再生性、循环利用性、非稀缺性,进而由于对水资源需求大而导致水资源价值高,但水价却较低的重要原因。参见邱源:《国内外水权交易研究述评》,《水利经济》2016年第4期,第42页。

〔2〕 参见[美]托马斯·思德纳:《环境与自然资源管理的政策工具》,上海三联书店、上海人民出版社2005年版,第553—554页。

〔3〕 鉴于淡水资源的稀缺性以及水资源使用权纠纷主要围绕对淡水资源的争夺而展开,因此,除特别说明外,本书论及的水资源仅限于淡水资源,水权配置仅限于针对淡水资源使用权的配置而展开。

〔4〕 参见胡德胜:《生态环境用水法理创新和应用研究——基于25个法域之比较》,西安交通大学出版社2010年版,第193页。

〔5〕 参见[美]汤姆·泰坦伯格:《自然资源经济学》,高岚、李怡、谢忆等译,人民邮电出版社2012年版,第79—109页。

〔6〕 例如,计量及控制用水量的IC寄存卡能够相对准确地计量、控制水量的使用状况,进而助推配水、节水目标的实现。参见阳治爱:《告别"大锅水"——来自云南省砚山县农业水权改革的报道》,《人民长江报》2016年1月23日,第002版。

〔7〕 参见[美]霍尔姆斯·罗尔斯顿:《哲学走向荒野》,刘耳、叶平译,吉林人民出版社2000年版,第9页。

思维的影响,水资源被过度地开发及利用。但是,需用水者取水、用水愈来愈难的现实困境已有力地证实:水资源并不是人们惯常所认为的一种取之不尽、用之不竭的可再生资源。相反,正如戴维·H.格奇斯教授所指出的,水资源是可用尽的稀缺资源,"因为我们并不能总是在合适的时间、合适的地方得到足够的适合水质要求的水"[1]。例如,在美国东部,当水量消耗急剧增加的同时,水质也在降低。[2]另外,地下水资源短缺并非遥远的未来所要面临的问题,在世界上许多地区,这一问题已相当严重。一些地区的地下水正在被耗竭,这对于后人来说是极其不利的。更为严重的是,地下水是无法完全获得补充的。当人们为了满足目前的需求,像"采矿"一样将地下水大量地抽取出来时,这些水一旦用尽就难以恢复更新。[3]联合国环境规划署已意识到这一严峻的问题:地球上现有的淡水资源中有90%是地下水,但这些地下水中只有2.5%可能得到利用并进行补充更新,剩下的都是有限的、可耗竭的。[4]这些证据都足以证成水资源并非"取之不尽、用之不竭"的自然资源。

具体到我国,也是如此。我国人均水资源量相对缺乏,至少体现为水量、水质两个方面。其一,就水量而言,虽然我国拥有的水资源总量有大约2.8万亿立方米,但是,人均仅为2 200立方米左右,到2030年的时候,我国人口总量预计增加到16亿左右,而人均水资源量却将下降至1 700立方米左右,接近国际公认的人均水资源拥有量的警戒线。[5]无独有偶,不仅人均水资源不充足,

---

[1] [美]戴维·H.格奇斯:《水法精要》(第四版),陈晓景、王莉译,南开大学出版社2016年版,第1页。

[2] See Jeremy Nathan Jungreis. "Pemit" Me Another Drink: A Proposal for Safeguarding the Water Rights for Federal Lands in the Regulated Riparian East. Harvard Environmental Law Review, 2005(29): 369.

[3] 例如,据学者介绍,墨西哥的首都墨西哥城的地表当前正在以每年1-3英寸(1英寸=2.54厘米)的速度沉陷,而在过去的100年中,这个城市已经下陷了30英尺(1英尺=12英寸)。这个拥有近2000万人口的城市,正面临着严峻的水资源短缺问题。除了城市在逐渐下沉以外,由于平均每年增长35万人口,墨西哥城的水资源也正在走向枯竭。参见[美]汤姆·泰坦伯格:《自然资源经济学》,高岚、李怡、谢忆等译,人民邮电出版社2012年版,第83页。

[4] 参见[美]汤姆·泰坦伯格:《自然资源经济学》,高岚、李怡、谢忆等译,人民邮电出版社2012年版,第80页。

[5] 以上数据来自时任水利部部长汪恕诚关于我国水资源状况的介绍。参见汪恕诚:《水权管理与节水社会》,载水利部政策法规司:《水权与水市场》(资料选编之二),内部资料(未刊行),2001年12月,第3-4页。其实,不仅我国,美国的地下水也是如此,当前许多地区的地下水正在被抽空,且短时期无法更新,地下水的用水量已经大大超过了对地下水的补给量。参见[美]汤姆·泰坦伯格:《自然资源经济学》,高岚、李怡、谢忆等译,人民邮电出版社2012年版,第113页。在此意义上,不能认为水资源是一种"取之不尽、用之不竭"的自然资源。

而且水资源的分布在时间、空间上也并不均衡。就降雨时间而言，每年7—9月份为丰水季节，降雨主要集中在这三个月；就我国水资源的空间分布而言，东部及南方水资源较多，西部及北方则偏少，从某种程度上更加加剧了干旱及半干旱地区的水资源短缺状况。在我国的很多省市，水资源正日益短缺、枯竭，因缺水而引发的事件也屡见报端。[1]毫不讳言，在一定程度上，水资源短缺已经成为制约我国社会及经济发展的一大瓶颈。其二，就水质而言，水污染的日益严重加剧了水资源短缺的严峻形势。许多用水（如生活、生态、生产用水等）都有着水质的要求，因此，水量与水质不能割裂。虽然当前我国学界对水资源短缺问题的关注点主要集中在水量上，但水量并不是水资源短缺的唯一征兆，水质（水污染）也同样是一个大问题，即便我们不称其为一个"更大"的问题。从根本上讲，水质将进一步影响到可用水资源的供应量。[2]在我国很多地区，许多可利用水在不同程度上都遭受到了有害化学物质（如铜、镉、汞、砷等化合物）、放射性物质、盐类以及病菌的污染。相当一部分地区"有河皆干、有水皆污"已经成为无法回避、亟需改变的水资源现状。

水资源的日益稀缺性决定了其不能满足所有人的用水需求，导致用水者针对水资源展开了激烈的竞争，水权配置纠纷频发。在我国的司法实践中，存在着大量的水权配置纠纷，且有不断蔓延的趋势。[3]诚如房绍坤教授所言，

---

[1] 例如，据媒体报道，2014年，以工矿业著称的河南省郑州新密市的地下水水位平均下降了15米，有的地方甚至下降了30多米，致使当年该市城区三分之一的居民断水。参见高远至、于文静：《水权改革：开启用水新时代》，《黄河报》2015年2月5日，第003版。

[2] 参见[美]汤姆·泰坦伯格：《自然资源经济学》，高岚、李怡、谢忆等译，人民邮电出版社2012年版，第83页。

[3] 例如，2009年晋冀豫三省发生了16万民众关于清漳河用水之争。参见陈勇：《晋冀豫清漳河水权之争》，《民主与法制时报》2010年1月18日，第A07版。另外，这种水权配置的群体性纠纷在取水、排水领域均有体现。较为典型的群体性水权取得纠纷参见"黄同德、唐方华、朱坤能、胡德兴、周泽莲、彭伟、唐远才、黄书德、付明和、张优德、杨中华、张登树、喻礼华、朱洪奎、唐方金、张优均、朱洪明、周玉堂、周树宽、胡光中、景义容、杨祖明、王用友、杨登芳、万昌钦与重庆市江津区凡江河水电站排除妨碍纠纷案"，相关判决分别对应重庆市第五中级人民法院（2009）渝五中法民终字第1111号、第1112号、第1114号、第1115号、第1117号、第1118号、第1120号、第1123号、第1126号、第1129号、第1132号、第1135号、第1138号、第1145号、第1148号、第1151号、第1154号、第1157号、第1158号、第1160号、第1161号、第1163号、第1164号、第1166号、第1169号民事判决书。较为典型的群体性排水纠纷可参见"付昌干、潘欢凯、邱松贤、孙凤雀、方明德、黄汉江、邵阳宝、周仁夫与慈溪市龙腾建材科技有限公司相邻用水、排水纠纷案"，相关判决分别对应浙江省慈溪市人民法院（2015）甬慈范民初字第148号、第149号、第150号、第151号、第152号、第153号、第154号、第155号民事判决书。类似纠纷还可参见"徐善强、张文松、徐升成、张永盛与徐守宝、徐佳磊相邻用水、排水纠纷案"，相关判决分别对应山东省平度市人民法院（2013）平民一初字第2927号、第2928号、第2931号、第2932号民事判决书。

水资源的有限性加剧了这种稀缺性，必然意味着水资源无法满足所有用水者的用水需求，进而导致水资源的所有者与利用者之间产生冲突。[1]其实，水权配置争端由来已久。起初，"相较于数量稀少的人类，陆地是如此的宽广，无论使用多少也不会带来不便……最后，随着人类像羊群一样增长，以前分配给民族的每一处陆地，现在开始被家庭所分割。而且，井——干旱地区特别需要的资源，一口井不足以为多人供水——也由那些已占有它们的人所据有。"[2]此时，不占有"井"（水资源）但也急需用水者必然要求对水权进行合理的配置，反之，用水纠纷就在所难免。这不免使我们产生类似汤姆·泰坦伯格教授所发出的诘问：当可耗竭的水资源有限的变量变得稀缺时，单纯依靠用水人自我限制的反馈机制能够实现水资源可持续利用的预期吗？或者将会使现有体系遭到冲击，进而导致整个社会的崩溃？[3]

循此思路，如何将相对有限的水资源在不同用水者之间予以合理配置，就成为法学界必须直面的课题。"为满足各种欲求，人们随之要求对不同种类、不同质量的产品进行公正分配。"[4]水资源的有限性与人类对水资源的无限需求之间，存在着尖锐的矛盾，若不能妥当化解，无疑会阻碍社会进步。[5]"莫等井干，方知水稀。"[6]面对日益严峻的水权配置困境，需要我们在可控的当前"立即采取有效措施"，防止事态变得更糟。[7]因而，必须构建合理的水权配置规范，并藉此对水资源的归属、使用予以界定，进而在水资源领域使之成为定分（指权利）止争的重要制度依据及规范保障。毕竟，法律是定分止争、治理社会的一种重要工具。[8]此时，就需要构建合理的水权配置规范，解决水资源的所有和利用之间的矛盾，达到合理配水、高效用水、有效节水的目标。这也

---

[1] 参见房绍坤：《用益物权基本问题研究》，北京大学出版社2006年版，第30页。
[2] [澳]斯蒂芬·巴克勒：《自然法与财产权理论：从格劳秀斯到休谟》，法律出版社2014年版，第36页。
[3] 参见[美]汤姆·泰坦伯格：《自然资源经济学》，高岚、李怡、谢忆等译，人民邮电出版社2012年版，第9页。
[4] [澳]斯蒂芬·巴克勒：《自然法与财产权理论：从格劳秀斯到休谟》，法律出版社2014年版，第34页。
[5] 参见房绍坤：《用益物权基本问题研究》，北京大学出版社2006年版，第30页。
[6] 参见[美]威廉·克里斯托弗·汉迪：《乔·特纳的蓝调》（1915）；转引自[美]汤姆·泰坦伯格：《自然资源经济学》，高岚、李怡、谢忆等译，人民邮电出版社2012年版，第77页。
[7] 参见[美]汤姆·泰坦伯格：《自然资源经济学》，高岚、李怡、谢忆等译，人民邮电出版社2012年版，第114页。
[8] 参见[日]穗积陈重：《法典论》，李求轶译，商务印书馆2014年版，第27页。

是我们关注水权配置的出发点及最终归宿。

（二）私法在水权配置中不可或缺

水权配置既是一个经济学命题，更是一个法学命题。水权配置规则不仅是处理不同需要用水者之间权利、义务关系的制度依据，其目的更重要的在于实现水资源的优化配置目标。在此意义上，水权配置既是一个经济学命题，要顾及水资源配置的效率，更是一个法学命题，要考量及衡平水权配置过程中各方用水者的权利、义务，引导其依法取水、用水，使之成为约束人们用水行为的普遍性规则。

在我国，包括矿产资源、水资源、海域资源等在内的自然资源不能归属于私人所有，在这些自然资源之上只能成立国家所有权。因此，这些自然资源无法作为交易的客体，不能进入交易领域。在此情况下，实际上"用益物权承担了市场中交易产权的功能"[1]，伴随对自然资源利用程度的加深及需求量的急剧增长，自然资源用益物权在现代社会越来越呈现出独特的资源配置功能，[2]在自然资源权利制度层面，成为极其重要的物权形态。因此，在自然资源之上设置的用益物权究竟采用何种模式，将会直接关系到上述自然资源之合理配置目标的实现。以此推之，在水资源权利领域，构建什么样的水资源用益物权（水权）制度，就直接关系到我国水资源产权制度的构建以及水资源配置目标的实现。长期以来，水资源被认为是一种每个人均可自由享用的公共物品，甚至在水资源之上并未设置任何权利制度。此时，对水资源的抢占及滥用、对水资源及水生态保护的不重视以及水资源法律制度的缺乏，就成为引发水资源争端的重要因素。[3]这就必然需要通过水权配置制度的构建实现定分止争的目的，并通过水权市场配置（水权交易）的手段将水资源移转到最需要用水者的手中。诚如罗马俱乐部报告中所指出的，"如果水是一种稀缺资源（比如在干旱国家），一些人对水的消费将影响到水对于其他人的可获得性。正如水市场的出现所表明的，可能经常会建立排除机制来管理水的供给"[4]。在此意义上，水权配置问题归根结底是关于如何实现水资源优化配置目标的法律制

---

[1] 朱岩、高圣平、陈鑫：《中国物权法评注》，北京大学出版社2007年版，第364页。

[2] 参见房绍坤：《用益物权基本问题研究》，北京大学出版社2006年版，第30页。

[3] 参见[美]托马斯·思德纳：《环境与自然资源管理的政策工具》，上海三联书店、上海人民出版社2005年版，第555页。

[4] [德]魏伯乐、[美]奥兰·扬、[瑞士]马塞厄斯·芬格主编：《私有化的局限》，上海三联书店、上海人民出版社2006年版，第19页。

度问题。

其中,私法在水权配置中无疑发挥着无法替代的作用。私法与公法划分的目的在于区分国家关系与私人关系。[1]如上所述,当前水资源的法律困境主要是由于水资源的缺乏,甚至水资源在许多地上区域或地下水域的枯竭所导致的对水资源使用权(即水权)的争夺问题。为此,就我国正在进行的《民法典》编纂而言,探讨水权的私法配置问题就具有非常重要的意义,水权应否及如何纳入《民法典》的规范体系就成为学界必须考虑的问题。一项权利(包括水权)能否法典化,决定着我们对该项权利的态度及法律思维习惯,甚至影响着整个社会的现代化进程。苏永钦教授认为,权利的法典化将有助于带来及影响人们以体系为导向的法律思维方式,并有利于推动一个社会的现代化进程。[2]

私法在水权配置中的作用,主要体现在水权的初始配置及水权的市场配置(水权交易)层面。

其一,私法在水权初始配置中所具有的得天独厚的制度优势,是由私法,尤其是物权法,所具有的定分止争的功能使然。人类必须依赖自然界中的水资源方能生存,也可以说人与水资源须臾难分。但是,自然界中的水资源有限,无法满足人类的用水需求,此时,就必然需要有规范存在,保障用水秩序及社会经济生活。物权就是这样一种调整人对于物支配关系的法律规范。[3]

就水权的初始取得而言,用水纠纷的解决及合理水权配置目标的达成,需要建立在对用水目的的价值衡量及水权的确权及量化上。[4]这种对水权的确权及初始配置需要同土地资源的权利配置相分离,虽然水资源在空间物理位置上或负载于土地资源之上(地上水),或位于土地资源之下(地下水)。但是,在法律上,与空间物理位置不同,二者的权属呈现出日益区分的特点及制度发展趋势,[5]决定了土地所有权或土地承包经营权的取得、转让,并不意味着用水者当然地取得地表水或地下水的使用权,即水权,而是需要制定单独的水权初始配置制度。此时,私法能够为水权初始配置的制度构建及用水纠纷的解

---

[1] 参见林诚二:《民法总则》(上册),法律出版社2008年版,第5页。

[2] 参见苏永钦:《寻找新民法》(增订版),北京大学出版社2012年版,第123页。

[3] 参见谢在全:《民法物权论》(上册),中国政法大学出版社2011年版,第1页。

[4] 参见水利部政策法规司:《美国西部水资源分配及水权》,载水利部政策法规司:《水权与水市场》(资料选编之二),内部资料(未刊行),2001年12月,第434页。

[5] 水资源逐渐与土地资源相脱离,而成为独立的所有权客体的立法趋势,将在本书的第一章第二节中的"二、作为水权客体之水资源的流动性与物权客体特定性"中进行系统论证。

决提供规范基础。通过对用水者用水权利的初始确认,建立使水权配置发挥最佳用途的激励制度,能够激励用水人为取得长效收益而进行长期投资,进而提高水资源的利用效率,符合经济效率原则。[1]那么,如何制定正当的水权初始配置制度,厘清由水资源所有权派生出水权的路径就成为必须回答的问题。这其中既涉及水权的私权定性,又涉及水资源在宪法层面上的全民所有、国家所有权的关系,并需要对水资源在宪法层面(《宪法》第9条)与民法层面(《物权法》第46条)的国家所有权的不同涵义进行系统解读。

其二,运用私法配置水权具有的独特制度性价值,尤其体现在水权的市场配置(水权交易)制度的构建中。毕竟,水权交易通常开展于平等的用水主体之间,属于私法的调整范围。通常而言,私法以平等主体间的人身及财产关系调整为己任,[2]相反,公法则主要调整非平等主体的统治服从关系。[3]在缺乏私法规范调整,进而水权交易的开展受到很大限制的情况下,水权人无法按照自己的意思表示实施相关法律行为,节余的水无法通过交易获益,也就缺少了主动节水的外部驱动。这也是当前我国很多地区仍采用传统的相对落后的取水、输水设施,缺乏技术更新及改进,用水方式粗放(如大水漫灌),进而导致大量水资源被浪费在取水、输水途中的重要原因。相反,如果允许水权交易的进行,突破单纯依靠行政手段配置水权的禁锢,节余的水权可以通过签订水权交易合同的形式转让出去,必然会激励水权人积极采取节水措施,既可达到高效用水的目的,又可将节余的水权转移到潜在的需用水者手中,实现合理配水的目标。另外,这在一定程度上也可以减少水污染事件的发生,因为水权交易与水质紧密关联,可交易的水权必然有着水质的要求,而这正是水资源法律所重点规范的内容。诚如戴维·H.格奇斯教授所指出的,"水法重点规范两个方面:一是防止不可更新的地下水储量的枯竭;二是调和水井所有者之间的竞争。另外水污染也日益严重并导致了一系列的法律问题。"[4]简言之,水权交易的开展对于合理配水、高效用水、有效节水,以及防止水污染的发生都大有裨益,实无过分限制的必要。这其中涉及水权交易合同与水权交易之间的关

---

[1] 参见[德]魏伯乐、[美]奥兰·扬、[瑞士]马塞厄斯·芬格主编:《私有化的局限》,上海三联书店、上海人民出版社2006年版,第15页。

[2] 依据《民法总则》第2条规定,"民法调整平等主体的自然人、法人和非法人组织之间的人身关系和财产关系"。

[3] 参见林诚二:《民法总则》(上册),法律出版社2008年版,第5页。

[4] [美]戴维·H.格奇斯:《水法精要》(第四版),陈晓景、王莉译,南开大学出版社2016年版,第3版序言第6页。

系如何、水权交易应当采取何种物权变动模式等基础性的理论问题。

（三）水权配置的实践考察

对水权配置的实践状况进行考察，发现实践中存在的问题，可以确保理论研究的实践面向性。

1. 水权初始配置的实践状况

就水权配置的社会实践而言，从2014年7月开始，水利部在全国选取了七个省、自治区[1]作为水权改革的实验点，主要进行水权确权登记、水权转让试点及水权的配置制度建设。当然，在水利部确立的各试点中，关于水权制度建设的侧重点并不完全相同。其中，湖北省、宁夏回族自治区、江西省的水权改革主要侧重于水权初始配置，通过开展水权初始确权登记试点，以区域性的用水总量控制指标分解为前提，探索多种形式的水权初始确权登记；其余的四个水权改革试点（广东省、河南省、甘肃省、内蒙古自治区）则侧重于水权市场配置（水权交易），探索不同区域、不同流域及上下游用水者之间水权交易模式的改革。[2]

在水权初始配置的实践中，生态环境用水配置的次序问题日益受到关注。长期以来，受到社会、历史、技术、政策等诸多因素的共同影响，经济发展在很大程度上以牺牲水资源、水生态环境为代价，这导致社会经济发展及物质财富的增加与水资源过度耗费、水环境严重污染、水生态失衡相伴而生。有学者就认为，在中国，人与自然的关系在相当程度上处于一种极度扭曲的状态。[3]正如时任水利部部长汪恕诚的诘问：一定区域或地域内的水资源的总量是一定的，但是，经济发展却需要更多的水，那么，多余的水如何解决？是继续破坏水生态环境，还是要改变传统做法，即加强取水、用水管理？[4]有学者对世界主要国家或地区的25个法域的生态环境用水的立法状况进行了考察，分析了生态环境用水应当具有的优先次序问题，并对生态环境用水得以优先配置的具体保障措施，如政府或具体的水资源管理机构的职责、流域、区域或者重要生态系统制度、建设项目管理制度、激励措施、检测、公众参与及对危害生态环境

---

[1] 根据《水利部关于开展水权试点工作的通知》，这七个省区为宁夏回族自治区、江西省、湖北省、内蒙古自治区、河南省、甘肃省和广东省。

[2] 参见李慧：《7省区将启动水权试点》，《光明日报》2014年7月24日，第012版。

[3] 参见常鹏翱：《物权法的基础与进阶》，中国社会科学出版社2016年版，第13页。

[4] 汪恕诚：《水权管理与节水社会》，载水利部政策法规司：《水权与水市场》（资料选编之二），内部资料（未刊行），2001年12月，第5页。

用水行为的救济制度等进行了分析及制度构建方面的探讨。[1]对此,应当纠正之前对待生态环境用水配置次序问题的错误态度,经由立法规范对生态环境用水的配置次序进行明确。

2.水权市场配置的实践状况

针对水权市场配置(水权转让)的部门规章或规范性文件,较以往有很大推进,但亦存在很多不足。水利部在其颁发的《关于深化水利改革的指导意见》(2014年)中提出"积极培育水市场,逐步建立国家、流域、区域层面的水权交易平台"。截至2015年底,全国大约有2/3的省、自治区及直辖市均通过政策文件的形式,提出推进水权确权登记、水权交易等水权配置的改革措施。[2]2016年4月19日,水利部颁发的《水权交易管理暂行办法》(水政法〔2016〕156号)对水权交易的含义、可交易水权的范围、水权交易的类型、主体和期限、水权交易价格的形成机制、水权交易的平台建设、水权交易的监督监管等有关水权交易的基本制度进行了具体规范,在一定程度上填补了水权交易的制度性空白,对于充分发挥市场在水资源配置(水权配置)中的决定性作用具有非常重要的意义。

但是,《水权交易管理暂行办法》也存在一些问题。例如,《水权交易管理暂行办法》将水资源所有权和水资源使用权均纳入了水权范围(第2条[3]),但同时又将水权交易限定为"水资源使用权"的流转(第2条),极易使人们对水权及水权交易的内涵产生误解。又如,《水权交易管理暂行办法》中所规定的水权交易主要包括区域水权交易、取水权交易、灌溉用水户水权交易三大类,但并不能涵盖所有的水权交易类型,也不能以此禁止或排除其他类型的水权交易的探索及开展。[4]另外,区域水权交易究竟是用水户(私人)之间的水权移转,还是一种渗入了市场因素的水资源行政配置手段,也是值得探讨的问题。

---

〔1〕参见胡德胜:《生态环境用水法理创新和应用研究——基于25个法域之比较》,西安交通大学出版社2010年版,第268-295页。

〔2〕参见池京云、刘伟、吴初国:《澳大利亚水资源和水权管理》,《国土资源情报》2016年第5期,第17页。

〔3〕依据《水权交易管理暂行办法》第2条的规定,水权包括水资源的所有权和使用权。而水权交易指的是在合理界定和分配水资源使用权基础上,通过市场机制实现水资源使用权在地区间、流域间、流域上下游、行业间、用水户间流转的行为。也就是说,水权交易指向的是水资源使用权的流转。

〔4〕参见李鹰:《规范水权交易的基本制度——解读〈水权交易管理暂行办法〉》,《中国水利报》2016年7月14日,第005版。此文的作者李鹰时任水利部政策法规司司长。

从我国水权市场配置（水权交易）的实践来看，实践走在了理论及立法的前面。自上世纪末开始，全国各地纷纷探索水权交易模式，诸如北京市与河北省之间的应急供水、宁夏回族自治区与内蒙古自治区之间的水权转换、甘肃省张掖市的水票交易等均呈现出不同形式的水权交易实践状况。[1]就区域间的水权转让而言，2003年4月，黄河水利委员会与宁夏回族自治区、内蒙古自治区探索试点了区域性的水权交易，旨在通过允许转让水权来实现"投资节水"的目的。[2]但是，从各地开展的区域间水权交易的具体实践来看，水权交易的模式及范围并不相同，为避免区域性水权交易的进行可能对第三方产生的负效应，有些水权交易的地方实践中禁止水权的跨区性交易，不允许跨县或跨灌溉区域间进行水权交易。[3]又如，就农户之间的水权交易而言，在一些水权交易的试点省份中，已经完成针对水权初始取得的确权登记，由之前仅是"用锄头放水"的初级水权确权阶段，发展为当前"按账簿卖水"的水权交易的高级阶段。[4]可见，水权交易的地方实践已经走在了水权交易之规范"顶层设计"的前面，呈现出对相关立法的一种"倒逼"机制。

另外，地方层面关于水权交易的规范设计已经开始，呈现出对国家层面之法律设计的强烈需求。例如，2016年，河北省政府以地方规章的形式出台了《河北省农业水权交易办法》（冀政办字〔2016〕36号）。按照《河北省农业水权交易办法》的规定，河北省的农业水权交易主要分为四种形式，即农业用水者之间的水权交易（第5条、第6条）、利用县级水权交易平台进行的水权交易（第7条）、农业用水者委托农村用水合作经济组织进行的水权交易（第8条）以及政府回购水权（第9条）的水权交易形式。仔细分析，此四种水权交易的形式已经超越了水利部所颁布的《水权交易管理暂行办法》所涵盖的水权交易范围。

---

〔1〕 参见李鹰：《规范水权交易的基本制度——解读〈水权交易管理暂行办法〉》，《中国水利报》2016年7月14日，第005版。

〔2〕 参见刘敏：《"准市场"与区域水资源问题治理——内蒙古清水区水权转换的社会学分析》，《农业经济问题》2016年第10期，第41页。

〔3〕 参见胡艳超、刘定湘、刘小勇、郎劢贤：《甘肃省农业水权制度改革实践探析》，《中国水利》2016年第12期，第9页。

〔4〕 例如，在江西省进行水权改革试点的市县中，针对包括水库名称、水权归属、用水人、用水份额及其分配、水权许可等关于水权确权的基本数据，通过现场勘测、信息汇总、水权审查及核实、登记造册、水权公示、录入系统、建库、上线等程序，进行了水权的初始确权登记。参见孙礼：《"锄头放水"到"账簿卖水"——江西基层水权改革加速推进》，《人民长江报》2016年3月12日，第002版。

当前，国家层面的水权交易平台已经建立。2016年之前，各试点省份、自治区所开展的水权转让实践体现了各自的地方性特色，更多地呈现出适应当地水权配置需求的特征，[1]但缺乏统一的水权配置理论及水权交易市场，尚未形成国家层面的统一性的水权转让市场，也可以说，水权转让仍更多地处于地方性的试点探索阶段。2016年6月28日，在国家层面的水权交易平台建设方面，"中国水权交易所"正式成立。[2]"中国水权交易所"旨在规范政府在水权交易中的行为，推动水权交易的规范开展，在水权确权的基础上，[3]最大程度发挥市场在水资源配置（通过水权交易来实现）中的核心功能。

循此，当前我国的水资源管理及水权配置探索，正处在以水权初始取得制度、水权转让制度及水资源管理体制建设等方面为中心的"试点探索期"及"制度需求期"。其中，水权配置制度是上述制度建设的核心内容，亟需凭借水权配置的基础理论研究为水权配置规范的构建提供正当性依据。这也保证了水权配置理论研究的实践面向性及理论针对性。

二、研究现状及存在的问题

考察水权配置在国内外的研究现状是开展课题研究的逻辑前提。

（一）国外研究现状

面对水资源愈加匮乏甚至枯竭的严峻形势，为应对滥用、乱用及抢占水资源的状况，法学界开始关注水权（水资源用益物权）配置问题。

基于水资源的重要性，国外对水权配置的研究尤为注重。水资源配置往往通过水权配置来实现，也可以说，水权配置与水资源配置实际上是一枚硬币

---

[1] 例如，宁夏回族自治区的试点重点围绕水权确权登记展开，包括用水总量的指标分解、数据库搭建等。参见《宁夏黄河水资源县级初始水权分配方案》。内蒙古自治区的试点工作偏重于跨区域间（如巴彦淖尔与鄂尔多斯等跨盟市的水权转让）及区域内的水权交易，包括水权交易平台建设、交易及定价规则、第三方影响评价等；广东省的试点工作则侧重于流域上下游之间的水权交易，包括水权交易的信息化建设、交易资格审查、交易定价、交易结算等水权交易信息化工作。参见刘峰、段艳、马妍：《典型区域水权交易水市场案例研究》，《水利经济》2016年第1期，第23页。

[2] "中国水权交易所"由水利部和北京市政府联合发起，在北京设立，是我国首家国家层面的水交易平台。参见曹方超：《建国家级水权交易平台破解缺水难题》，《中国经济时报》2016年7月8日，第013版。

[3] 依据《中国水权交易所水权交易规则（试行）》的规定，"用于交易的水权应当已经通过水量分配方案、取水许可、县级以上地方人民政府或者其授权的水行政主管部门确认，并具备满足交易要求的工程条件和计量监测能力"（第4条）。

的两面,水权配置的目标就在于实现水资源的合理配置。毕竟,日益严格的水资源管理的要求,由用水需求的增加及水资源严峻的短缺形势所决定,需要完善的水资源分配及合理的水权配置制度来实现。[1]例如,在美国,水资源配置目标的实现主要凭借水权制度的构建及实施,尽管各州的水权制度安排各异。[2]由于水权配置受到联邦、各州法律及政策等多种因素的综合性影响,因此,在结构上具有一定的相对复杂性,不同的州或地区的水资源配置方式存在着差异,尤其体现在管辖冲突的法律条文方面。[3]

从历史上看,国外对水权配置制度的关注由来已久,法学理论界及法律实务界历来都注重对于水权法律制度的关注及研究。例如,在美国,早在20世纪初,美国的许多州,包括科罗拉多州、北达科他州、蒙大拿州(蒙塔纳州)、怀俄明州、华盛顿州、内华达州、加利福尼亚州、俄勒冈州、犹他州、爱达荷州、亚利桑那州及新墨西哥州等,已经承认水权是一项重要的财产权。[4]早在20世纪的1908年,William H. Hunt教授就曾善意地提醒那些计划在美国西部地区从事法律事务的年轻律师们,必须特别关注有关水权的法律规范及基本原则。[5]

从研究内容上看,国外从私法角度对水权配置的关注,主要体现为对水权初始配置及市场配置(特别是水权转让)的研究。针对水权初始配置,传统普通法规则或以占用水资源时间(在先占用规则)[6],或以土地位置(河岸权规

---

[1] 参见水利部政策法规司:《美国西部水资源分配及水权》,载水利部政策法规司:《水权与水市场》(资料选编之二),内部资料(未刊行),2001年12月,第434页。

[2] 参见胡德胜:《生态环境用水法理创新和应用研究——基于25个法域之比较》,西安交通大学出版社2010年版,第67页。

[3] 参见[美]汤姆·泰坦伯格:《自然资源经济学》,高岚、李怡、谢忆等译,人民邮电出版社2012年版,第87页。

[4] See William H. Hunt. *Law of Water Rights*. The Yale Law Journal, 1908(17): 585.

[5] William H. Hunt. *Law of Water Rights*. The Yale Law Journal, 1908(17): 585.

[6] 参见[美]约翰·G.斯普林克林:《美国财产法精解》,钟书峰译,北京大学出版社2009年版,第494页; David H. Getches. *Water Law*. Saint Paul Minnesota Press, 1984: 85; Robert Cooter and Thomas Ulen. *Law & Economics (fifth edition)*. Addison Wesley Publishing, 2008: 151; James Gordley. *Foundations of Private Law: Property, Tort, Contract, Unjust Enrichment*., Oxford University Press, 2006: 107-108.

则、[1]绝对所有权规则[2])决定水权取得的优先位序,但上述规则存在极易引起用水争端、不利于水资源节约、机会主义等弊端,[3]已逐渐走向衰落。现代关于水权初始配置规则的立法趋势是通过行政许可获取水权,这种规则以传统在先占用规则为基础,经由对其修正而来,包括水权初始取得的公权力干预、不同用水目的位序的制定法确定、水权许可、水权登记、生活用水优先及生态用水保留等内容。[4]学者针对水权市场配置(水权交易)的研究主要表现为对水权转让、水权市场等制度的关注,即通过市场机制对水权进行再分配,包括水权转让的变动模式、水权转让的程序设计、对第三方影响、公权力定位及生态环境因素考量等。[5]就学者对世界主要国家或地区(包括美国、日本、新西兰等)关于水权配置的研究而言,大多主张将政府管制和市场调整的作

---

[1] See John R. Teerink. *Water Allocation Methods and Water Rights in the Western States*, *U.S.A.*. in John R. Teerink and Masahiro Nakashima. *Water Allocation*, *Rights and Pricing*: *Examples from Japan and the United States*. The World Bank Press, 1993: 16; David M. Flannery, Blair D. Gardner and Jeffrey R. Vining. *The Water Resources Protection Act and Its Impact on West Virginia Water Law*. West Virginia Law Review, 2005 (Spr.): 772; Robert Cooter and Thomas Ulen. *Law & Economics* (*fifth edition*). Addison Wesley Publishing, 2008: 157; [美]戴维·H.格奇斯:《水法精要》(第四版),陈晓景、王莉译,南开大学出版社2016年版,第3页。

[2] 参见[美]约翰·G.斯普林克林:《美国财产法精解》,钟书峰译,北京大学出版社2009年版,第497页; John R. Teerink. *Water Allocation Methods and Water Rights in the Western States*, *U.S.A.*. in John R. Teerink and Masahiro Nakashima. *Water Allocation*, *Rights and Pricing*: *Examples from Japan and the United States*. The World Bank Press, 1993: 17.

[3] 参见[美]贝哈安特:《不动产法》(影印本第3版),董安生、查松注,汤树梅校,中国人民大学出版社2002年版,第380-381页;[美]戴维·H.格奇斯:《水法精要》(第四版),陈晓景、王莉译,南开大学出版社2016年版,第4页;[美]汤姆·泰坦伯格:《自然资源经济学》,高岚、李怡、谢忆等译,人民邮电出版社2012年版,第88页; Robert Cooter and Thomas Ulen. *Law & Economics* (*fifth edition*). Addison Wesley Publishing, 2008: 157.

[4] See William H. Hunt. *Law of Water Rights*. The Yale Law Journal, 1908 (17): 585; Andrew P. Morriss. *Lessons from the Development of Western Water Law for Emerging Water Markets*: *Common Law vs. Central Planning*. Oregon Law Review, 2001 (861): 80; Joseph W. Dellapenna. *The Law of Water Allocation in the South eastern States at the Opening of the Twenty-first Century*. Arkansas Little Rock Law Review, 2002 (9): 25; [美]戴维·H.格奇斯:《水法精要》(第四版),陈晓景、王莉译,南开大学出版社2016年版,第47页;[美]约翰·G.斯普林克林:《美国财产法精解》,钟书峰译,北京大学出版社2009年版,第497-498页。

[5] See Megan Hennessy. *Colorado River Water Rights*: *Property Rights in Transition*. The University of Chicago Law Review, 2004 (71): 1663; John R. Teerink and Masahiro Nakashima. *Water Allocation*, *Rights and Pricing*: *Examples from Japan and the United States*. The World Bank Press, 1993: 11; Megan Hennessy. *Colorado River Water Rights*: *Property Rights in Transition*. The University of Chicago Law Review, 2004 (71): 1663; [美]A.丹·塔洛克:《水(权)转让或转移:实现水资源可持续利用之路——美国视角》,胡德胜编译,《环球法律评论》2006年第6期,第762页。

用相结合,最大程度地发挥水资源的效益。[1]另外,值得注意的是,与地上水的水权配置规则的变化不同,地下水水权分配和纠纷解决机制的法律规范一直发展缓慢。地下水产生和运动态势具有不确定性,甚至变幻莫测,因此对此类问题的法律规范也变得比较困难。近年来,美国一些州企图运用综合手段来规范地下水,但并没有收到很好的成效,反而使用水者任意从其土地下面抽取地下水。[2]

从水权配置制度的发展状况来看,世界上主要国家或地区的水权配置制度的发展程度与水资源的稀缺程度成正比。简言之,水资源愈短缺,水权配置制度越发达。例如,在水资源相对短缺的美国西部,对水资源的竞争一直如火如荼。目前,城镇化和人口增长的后果使水资源使用的短缺和冲突更加频繁。同时,随着水流在娱乐以及水生态完整性方面的价值提升,对水资源的竞争变得更加复杂多样。[3]以科罗拉多河为例,作为众多生物(包括人类)赖以生存的水源基础,该河流的水权配置问题历来就是焦点。当前,随着人口数量的急剧增加及干旱状况的日益加剧,共同增加了人们对科罗拉多河水资源的需求,导致水权配置争端愈加严重。[4]利益集团相互争夺的水权,包括区域间的农业用水(农业目的的灌溉水权)、城市用水(包括城市居民的生活用水、企业的工业目的用水)、联邦政府用水(包括环境保护目的用水,如保护濒危物种,以及其他公共目的用水)。[5]水资源在地理位置上的不同空间分布,也使得水权配置制度因地域性而呈现出规则的差异性。

另外,因水权配置及用水纠纷所导致的严重国际争端,正在急剧增加。原

---

[1] 相关研究可参见:John R. Teerink and Masahiro Nakashima. *Water Allocation*, *Rights and Pricing*: *Examples from Japan and the United States*. The World Bank Press, 1993: 1-26;[美]里昂德·伯顿、[新西兰]克里斯·库克林:《新西兰水资源管理与环境管理政策改革》,杜群译,《外国法译评》1998年第4期,第22-31页;王凤春:《美国联邦政府自然资源管理与市场手段的应用》,《中国人口·资源与环境》1999年第4期,第95-98页;王亚华:《水权解释》,上海三联书店、上海人民出版社2005年版,第140-164页。

[2] 参见[美]戴维·H.格奇斯:《水法精要》(第四版),陈晓景、王莉译,南开大学出版社2016年版,第6-7页。

[3] 美国科罗拉多河绵延1300多英里(1英里=1.609344公里),流经怀俄明州、科罗拉多州、新墨西哥州、亚利桑那州、犹他州、内华达州及加利福尼亚州,是美国西部水资源的重要来源。See Charles J. Meyers.. *The Colorado River*. Stanford Law Review, 1966(19): 1-75.

[4] 参见[美]戴维·H.格奇斯:《水法精要》(第四版),陈晓景、王莉译,南开大学出版社2016年版,第3版序言第5页。

[5] See Megan Hennessy. *Colorado River Water Rights*: *Property Rights in Transition*. The University of Chicago Law Review, 2004(71): 1661.

因在于,一些国家(如尼罗河流域的埃及)因降雨量严重偏少,在很大程度上需要使用其他国家或地区的水资源。[1]相反,在水资源较为丰沛的地区,由于用水争端相对较少,水权配置制度的发展就较为缓慢。这也可在水权交易制度的发展状况上得以体现。水资源越是匮乏,水权交易行为的开展则更为频繁。相反,在水资源丰沛地区,就不需要大规模的水权交易活动。例如,英国的水权交易活动并不频繁,在很大程度上应当归因于其水资源相对充沛,缺乏进行相关交易的现实性需求。在英国,许多河流之上所确立的水权许可远未超过这些河流可使用的水资源限制,需用水者无需通过水权交易获得水权。[2]

(二)国内研究现状

1.水权配置在法律及国家层面的政策性依据

(1)国家层面的政策性依据

在我国,就政策层面而言,对于水权配置,早在2006年《国民经济和社会发展第十一个五年规划纲要》的"第二十五章 强化资源管理"中,就提出要"建立国家初始水权分配制度和水权转让制度"。[3]2011年,中央一号文件《中共中央、国务院关于加快水利改革发展的决定》首次提出要"建立和完善国家水权制度,充分运用市场机制优化配置水资源"(第19条),希冀通过水权制度的构建以运用市场机制对水资源进行优化配置。

2012年,十八大报告提出完善最严格的"水资源管理制度",积极开展"水权交易试点"。[4]可见,积极开展"水权交易试点",就成为一种明确要求。当然,开展"水权交易试点"的前提是初始水权配置制度的合理构建。之后,十八届三中全会《中共中央关于全面深化改革若干重大问题的决定》进一步强调要发展"水权交易制度"。[5]同时,十八届五中全会提出建立健全"用水权初始分配制度"。2017年,党的十九大报告更进一步提出"坚持节约资源和保护环境的基本国策,像对待生命一样对待生态环境,统筹山水林田湖草系统治

---

[1] 参见[美]托马斯·思德纳:《环境与自然资源管理的政策工具》,上海三联书店、上海人民出版社2005年版,第554页。

[2] 参见夏明、郑国楠:《国外水权水市场观澜》,《中国水利报》2015年12月17日,第8版。

[3] 参见第十届全国人民代表大会批准的《中华人民共和国国民经济和社会发展第十一个五年规划纲要》(2006年3月14日)。

[4] 参见中国共产党第十八次全国代表大会报告《坚定不移沿着中国特色社会主义道路前进 为全面建成小康社会而奋斗》(2012年11月8日)。

[5] 参见中共中央十八届三中全会《中共中央关于全面深化改革若干重大问题的决定》(2013年11月12日)。

理……"[1]。毋庸置疑,合理的水权配置制度是构建生态文明、节约资源和保护环境的有力保障,而国家层面的政策支持,则为建立健全我国水权配置制度提供了重要政策保障。

(2)水权配置法律规范的欠缺

当前我国关于水权配置的法律规范,根本无法回应国家层面关于水权配置制度建设的政策性需求。就法律层面而言,2007年《物权法》的颁布实施及关于取水权的规定(第123条),明确了水权的用益物权(私权)属性,为水权的初始确权登记、水权转让(水权市场配置)等水权配置制度提供了私法层面的规范依据及重要抓手。但是,《物权法》对"初始水权分配(用水权初始分配)""水权交易(水权转让)"及"构建水权制度"等问题如何展开并未给出具体的规范依据及制度安排。

当前,调整水权配置的规范依据还主要限于一些行政法规或规范性文件,尚缺乏更高效力的法律层面的规范。[2]对于水权初始配置的程序、水权确权登记、水权初始取得之优先位序、水权交易的主体、可交易水权的范围、水权交易的变动模式、水权交易的程序等关键问题,亟待统一的法律进行规范和调整。

2.我国学界研究现状及存在的问题

当前,国内私法学界主要从两个角度关注水权配置这一主题:其一,从理论层面论证水权配置的法理基础,提出水权的准物权属性及私权定性,[3]认为行政许可不会改变水权的私权定性。[4]其二,从具体规范的建构层面对水权的配置命题进行关注,具体体现在两个方面:一方面,针对水权的初始配置,主张原则上经由行政机关特别许可的方式对水权进行初始配置;[5]另一方面,主张通过水权市场配置规范的构建,集中体现在水权转让制度上,发挥市场的

---

[1] 参见中国共产党第十九次全国代表大会报告《决胜全面建成小康社会 夺取新时代中国特色社会主义伟大胜利》(2017年10月18日)。

[2] 这些与水权交易相关的法规及规范性文件主要包括:《取水许可和水资源费征收管理条例》《水权交易管理暂行办法》《南水北调工程供用水管理条例》等。

[3] 参见崔建远:《准物权研究》(第二版),法律出版社2012年版,第33-47页。

[4] 参见王洪亮:《论水权许可的私法效力》,《比较法研究》2011年第1期,第43-54页。

[5] 参见梁慧星:《物权法》(第五版),法律出版社2010年版,第257页;崔建远:《物权法》(第二版),中国人民大学出版社2011年版,第382-397页。

决定性作用，[1]尝试构建水权交易规范。[2]当前，通过国家层面的立法对水权初始取得进行确权，[3]并对水权初始取得过程中的水权位序予以明晰，[4]建立水权交易市场已经成为法学界及经济学界的共识。

与此同时，一些学者注重在环境法视野下探讨水权配置问题，[5]一些学者则注重运用经济学的研究方法对水权配置予以解读。[6]另外，有些学者通过比较法的方式考察国外的水权配置制度，以对我国水权配置制度的构建提供可供借鉴的素材。[7]从当前对水权配置的研究来看，学界一般主张综合发挥行政权力配置与市场调节的双重作用，促推水资源最大效益的发挥。

国外理论研究虽已成形，但存在法律渊源及法治土壤的差异，如何使其本土化成为主要难题。国内研究在借鉴域外经验的基础上，对通过水权许可进行水权初始配置和运用水权转让发挥市场配置作用基本达成共识，但关于水权配置的系统性理论尚未形成。主要问题体现在：

（1）当前研究还没有真正在理念上将水权配置上升到人权保障的高度，没有打通人人需要用水与水权作为私权之间的关系，没有充分认识到水权配置既是重大环境命题，也是重要的私法、人权命题，未能为水权配置寻求到深层次的理论依据。

（2）当前学界缺少对水权生成路径及水权配置之母权基础的关注，直接研讨水权配置问题。如果缺乏对水权生成路径及配置基础的关注，将无法为水权配置寻求到私法根基（民法层面的所有权），也无法意识到水资源全民所有以及水资源在宪法层面的所有权将对水权配置产生何种影响。毕竟，作为水权派生基础的民法层面的所有权，是配置水资源使用权（水权配置）的逻辑

---

[1] 参见崔建远：《水权与民法理论及物权法典的制定》，《法学研究》2002年第3期，第37—62页。
[2] 参见裴丽萍：《可交易水权研究》，中国社会科学出版社2008年版，第143页。
[3] 在缺乏对水权初始取得过程中的水权确权进行国家层面统一立法的情况下，地方层面的立法已经走在了前面。例如，河北省于2014年在全国率先专门制定了《河北省水权确权登记办法》。
[4] 参见单平基：《我国水权取得之优先位序规则的立法建构》，《清华法学》2016年第1期，第142—159页。
[5] 参见吕忠梅：《物权立法的"绿色"理性选择》，《法学》2004年第12期，第91—93页。
[6] 参见王亚华：《水权解释》，上海三联书店、上海人民出版社2005年版，第140—164页。
[7] 参见王小军、陈吉宁：《美国先占优先权制度研究》，《清华法学》2010年第3期，第42—60页；[美]A.丹·塔洛克：《水（权）转让或转移：实现水资源可持续利用之路——美国视角》，胡德胜编译，《比较法研究》2006年第6期，第761—768页；魏衍亮、周艳霞：《美国水权理论基础、制度安排对中国水权制度建设的启示》，《比较法研究》2002年第4期，第42—54页。

基础。[1]然而,当前学界却更多地直接专注于研究水权配置问题,忽视了对水权生成路径及水权配置之母权基础的关注。这必然需要学者重视对水权配置的母权基础——水资源所有权问题的研究。

(3)水权在初始配置过程中的不同位序、水权许可程序设计、水权取得公示方式及生态环境保护用水等问题亟需深入、细化研究。现行的取水权优先位序规则在很大程度上存在笼统、不够精确的缺陷,在处理相关水权配置的案件中,赋予了法官过大的司法裁量权,甚至极易出现法官仅依据个人的道德标准去裁判的风险。诚如卡多佐法官所言,法律规范确实需要一定的精确度,而非面对司法案例时仅仅沦为一种道德形式的评判,否则极易因感情用事或乐善好施而代替规则或原则进行审判。这种极端情况就将可能演变为对法律或规则的一种否定。[2]具体就水权初始配置中的优先位序而言,居民生活饮用、农业灌溉、工业生产、环境清洁、河流通航、垂钓及滑冰娱乐等用水行为中都涉及对水资源的利用。但是,对于上述几类用水权利取得的优先位序,《物权法》并未涉及,《水法》规定得又过于笼统(第21条[3]),学界对此也缺乏足够的关注及深入的讨论。

(4)目前,无论是法学界,还是经济学界的学者大都倡导构建及完善经由水权转让的水权市场配置。[4]但是,水权市场配置中的水权转让程序、私法构造、与物权变动模式的衔接、公权力定位、生态环境因素影响等方面基本还是空白。

(5)学界已意识到私法在水权配置中的作用不可替代,正值《民法典》编纂的历史性时刻,相应的水权配置规范,如水权初始配置的优先位序、公示方式、水权转让规则、排水权配置的私法安排等如何在《民法典》中进行反映,是学界必须重视但却关注不够的领域,亟需进行理论探讨及制度构建。

---

[1] See John R. Teerink and Masahiro Nakashima. *Water Allocation, Rights and Pricing: Examples from Japan and the United States*. The World Bank Press,1993:10.

[2] 参见[美]本杰明·N.卡多佐:《法律科学的悖论》,董炯、彭冰译,中国法制出版社2002年版,第135页。

[3] 《水法》第21条中充斥着"兼顾""充分考虑"等用语,无法在司法实践中合理厘清"农业、工业、生态环境用水以及航运"等用水权利的取得位序。这或许也是我国水权取得纠纷愈演愈烈的重要原因之一。

[4] 参见崔建远:《准物权研究》(第二版),法律出版社2012年版,第304页。

三、主要研究内容

本书将通过私法视野下水权配置制度的研究,寻求应对水资源危机的私法路径。这包括对我国当前已经确立的水权配置制度的实施情况,进行批判性的考察及分析,并从私法角度对水权配置制度的进一步完善进行文献及比较研究,进而尝试对司法实践中频发但尚未解决的水权配置难题寻求解决办法。

通过研究,将尝试回答以下问题:我国现有的水权配置规范存在哪些缺陷?如何通过理论研究对其予以完善?如何通过水权配置制度的构建,将水权在不同用水目的的竞争用水主体之间进行合理配置?如何采取措施纠正当前水权配置的错置问题,进而实现在经济福利最大化的同时,合理地保障社会公平的基本目标?[1]围绕上述问题,本书研究的主要内容具体体现为以下方面。

1.私法配置水权的理论证成。这是开展本项研究的逻辑前提,至少包括:

其一,从理论层面论证水资源虽然与土地资源在空间物理位置上连为一体,但在法律上能够成为独立的权利客体。按照民法理论,物权中最重要及最绝对的权利是所有权。[2]因此,能否将水资源视作独立(而非依附于土地资源)的权利客体,直接决定着能否在其上设置独立的水资源所有权及用益物权性质的水权。据学者考察,在我国当前社会实践中仍存在着大量将水权附着于土地资源,根据土地承包经营权来取得水权,且与土地承包经营权一并流转的做法,[3]还没有将水资源视作单独的权利客体,也未将水权作为独立的权利类型看待,不利于我们理解水权的权利特性。托马斯·思德纳教授曾指出,水资源作为一种生态系统资源,可能是继土地资源之后最需要健全法律规范的一项资源。这有利于我们解读生态系统权利的独特性,包括此种权利客体所具有的流动性、多变性和不可预测性。[4]那么,在法律层面上可否将水资源作为

---

〔1〕参见[英]朱迪·丽丝:《自然资源:分配、经济学与政策》,蔡运龙、杨友孝、秦建新等译,商务印书馆2002年版,第341页。

〔2〕参见黄风:《罗马法》,中国人民大学出版社2009年版,第128页。

〔3〕参见胡艳超、刘定湘、刘小勇、郎劢贤:《甘肃省农业水权制度改革实践探析》,《中国水利》2016年第12期,第9页。

〔4〕参见[美]托马斯·思德纳:《环境与自然资源管理的政策工具》,上海三联书店、上海人民出版社2005年版,第91页。

单独的权利客体（而非土地资源的附属），以使其与土地资源相区分并从中独立出来，就成为在水权配置过程中必须回答的问题。

其二，水权的私权属性界定。水权究竟应当界定为何种性质的权利？对此问题的回答是论证一切水权配置法律问题的逻辑基础。水权究竟是一项私权，行政权，抑或兼具二者属性？行政权介入水权的初始取得对水权的性质有何影响？水权的定性具有何种实践价值？毕竟，水权的性质将对水权确权、水权的初始取得及水权交易制度的构建具有重大的作用。在更深层次上，它甚至会影响我国水资源配置的整体性格局及路径。例如，究竟是行政权力，抑或市场机制，应当在水权（水资源使用权）配置中发挥核心作用？简言之，若水权含义界定不清、模棱两可，将直接影响到水权的初始配置及水权转让规则的建构及完善。

其三，水权的内涵及范围亦是需要理清的问题。水利部《水权交易管理暂行办法》在"水权是否包括水资源所有权"这一问题上，存在前后矛盾之处。若将水权的内涵认定为既包括对水资源的所有权，也包含对水资源的使用权（《水权交易管理暂行办法》第2条），但同时却又将水权交易认定为水资源使用权的流转（《水权交易管理暂行办法》第2条），则难免使人对此产生疑问，甚至在逻辑上就很难自洽。"无论如何，逻辑在法律科学框架内同样具有决定性意义，这一点不容置疑。"[1]如果认定水权的内涵可以涵括对水资源的所有权，而这种权利在我国仅能归属于国家，那么，就又不得不在水权初始配置过程中，将水资源所有权的初始配置排除在外，则不免节外生枝。有学者已意识到这一点，并主张对水权的定性采用广义、狭义的区分说，认为广义说之下，水权的内涵包括两种权利类型（即水资源的所有权及对水资源的使用权），狭义说之下的水权则仅指向对水资源的使用权，不包括水资源的所有权。[2]但是，这种处理方式的弊端显而易见，极易使人谈及"水权"时不知所指，进而混淆水权及水权交易的真正内涵。

因此，需要界定水权的私权属性及其权利内涵，为私法配置水权的展开提供理论基础。本书将水权的性质界定为一种私权，原因在于水权的母权基础是民法层面的水资源所有权，基于权能分离理论将部分权能派生给水权，而

---

[1] 参见[德]乌尔里希·克卢格：《法律逻辑》，雷磊译，法律出版社2016年版，第3页。
[2] 时任水利部政策法规司司长赵伟即对水权的定性，持此种观点。参见赵伟：《水权的法律释解及制度建立》，载水利部政策法规司：《水权与水市场》（资料选编之二），内部资料（未刊行），2001年12月，第47页。

行政权在水权生成中不具有此种权能,也无法将其派生给水权,仅能起到"催生"和"助产"作用。

2.水权配置的母权基础——水权的生成路径解析。本书对水权的生成路径及初始配置的母权基础进行理论解读的同时,也将对水资源之上权利的层次性进行分析及论证。水资源之上不仅负载着一种权利,而是呈现出不同的权利形态,并且体现为非常强的权利层次性,并将对水权配置产生重要的影响。这需要论证水资源之上权利划分的层次性,并建构其体系。理顺水权与水资源在宪法层面上的"全民所有"(《宪法》第9条)、宪法层面上的所有权(《宪法》第9条)、民法层面上的所有权(《物权法》第46条)之间的关系,对水权的母权基础从规范层面及理论角度进行解读,为水权生成及私权定性寻求理论根基,并为水资源产品所有权的取得提供基础。在这一论证过程中,不仅需要对私法的解读,而且需要尝试打通宪法与私法的沟通桥梁,也从侧面印证出水权配置不仅是私法命题,也是宪法、人权命题。为贯彻宪法保障基本权利的意旨,在对私法的解读过程中,应作符合宪法相关规定的解释。[1]实际上,虽然我国《宪法》《物权法》《水法》等法律均确立了水资源的所有权人仅只能是国家,[2]但面对体量十分巨大的国家所有的水资源,却尚未建构起真正有效的水权配置、水资源管理及保护的基本理论及制度,也没有建构出合理的水权取得、水权交易及水权保障规范,究其根源恰在于没有正视水资源之上权利划分的层次性,进而无法理清水权得以派生的私权(母权)基础。

3.对水权初始配置过程中不同用水目的之水权的确立位序,进行立法明确及规范选择。水权初始配置是水权确权的基础。水权法律效力的正当性及合法化,需要水权确权来实现,而这又以水权的初始配置为前提。毕竟,权利的取得就是指某项权利归属于特定主体的情形。[3]清晰界定水资源所有权的归属只是水权配置的开始,更重要的是如何使水资源能够为私人所享用。明确各种自然资源的所有权归属并未解决全部的问题,更重要的是如何有效地通过对自然资源的利用以服务于公众生活。[4]具体到水权配置领域,就体现为如何从自物权(水资源所有权)中派生出水资源用益物权(水权)。

---

〔1〕 参见王泽鉴:《民法物权》(第二版),北京大学出版社2010年版,第11页。
〔2〕 具体参见《宪法》第9条、《物权法》第46条、《水法》第3条的规定。
〔3〕 参见朱庆育:《民法总论》(第二版),北京大学出版社2016年版,第503页。
〔4〕 参见最高人民法院物权法研究小组编著:《〈中华人民共和国物权法〉条文理解与适用》,人民法院出版社2007年版,第354页。

如何处理水权在初始配置过程中不同用水目的之水权的先后位序,是水权初始配置规范的核心内容。水权初始取得规则的确立将以对我国水权取得既有规则的缺陷分析为基础,并将对世界上主要国家或地区关于水权取得的传统规则的源起、演变、修正、衰落及现状进行历史及比较法考察。

另外,在当前日益严峻的环境污染形势之下,于水权初始配置过程中,尤其必须注意为生态环境保护目的而用水的次序问题。水权初始配置过程中,生态环境用水及生态环境本身的保护问题,首先应当考虑的就是水权初始配置中生态环境用水的优先次序及法律保障问题。《水法》第21条[1]只是通过"兼顾""充分考虑"等词句,对不同用水目的的水权初始配置位序进行了原则性的规定,存在重大的立法缺陷,在授予水权许可机关的裁量余地过于宽泛的同时,也使其在司法实践中难以具有可操作性。[2]另外,生态环境不仅受到水权初始配置的影响,而且也可能受到水权交易的影响。在水权交易的实际操作过程中,可交易水权的价格通常由交易的当事人双方通过自主协商确定。[3]但是,当事人对水权交易价格的确定,往往是基于自身利益出发,价格中并不包含对水权交易所涉及的生态环境因素的考量。这实际上涉及水权交易的第三方效应问题。

尤其需要注意的是,如何在水权配置中践行"绿色原则"是无法回避的问题。2017年3月15日经全国人大审议通过的《民法总则》规定,"民事主体从事民事活动,应当有利于节约资源、保护生态环境"(第9条)。将"绿色原则"作为一项基本原则进行规定,是对日益严峻的环境资源危机的一种私法回应。但是,这一原则是否仅是有些学者所认为的"倡导性原则"?[4]毕竟,若考虑到民法典国际化的需要,则应使整个《民法典》以财产权概念为基础,而"不应在规定财产的民法典某一章中特别新增针对环境保护的具体规定"[5]。那么,

---

[1] 该条内容为:"开发、利用水资源,应当首先满足城乡居民生活用水,并兼顾农业、工业、生态环境用水以及航运等需要。""在干旱和半干旱地区开发、利用水资源,应当充分考虑生态环境用水需要。"

[2] 单平基:《我国水权取得之优先位序规则的立法建构》,《清华法学》2016年第1期,第144页。

[3] 参见胡艳超、刘定湘、刘小勇、郎劢贤:《甘肃省农业水权制度改革实践探析》,《中国水利》2016年第12期,第9页。

[4] 例如,张新宝教授认为,《民法总则》第9条属于一种倡导性的原则规定,倡导民事主体的民事活动应有利于节约资源、保护生态环境。民事主体应当选择低能耗、环境友好的生产、生活方式,以实现节约资源、保护环境、绿色发展的理念。"尽管没有与本条原则直接对应的法定义务和责任,但我国民法倡导节约资源、保护生态,这将从法的价值方面引导民事主体的行为选择。"张新宝:《〈中华人民共和国民法总则〉释义》,中国人民大学出版社2017年版,第17页。

[5] See Ugo Mattei. *Comparative law and economics*. Michigan University Press,1997:217.

如何将"绿色原则"贯彻到《民法典》分编的具体规则中,如何在生态环境用水的优先次序问题上进行反映,则是需要理论界进一步研究的问题。诚如王利明教授所言,"我国《民法通则》《侵权责任法》等民事立法虽然对环境侵权责任作出了规定,但其并不直接救济生态环境损害本身。《民法总则》对绿色原则作出规定,是我国民事立法的一大进步,而且《民法总则》将绿色原则作为一项民法基本原则进行规定,表明保护生态环境并不仅仅适用于侵权,应当贯彻适用于整个民法,其将直接影响《民法典》各分编制度、规则的设计、理解与适用"。[1]既然"绿色原则"已确立为一项民法基本原则,具体到水权配置领域,在《民法典》分编制定中(尤其是"物权编"领域)就应当有所体现。为理顺水资源使用人与生态系统维护及环境保护的关系,《民法典》"物权编"在明确水权是用水人对水资源享有占有、使用及收益的同时,还应引导水权人尊重自然及保护生态环境,既要确保水资源效用的发挥能够最大化,也需要能够指引用水人对水资源的节约及克制性的使用,希冀达到水资源节约及水生态环境保护的双重目的。[2]

另外,水权的初始取得是否需要水资源行政主管部门的登记?抑或选择水权登记对抗(而非登记要件)主义,即不经登记并不影响取水权的取得,但无法产生对善意第三人的对抗效力?换言之,对于水权的初始取得究竟应当采取登记要件主义,还是登记对抗主义?不同的立法选择,也将直接决定水权初始取得登记是否具有公信力。

4.排水权的私法配置及其在《民法典》中的定位问题。若将水权喻为一枚硬币,则其中的取水权、排水权就似硬币的两面。取水权的初始配置实现了由水资源国家所有权到水资源使用权的转换,为自然状态的水资源转化成能够由私人实际使用的水提供了制度的桥梁。相反,排水权的取得及行使则可能使水重新汇聚成自然状态的水资源。但是,我国现有立法却将排水权纳入到了取水权(而非水权)之中,将其作为取水权的一种进行规范,[3]存在不妥之处,值得商榷。毕竟,取水权与排水权二者之间具有不同的内涵及特性。取水权是从地上或地下水资源进行取水或用水的行为(《取水许可和水资源费征收管理条例》第2条第2款)。将取水权概念的外延扩展到排水权,将可能

---

[1] 王利明:《民法总则》,中国人民大学出版社2017年版,第70页。
[2] 参见常鹏翱:《物权法的基础与进阶》,中国社会科学出版社2016年版,第13页。
[3] 例如,《取水许可和水资源费征收管理条例》对"临时应急排水"进行了规范(第4条第1款第3项)。

使取水权的内部产生矛盾:既包括将水资源所有权转化为水所有权的取(用)水权,又包括将水融入水资源之中的排水权,不利于分别理解水权、取水权、排水权等的属性、内涵及法律效力。因而,符合逻辑的做法应当是将取水权、排水权均作为水权的下位概念进行定性及规范。

排水权规范是处理排水纠纷的制度基础。在排水权的权利配置法律关系中,最核心的内容在于处理排水权人与承水人之间的权利义务。表面上来看,排水权配置法律关系似乎体现的是相邻的两个标的物之间的关系,但归根结底还是排水权人与承水人之间的法律关系。毕竟,诚如迪特尔·梅迪库斯所言,"标的与标的的关系(即两个权利客体之间的关系)当然不作为法律关系出现。没有人的参与,法律关系也毫无意义,因为法律秩序是只针对人的。"[1]

我国《物权法》中虽然有关于处理排水纠纷的相应规范(第86条),但此种规定过于简单、笼统,不利于排水纠纷的解决,[2]亟需检讨及完善。另外,当我国投入大量人力、物力和财力修建水利工程之后,排水纠纷依旧不能避免的现实,充分说明水利工程的修建并非解决排水问题的可靠路径。[3]这也从侧面反映出排水权制度建设的重要性。现有排水规范呈现道德化的特性,且简单、笼统,欠缺司法操作性,极易滋生法官对排水纠纷恣意裁判的风险。比较立法例及我国司法实践关于排水权纠纷的裁判经验,可为我国《民法典》编纂中排水权规范的重构提供借鉴素材。基本原则是,自然排水及人工排水规范应当分置,在自然排水情形下,排水权人一般应当尊重自然排水的流向并赋予排水权人必要的疏水权,但若对承水义务人造成损害时,需承担损害赔偿责任;在人工排水情形下,一般没有权利使用邻地进行排水,但是,如果利用邻地进行排水的目的,在于使自己被水浸漫的土地变得干涸,或者利用邻地作为排放生活或其他用水到达河渠(道)的通道,则可对邻地进行利用,但不得任意变更水流及水道宽度,并需合理行使设堰权。

值此《民法典》编纂之际,面对我国排水权规范存在的立法缺陷及司法适用困境,实有必要在考察、归纳我国处理排水权纠纷之司法裁判实践经验的基

---

[1] [德]迪特尔·梅迪库斯:《请求权基础》,陈卫佐、田士永、王洪亮、张双根译,法律出版社2012年版,第20页。

[2] 截至2017年9月20日,用"排水"作为关键词在"北大法意"和"万律"(Westlaw China)法律数据库中对收录案例进行搜索,共找到695条记录。经过仔细甄别、研读,本书"第五章 排水权的私法配置——基于695件排水纠纷的分析"主要法律问题的提出、分析与论证等都是基于这些案例。

[3] 参见于凤存、王友贞、袁先江、蒋尚明:《排水权概念的提出及基本特征初探》,《灌溉排水学报》2014年第2期,第135页。

础上,借鉴其他国家及地区先进立法例,为《民法典》编纂中排水权制度的重新设计、建构提供智识支撑,进而保障排水权立法规范设计之科学。这也是本书重点研究的内容之一。

5.水权市场配置(水权交易)的私法构造及程序设计。如果将水权的本质定性为一种私权,那么,就不应在缺乏合理且正当基础的情形下一味地对水权转让予以禁止。以私权体系构筑而成的民法制度具有个人主义及自由主义的特点,与自由、平等等现代哲学理念相连。[1]在此意义上,若将水权界定为一种私权,那么,对水权转让的禁止或限制是否具有正当性基础,就成为必须考虑的问题。同时,水资源价值的多重性又决定了水权转让并非毫无限制,必须综合考量生活用水、生态环境用水、生产用水(包括农业灌溉及工业生产用水)及娱乐用水等多重用水目的因素,并应对公权力进行合理定位。同时,水权转让的本质应当定性为一种水资源用益物权的变动,应当与我国的物权变动模式相衔接。本书将通过私法视野下水权配置制度的构建,助推水权申请、变更、水权取得规范和水权确权信息的透明,减少第三人查证的繁琐程序,促使水权交易更加便利。[2]对这些问题的回应,均是能否发挥市场在水权配置中的决定性作用的关键所在。

在立法层面,水权交易规范存在诸多问题,需要从理论层面厘清。关于水权交易的类型界定之所以出现分歧,与对水权本身的认识及界定紧密相关。例如,对区域水权交易的界定并不符合水权交易的范畴。从严格意义上讲,所谓的"区域水权交易",仍然沿袭了行政配置水权的传统思路,并非运用私法手段配置水权,很难界定为真正意义上的水权"交易"。从解释论角度来看,按照2016年水利部《水权交易管理暂行办法》的规定,区域水权交易的主体是"县级以上地方人民政府或其授权的部门、单位"(第3条第1款第1项),属于行政主体范围,而非享有水权的平等私法主体。另外,区域水权交易的开展范围限定于"行政区域之间",应理解为在"用水总量控制指标和江河水量分配指标范围内"行政主体之间对结余水量的一种行政再配置,只是渗入了市场因素。这些问题将在水权交易的理论定性中进行分析及论证。

6.通过对私法视野下水权配置的系统研究,确立私法在水权配置中的核

---

〔1〕 参见[日]大村敦志:《民法总论》,江溯、张立艳译,北京大学出版社2004年版,第43页。
〔2〕 参见刘世庆、巨栋、刘立彬、郭时君等:《中国水权制度建设考察报告》,社会科学文献出版社2015年版,第367页。

心地位。但是,本书也并不主张完全废弃水资源的行政管制,而是认为私法配置与行政管制应当相互衔接、各司其职,即证成"水资源行政管制"与"水权市场调节"相结合的水资源配置方式。在水权的初始配置中,水权许可(水资源行政管制)将不可或缺;当原水权人的用水目的基于水权市场配置的原因而发生变化时,行政管制亦将扮演重要角色。但是,在前一情形中,行政权是对水权的"催生""助产"或"准生",而非对水权的"派生""分娩"或"遗传"。在水权交易情形中,行政管制也仅是在市场配置水权(尤其是水权转让)中将处于高位序用水目的的水权转变为相对较低位序用水目的的水权时,所应遵循的一项例外原则,无法否定私法在水权配置中的决定性作用。因此,发挥私法配置水权的决定性作用,而非仅仅依靠公权力(行政强制手段)来配置水权,为解决水权纠纷提供私法依据,利用市场手段实现合理配水、高效用水、有效节水的目标,达到对水权合理配置的效果。这也是本书研究的出发点、最终目的和归宿。

四、研究思路及研究方法

在法学研究中,研究思路及其研究方法的选择,在很大程度上决定了能否顺利开展研究并取得合理且正当的结论。为保证私法视野下水权配置制度研究的厚实及全面,本书遵循从实践到理论、从具体到抽象,并最终回归实践的思路。首先,考察水权配置的实践问题并分析成因,确保研究的理论针对性及实践面向性。其次,围绕实践问题,结合现行法规定,分析现行水权配置制度的缺陷及不足,归纳水权配置理论,为研究夯实基点。最后,将抽象出的水权配置理论应用到制度建构中,寻求合理配置水权的私法基础。

正确的研究方法是建构合理的水权配置制度的重要保障。有价值的学术成果必须要有问题意识与学术价值,需要让以后涉足此领域的学者驻足而不能回避,成为无法绕过的学术文献。这样研究目标的达成需要正确研究方法的协助。本书主要采用实证分析法、规范解释及归纳的研究方法、历史与比较研究方法及综合民法学、环境法学、人权法学等多学科知识的跨学科研究方法。

1.实证考察与实证分析相互结合的学术研究方法。"任何法律领域的成功,尤其是水法领域,都应该根据社会需求进行评价。"[1]关于水权配置的法学理论研究只有与水权配置的司法实践相结合,才能避免纯粹的理论研究成为"无根浮萍",进而确保水权配置具有理论针对性的同时,也保证水权配置的相关制度的建构具有更强的实践面向性。只有对一项制度的实践运行情况进行深入的考察和了解,才能运用法律达到组织和形塑人的生活的目的。[2]这要求我们从水权配置的规范角度入手,但同时又要注重考察水权配置在实践层面的运行状况。本书从水权配置的实践出发,窥探水权配置规范的适用情况,确保研究具有真正的问题意识及实践面向。

2.历史考察及比较研究相互结合的学术研究方法。就历史研究方法而言,当代的法律制度是历经历史演变,而非通过理性抽象而来,也非立法者的命令就能确立。[3]故而,法学研究者必须了解法律规则发展及演变的历史。"现行法的内容不是从石头缝里蹦出来的,而是从昨天一直演进到今天的产物。法律制度乃像语言一样的复杂现象,哪里有什么立法者能凭空将其建构起来?"[4]历史研究方法既有利于理解水权配置规则的起源,也有利于对水权配置规则进行纵向的比较。本杰明·N.卡多佐法官就认为,若将法学研究成果比作一件艺术雕塑,那么,前人的研究成果就是创作者"手里的黏土"。[5]

历史研究方法往往同比较研究方法相联。毕竟,法律制度的历史性考察不应局限于一国境内,这就涉及比较研究方法。当然,比较研究方法既涉及相关制度之历史发展及演变的纵向比较,也涉及对现有制度的横向比较。具体到水权配置领域,"水法是一个相对年轻而有活力的领域,水法向人们阐述了法庭和立法者如何根据社会发展创造和改变法律,一系列历史条件如何推动着水法的初始发展,但不同的现实环境又如何促使水法的不断改变"[6]。对事物之间进行比较的研究方法既是人们思维的基本特征,也是人们理解世界的

---

[1] [美]戴维·H.格奇斯:《水法精要》(第四版),陈晓景、王莉译,南开大学出版社2016年版,第2页。

[2] 参见[法]雅克·盖斯旦、吉勒·古博:《法国民法总论》,陈鹏、张丽娟、石佳友、杨燕妮、谢汉琪译,法律出版社2004年版,第71页。

[3] 参见[德]米夏埃尔·马丁内克:《德意志法学之光:巨匠与杰作》,田士永译,法律出版社2016年版,第7页。

[4] 徐涤宇、胡东海、熊剑波、张晓勇:《物权法领域公私法接轨问题研究》,北京大学出版社2016年版,总序第1页。

[5] 参见[美]本杰明·N.卡多佐:《法律的成长》,董炯、彭冰译,中国法制出版社2003年版,第35页。

[6] [美]戴维·H.格奇斯:《水法精要》(第四版),陈晓景、王莉译,南开大学出版社2016年版,第2页。

一种重要方式。[1]在本书研究中,多处运用了历史及比较研究相结合的研究方法。例如,在水权初始配置过程中,确定不同用水目的之水权初始配置先后位序的规则,是水权初始配置规则的核心内容。我们运用了历史及比较法考察相结合的方法,对水权初始配置的先后位序规范予以制度探讨。对相关制度进行历史及比较法考察,有助于帮助我们认识水权初始配置之先后位序制度的内在本质,而非外在表象。历史的研究方法主要是从水权配置制度的确立和形成的特定角度而言。具体到水权初始配置中不同用水目的之水权位序的合理确立更是如此,我国现行规则存在诸多缺陷,[2]考察国外有关取水权取得之优先位序规则的历史源起、制度嬗变及规则现状,有助于挖掘其生成的制度背景、理论根基,进而为我国水权初始取得之优先位序规则的立法建构提供宝贵经验及正当性基础。

当然,比较研究方法并非盲目崇信、一味照搬国外的理论或制度。虽然我们可能难以充分及完全地了解域外理论或制度,但这种比较研究的尝试仍是必要的。毕竟,比较研究方法概括起来至少可以具有三方面的价值及功能,即有助于理解应然状态上的法、改进国内制度、进行对外交流及合作。[3]比较法研究不仅有助于发现及解决问题,更关键在于"解释理论"。[4]当然,对外国法的关注及研究不能单纯停留在理论的探究层面,更不应盲目崇信、生搬硬套,而要敢于取舍、取其精华,进而使国外理论适应中国的法治土壤,使域外制度能够实现本土化。[5]本书针对域外理论及制度将采用批判性继受的态度,并尝试将其与我国水权配置的本土实践问题相结合,寻求解决中国水权配置问题的"他山之石"。

3.法教义学的研究方法。本书运用法教义学的研究方法,从解释论角度分析水权配置的现有规范及其存在的立法缺陷,进而发现水权配置的司法困境,并寻求制度原因。此处的所谓法教义学研究方法是为了确保法律文本解

---

[1] 参见梁治平:《法律的文化解释》,载梁治平编:《法律的文化解释》,生活·读书·新知三联书店1994年版,第36页。

[2] 具体可参见本书"第三章 水权初始配置之优先位序规则的立法建构"的详细论证。

[3] 参见[法]雅克·盖斯旦、吉勒·古博:《法国民法总论》,陈鹏、张丽娟、石佳友、杨燕妮、谢汉琪译,法律出版社2004年版,第74页。

[4] 参见[日]大村敦志:《民法总论》,江溯、张立艳译,北京大学出版社2004年版,第76页。

[5] 参见梁慧星:《中国民法学的历史回顾与展望》,载梁慧星:《中国民事立法评说:民法典、物权法、侵权责任法》,法律出版社2010年版,第44—47页。

释的无矛盾性,对法律文本的扩张解释、缩小解释等均包含在内。[1]在这一过程中,法解释学方法必然需要重视法逻辑的重要作用。因为,若无法在最低限度上遵守逻辑性的要求,则没有任何科学活动可言,遵守逻辑规则对于所有科学而言都属必要条件。[2]虽然霍姆斯法官那句经典的谚语"法律的生命不在于逻辑,而在于经验"[3]被广为接受,但是,倘若我们认为法律是一种实践理性,那么,就无法忽视逻辑在其中的意义,这有利于帮助我们作出正确行动。[4]为了使水权配置的相关法律得到遵守,需要对水权配置的既有规范进行适当的解释。解释法律在本质上就是运用法律的过程。[5]一项法律必然需要实施者在司法实践中能够给出合理的解释和运用,也必然需要法学研究者能够从学术研究的角度给予科学及理性的总结、批判和设计。[6]本书写作过程中,注重运用法教义学研究方法的意义在于,通过对水权相关既有法律规定的分析及解读,发现和归纳水权配置的现有规则及存在的缺陷,进而方便水权配置规范的立法建构及司法适用,为私法合理配置水权提供制度层面的规范支持。

必须认识到,解释论与立法论是无法完全割裂开的,尤其是在通过利益衡量的方式形成新的规范的过程中。以既有的法律规范为前提,通过利益衡量的方式寻求解决问题的方法时,往往就逐渐形成了新的法律规范。[7]具体到法教义学研究方法的实际运用时,本书的研究思路并非单纯地局限于水权配置规范的解释论,抑或立法论。一方面,关于水权配置,遵循从法律的既有规定出发(解释论),针对既有水权配置规则的立法缺陷及所存在的规则模糊之处,整理、概括已有的法律材料,作为开展相关研究的逻辑起点。另一方面,紧紧围绕如何设计出合理的水权配置规范(立法论),系统探讨私法视野下水权

---

[1] 参见[日]大村敦志:《民法总论》,江溯、张立艳译,北京大学出版社2004年版,第55页。

[2] 参见[德]乌尔里希·克卢格:《法律逻辑》,雷磊译,法律出版社2016年版,第3页。

[3] Oliver Wendell Holmes. *The Common Law* (1881). Reprinted in The Collected Works of Justice Holmes. Complete Public Writings and Selected Judicial Opinions of Oliver Wendell Holmes. ed. by S. M. Novick, Chicago, IL: University of Chicago Press, 1995: 115.

[4] 参见雷磊:《什么是法律逻辑?(译者序)》,载[德]乌尔里希·克卢格:《法律逻辑》,雷磊译,法律出版社2016年版,译者序第13页。

[5] 参见[日]大村敦志:《民法总论》,江溯、张立艳译,北京大学出版社2004年版,第54页。

[6] [罗马]杰尔苏语,载D.1,3,18《民法大全选择/正义与法》,第59页,转引自黄风:《罗马法》,中国人民大学出版社2009年版,第13页。

[7] 参见[日]大村敦志:《民法总论》,江溯、张立艳译,北京大学出版社2004年版,第102页。

配置规则立法建构中的"应当"与"不应当"命题,将水权配置规范纳入一种应然法的范畴,最终论证水权配置规范的合理建构。

4.综合民法学、行政法学及环境法学等多学科的研究方法。本书虽旨在运用"私法"手段达到合理配置水权的目的,但这一过程也离不开公法规范的参与,尤其是行政法学、环境法学等学科领域。因为,水资源的法律调整本身就是横跨公法、私法领域的多学科命题。我们意识到,单独依靠私法并不能胜任水权配置的宏大命题。以地下水的权利配置为例,由于地下含水层在本质上属于公共资源范畴,若无其他强制力量的介入,用水者并没有积极性去保护地下水资源,最终将只能导致资源的耗竭。[1]这无法在强调意思自治的私法内部得以解决,只能借助公法的力量。

上述研究方法虽然在本书写作中多有体现,但也并不能囊括全部,其间也零星夹杂着其他研究方法。例如,法经济学研究方法。法律经济学既是近半个世纪以来兴盛发展的一门法学与经济学的交叉学科,又是一种研究方法,即尝试运用经济学的视角和方式来分析、研究及解决法律问题。[2]应当承认,虽然市场经济、财产权等一系列共同的命题必然会将法学研究与经济学研究连接在一起,成为法学家和经济学家共同关注的命题,但是,二者的倾向不同,前者更倾向于研究正义,后者则更偏重讨论效率。[3]简言之,不能用经济分析来替代法律判断。即使如此,也不得不承认法律经济学的研究方法在认识及看待法律问题时,尤其在规范设计、制度建构此类"社会工程学"领域,的确是一项不可或缺的有利分析工具。[4]在农业用水实践中,水权配置应优先向高效益的经济作物倾斜,[5]即是对经济效益的一种考量。又如,利益衡量的研究方法。这种研究方法既是在宏观的层面上对整个民法的内在价值予以分析、阐释,又在微观的层面上有利于个案纠纷的解决。[6]当然,这些研究方法(包括法律经济学研究方法、利益衡量

---

〔1〕 参见[美]汤姆·泰坦伯格:《自然资源经济学》,高岚、李怡、谢忆等译,人民邮电出版社2012年版,第97页。

〔2〕 参见何海波:《法学论文写作》,北京大学出版社2014年版,第10页。

〔3〕 See Ugo Mattei. *Comparative law and economics*. Michigan University Press, 1997: 201.

〔4〕 参见[日]大村敦志:《民法总论》,江溯、张立艳译,北京大学出版社2004年版,第90页。

〔5〕 参见胡艳超、刘定湘、刘小勇、郎励贤:《甘肃省农业水权制度改革实践探析》,《中国水利》2016年第12期,第9页。

〔6〕 参见[日]大村敦志:《民法总论》,江溯、张立艳译,北京大学出版社2004年版,第103页。

的研究方法等）又往往与法解释学研究方法等相互糅合。综合运用上述研究方法的目的无非是为最终实现合理配水、有效节水及高效用水的水权配置目标。[1]

---

[1] 按照2011年中央一号文件《中共中央、国务院关于加快水利改革发展的决定》及国务院《关于实行最严格水资源管理制度的意见》（2012年）、《实行最严格水资源管理制度考核办法》（2013年）的要求,水资源开发利用控制、用水效率控制和水功能区限制纳污是水资源管理的"三条红线"。

第一章

私法配置水权的理论证成

第一节 为何是私法

一、私法配置水权的制度性优势

本书主要从私法角度对水权配置进行研究。水权配置之法律规范选取的正确与否,直接决定着配置效果的正当性。穗积陈重教授将正确的法律比作战场之钟鼓,钟鼓若发出错误之音,则无人能保持战阵,法律若不合理,民众亦无从遵守。[1]若不能区分究竟是公法,还是私法关系,将无法了解该法律关系的效果及内容。[2]传统上,包括水资源在内的自然资源主要由环境资源法、行政法等进行调整,而民法(尤其是物权法)则主要针对土地资源进行规范,对土地资源之外的其他自然资源(包括水资源)在民法中的规范却付之阙如。长期以来,在土地资源之上已经形成了较为稳定和完善的所有权及用益物权规范,但是,土地资源之外的其他自然资源调整则主要依靠经济法、行政法进行。[3]这种立法模式的弊端随着人们对水资源开发、利用的广度及深度的扩

---

[1] 参见[日]穗积陈重:《法典论》,李求轶译,商务印书馆2014年版,第7页。
[2] 参见[日]美浓不达吉:《公法与私法》,黄冯明译,中国政法大学出版社2002年版,第2页。
[3] 参见朱岩、高圣平、陈鑫:《中国物权法评注》,北京大学出版社2007年版,第365页。

展、加深而暴露无遗。传统上单纯依靠命令式、控制型的水资源行政管理方式，难以实现对水资源的高效利用，难以消除负外部性，需要建立一种对水资源利用的内在激励机制。[1]这种激励机制在很大程度上需要通过私权制度的构建来实现。

（一）依据传统行政手段配置水权的弊端

一味地依靠行政配置手段无法很好地实现水权配置的合理目标。这至少体现为：

其一，传统上，水资源行政配置过程中，用水人付出的用水成本往往较低，甚至具有无偿用水的特性，导致水资源的大量浪费。在很长一段时间里，包括水在内的自然资源甚至都是免费使用的，导致使用者没有节约资源的理念及动力。[2]在计划经济时代，我国对自然资源使用权的配置原则上主要通过行政管理模式来实现，往往采取一种无偿、无期限的自然资源使用制度。甚至在实行经济体制改革后的很长一段时期，此种模式仍然还在延续，不仅无法发挥市场配置自然资源的决定性作用，而且大大降低了自然资源使用的效率，更导致自然资源被大量浪费。自20世纪80年代后期开始，我国才逐步确立自然资源有偿使用制度。[3]无偿、无期限的水资源传统行政配置制度，无法真正实现对水资源的高效利用，应得到法律的纠正。包括水权在内的自然资源使用权，应当以有偿取得使用权为原则，以无偿取得使用权为例外。为此，《物权法》第119条规定了对自然资源的有偿使用制度，无偿使用是一种法律的例外。[4]也就是说，水权的取得原则上都是有偿的，只有法律另有规定的，才可以无偿使用。所谓"法律另有规定的除外"，主要是指其他单项法律的特别规定。例如，根据《水法》规定，农村集体经济组织及其中的成员，对于其集体经济组织的水塘、水库中的水进行使用，是无偿的(第7条)。

就水权的初始配置而言，我们也不禁要问：这种囿于行政强制范畴的水权配置模式有效吗？合理的水权配置目标的实现，不应仅依靠行政强制性手段，而是要通过水权人权利、义务的厘清，进而建立节约资源的制度激励机制。

---

[1] 参见黄萍：《自然资源使用权制度研究》，上海社会科学院出版社2013年版，第1页。

[2] 参见[美]托马斯·思德纳：《环境与自然资源管理的政策工具》，上海三联书店、上海人民出版社2005年版，第555页。

[3] 参见最高人民法院物权法研究小组编著：《〈中华人民共和国物权法〉条文理解与适用》，人民法院出版社2007年版，第355页。

[4]《物权法》第119条规定："国家实行自然资源有偿使用制度，但法律另有规定的除外。"

此时，就需要公法与私法的合力，共同践行社会分配正义原则，而不能拘泥于概念的外表，需要从法律制度的意旨和所选取规则的合目的性进行实质的探讨。[1]从水资源改革的国际经验来看，法律制度的健全、体制的合理安排、决策信息的透明公开及公众的高效参与等水资源治理模式，[2]必然需要由传统的单纯依靠水资源行政管制手段向以市场（私法）为主导的现代化的水权配置模式转变。

在一定程度上，私法是对水权进行确权的制度依据。现行私法对权利具有双重保护功能，不仅保护在存续意义上的、合法的"拥有"，还保护"取得能力"（取得保护）。[3]而公法的作用则在于对水权的确权进行保障，防止公权力的侵犯。诚如拉德布鲁赫所言，私法是一切自由主义法制的核心，公法仅是为私权提供保护性框架。[4]现今，越来越多的传统行政管制领域需要私法的介入。"在现今或可预见的未来，相对于国家权力之行使须受到组织编制与预算之局限，国家事务的繁多已有逐渐导致国家执行能力不足因应之趋势。"[5]

其二，就水权的市场配置而言，更不能仅依靠行政手段，而应当允许当事人通过私法手段进行水权转让。如果构建了合理及完善的水权市场配置规则，那么，水权交易当事人及其他用水者均会积极考虑节水问题，当事人的节水积极性提高，水资源的利用效率也自然会提升，水资源将会自然转移至高效率、

---

[1] 参见苏永钦：《寻找新民法》（增订版），北京大学出版社2012年版，第314页。

[2] 上述水资源改革经验来自世界银行主持的中国水战略研究项目"解决中国水稀缺问题：从研究到行动"的四篇国际经验系列报告。See World Bank. *Water Resources Management in Japan Policy, Institutional and Legal Issues*. World Bank Analytical and Advisory Assistance (AAA) Program China: Addressing Water Scarcity Background Paper April 2006, No.1; World Bank. *Evolution of Integrated Approaches to Water Resource Management in Europe and the United States: Some Lessons from Experience*. World Bank Analytical and Advisory Assistance (AAA) Program China: Addressing Water Scarcity Background Paper April 2006, No.2; World Bank. *Water Resources Management in an Arid Environment: The Case of Israel*. World Bank Analytical and Advisory Assistance (AAA) Program China: Addressing Water Scarcity Background Paper July 2006, No.3; World Bank. *Dealing with Water Scarcity in Singapore: Institutions, Strategies, and Enforcement*. World Bank Analytical and Advisory Assistance (AAA) Program China: Addressing Water Scarcity Background Paper July 2006, No.4.

[3] 参见[德]本德·吕斯特、阿斯特丽德·施塔德勒：《德国民法总论》（第18版），于馨淼、张姝译，法律出版社2017年版，第16页。

[4] Gustay Radbruch, Rechtsphilosophie, hgb. von Ralf Dreier und Stanley L. Paulson, Studienausg, 2. Aufl., 2003, S.120; 转引自朱庆育：《民法总论》（第二版），北京大学出版社2016年版，第11页。

[5] 参见陈慈阳：《环境法总论》，元照出版有限公司2012年版，第510页。

高效益的用水领域。[1]

（二）私法配置水权的优势

相较于传统行政配置方式，私法在配置水权过程中的独特优势十分明显。具体体现为：

首先，水权配置需要依靠既有的财产制度，同时在既有制度无法解决新兴问题时，需要创立新的财产规范。由于急速增长的人口数量以及经济快速发展的急切需要，当前的水资源及水生态环境已经被逼近承受力的极限。化解此类冲突和解决矛盾的合理路径，无疑就是更加高效地利用水资源。基于水权配置纠纷的频发，必然需要私法承担起引导水资源合理配置及高效利用的功能。[2]毕竟，"当人口变得如此之多，以至于地球的天然产品不足以养活或不能满足其舒适或难以提供无罪的享乐时，为了维持这个日益增长的系统，就会产生一种必然性，即遵守最有效地促进勤勉劳作的行为规则，同时禁绝一切具有相反效果的行为"[3]。这种效果的实现需要合理的资源配置规范，此类规范需要显而易见地被人理解，并且严格符合正义的要求。[4]其中，财产权益的确定及转让无疑属于此类规范之一。在水权配置领域，对财产制度的遵循或创设与其他财产权制度一样，应当契合正当的财产取得理念。诚如斯蒂芬·巴克勒教授所言，"创建财产制度为社会生活所带来的便利是如此的显著，以至于我们完全无法对此抗拒，因而它是发展的一种必然。在这些便利当中，'鼓励勤奋和辛劳'特别耀眼"[5]。在这一过程中，私法为每个人提供了参与财产的一般交换以及获取财产价值的可能性。[6]

其次，清晰地界定权利、义务及责任，本身就是民法的制度性优势。且不说，公法制度容易变化，而私法制度具有相对的长期稳定性，[7]更重要的在于，

---

〔1〕参见汪恕诚：《水权管理与节水社会》，载水利部政策法规司：《水权与水市场》（资料选编之二），内部资料（未刊行），2001年12月，第8页。

〔2〕参见王利明：《民法总则》，中国人民大学出版社2017年版，第71页。

〔3〕[澳]斯蒂芬·巴克勒：《自然法与财产权理论：从格劳秀斯到休谟》，法律出版社2014年版，第208页。

〔4〕参见[美]本杰明·N.卡多佐：《法律的成长》，董炯、彭冰译，中国法制出版社2002年版，第47页。

〔5〕[澳]斯蒂芬·巴克勒：《自然法与财产权理论：从格劳秀斯到休谟》，法律出版社2014年版，第264页。

〔6〕参见[德]本德·吕斯特、阿斯特丽德·施塔德勒：《德国民法总论》（第18版），于馨淼、张姝译，法律出版社2017年版，第16页。

〔7〕参见[英]弗里德利希·冯·哈耶克：《法律、立法与自由》（第一卷），邓正来等译，中国大百科全书出版社2000年版，第212页。

私法习惯于用权利的体系及思维来体现法律关系的特征,或者说,私法是依靠权利体系而构建起来的。[1]水权人之权利、义务的清晰界定,在水权配置中的作用毋庸赘述。毕竟,法律关系通常基于并围绕当事人之间的权利、义务而展开。此时,是选择更多地借助私法的力量配置水权,还是依然固守行政强制手段就成为无法绕开的问题。因为,二者依循着不同的法律逻辑,具有各异的规范原则:私法规范强调以意思自治为原则,公法则主要通过强制或拘束来实现规范目的;私法强调当事人的自主决定,公法则要求公权力机关必须拥有法律权限。因此,在选择究竟主要通过公法抑或私法来形塑或引导公众行为时,必须对此有清醒的认识。在涉及保护个人权利的领域,应遵循私法所秉持的"法无禁止即自由"的原则,因为个人乃自身事务及利益的最佳判断者及保护者,个人决定的自由能够促进社会的整体性发展。公权力则必须保障私法规范能够正常运行,并排除私人权利的滥用,若为公共利益干预私法领域时,必须具有合理及正当的理由。[2]大村敦志教授也认为,私法在实体与程序上通过权利、义务规范的设置实现调整法律关系的目的。[3]正是由于水权在本质上属于一项私权的缘由,决定了我们需要依循私法逻辑对水权予以配置,否则,会导致许多水资源法律制度变异,甚至适用不畅。[4]为应对愈演愈烈的水权争端,明晰的水权配置规则具有非常重要的意义,而当许多变数亟待确认时,法律的作用就显得相当重要,清楚界定权利义务规则的缺失是非常危险的。[5]

第三,私法(尤其是物权法)所具有的定分止争的功能,有利于应对日益严峻的取水权纠纷。人们在生活、生产过程中均需要利用水资源,但水资源有限性难免导致争端,为定分止争,提升水资源的利用效率,便有通过物权法规范水权配置制度的必要。毕竟,定分止争是物权法的一项重要功能。[6]为解决水资源稀缺性所导致的用水冲突及水权配置纠纷,就必然需要在水资源之上设置相应的物权制度。在一项自然资源之上是否设置物权制度同该项资源

---

[1] 参见[日]大村敦志:《民法总论》,江溯、张立艳译,北京大学出版社2004年版,第34页。

[2] 参见王泽鉴:《民法总则》(增订版),中国政法大学出版社2001年版,第15页。

[3] 参见[日]大村敦志:《民法总论》,江溯、张立艳译,北京大学出版社2004年版,第118页。

[4] 参见崔建远:《水权转让的法律分析》,《清华大学学报(哲学社会科学版)》2002年第5期,第43页。

[5] 参见[美]戴维·H.格奇斯:《水法精要》(第四版),陈晓景、王莉译,南开大学出版社2016年版,第2页。

[6] 参见王泽鉴:《民法物权》(第二版),北京大学出版社2010年版,第1页。

的稀缺性紧密相关。水资源自身具有非常重大的使用价值,但是,若水资源足够充足,则对水资源的使用必将是免费的,并且没有将水权予以转让的必要,即其不具有交换价值。[1]假若如此,就无在水资源之上设置物权制度的必要。另外,一般认为,水资源是一种可通过降水、蒸发等水循环过程予以补充的可再生资源。但是,这种"可再生性"却日益受到质疑。其一,对水资源进行"补充"的速度往往落后于对水资源的利用速度。毕竟,人类抽取地下水的速度比水补充的速度要快得多。[2]在许多情形之下,有些供水可能是以远远超出可补充的速度抽取地下水的方式来实现的。[3]其二,通过降水补充水资源往往不具有规律性。由于丰枯年份的变化,每年或者同一年的不同季节的降水量可能不同。水量的不同导致单纯机械地依靠行政配置手段可能存在不足,在严重缺水的年份更是如此,彰显了水权通过私法配置所具有的必要性。假如能够通过私法构建出合理的水权配置体系,那么,在日益多发的枯水时期,需用水者就可以向水权结余者购买水权进而使其损失降到最低。[4]

最后,在通过市场手段对水权进行再配置的过程中,相关的民事交易的立法显得更为重要。就水权的继受取得而言,本书更多涉及的是基于民事法律行为(水权转让合同)所导致的情形。而这恰是民法的重要调整领域。作为水权转让之基础原因行为的债权合同以水权转让当事人的内心意思表示为主要构成要件,而意思表示正是民事法律行为的核心内容,有时二者甚至在民法中被作为同义词来看待。[5]毕竟,民法是市民生活及市场交易的基本法。在水权市场配置过程中,私法调整具有成本低的制度性优势。"公法管制以命令与监督形式,监督成本较低但强制执行成本较高。起草一个简明的规则对行政立法机构来说是较轻松的事;可是我们必须考虑这种事实:国家一定要进行监督、控制与制裁任何违犯行为。私法调整监管成本较高(在诉讼结束后制定一个规则或标准比事前起草规则更省钱),但强制执行成本较低,因为作

---

〔1〕 参见[美]托马斯·思德纳:《环境与自然资源管理的政策工具》,上海三联书店、上海人民出版社2005年版,第33页。

〔2〕 参见[美]戴维·H.格奇斯:《水法精要》(第四版),陈晓景、王莉译,南开大学出版社2016年版,第7页。

〔3〕 参见水利部政策法规司:《美国西部水资源分配及水权》,载水利部政策法规司:《水权与水市场》(资料选编之二),内部资料(未刊行),2001年12月,第434页。

〔4〕 参见[美]汤姆·泰坦伯格:《自然资源经济学》,高岚、李怡、谢忆等译,人民邮电出版社2012年版,第92页。

〔5〕 参见[日]大村敦志:《民法总论》,江溯、张立艳译,北京大学出版社2004年版,第36页。

为一个事实,它已交由私人当事人处理。"[1]

二、其他法律在水权配置中的补强

运用私法配置水权,并非意味着其他部门法于其间不发挥相应作用。具体体现为:

其一,公、私法的明确界分本身就十分棘手。公法与私法的区别虽仍然是根本性的,但它确实变得越来越困难。由于公法与私法之间的界限及各自调整的范围不够清晰,因此,法的部门相互交叉,精确分类仍然存在不少困难。[2]一般而言,所谓私法,是指适用于私人与私人之间(包括自然人、法人或非法人组织)关系的法;所谓公法,是指适用于国家和私人之间的法。如果依据法律关系的实质内容进行区分,用来调整与国家相关的法律关系的法律为公法,用来调整与私人相关的法律关系的法律为私法。[3]以上学说看似能够将公法与私法相区分,能够分别达成各自的规范目的,但实际上,在适用领域上,两者之间的界限并没有这么清晰。一方面,在调整公法关系过程中,当前理论主张只要没有特别的规定,也可以适用私法的观念,取代了过去在公法关系的调整上不能适用私法的做法。另一方面,认为在调整私法关系时也应当考虑到公法规范的存在的理论正获得越来越多的支持。[4]林诚二教授甚至认为,公法与私法的区分,仅仅是单纯的理论探讨,在很多场合之下无法对某法典强行区分为公法或私法,至多只能原则上认为某法典(如民法)属于私法或公法。[5]其中的"私人生活"的领域也好,"国家"的领域也好,都需要公私法调整相结合,仅是于不同领域发挥作用的角色轻重不同,如何调整公法与私法的平衡,可能是真正需要努力的方向。[6]另外,必须承认,即便将水权定性为用益物权,私法也无法独立承担起配置水权的重担,因为用益物权本身即需要私法与公法的共同调整。即使用益物权作为一种他物权,本质上是一种私法权利,但是,对私权的保护也并非私法单独的任务,而是像其他任何权利的法律保护一样,都是需要一国法律体系的不同法律部门协同完成的任务。对包括水权在内的

---

[1] Ugo Mattei. *Comparative law and economics*. Michigan University Press, 1997: 217.
[2] 参见[法]雅克·盖斯旦、吉勒·古博:《法国民法总论》,陈鹏、张丽娟、石佳友、杨燕妮、谢汉琪译,法律出版社2004年版,第66—67页。
[3] 参见林诚二:《民法总则》(上册),法律出版社2008年版,第4页。
[4] 参见[日]大村敦志:《民法总论》,江溯、张立艳译,北京大学出版社2004年版,第116页。
[5] 参见林诚二:《民法总则》(上册),法律出版社2008年版,第3—4页。
[6] 参见[日]大村敦志:《民法总论》,江溯、张立艳译,北京大学出版社2004年版,第123页。

用益物权的保护也不例外,可具体分为私法保护与公法保护。[1]

当然,这并非意味着对公法与私法没有区分的必要。虽然现代社会对公法与私法的区分愈加困难,按照法律所欲实现的规范目的及其保护的利益类型来划分公法或私法变得并不可行,毕竟,公共利益与私人利益本身的划分标准就十分困难。[2]但是,对公法与私法在理论上进行区分,对于一些法律制度的理解及适用还是具有重要意义的,二者的划分在宏观层面上体现了个人与社会,以及个人与个人之间法律关系的差异。[3]假如对公法与私法不做区分,那么,或者可能使本来应当受到制约的公法行为不受牵制、过于自由,或者可能使本应属于意思自治的领域过分受到管制。[4]

其二,水权配置不仅涉及经济因素,还涉及环境、生态,甚至社会因素。民法是以权利的体系来构建的,因而必然会带上个人主义和自由主义的色彩。换句话说,民法是与自由、平等这些近代社会哲学的基本价值整合在一起的。[5]在物权法中,私人往往凭借自己的意思和需求来支配和利用自然资源。但是,这只是调整私人与自然资源关系的一个路径。因为,虽然自然资源为个人提供了生存或发展的物质基础,但当这一基础毁损且难以补救、灭失且不可再生时,就必将会损害私人的权益。因此,私人在支配和利用自然资源时必须要有所克制,需要尊重自然规律。[6]

具体到水资源领域,在水资源之上所承载的价值及功能具有多重性的特点,生活用水、生态环境用水、生产用水(包括农业灌溉及工业生产用水)及娱乐用水等不同用水目的均交融其中,决定了水权配置过程中不能单纯考虑"个人主义和自由主义"因素。在现代社会,单纯依靠民法发挥作用的纯粹"私法"领域正在缩减,大多数情况下,公法规范往往与民法规范共同适用,以至于在许多传统的私人关系领域,国家政策对私人权利义务的介入在实质意义上变得不可或缺。[7]作为用益物权的水权也是如此。用益物权的公法与私法保护相互配合、相辅相成,共筑严密的权利保护体系,二者之间的关系并非相

---

[1] 参见房绍坤:《用益物权基本问题研究》,北京大学出版社2006年版,第225页。
[2] 参见林诚二:《民法总则》(上册),法律出版社2008年版,第4页。
[3] 参见江平、米健:《罗马法基础》,中国政法大学出版社2004年版,第71页。
[4] 参见朱庆育:《民法总论》(第二版),北京大学出版社2016年版,第10页。
[5] 参见[日]大村敦志:《民法总论》,江溯、张立艳译,北京大学出版社2004年版,第43页。
[6] 参见常鹏翱:《物权法的基础与进阶》,中国社会科学出版社2016年版,第13页。
[7] 参见[日]大村敦志:《民法总论》,江溯、张立艳译,北京大学出版社2004年版,第117—118页。

互排斥,亦不能相互替代。[1]此时,若仅仅依靠私法去配置水权,进而构建水资源法律制度,那么,"我们要在许多方面拷问水法,水法可能满足以上所有价值吗?水法能设计一套既稳定又公正的法律制度吗?"[2]故此,虽然私法在水权配置中居于核心地位,但水权合理配置目标的达成也需要其他部门法律的协调配合。

水权配置过程中,对于水生态环境的保护更非单纯的私法所能胜任。私法往往运用财产权所应负担的"社会义务"来解决私权行使过程中所带来的负外部性,包括环境保护问题。但是,与公法规范相比较,就私法对环境保护的关注而言,不管财产权的"社会功能"理论或观念可能具有多大的影响,都无法占据优势。在水权配置过程中也是如此。如果水权配置不能支付其所带来的社会成本(包括水生态环境污染),就不应由法律制度所承认。毕竟,权利与义务具有对等性,义务规则也应当是水权配置本身的组成部分,并应当然适用于水权人(义务人)。公共福祉只是个人福利的总和,私法所强调的"每个人有义务保证其周围自然环境的清洁,最终必将是环境的整体性改善"的推断并没有考虑到所谓"公众不良"问题,即使考虑到也显得用力不足。此时,就不可避免地需要在民事法典以外另行制定具有公法性质的环境规章。[3]也就是说,当私法规范对于水权配置过程中所带来的生态环境问题的解决"独木难支"时,就必然需要其他部门法予以补强。

其三,对水权等自然资源用益物权的调整通常需要私法(物权法)与其他法律部门的衔接和协调。物权法以规范物权关系为宗旨,但目前在实定法层面,尚无任何一部法典可以规定及调整一切物权关系。[4]现行法关于水权等自然资源用益物权所采取的规范方式,系于《物权法》"用益物权"编"一般规定"中肯定其用益物权属性,至于水权等特殊种类的物权取得、变更、丧失和此类权利的具体内容等问题则置于特别法中加以进一步规定。就此可见,作为补充民法规则的行政法规则的存在,也是需要探讨的问题,并需要正确处理二者之间的关系。[5]

---

[1] 参见房绍坤:《用益物权基本问题研究》,北京大学出版社2006年版,第226页。
[2] [美]戴维·H.格奇斯:《水法精要》(第四版),陈晓景、王莉译,南开大学出版社2016年版,第2页。
[3] See Ugo Mattei. *Comparative law and economics*. Michigan University Press, 1997: 217–218.
[4] 参见王泽鉴:《民法物权》(第二版),北京大学出版社2010年版,第1页。
[5] 参见[日]大村敦志:《民法总论》,江溯、张立艳译,北京大学出版社2004年版,第118页。

也就是说,经由水权配置制度在水资源领域设立私权性质的水权规范,并非要废除水资源的行政管制。"私有权可能尤其需要可靠的管制来保护弱小者,以对抗富有者的高压力量。"[1]毕竟,从宏观角度而言,水权配置暗含人权法因素,当然应当符合宪法的规定。另外,公法在取水权的初始配置、取水权转让过程中改变用水目的时的法律规制、水权人所应担负的公法责任等方面都将发挥重要的作用。尤其是,一种制度不可能以纯私法方法或者以纯公法方法来界定某项权利,从而来处理外部性问题。[2]就水权转让而言,"一个为了特定目的而使用水的决定会有深远的影响。例如,从农村经过山区向城市调水的决定,尽管维持了城市的用水要求,但也会造成农业生产力和牧场社区的萎缩;尽管促进了输入地的快速发展,但也妨碍了输出地的进一步发展;尽管满足了娱乐需求,但由于水量减少,废水溶解力下降也导致污泥处理更加困难,从而也使输出地地下水无法回灌,最终导致两地生态系统的变化"[3]。由于不可能存在纯粹的水权市场,因而水权配置制度除了需要私法外,或多或少都要延展到可用来解决水权市场所引发的外部性问题的公法。需要考虑的是,建立何种行政管制系统来避免或减少水权配置过程中的市场失灵,建立自治与管制的接口,进而使自治规范和管制规范相互调和、并进,而非相互扞格,[4]共同为实现水资源合理配置目标的达成而服务。

故此,在水权配置领域,需要做的是,区分不同的法律关系情形,将应属私法或公法规范的法律关系,分别交给私法或公法去调整。

第二节 水权的私权定性

运用私法手段配置水资源从根本上是由水权的私权定性所决定的。水权定性是水权确权及水权交易的逻辑前提,将对水权取得、水权确权及水权交易的制度设计及实践运行产生重要影响。水权之水资源用益物权的定性也能够与《物权法》第123条的规定相契合。

---

[1] [德]魏伯乐、[美]奥兰·扬、[瑞士]马塞厄斯·芬格主编:《私有化的局限》,上海三联书店、上海人民出版社2006年版,第13页。

[2] 参见[美]乌戈·马太:《比较法律经济学》,沈宗灵译,北京大学出版社2005年版,第211页。

[3] [美]戴维·H.格奇斯:《水法精要》(第四版),陈晓景、王莉译,南开大学出版社2016年版,第1—2页。

[4] 参见苏永钦:《寻找新民法》(增订版),北京大学出版社2012年版,第54页。

一、水权定性——一个无法回避的法学问题

中共中央十八届三中全会在《关于全面深化改革若干重大问题的决定》中提出,"发展环保市场",推行"水权交易制度"。为贯彻上述精神,推动水利改革,水利部于2014年颁布了《水利部关于深化水利改革的指导意见》,提出"健全水权配置体系,开展水资源使用权确权登记"(第13条),"建立健全水权交易制度,开展水权交易试点"(第14条),进而建立健全水权制度。为此,水利部在《关于开展水权试点工作的通知》中提出,用2—3年时间在宁夏、江西、湖北、内蒙古、河南、甘肃和广东等7个省、自治区开展试点,在水权初始确权登记、水权交易流转及水权相关制度建设方面开展探索,为全国层面的水权制度建设提供前期铺垫。2016年4月19日,水利部颁布《水权交易管理暂行办法》(水政法〔2016〕156号),旨在实现"建立完善水权制度、推行水权交易、培育水权交易市场"的目标。

然而,《水权交易管理暂行办法》一方面将水权界定为"包括水资源的所有权和使用权"在内,另一方面又将水权交易界定为"通过市场机制实现水资源使用权在地区间、流域间、流域上下游、行业间、用水户间流转的行为"(第2条),并将水权交易区分为三种类型,即区域水权交易、取水权交易、灌溉用水户水权交易(第3条)。这必然使人对水权的内涵及范围产生疑问,即究竟是否应当包括水资源所有权。另外,在将水权交易界定为"水资源使用权交易"(《水权交易管理暂行办法》第2条)的情况下,对区域水权交易的界定宜再斟酌。[1]毕竟,"县级以上地方人民政府或者其授权的部门、单位"并未依法申请并取得对水资源的使用权,并非水权的权利主体,既然不享有水资源使用权,如何进行"水资源使用权交易"(水权交易)就成为值得商榷的问题。

因此,准确界定水权的性质就成为水权确权登记、水权交易的基础,是在私法视野下探讨水权配置问题及构建水权配置制度的理论基础。"水为人类生活不可缺之必需物,夙有治水与利用之两大问题。然现今因水电之发达,遂以水之利用为中心。"[2]在水资源归属于国家所有的情况下,鉴于国家所具有的抽象性特征,对水资源所享有的具体使用权的重要性甚至要强于其实际归

---

〔1〕 依据《水权交易管理暂行办法》第3条第1款第1项规定,区域水权交易,是指以县级以上地方人民政府或者其授权的部门、单位为主体,以用水总量控制指标和江河水量分配指标范围内结余水量为标的,在位于同一流域或者位于不同流域但具备调水条件的行政区域之间开展的水权交易。

〔2〕 参见史尚宽:《物权法论》,中国政法大学出版社2000年版,第93页。

属。[1]如果说水权初始配置、水权确权是水权市场配置(水权转让)的前提,那么,对水权进行理论定性就是水权初始配置、水权确权的逻辑前提。对一项法学概念的理解应当在其发挥作用时进行,而非在其静止时。[2]水资源的使用权(水权)是水法这栋大厦的基础,若水权的含义模糊或性质界定不清,就好似基石不牢,水法的整座大厦将会倾斜。[3]对水权重新定性的缘由正是这种基于实践的需求。这一定性又以水资源能够得以成为独立于土地资源的权利客体的理论探讨为基础。

二、作为水权客体之水资源的流动性与物权客体特定性

水资源能否脱离土地资源,成为独立(并非依附于土地资源)的权利客体,将直接关系到水权的准确定性。作为水权客体之水资源的法律属性的界定,对水资源之上能否设立单独的所有权(而非依附于土地权属)、水权的合理配置以及相关法律制度的整体性架构,均具有重要意义。

水资源具有流动性的自然特性,决定了在其上设置及行使私权的困难。水资源流动性的物理特性与物权客体必须具有特定性的原则是否矛盾,是探讨水资源能否成为单独(而非土地资源的组成部分)的权利客体过程中必须回应的问题。按照民法理论,物权的客体具有独立性、特定性。[4]姚瑞光教授更是从物权支配性实现的角度明确指出,物权的客体必须是具有特定性质的物,实基于物权乃直接支配物之权利而来。盖若非特定物,即无从为直接支配。[5]那么,具体考虑到水资源所具有之流动性的物理特性,如何理解物权客体的特定性呢?二者是否存在矛盾?

(一)水资源在法律上被当作单独权利客体的趋势

1.传统做法:水资源与土地资源合为一体

在传统社会,水资源在法律上没有被当作单独的权利客体对待,而是同沙

---

〔1〕 参见[德]鲍尔、施蒂尔纳:《德国物权法》(上册),张双根译,法律出版社2004年版,第605页。

〔2〕 See H. L. A. Hart. *Jhering's Heaven of Concepts and Modern Analytical Jurisprudence. in H. L. A. Hart. Essays in jurisprudence and philosophy.* Oxford University Press,1983:277.

〔3〕 参见崔建远:《水权转让的法律分析》,《清华大学学报(哲学社会科学版)》2002年第5期,第43页。

〔4〕 参见王利明:《物权法》,中国人民大学出版社2015年版,第5页。

〔5〕 参见姚瑞光:《民法物权论》,中国政法大学出版社2011年版,第1页。

石一样构成土地资源的组成部分。[1]诚如史尚宽教授所言,地下水应当是土地的构成部分,应为土地所有权人所支配,而泉水则可以看作是土地资源的孳息。[2]这种做法在之前美国的西部许多州中就有体现,地上土地的所有权人对其地下所对应的水资源,可以享有完全的所有权。[3]此时,水资源与其所附着的土地资源同属于共同的土地所有者所有。

水资源附属于土地资源有其历史的原因。其一,在传统的农业社会,土地资源所有权及土地价值备受重视,[4]而水资源的作用则为实现农业目的,仅在于保障土地资源价值的实现,水资源本身的独特价值尚未完全显现。与此相应,民法也是以土地资源为中心来建构相应的自然资源使用权(用益物权)制度。[5]其二,所有权的基础恰恰在于稀少性,[6]但是,当时水资源在很大程度上尚未体现出稀缺性,甚至被称为一种自由取用的财产,[7]而"取之不尽,用之不竭"的观念[8]仍是人们对水资源的主导性认识。[9]在此种理念的支配之下,若一项资源人人唾手可得,则无将其视为单独的权利客体及建立排他性的权利制度的必要。

2. 水资源与土地资源在法律上日益相互独立

水资源在法律意义上日益从土地资源中脱离出来,构成单独的权利客体,与水资源的日益稀缺性紧密相关。人们对一项资源的定义会随着"时间或社会环境"的变化而变化。[10]自然界的各种资源是天然存在于自然界中,而非由人力创造的,人类通过一定的技术手段能够直接控制并可将其满足生产或

---

[1] 当前,仍有极少数立法例将水资源看作土地的组成部分。例如,依据美国《加利福尼亚州民法典》第662条的规定,水道是土地的附属。See *California Civil Code*, Section 662.

[2] 参见史尚宽:《物权法论》,中国政法大学出版社2000年版,第93页。

[3] See John R. Teerink. *Water Allocation Methods and Water Rights in the Western States*, U.S.A., in John R. Teerink and Masahiro Nakashima. *Water Allocation, Rights and Pricing: Examples from Japan and the United States*. The World Bank Press, 1993: 17.

[4] 参见[德]罗伯特·霍恩:《德国民商法导论》,楚建译,中国大百科全书出版社1996年版,第195页。

[5] 参见王泽鉴:《民法物权》(第二版),北京大学出版社2010年版,第267页。

[6] 参见[美]康芒斯:《制度经济学》(上),于树生译,商务印书馆1962年版,第298页。

[7] 参见裴丽萍:《水权制度初论》,《中国法学》2001年第2期,第92页。

[8] 参见韩洪建主编:《水法学基础》,中国水利水电出版社2004年版,第6页。

[9] 参见裴丽萍:《水权制度初论》,《中国法学》2001年第2期,第92页。

[10] See C. W. Montgomery. *Environmental Geology* (6th ed). The McGraw-Hill Companies, Inc., 2003: 229.

生活需要的物质资料的总称。[1]能够将无价值之物变成具有价值的法律上客体的原因恰在于其稀缺性。[2]现代社会,水资源的有限性与人类不断增长的对水资源的需求和社会经济的发展形成尖锐的冲突和矛盾。[3]法律意义上的自然资源,必然需要具有稀缺性的特征,才能被纳入法律规制的范围,也方需要法律进行调整此种自然资源的所有及利用关系。原因在于,恰恰由于此种资源所具有的稀缺性,导致该种自然资源无法完全满足人们对其的需求,进而引发资源争夺现象的发生。法律围绕自然资源的权利配置所设定的一系列规则以及相关法律制度的构建,就是为了避免和解决自然资源所引发的冲突问题。[4]对自然资源设置的财产权,针对的是具有经济上利益并可作为权利客体的自然资源类型,这种经济上的利益包括自然资源的使用价值及交换价值。[5]

水资源也不例外,且水资源的稀缺性体现在水量、水质两个方面。水量上的日益短缺及水质上的被污染,促使人们逐渐意识到水资源所具有的独立于土地资源之外的自身价值。若仍将二者视为一物,任凭土地所有权人或使用权人对水资源进行自由支配,则可能产生断流、水污染、水生态环境破坏等一系列问题,并影响水权的合理性配置。[6]将水资源视为土地资源的组成部分明显不能化解以上困境,无法解决水权配置所产生的生态环境恶化等问题,且会对水资源所附着的土地资源的所有权人、土地所有权人之外的人产生不利影响,直至危害社会的整体性利益。按照经济学的观点,在一个有效的市场中,用水者缺乏对水资源进行保护的积极性主要有两方面的原因:其一,用水者希望水资源的开采成本不要增加过快;二是人们希望将来地下水资源的价格可以增长到一定的高度。基于水资源所具有的公共性,上述用水者所持有的两个方面的期望都很难转化为保护水资源的积极性。因为,基于水资源的公共性,一方用水者所保护的水资源能够被另一方用水者抽取、使用。对水资源的保护者而言,其对自己节省下来的水资源并不享有专有权。水资源的保护

---

〔1〕参见最高人民法院物权法研究小组编著:《〈中华人民共和国物权法〉条文理解与适用》,人民法院出版社2007年版,第352页。

〔2〕参见[美]阿兰·兰德尔:《资源经济学》,施以正译,商务印书馆1989年版,第12页。

〔3〕参见王利明:《民法总则》,中国人民大学出版社2017年版,第70页。

〔4〕参见最高人民法院物权法研究小组编著:《〈中华人民共和国物权法〉条文理解与适用》,人民法院出版社2007年版,第352页。

〔5〕参见林诚二:《民法总则》(上册),法律出版社2008年版,第70页。

〔6〕参见王伟中主编:《中国可持续发展态势分析》,商务印书馆1999年版,第134页。

者可能原本设想等水价增高之后再抽取此水资源,进而获取更高的利益,但却发现在水价未增高之前这些水资源就被其他人给取用了。[1]此时,用水者必然就没有保护水资源的积极性,合理的解决路径就需要打破水资源的公共物品属性,于水资源之上设置权利制度。

故此,世界上主要国家或地区的立法例日益将水资源作为独立于土地资源的所有权客体进行规范,并逐渐形成一种立法趋势,[2]以期解决水资源日益紧缺与用水需求激增的矛盾。大陆法系的德国[3]、法国[4]的水资源(包括地上及地下水资源)及日本的河川水资源[5]均归属于国家所有,与土地资源的归属相分离。英美法系也是如此,英国将水资源归属于王室[6];美国有些州将水资源归属于州所有(如美国的路易斯安那州[7]),有些州将水资源归属于全州人民(如美国的华盛顿州[8]、马萨诸塞州[9]等)所有。

(二)水资源流动性与所有权客体特定性

水资源具有流动性,且水循环系统之间具有相互关联的自然特性,使其适用财产规则变得困难,[10]难免对水资源能否被视为单独的权利客体产生质疑。"尽管水使用权是特别的,对水法的研究在某种层面上是对产权概念的研

---

[1] 参见[美]汤姆·泰坦伯格:《自然资源经济学》,高岚、李怡、谢忆等译,人民邮电出版社2012年版,第97-98页。

[2] 关于水资源归属的详细立法例可参见彭诚信、单平基:《水资源国家所有权理论之证成》,《清华法学》2010年第6期,第99-102页。

[3] 依据德国《联邦水管理法》第1条第3款第3项,土地资源与水资源的所有权归属相分离,对水资源的利用被排除在土地权利之外。参见[日]大桥洋一:《行政法学的结构性变革》,吕艳滨译,中国人民大学出版社2008年版,第234页;国家计委国土局法规处、北京大学法律系编:《外国国土法规选编(第三分册)》1983年版,第139页。

[4] 《法国水法》,水利部政策法规司译,"中国水政网",http://shuizheng.chinawater.com.cn/gwsf/gwsf5.htm,2009年2月22日访问。

[5] 《日本河川法》第2条规定,河流属于公共财产,河流的流水不能为私人所有。See Masahiro Nakashima. Water Allocation Methods and Water Rights in Japan. in John R. Teerink and Masahiro Nakashima. Water Allocation, Rights and Pricing: Examples from Japan and the United States. The World Bank Press, 1993: 51. 另可参见崔建远:《水权与民法理论及物权法典的制定》,载崔建远:《物权:生长与成型》,中国人民大学出版社2004年版,第349页。

[6] See U. K. Water Act 1989, Part 2, Division 1, Section 7(1).

[7] See Louisiana Civil Code, Section 450.

[8] See Washington Water Code, Section 10.

[9] See Massachusetts State Waterways, Section 2.

[10] See Joseph W. Dellapenna. Global Climate Disruption and Water Law Reform. Widener Law Review, 2009-2010(15): 416.

究。水是流动资源的事实限制了传统所有权概念中对占有性的理解。"[1]故此,有学者就凭借民法中所有权客体应当具有特定性的要求,认为水资源无法作为单独的权利客体。[2]虽然法律上已经明确水资源独立于土地资源之外,有其独特的权属关系,[3]但是,如何理解水资源流动性与作为民法上物权之客体所应当具有的特定性二者之间的关系仍然是需要理清的问题。

1.客体特定性由物权支配性所决定

就民法理论而言,欲使水资源能够成为独立的私权客体,那么,它必须符合私法权利之客体所应具有的特定性要求。毕竟,权利客体的特定性、独立性是物权具有支配性的基本要求,[4]不具有特定性之物,无法成为物权客体。[5]在罗马法上,物权人有权在不侵犯他人利益的前提下对自己所有之物"为所欲为"。[6]但是,物权人得以如此行为的一个前提是,此物需为特定之物。作为权利客体的物,其本身无法成为享受权利并承担义务者,[7]而需要由法律上的主体进行支配,这必然需要具有可为人类所控制或支配的特定性特征。法律主体对客体的支配或控制,指的是一般人根据一般的技术或能力就能够实现对物的支配。如若是必须依靠专家使用专门的科学仪器或者技术方能实现支配的物,此时尚不能被看作民法上的客体。[8]

按照传统民法理论,基于物权客体所应具有的特定性要求,物权的客体只能是物,而且必须是特定物。这是物权客体最基本的特征。物权客体所应具有的这一特定性条件,从本质上讲,是由物权的支配功能所决定。因为,一个物权所支配的客体只有在能够且已经被特定化之后,才能使该项物权与其他人的物权有所界限及区别。毕竟,仅有在此物权与其他物权所分别支配的客体有清晰界分的情况下,不同物权的支配性才能分别体现,并且保持良好的秩

---

[1] [美]戴维·H.格奇斯:《水法精要》(第四版),陈晓景、王莉译,南开大学出版社2016年版,第2页。

[2] 参见王洪亮:《论水上权利的基本结构——以公物制度为视角》,《清华法学》2009年第4期,第106页。

[3] 例如,我国土地资源的所有权归属包括国家所有、集体所有,但水资源只能归于国家所有(《水法》第3条)。

[4] 参见梁慧星、陈华彬:《物权法》(第五版),法律出版社2010年版,第8页。

[5] 参见谢在全:《民法物权论》(上册),中国政法大学出版社2011年版,第11页。

[6] 参见黄风:《罗马法》,中国人民大学出版社2009年版,第141页。

[7] 参见[德]迪特尔·梅迪库斯:《请求权基础》,陈卫佐、田士永、王洪亮、张双根译,法律出版社2012年版,第17页。

[8] 参见孙宪忠:《德国当代物权法》,法律出版社1997年版,第4页。

序。

在民法理论中,物有广义的物及狭义的物之分。罗马法及法国法对物的界定采用的是广义物的概念,其范围涵括了有体物、财产权利和无形财产的范畴。与此不同,德国、日本及我国台湾地区等大陆法系大多数国家或地区的民事立法则采用的是狭义物的概念,即不包括财产权利和无形财产,而仅指向有体物。应当说,如果我们在民法上采纳关于广义物的相关学说,则具有一定弊端,最主要的体现就是这极易使法律关系的内容与其客体相混淆,且不易区分物上是否存在支配,对物权与债权等其他财产权利的内容及界限难以进行区分。[1]物的有体性决定了支配关系实现的方式。[2]为此,世界上大多数大陆法系国家或地区的立法例均选择将物权的客体界定为有体物,即具体的、特定的能够为人类所感知及控制的物。简言之,物权的标的必须是确定的、有一定体积、占有一定空间的物。

另外,物权法中的物应当是人类能够控制的物。反之,人类尚无法控制或者无控制必要的物,不能被视作物权的客体。[3]我国《物权法》中的"物"也是仅就有体物而言的,具体就体现为我国《物权法》第2条第2款的现有规范:"本法所称物,包括不动产和动产。法律规定权利作为物权客体的,依照其规定"。也就是说,物仅包括动产和不动产,二者以物理上是否具有可移动性或移动是否会过分减损物的价值,为区分及判断依据。这就意味着我国《物权法》上的物仅指有体物而言。换句话说,《物权法》主要规范因有体物所引发的归属关系和利用关系,而由于无体物所引发的归属关系和利用关系则主要交给知识产权法等法律进行规范及调整。[4]应当注意的是,如果仅就语词使用而论,"物权客体"似乎被当作"物"的上位概念,因为依据我国《物权法》第2条第2款的上述规定,权利也可以构成"物权客体",但却并不是物。[5]

2.对待水资源流动性与物权客体特定性的应然路径

从上面的论述可知,水资源作为独立的所有权客体是否符合既有的民法理论及法律逻辑,是研究水权配置无法绕开的课题。一项研究的展开需要符

---

[1] 参见孙宪忠:《争议与思考——物权立法笔记》,中国人民大学出版社2006年版,第37页。
[2] 参见[德]哈里·韦斯特曼、哈尔姆·彼得·韦斯特曼:《德国民法基本概念》(第16版),张定军、葛平亮、唐晓琳译,中国人民大学出版社2014年版,第29页。
[3] 参见孙宪忠:《中国物权法总论》(第三版),法律出版社2014年版,第86页。
[4] 参见王利明:《物权法》,中国人民大学出版社2015年版,第16页。
[5] 参见朱庆育:《民法总论》(第二版),北京大学出版社2016年版,第29页。

合基本的法律逻辑,因为,"逻辑在本质上对于法律科学同样意义重大,除非人们在这一领域中放弃了讨论的可能,放弃了对证立与证明的阐释,放弃了对理论的发展"[1]。可见,我们如果想要将水权的性质在理论上界定为一种对水资源的使用权(用益物权),本质为对物进行使用、收益的权利,必然无法绕开对水权客体的界定。毕竟,用益物权是一项以支配标的物的使用价值为内容的他物权,必然会涉及对标的物的占有、使用或收益。[2]

正确看待水资源流动性与所有权客体特定性问题,并证成二者并不相悖,必须要站在更广阔、动态的视野中。纳入法律调整的自然资源的范围,与人类所处社会的科技能力及生产力水平相关联,后者决定了法律意义上自然资源的范畴。随着科技能力的提升及生产力水平的提高,以及社会生活方式的变化,会将原本不需要法律调整的自然资源物质或能量纳入法律的调整范畴[3]。具体到水资源场合也是如此,法律所调整的水资源范畴一直都处在不断变动之中,应当运用动态的视角及发展的眼光来看待水资源在物理上具有的天然流动性以及将其认定为单独的权利客体这一问题。我们应当认识到,水资源能够成为单独的权利客体(与土地资源在法律上相区分),而非土地资源的附属,既可以契合民法上物权客体之内涵及外延日益扩充的发展态势,也符合对待物权客体特定性原则需秉持动态发展认识的基本要求。具体到水资源流动性与物权客体特定性之间相互关系的处理上,体现在:

其一,将水资源在法律上视作单独的权利客体,契合民法上物权客体的种类日益扩充的发展态势。按照传统民法理论,作为物权客体的物是指处于人体之外,能够为人力所支配,且能够满足人类生产、生活需要的物与自然力。[4]随着社会变迁及人类需求的提高、支配能力的增强,使得原来无法纳入物权客体范围的所谓"自然力"更多地被吸纳到所有权客体的范围之中,包括一些以前被排除在物权客体之外的非固定物(如流水),甚至于一些之前并不以有体物存在的形态(如电、热、声、光),也变得能够为人类控制而成为法律上的客体。[5]这些自然力是指人们所能感知的自然作用。传统民法上的物并不包括

---

[1] 参见[德]乌尔里希·克卢格:《法律逻辑》,雷磊译,法律出版社2016年版,第3页。
[2] 参见谢在全:《民法物权论》(中册),中国政法大学出版社2011年版,第425页。
[3] 参见最高人民法院物权法研究小组编著:《〈中华人民共和国物权法〉条文理解与适用》,人民法院出版社2007年版,第352页。
[4] 参见林诚二:《民法总则》(上册),法律出版社2008年版,第256页。
[5] 参见[德]卡尔·拉伦茨:《德国民法通论》(上册),王晓晔、邵建东、程建英、徐国建、谢怀栻等译,法律出版社2003年版,第381页。

自然力在内，但随着科技发展，倘若物的概念只限于有体物，则显得过于狭窄，因此，能够满足人类基本生活需要并能够加以控制的声、光、冷、热等自然力，均应该能够被纳入民法上的物的范畴。[1]换句话说，在人口较少但自然资源丰富的传统社会中，几乎没有什么权利需要被法律正式进行定义。但是，在现代社会，越来越多的自然资源权利被法律所涵盖及调整，财产法律制度在本质上与其相关的经济利益大致能够形成比例。[2]物权客体逐渐扩大的趋势从中可见一斑，迎合了这种经济社会发展的需求。

其二，正确看待民法关于物权之客体应当具有特定性的要求，应站在动态的理论视野中。也就是说，民法关于物权之客体特定性的要求，并不意味着要求客体必须静止不动。[3]水资源虽然具有流动性的特征，但可以作为一种独立的有体物，与动态地去看待民法关于物权之客体应当具有特定性的要求并不矛盾。相反，我们不能依据水资源的流动性，而绝对否定水资源得以成为单独的权利客体所具有的相对特定性。水资源符合有体物的特征。有体物是与无体物相对的概念。有体物与无体物以是否具有一定的外在形体，是否占有一定的物理空间为区分标准。其中，有体物是指具有一定的物质外形，占有一部分空间，且能够为人们所感知的物。[4]因此，无论是气体、固体，还是液体等只要能够被人类支配，都能够成为物的范畴。[5]物权客体特定性要求水资源经由一定的数量、地域或使用期限等计量方式，能够被人类进行相对量化，而非基于水质、水深、水温及水量的不断变化就一味否定其具有特定性。另外，本书中所称的水资源的范围并非涵括所有的水资源。一般来说，"国家仅对自然水流进行法律规范。当然，政府不可能规制地球上所有的水，因此，水权

---

[1] 参见林诚二：《民法总则》（上册），法律出版社2008年版，第256页。

[2] 参见[美]托马斯·思德纳：《环境与自然资源管理的政策工具》，上海三联书店、上海人民出版社2005年版，第96页。

[3] 罗马法时期，物权客体仅限于一些固定、有形且易被支配的特定物，这是由当时人们的支配能力所决定的。参见[意]彼德罗·彭梵得：《罗马法教科书》（修订版），黄风译，中国政法大学出版社2005年版，第141页。承袭罗马法中物的定义，《德国民法典》第90条将法律意义上的物限于有体的标的。参见《德国民法典》（第二版），陈卫佐译注，法律出版社2006年版，第27页。故而，有些学者认为，对"流水"无法成立私人所有权。参见[德]鲍尔·施蒂尔纳：《德国物权法》（上册），张双根译，法律出版社2004年版，第605页。

[4] 参见王利明：《物权法》，中国人民大学出版社2015年版，第16页。

[5] 参见林诚二：《民法总则》（上册），法律出版社2008年版，第256页。

制度就排除了海洋水、自然蒸发和蒸腾的水以及沉淀水"[1]。在某种程度上,这也将人类现阶段尚难以支配的水资源排除在外,增强了本书所指称水资源的特定性。

也就是说,不能依据水资源天然的物理特性(流动性),而否定在其上成立所有权及用益物权的可能。由于水无常形的自然规律,决定了水权的客体在该项权利存续期限内往往不具有同一不变性,而需受到水质、水温及水量变化的影响,甚至在水权成立时及水权行使时其客体在时空上也会存在差异。当然,若将水权看作财产权的一种,想要实现水权所指向的法律上的利益,必然要求水权具有一定的确定性。[2]但是,水权应具有的特定性,或者说,成为物权客体所需的特定性,并不等同于客体的同一性、不变性,也不能基于此而否定在水资源之上得以成立所有权及用益物权的可能。如果能够通过特定水域、特定取水期限、特定水量等方式,使水权人可以直接支配水资源并享用其利益,实现水权行使目的,那么,就应当认定水权的客体(水资源)具有特定性,至少可以认定水权在行使时其客体具有特定性。可见,因生活饮用、农业灌溉、渔业养殖、航运及其他目的(如洗涤、滑冰、牲畜饮用等)而对特定水库、池塘中的水资源进行取水、用水之时,并非不可将特定区域或水域的水资源予以特定化。

因此,物权客体特定性原则不应机械地理解为标的物绝对地固定不变。换句话说,所谓的特定物仅需要依据一般的社会观念进行判断,无须绝对从物理上进行判断,只需要在经济上可以将其认定为特定物即可。[3]换言之,民法关于物权之客体应当具有特定性的要求,更应是一种观念性的要求,而非物理性的苛责,更不能将物权客体的特定性等同于物权客体的不变性、同一性。[4]

那么,作为水权客体的水资源究竟是指水资源的整体、一定区域(地域)的水资源,还是指水流呢?对此,从权利行使便利的角度分析,水权的客体应当指向一定区域(地域)的水资源。《物权法》第46条中使用了"水流"的概念,而《水法》中使用了水资源的概念(第2条、第3条)。两个概念相比较,水资源

---

〔1〕 参见[美]戴维·H.格奇斯:《水法精要》(第四版),陈晓景、王莉译,南开大学出版社2016年版,第8页。

〔2〕 参见水利部政策法规司:《美国西部水资源分配及水权》,载水利部政策法规司:《水权与水市场》(资料选编之二),内部资料(未刊行),2001年12月,第434页。

〔3〕 参见姚瑞光:《民法物权论》,中国政法大学出版社2011年版,第1—2页。

〔4〕 参见崔建远:《准物权的理论问题》,载崔建远:《物权:生长与成型》,中国人民大学出版社2004年版,第220页。

的概念要大于水流的概念,二者在逻辑关系上属于种属关系。从两部法律的适用关系看,《物权法》是一般法,《水法》是特别法,应当优先适用《水法》的规定。[1]可见,若照此分析,水权的客体应当指向水资源。

但是,从现有理论来看,在物权法的视野里,水资源属于一个抽象的整体性概念,指蕴藏于一国境内的全部水资源,试想,若认为水权的客体是一国范围内组成水资源的整体,则在一国范围内只能成立一项水权,或者说此情形下的水资源只有一个,而非数个,水资源所有权也仅能成立一项。若作此种解释,那么,就难以解释何以成立以黄河水流为客体的取水权、以淮河水流为客体的取水权等现象,同时,也不存在所谓跨区域水权转让的可能性。对此,应该如何解释呢?其实,水资源与一国境内绵延不断的土地资源类似,虽然土地资源在空间物理位置上具有不可分割性,但众所周知,土地所有权却在法律上被界分为国有土地所有权、集体土地所有权,并且当我们指称土地所有权、在土地之上成立的土地承包经营权、建设用地使用权、宅基地使用权、地役权或建设用地使用权抵押权之时,我们所指向的当然是某一宗土地之上的权利,而非在抽象意义上指向土地资源整体。若将一国范围内土地资源的整体作为权利客体,就不可能在土地资源之上分别成立国家所有权或集体所有权,因为其违背一物一权原则等物权法基本理论。

为此,被法律所限定的一定区域(水域)内的水资源,应当认定为一项水权的客体,而非一国之内整体性的水资源概念。《中国大百科全书》一方面将水资源界定为"自然界各种形态(包括气态、液态和固态)的天然水",另一方面又指出可作为调控对象的水资源需可供人类利用,具有一定数量和质量,并于一定区域(水域)内可以长期满足人类的某种用途。[2]实际上,这一方面体现了水资源概念的整体性及抽象性,另一方面也注意到能够作为水权客体,可以提供给人类直接使用以及被法律规范所调整的水资源,必须是在水资源整体性概念之下被限定在一定区域(水域)的水资源。具体而言,取水权的客体可通过取水许可的条件、范围、区域(水域)等来限定并加以相对特定化,有些类型的水权可通过取水水域的面积、地点、取水期限及时段、取水及输水方式来界定,有些类型水权的客体则需要受到水质(如生态环境用水)、水温(如滑

---

〔1〕 参见最高人民法院物权法研究小组编著:《〈中华人民共和国物权法〉条文理解与适用》,人民法院出版社2007年版,第174—175页。

〔2〕 参见中国大百科全书编委会:《中国大百科全书·水利卷》,中国大百科全书出版社1992年版,第419—420页。

冰、温泉等娱乐用水)及水量影响,具体指向局部的水资源。也可以说,一定地域(水域)的局部水资源不但是水资源所有权客体的组成部分,而且也是取水权的客体,上述两种权利的客体具有一定的重合之处。依循此种逻辑,也契合在他物权的客体之上设立的所有权就是该项他物权的母权(自物权)这一研究方式及思考路径。[1]故此,水权的客体与水资源所有权的客体具有同一性,均指向一定的地上水域或地下区域所储存的定量之水。也就是说,此处的水资源并非一国领土内具有整体性的水资源,而是局部的水资源。

作为自然资源他物权重要组成部分的用益物权制度,应当以自然资源所有权(自物权)为母权基础,且以自然资源为权利的客体,包括土地、矿藏、水流、海域等自然资源。当前,基于在土地以及同为不动产的建筑物之上业已形成了较为稳定及健全的用益物权制度,使得建立在非土地的其他自然资源之上的用益物权成为特殊的用益物权,[2]亟需进一步重点关注。其中,水权的客体是特定的水资源。将水资源予以"特定"的方式包括取水地点、用水目的、取水时间、取水方式、取水总量、水质、取水流量过程限制等。

综上,在法律的范畴之内,水资源应当被解读为独立于土地资源的一项不动产,属于有体物中的不动产的范畴,但非土地资源的附属。有体物包括不动产与动产,二者以是否客观上可以移动以及移动是否在经济上会严重减损其价值作为区分标准。其中,不动产是指依据其物理特性,不能移动或者即使能够移动但将过分损害其经济价值的有体物。[3]不动产与动产的区分,是物的分类中最基本及最重要的一种分类,对相关物权制度的构建具有决定性的影响。这不仅体现在不动产与动产自身所蕴含的不同的经济价值,更体现在二者于法律上进行区分的重要价值。尤其在物权法上,动产与不动产具有不同的公示原则(不动产的取得、变动等一般采用登记原则,动产则采用交付、占有原则)、物权体系设置(如不动产的物权类型较动产相对齐备,用益物权基本上都体现为不动产物权)等方面。[4]就我国实定法而言,依据《物权法》第117条的规定,用益物权人有权对他人所有的不动产或动产占有、使用并取得收益。据此,虽然动产与不动产之上均可成立用益物权,但是,我国现有的用益物权类型均设置于不动产之上,而动产用益物权在我国实证法上尚未有所

---

〔1〕 参见崔建远:《准物权研究》(第二版),法律出版社2012年版,第40页。
〔2〕 参见朱岩、高圣平、陈鑫:《中国物权法评注》,北京大学出版社2007年版,第365页。
〔3〕 参见王利明:《物权法》,中国人民大学出版社2015年版,第17页。
〔4〕 参见孙宪忠:《争议与思考——物权立法笔记》,中国人民大学出版社2006年版,第39页。

体现。[1]当然,在认定水资源得以成立单独的权利客体,具体归属于不动产范围的情况下,也应当认识到,水资源毕竟与私法上作为私权客体的普通物存在重要差异,而兼具公共物品的属性,更具体而言,水资源的本质属性更宜具体界定为一种公共用物的范畴。[2]

三、水权之定性:水资源用益物权

(一)当前学界关于水权定性的争论性观点

当前,我国法学界对于水权的定性争议很大。关于水权究竟应当如何在法律上进行定性,学界主要提出了"准物权说""特许物权说""水资源用益物权说"等观点。具体体现为:

其一,将水权纳入准物权的范围。例如,崔建远教授就认为水权在本质上应当属于准物权的范畴,主张这种权利类型并非指向某个单一权利,而是指向一组权利,每种权利性质有别、各不相同,具体由矿业权、取水权、渔业权和狩猎权等不同的权利所构成。[3]

其二,"公私权二重说",认为水权具有公权、私权双重属性,并非单一权利属性所能涵括。例如,史尚宽先生认为,水权这一权利横跨公法与私法两个领域,性质独特,既要受到水利法的调整,又要受到民法的规范。[4]

其三,认为水权的法律性质是一种特许物权。王利明教授认为,水权是自然人、法人或非法人组织经由水资源行政特别许可而享有的有权从事水资源开发或利用的一种特别权利。因为,对水资源的开发利用不仅关系到用水者的私人权益,而且涉及国计民生、经济发展、环境保护及整个社会的可持续性发展问题,需要特别法进行规制。[5]江平教授也持此种观点,主张取水权、采矿权、利用滩涂进行养殖的权利等以土地之外的其他自然资源(水资源、矿产资源、滩涂资源等)为客体,必须经过行政机关许可,私权主体才能享有对上

---

[1] 参见朱庆育:《民法总论》(第二版),北京大学出版社2016年版,第507页。

[2] 与私人所有物相对,在非私人所有物场合,尚有共用物、公物、公产、公用物、公有物、公共用物等不同类型。在比较上述公共物品类型的基础上,应将我国的水资源界定为公共用物并为其选择所适用的法律规则。将水资源定性为自然界赐予人类均可使用的公共用物,并辅之以"水资源国家所有权——水权"的制度创设,能够使水资源最终回到人们手中而得由私人享用其价值。具体可参见单平基:《论我国水资源的所有权客体属性及其实践功能》,《法律科学》2014年第1期,第69页。

[3] 参见崔建远:《准物权研究》(第二版),法律出版社2012年版,第33—47页。

[4] 参见史尚宽:《物权法论》,中国政法大学出版社2000年版,第93页。

[5] 参见王利明主编:《中国民法典草案建议稿及说明》,中国法制出版社2004年版,第422页。

述资源的用益权利。由于水权原则上必须经行政特许才能够设立,因此是"特许物权"的一种。[1]"包括采矿权、取水权、渔业权等在内的特许物权(或称为准物权)没有在物权法中具体规定,而是由特别法予以规定。这是因为这些用益物权是基于社会公共利益对可消耗的物进行有节制的利用的权利,需要通过行政许可而取得。"[2]

其四,认为水权在本质上应当界定为用益物权,具体指向水资源用益权。有学者将水权定性为一种对水资源的使用权。[3]在此种学说之下,水权是一种他物权(定限物权),以获取水资源的使用价值为中心,体现为对水资源的直接占有及控制,进而实现对其进行使用及收益的目的。这种观点符合用益物权的特性。[4]

其五,有学者认为水权在本质上应当定性为一种复合性权利,其内涵既应体现为对水资源的所有权(自物权),亦应涵括对水资源的使用权(他物权)在内。这是经济学界的主流观点。[5]当然,法学界也有支持此种观点者。[6]

(二)针对学界关于水权定性纷争的回应

针对以上观点,具体到水权的定性,应作如下具体分析:

其一,"准物权说"实际上也承认水权属于一种自然资源用益物权,但其将水权纳入一组权利之中。将水权定性为准物权意在彰显水权在权利客体、权利内容等方面与普通物权的不同之处。但是,准物权本身并非单一权利,而是一个集合概念,包含一组差异巨大的权利类型。运用准物权概念去统率包括取水权、用水权、排水权等在内一系列权利,值得商榷。毕竟,学界对准物权概念素有争议,准物权本身就是一个学界对其定性尚不准确的概念。换言之,"准物权说"存在的最大问题是学界针对准物权这一称谓的内涵理解并不一

---

[1] 参见江平主编:《中国物权法教程》,知识产权出版社2007年版,第304页。

[2] 李国强:《物权法讲义》,高等教育出版社2016年版,第108页。

[3] 参见单平基:《水资源危机的私法应对——以水权取得及转让制度研究为中心》,法律出版社2012年版,第100-121页。不仅是法学界,经济学界也有学者持此种观点。参见刘斌:《浅议初始水权的界定》,《水利发展研究》2003年第2期,第26-32页;邱源:《国内外水权交易研究述评》,《水利经济》2016年第4期,第42页。

[4] 参见谢在全:《民法物权论》(中册),中国政法大学出版社2011年版,第425页。

[5] 参见胡鞍钢、王亚华:《从东阳—义乌水权交易看我国水分配体制改革》,《中国水利》2001年第6期,第35-37页;汪恕诚:《水权和水市场:谈实现水资源优化配置的经济手段》,《水电能源科学》2001年第1期,第1-5页。

[6] 参见关涛:《民法中的水权制度》,《烟台大学学报(哲学社会科学版)》2002年第4期,第389-396页。

致,在不同情境之下存在多种含义。刘保玉教授认为,准物权指并未被《物权法》具体规范的权利类型,但是,这些权利并不局限于物权,一系列不宜界定其权利性质的权利类型(如知识产权)均应包括在内。[1]可见,若采用此种定性方式,水权就不应纳入准物权的范畴,因为水权已被我国《物权法》予以规定及确认(第123条)。有学者认为,准物权并非仅是一种私权类型,而是具有公法性质,认为《物权法》第123条所规定的几种特殊用益物权的权利取得方式与传统物权存在着重大的差异,并且权利内容多由公法进行规定,与传统的物权类型差异明显。[2]有学者则将准物权的性质认定为一种民事权利(具体指向用益物权)。[3]朱庆育教授认为,准物权在权利性质及构成要件方面与物权具有类似之处,应当属于准用物权法相关规定之财产权的范围,而且具有物权的排他效力。[4]崔建远教授认为,虽然民法对准物权并未规定,但可准用民法关于物权的相关规定。[5]可见,准物权自身概念的不确定性,极易导致人们对水权性质产生误解。另外,我国《物权法》也并未使用准物权概念,而是将上述几类对自然资源进行使用及收益的权利规定于"用益物权"编的"一般规定"中(第123条)。[6]

其二,不能仅以法规范的性质决定法权利的性质。我国《物权法》虽然确认了海域使用权、探矿权、采矿权、取水权、养殖权和捕捞权的用益物权属性(第123条),但是,这些用益物权也均能够适用特别法(包括《水法》《矿产资源法》等)的相关规定。当特别法未规定时,适用《物权法》的相关规定。[7]就私法而言,民法处于基本法的地位,民法中的物权规范在形式上主要体现在民法典的物权编,而在缺乏形式意义上的民法典的情况下则为单独的物权法。也就是说,民法典物权编或者单独的物权法是规范物权的一般部门法,而包括《水法》《矿产资源法》《海域使用管理法》等法律中也包含了大量的物权规

---

[1] 参见刘保玉:《准物权及其立法规制问题初探》,中国民商法律网,http://www.civillaw.com.cn/article/default.asp?id=28319,2014年10月11日访问。

[2] 参见徐涤宇、胡东海、熊剑波、张晓勇:《物权法领域公私法接轨问题研究》,北京大学出版社2016年版,第69页。

[3] 持"准物权为一种私权"观点的学者以清华大学的崔建远教授为代表。参见崔建远:《准物权研究》(第二版),法律出版社2012年版,第33-47页。

[4] 参见朱庆育:《民法总论》(第二版),北京大学出版社2016年版,第508页。

[5] 参见崔建远:《准物权研究》,法律出版社2003年版,第20页。

[6] 参见朱庆育:《民法总论》(第二版),北京大学出版社2016年版,第508页。

[7] 参见梁慧星、陈华彬:《物权法》(第六版),法律出版社2016年版,第232页。

范,属于调整物权的行政特别法。《水法》《矿产资源法》《海域使用管理法》等法律虽然对取水权、采矿权、探矿权等权利进行了规定,但是,这并不意味着物权法对此类权利没有规定的必要,严格而言,此类权利应当属于行政特别法与物权法(公法与私法)共同规范的内容。当然,物权法和特别法对此类权利进行规定的着眼点及保护方式可能不同。[1]在此意义上,就不能简单地仅以法规范的性质决定取水权、采矿权等法权利的性质。毕竟,在《水法》等特别法中会对此类权利进行规定,甚至有些规定比物权法的规范还要详细。[2]申言之,行政法规范中可能存有私权,私法规范中亦有可能存在强制性规定。另外,由于物权所具有的排他性可能影响到第三人或者公共利益,因此,许多物权规定也具有很强的强制性,不允许当事人协议排除。[3]故此,法规范的性质无法决定法权利的性质。

其三,水权初始配置过程中,不能以初始取得水权原则上需要经过行政许可程序,而否定水权的私权属性。从解释论角度看,根据我国《水法》第7条的规定,水权的初始配置一般均需要由用水人提出申请并践行水权初始取得之行政许可程序。有学者借此主张水权派生于行政权,认为通过行政登记制度对物权进行确认,行政权能够设立物权,并使其产生私法效果。行政权可以通过行政许可制度,对水资源的初始配置进行公权力介入(水权行政许可程序),而使用水申请人取得所谓的取水权,其取得程序则由《水法》等行政法予以规定。[4]

但是,介入水权初始配置过程的行政许可程序,仅属于水权取得过程中的"外生变量",物权属性才是决定水权性质的"内生变量",[5]前者也无法改变水权的私权属性。公法因素介入水权初始配置过程的原因,在于防止仅仅依据私法而出现的用水人过于关注经济利益而忽视环境生态效益的现象,进而协调二者之间的矛盾。但是,水权取得过程中的行政许可不会对水权的私权属性造成根本性的改变。苏永钦教授认为:"公法上的行为规范可否转介为对物权'占有''使用''收益''管理''变更''处分''排除干涉'等权能

---

[1] 参见王利明主编:《中国民法典草案建议稿及说明》,中国法制出版社2004年版,第423页。

[2] 参见孙宪忠:《中国物权法总论》(第三版),法律出版社2014年版,第86页。

[3] 参见王泽鉴:《民法物权》(第二版),北京大学出版社2010年版,第2页。

[4] 参见徐涤宇、胡东海、熊剑波、张晓勇:《物权法领域公私法接轨问题研究》,北京大学出版社2016年版,第65页。

[5] 参见张璐:《中国自然资源物权的类型化研究》,载陈小君主编:《私法研究》(第7卷),法律出版社2009年版,第126页。

加以限制的私法规范？这里必须先说明一下支配权的本质。就单纯物权人本身的使用、收益、占有等支配作用而言，有关权利义务的规范并无意义，只有当支配作用涉及他人，比如在数人共有时的内部分管关系，或物权人与他人的外部关系时，权能规范始有意义。"[1]另外，公法因素介入水权初始配置过程，也是世界上许多国家或地区的通行做法。例如，在美国，水权主要是指一种法院保护的关于现在和将来直接从某一自然水源中使用水的权利，包括从经由人类活动而收集的水源中的用水。[2]美国的水权取得及水权配置是各州以各自形式发展而来，对水权的行政管制美国西部各州较东部各州更甚，但理论界通说仍然认为水权应当被界定为对水资源进行使用为目的的一种权利，准确而言，属于用益物权的范畴。[3]又如，根据澳大利亚维多利亚州水法，虽然水权初始配置过程也需要公法因素介入，但这并不影响水权是依据法律规定所享有的取水、用水、引水、水权转让及交付的权利性质。[4]可见，这些国家或地区均将水权定性为一种私人所享有的水资源使用权。

其四，从根本上讲，水权所蕴含的私权属性来自作为母权之民法层面上的水资源所有权的派生及权能分离，而行政权不具有这种基因，也无法将其遗传给水权。诚如王利明教授所言，虽然水权等此类权利的初始配置需要公权因素的介入方能产生，带有一定的行政色彩，但是，不能因此而否定水权等权利得以定性为物权，是否经由行政许可的前置性程序并不是能否成为物权的理由。毕竟，行政前置性程序是我国许多物权的取得过程中都要遵循的基本程序。从本质上看，还要视此种权利是否可具有物权的效力。[5]强制或禁止规定作为法律行为的门槛，衍生了公私法的调和问题。处理此问题应当坚持的合理思路体现在，公法上的"许可"行为不应对私权的性质进行限制或者改变。否则，假如行政许可可以变成对私权的一种强制或禁止，那么，私法自治就毫无价值可言了。[6]具体而言，民法层面的水资源所有权是作为用益物权性质的水权的母权基础，前者具有占有、使用、收益及处分权能，基于权能分离

---

〔1〕 参见苏永钦：《寻找新民法》（增订版），北京大学出版社2012年版，第334—335页。
〔2〕 See Robert E. Beck. *Water and Water Rights*. Michie Company Press, 1991: 65—66.
〔3〕 参见水利部政策法规司：《美国西部水资源分配及水权》，载水利部政策法规司：《水权与水市场》（资料选编之二），内部资料（未刊行），2001年12月，第434页。
〔4〕 参见池京云、刘伟、吴初国：《澳大利亚水资源和水权管理》，《国土资源情报》2016年第5期，第15页。
〔5〕 参见王利明主编：《中国民法典草案建议稿及说明》，中国法制出版社2004年版，第423页。
〔6〕 参见苏永钦：《寻找新民法》（增订版），北京大学出版社2012年版，第325页。

理论,能够将其中的部分权能(包括对水资源的占有、使用、收益及部分处分权能)在自物权人不直接行使时,从前者中分离出来并集聚成他物权(用益物权)性质的水权。因此,水权才能够具有上述权能。相反,行政权不具有对水资源进行占有、使用、收益等权能的基因,当然也就无从将这些权能派生给水权。因此,行政权在水权生成过程中仅能起到"催生"和"助产"的作用。[1]

当然,这并不意味着行政许可或特许、行政权对水权的生成毫无作用。相反,在水权生成过程中,如果没有水权取得之行政许可或行政特许的存在,仅只有民法层面的水资源所有权(《物权法》第46条)这个母权,则水资源使用人就只能说虽然是在事实上占有、使用水资源,但是尚无法取得水权,更不是在依法行使水权,而是一种违法行为。循此思路,水资源使用者的收益则属于一种非法所得,而并不是对权利行使后的一种收益,甚至水资源使用者还可能因违法用水而受到罚款等行政处罚。可见,水资源行政许可或特许在水权的生成过程中并非毫无作用,而是能够对水权的生成起到"催生""准生"的作用,并可对用水活动在法律上予以确认及保护,赋予用水人对水资源的使用行为以法律上的保障之力,使用水人占有、使用水资源的状态与其所拥有的用水权利名实相符,[2]即享有水权。

如果说在水资源仍然依附于土地资源,作为后者的组成部分,而没有在法律上被视为单独的权利客体的情况下,认为水权仅凭行政许可就能够予以创设,[3]而不必得益于民法上水资源所有权所遗传的使用、收益等基因,尚可以理解。但是,当我国现行立法(《物权法》第46条)已经将水资源作为单独的物权客体(而非土地成分)的情况下,若依然否认水权系分享水资源所有权的部分权能而形成的用益物权,就欠缺合理性了。迪特尔·梅迪库斯教授将限制物权定性为,"一个被较狭窄地定义的目标的有限归属关系",相较于"物的所有权的广泛归属关系"[4]。水权就属于这一范围。水权人对水资源只有使用及收益权,而不享有水资源所有权。[5]

---

〔1〕 此观点将在本书的"第二章 水权的生成路径:水资源之上权利层次性解读"中进行系统论证。

〔2〕 参见崔建远:《准物权研究》(第二版),法律出版社2012年版,第121—122页。

〔3〕 严格而言,这也并不准确。有些水权并不需经过行政许可,而仅需事实即可产生。例如,家庭生活用水即属其例(《水法》第48条第1款)。

〔4〕 参见[德]迪特尔·梅迪库斯:《请求权基础》,陈卫佐、田士永、王洪亮、张双根译,法律出版社2012年版,第20页。

〔5〕 参见[美]汤姆·泰坦伯格:《自然资源经济学》,高岚、李怡、谢忆等译,人民邮电出版社2012年版,第89页。

（三）水权定性：水资源用益物权

1.将水权定性为私权性质的用益物权符合物权法定原则

将水权定性为用益物权的一种，与物权法定原则并不违背。物权之种类及内容采法定主义原则（《民法总则》第116条、《物权法》第5条），很重要的缘由是因为物权在本质上属于一种绝对权，即属于可以对抗一般不特定人的权利。[1]从解释学角度看，我国有些法律、法规中使用的是取水权的概念（如《物权法》《水法》及《取水许可和水资源费征收管理条例》等），而在一些规范性文件中运用的却是水权的概念（如《水利部关于水权转让的若干意见》《水权制度建设框架》等），导致水权的内涵和外延并不统一。

由此，极易使人产生"水权作为一项用益物权是否有悖于物权法定原则"的诘问。面对这一诘问，需要从以下几个方面进行回应。

其一，从体系解释出发，将水权的法律性质界定为私权性质的用益物权的依据是我国《物权法》第123条的规定。值得注意的是，本条中使用的是"取水权"的称谓，并未使用水权的概念。那么，是否意味着取水权（而非水权）才是一种法定权利，将水权的法律性质界定为私权性质的用益物权违背了物权法定原则呢？对此，应当意识到，即使该条使用的是"取水权"的称谓，但绝对不应理解为仅是一种取水的权利，而是应当理解为已将取水、用水行为等均已包含在内，这恰恰正是水权的内核所在。毕竟，只是取水但不用水的行为，并不符合社会常态。[2]另外，按照体系解释的方法，无论是《取水许可和水资源费征收管理条例》第2条第1款，还是《水法》第48条中所规定的取水权，均指向的是对水资源进行"取用"的行为，均将取水权界定为"取用"水资源的一种权利。[3]也就是说，《物权法》第123条中的取水权，实际指向的就是水权。

其二，严格意义上的物权法定主义有所缓和。一方面，物权法定主义原则导致民法典在体例结构上把债权与物权相分离。但是，这一理论在一些国家或地区已开始松动，值得我国当前的民法体系安排及制度建构予以重视。[4]另一方面，如果坚持科学的发展观看待物权种类的发展，将包括水权在内的权

---

〔1〕 参见林诚二：《民法总则》（上册），法律出版社2008年版，第97页。

〔2〕 参见单平基：《我国水权取得之优先位序规则的立法建构》，《清华法学》2016年第1期，第142页注释1。

〔3〕 参见单平基：《我国水权取得之优先位序规则的立法建构》，《清华法学》2016年第1期，第142页注释1。

〔4〕 参见苏永钦：《寻找新民法》（增订版），北京大学出版社2012年版，第124页。

利视作为民法规范发展的产物,而非教条式地僵化看待物权法定原则,当新型的"权利"成熟之后通过民法的方式将此类权利进行概括、总结和确认,那么,必然意味着权利的种类将会增加。判断一项新型物权是否成熟的标志,要始终牢牢把握该项权利能否直接支配客体并享受利益这一物权的实质。依照这一思考路径,当探矿权、采矿权、取水权等自然资源用益物权具备了可直接对相关自然资源进行支配并享受其利益这一物权实质的情况下,就不应再否定其可以作为物权的资格。[1]

实际上,在当时我国《物权法》的起草历程中,学界就对用益物权的体系构建存在争论。由全国人大法工委委托中国人民大学法学院和中国社会科学院法学研究所负责起草的两个重要的民法典草案建议稿中的物权法草案建议稿,为我国《物权法》的相关制度安排给予了智识支持,但二者在相关制度构建上存在差异,也真实反映了我国民法学界对于相关用益物权的体系安排及制度构建的立法建议和理论争议。其中,在中国人民大学关于物权部分的草案建议稿中,建议将取水权等权利作为特许物权的一种纳入到《物权法》的范畴之中。[2]最终颁布的《物权法》基本采纳了该稿的编纂思路。[3]诚如学者所言,将探矿权、采矿权、取水权等权利类型纳入用益物权范畴,改变了像以前一样作为行政特许物权在行政法规中进行规定的做法,标志着我国物权法中的用益物权制度在体系安排及制度构建上出现重大的变化。[4]在由梁慧星教授主持的中国社会科学院法学研究所的草案建议稿中,则并未涉及上述几种权

---

[1] 参见崔建远:《准物权研究》(第二版),法律出版社2012年版,第25页。

[2] 中国人民大学民法典草案关于物权部分的草案建议稿,秉承我国民法上传统的习惯称谓,建议我国用益物权制度宜包含农村土地承包经营权、土地使用权、宅基地使用权、地役权、空间利用权、典权、特许物权等七种类型,并主张将土地使用权之外的已由单行法规范的特许物权,纳入到物权法的用益物权体系之中。参见朱岩、高圣平、陈鑫:《中国物权法评注》,北京大学出版社2007年版,第364页。

[3] 我国《物权法》规定的用益物权种类主要包括了建设用地使用权(第135—151条)、土地承包经营权(第124—134条)、宅基地使用权(第152—155条)、地役权(第156—169条)以及海域使用权(第122条)、探矿权、采矿权、取水权和使用水域、滩涂从事养殖、捕捞的权利(第123条)。

[4] 参见朱岩、高圣平、陈鑫:《中国物权法评注》,北京大学出版社2007年版,第365页。

利类型的物权安排。[1]

现今,《物权法》已确认了取水权的用益物权属性(第123条),将其认定为一项物权也符合物权法定原则。针对《物权法》第123条中所规定的取水权等自然资源用益物权类型,在2007年《物权法》尚未出台之时就已被行政单行法所调整,《物权法》将此几类权利纳入到用益物权体系之中的最主要目的就是考虑到物权法定的基本原则,进而明晰此类权利的用益物权属性,避免实践关于此类权利定性的争议。[2]具体就水权而言,《物权法》将其作为用益物权的一种予以确认,目的在于对水权的私权属性进行必要的宣示,进而在出现私法纠纷问题时可以适用物权法规则。[3]有学者认为,《物权法》使用的是取水权的概念(第123条),但并没有采用水权的概念,而是侧重从用益物权的角度规定水权,明确了取水权的用益物权属性,有关水权的规定仍然由水法调整。[4]

那么,容易产生疑问的是,《物权法》仅确认了取水权属于用益物权范畴,而未使用水权的称谓,是否意味着将水权定性为用益物权违背物权法定原则呢?实际上,前已述及,取水权中虽名为"取水",实际上既包括取水,又包括用水行为(《取水许可和水资源费征收管理条例》第2条),已经指向水权的实质内涵。[5]故此,用水人使用水且获得利益本身就是水权的体现。[6]

2.水权的范围不应包括对水资源的所有权

就水权的权利内涵而言,如果我们将水权作为一项用益物权对待,那么,水权的范围就不应包含水资源的所有权的相关内容。法学话语体系下的水权不能与水资源的所有权相等同。这也是立法部门对水权含义的界定,即水权

---

[1] 中国社会科学院法学研究所民法典草案关于物权法部分的草案建议稿中,主张我国的用益物权制度应当包括基地使用权、农地使用权、邻地使用权和典权。关于用益物权的称谓采用了与我国传统民法不同的用语,例如,变城市建设用地使用权及农村宅基地使用权为"基地使用权",变农村土地承包经营权为"农地使用权",变地役权为"邻地使用权",并且其未涉及单行法规范中特许物权(如采矿权、取水权等)的相关规定。参见梁慧星主编:《中国民法典草案建议稿》,法律出版社2013年版,第90-108页。

[2] 参见朱岩、高圣平、陈鑫:《中国物权法评注》,北京大学出版社2007年版,第364页。

[3] 参见尹飞:《物权法·用益物权》,中国法制出版社2005年版,第445-446页。

[4] 参见朱岩、高圣平、陈鑫:《中国物权法评注》,北京大学出版社2007年版,第388-389页。

[5] 参见单平基:《我国水权取得之优先位序规则的立法建构》,《清华法学》2016年第1期,第142页注释1。

[6] 参见崔建远:《水权转让的法律分析》,《清华大学学报(哲学社会科学版)》2002年第5期,第40页。

的内容以水资源利用权为主,是现代社会一项重要的物权。[1]史尚宽先生也认为,对于流水的权利关系,为流水利用之关系,以何人有利用流水之权为中心问题。[2]水权主要指向的是自然人、法人或者非法人组织,依法经水资源行政管理机关许可,得以运用水利工程或相关取水设备而径直由江河、湖泊或地下汲取及对水资源进行利用的一种权利。[3]与此相应,这也可以解释水权交易的定性问题,即水权交易主要是指水资源使用权的交易(部分或全部转让),毕竟水资源的所有权在我国只能归属于国家所有,无法作为交易的客体而存在。[4]另外,基于竹木流放、航运等目的而使用水资源的水权类型,也不意味着水权人需要取得对水资源的所有权。崔建远教授将水权解读为包括汲水权、引水权、蓄水权、排水权、航运水权等在内的一组权利所形成的权利束。[5]这个"权利束"中的所有具体权利项(汲水权、引水权、蓄水权、排水权、航运水权等)都应纳入用益物权的范围,具体而言,是通过对水资源的利用而获取的一种受法律保护的利益。[6]

综上,面对水权定性的理论纷争,水权究竟应当定性为一种公权还是私权,抑或是具有公权性质的私权,关键在于选取界定公权或私权性质的标准。若从水权取得的角度观察,确有行政因素渗入其中,尤其在必须经行政许可方能取得水权的场合体现得更为明显,此时用水人须向水资源行政管理机关申请方能取得使用水资源的资格,无法摆脱其所具有的公权的色彩。但是,如果从水权的权利内容角度观察,将这一权利看作是直接以使用水资源并享受其利益为目的的一项权利,那么,水权的私权属性又必将居于主导地位。对此,我们可从美国关于水权的性质界定角度进行说明。"水权属于一种私人财产权,但不属于传统意义上的财产权体系。水权人并不拥有水资源(water resource)的所有权(例如,某一含水层或某条河流),而仅享有一种使用水资源的定限权利(inchoate right),即用益物权(usufructuary right)。在美国西部,

---

〔1〕 参见全国人民代表大会常务委员会法制工作委员会民法室编著:《物权法立法背景及观点全集》,法律出版社2007年版,第566页。

〔2〕 参见史尚宽:《物权法论》,中国政法大学出版社2000年版,第93页。

〔3〕 参见王利明主编:《中国民法典草案建议稿及说明》,中国法制出版社2004年版,第423页。

〔4〕 参见曹方超:《建国家级水权交易平台破解缺水难题》,《中国经济时报》2016年7月8日,第013版。

〔5〕 参见崔建远:《水权与民法理论及物权法典的制定》,《法学研究》2002年第3期,第37页。

〔6〕 参见张梓太、陶蕾:《"国际河流水权"之于国际水法理论的构建》,《江西社会科学》2011年第8期,第16页。

一旦水被从水资源中抽取出来进行有益利用,它们(水)一般就被认为是引水者(diverter)的私人财产。相反,在美国东部,对水的使用被认为是一种不动产权利(real property right),与水资源一起附属于土地。"[1]

将水权定性为公权者实际上考虑较多的是其具有公权中行政权的色彩。行政权的行使主体可体现为行政机关、公共团体或其他公法人。但是,行政权不可能归属于水权人来行使,在此意义上,将水权定性为一种公权力就存在困难。无法否认,取水权的初始取得的确原则上需要经过水资源行政管理机关的许可,但是,如果从取水权主要是直接使用水资源并获得相应收益的角度出发进行考虑,就可以发现,取水权初始取得的公法因素在水权定性中不具有主导及核心地位,故此,不应将其作为定性水权为一种公权力的主要根据。按照民法理论,私权在本质上是一种私人在市民社会中得以享有的所受法律保护的利益,这与私人作为行政相对人的角色必须向行政主体申请主张的利益并不相同。在本质上看,水权内部蕴含着权利人取得的对一定的地上区域或地下水域的水资源进行占有、使用及收益,排除权利人之外的其他用水人对此范围的水资源予以使用、收益,并受法律保护的利益状态。水权的上述特性符合私权的特定要求,彰显着水权的私权属性。

四、水权的私法效力

水权的私法效力是法律赋予水权的私法作用力,反映着水权设立后所引发的私法效果,也是其据以取得私法保障的依据。水权的私权定性决定着其具有何种特性及私法效力。

(一)水权的支配效力

支配效力(或称支配力)是包括水权在内的物权的基本效力。物权的本质就是物权人有权对特定物进行直接支配、管领,依法获取该物的利益,并可对抗物权人之外的其他人进行干涉的权利。[2]正如尹田教授所言,支配效力是物权的基本效力,物权法的全部制度设计(包括但不限于物权的取得及变动、公示及公信力、保护方式等),都是以此为基点而展开的。[3]物权支配权的最终目的在于对物实现控制的权利。物权法对"支配"的界定为,物权人能够

---

[1] Jeremy Nathan Jungreis. "Pemit" Me Another Drink: A Proposal for Safeguarding the Water Rights for Federal Lands in the Regulated Riparian East. *Harvard Environmental Law Review*, 2005(29):373.

[2] 参见林诚二:《民法总则》(上册),法律出版社2008年版,第71页。

[3] 参见尹田:《物权法理论评析与思考》(第二版),中国人民大学出版社2008年版,第147页。

依据自己独断的意思对所支配对象（权利客体）进行占有、使用、收益和处分。用益物权作为一种他物权与自物权不同，是对他人所有的物依法享有的以对该物的使用或收益为目的的一种权利，此种权利的支配性体现在对他人所有之物的占有、使用及收益。[1]作为用益物权的一种，水权也具有这种支配效力，可依法对一定水域或区域的水资源进行占有、使用、收益，并可在满足一定条件下进行水权交易（处分）。[2]

由物权的支配性又延伸出了物权的追及力（追索权）、优先性等物权特性。物权的追及力（追索权）、优先性在一定程度上体现为对抗性及对世性，即对抗其他任何人的非法干涉。如果物辗转到其他人手中，物权人可以行使追及物之所在。"即使第三人对物取得了另一物权，而且即使物事实上处于他人手中，权利人仍可行使他对物的特权（追索权）；权利人排他地行使权利，尤其不受对物享有其他权利者的债权人的阻碍（优先权）。总之，所有的人都应尊重由权利主体独享的物权。"[3]

值得注意的是，传统公共性（习惯性）用水的效力与经由水权许可取得的水权的效力并不完全相同。崔建远教授将诸如日常生活中的洗浴、洗涤、牲畜饮水等并未履行水资源行政管理机关的审核许可程序，而只是事实上的取水、用水权利称作"不完全取水权"，认为这些用水行为属于事实上的用水权利。此时，"不完全取水权"与"完全取水权"相对，后者指依法申请取得的水权，已经依法取得水资源行政管理机关的用水许可。比较而言，"不完全取水权"与"完全取水权"具有不同的私法效力，其中"不完全取水权"所具有的私法效力相对较弱，用水人通常没有权利对抗其他的取水、用水人。与此相对，"完全取水权"的私法效力则相对较强，水权人有权对抗除其以外的一切人，并且不同的水权还会依据其取得位序的先后（如水权取得登记的先后）而具有私法上的优先效力。[4]

另外，需要注意的是，我国现行立法将包括水力水权、以航运目的或流放竹木为目的而用水的水权、排水权等在内的多项取用水权利均涵括于取水权

---

[1] 参见孙宪忠：《中国物权法总论》（第三版），法律出版社2014年版，第87页。

[2] 关于水权交易将在本书"第四章 水权市场配置规则的私法选择"中进行系统论证。

[3] [法]雅克·盖斯旦、吉勒·古博：《法国民法总论》，陈鹏、张丽娟、石佳友、杨燕妮、谢汉琪译，法律出版社2004年版，第168页。

[4] 参见崔建远：《准物权研究》（第二版），法律出版社2012年版，第16页。

中进行规定,[1]使取水权规范实质上发挥着水权制度的功能。但是,在其他国家或地区的一些立法例中,汲水权、引水权等属于取水权的类型,水力水权、以航运目的或流放竹木为目的而用水的水权、排水权等类型则归属于水权(而非取水权)之中。[2]实际上,若严格区分,水力、航运、竹木流放、排水权等水权类型与汲水权、引水权等取水权类型之间的确具有明显不同,实有进行区别的必要。例如,汲水权、引水权等取水权行使的法律效力,发挥着水资源用益物权的功能,即将国家所有的尚处于自然状态的水资源转换为取水权人可支配的水所有权,相反,水力、航运、竹木流放、排水权等水权类型则不具有上述效力,尤其是排水权其作用方式恰与取水权相反,即许多场合之下通过排水权的行使可能将私人支配下的水重新汇集为自然状态的水资源。

(二)多项水权并存与水权排他效力

依据民法理论,物权所具有的排他效力意味着,在同一个物之上不能同时并存两个或两个以上的内容及性质相互排斥的物权。这种排他效力是由物权作为支配权、绝对权及对世权等的特性所决定的,[3]原则上是物权所共有的效力。但是,这并不意味着每一种物权都呈现出强弱程度完全相同的排他效力,不同物权类型的排他效力并不相同。例如,所有权的排他效力体现得最强,一个物之上只能成立一个所有权是一物一权主义的有力体现。

与所有权的排他效力有所差别,作为他物权的用益物权的排他效力就不是那么绝对,在非同时及直接占有的场合,两个以上的用益物权具有并存于一物之上的可能。[4]换句话说,用益物权以对物的使用、收益为权利内容,多个用益物权原则上不能并存于同一物上,但是,如果两个或两个以上的用益物权的性质或内容并不排斥,则有并存的可能。[5]诚如苏永钦教授所言,如果同一物之上除了所有权之外,还存在两项或者两项以上的定限物权,则需要处理几种限制物权之间关系的规范设计。相反,倘若仅是所有权人为其他人设定了

---

[1] 这在《水法》(第21条)、《取水许可和水资源费征收管理条例》(第4条第1款第3项、第5条第1款、第12条第7项、第20条第1款第4项、第24条第1款第5项、第32条第2款、第41条第1款第2项、第52条第3项)及《取水许可管理办法》(第6条、第7条、第10条第5项、第14条、第20条第3项至第6项、第21条第1款第2项、第6项、第23条第1款第7项、第29条第3项、第4项、第39条、第41条第2款、第43条、第44条第1款、第50条)中均有体现。

[2] 参见崔建远:《准物权研究》(第二版),法律出版社2012年版,第303页。

[3] 参见林诚二:《民法总则》(上册),法律出版社2008年版,第71-72页。

[4] 参见房绍坤:《用益物权基本问题研究》,北京大学出版社2006年版,第214页。

[5] 参见梁慧星、陈华彬:《物权法》(第六版),法律出版社2016年版,第228页。

一个限制物权,则不存在这一问题。[1]故此,一物一权原则就至少包括以下两层意思:其一,一物之上只能存在一个所有权,即一物之上不能存在两个所有权,不能说一个物既对某人成立一项所有权,又同时对他人成立另一项所有权。[2]其二,同一标的物之上可能并存性质或内容不冲突的多项他物权,但性质或内容存在冲突的多项他物权则无法并存。[3]因此,若一物之上存在两项或者两项以上的定限物权之时,则需要理清几项权利的"大小和先后",而绝对不能容忍任何权能的重叠。[4]因此,物权的排他性及对世性就成为与具有相对性的债权的最大不同之处。

具体到水资源之上的权利体系而言,水资源之上只能存在一个所有权是一物一权原则的要求,而对于同一地上水域或同一地域的地下水之上同时存在两个或两个以上的水权时,就需要探讨这些水权在性质及内容上是否存在矛盾,进而判断这种权利设置是否违背一物一权原则。具体宜作以下分析:

其一,通常而言,狭义的取水权的权利客体与水资源所有权的权利客体具有物理上的同一性,即二者的客体均是同一地上或地下水域。换句话说,同一地上或地下水域的水资源之上可能并存水资源所有权与取水权。显而易见,这种状况并非有些学者所称的"难谓奉行一物一权主义"。[5]换言之,取水权的客体与水资源所有权的客体共同指向同一地上区域或地下水域的水资源的现象,与一物一权原则并不违背,这一原则并非强调一物之上不能存在两项以上的物权。相反,如果这些物权于权利的性质及内容方面不相冲突,那么,这些物权自然可以同时于一个标的物之上存在。例如,为达至物尽其用的目的,在一个标的物之上当然应当允许土地所有权与用益物权、担保物权等两项或两项以上性质与内容并不违背的物权并存。

其二,多项性质与内容不相冲突的水权也可并存于同一水域之上。一般而言,在常态情况下,一个物上仅存有一项所有权,但所有权人为更好实现物的利益,在同一标的物之上设定用益物权或担保物权的情形也十分常见,此即他物权存在的价值。他物权的存在就会构成对所有权(自物权)的一种限

---

〔1〕 参见苏永钦:《寻找新民法》(增订版),北京大学出版社2012年版,第461页。

〔2〕 当然,应当将这一要求与共有形态相区分。共有形态之下所有权人为数人,但所有权只有一个,并不违反一物一权原则。

〔3〕 参见王利明主编:《中国民法典草案建议稿及说明》,中国法制出版社2004年版,第405页。

〔4〕 参见苏永钦:《寻找新民法》(增订版),北京大学出版社2012年版,第464-465页。

〔5〕 参见崔建远:《准物权研究》(第二版),法律出版社2012年版,第23页。

制,因此,前者也称为定限物权。此时,同一个标的物之上就会呈现出多项权利"堆叠"的现象。虽然在形式上"堆叠"着多项权利,但是,当这些权利在权利的设立及权利的行使上不存在冲突的情况下,也没有需要特别处理的事情。相反,如果标的物的所有权人继续再允许其他人设立第二个或第三个定限物权时,这种权利"堆叠"的现象必将持续,并可能发生关系紧张的状况。也就是说,多项权利并存的困境不在于并存权利的数量,而在于彼此之间法律关系的混沌。如果此种现象仅存在于所有权人与一个限制物权人之间,那么,一般不会出现物权关系不明确的现象,规范适用通常也不会出现困境。但是,几项用益物权之间如果出现权利的互斥现象时,如何对它们进行调和、化解,相关的物权规范未必都会有规定。尤其需要注意的是,这种现象会随着新权利的不断堆叠、类型的增加等原因而导致规范缺口越来越大。[1]我国《物权法》对于一物之上的多项他物权就存在这样的问题,一直没有建立任何通则性的调整规范,仅是在抵押权重复设置后的次序处理中有所规定(第199条)。具体就水权而言,为满足众多的用水需求,一项取水权一般不应排除其他类似取水权的存在,多个取水权可在同一取水标的物上并存。与此同时,航运水权也理应能够保障数艘轮船或其他航运工具可以航行于同一水域,而不能体现过强的排他性;多项游泳、垂钓或其他类型的休闲性用水也理应能够并存于同一水域之上。

第三节　私法配置水权的路径选择

应当说,没有任何一个部门法或措施可一劳永逸地解决水资源枯竭、短缺及污染等水资源危机,而是需要公私法结合以及多种良策的合力,但私法无疑应当发挥基础性作用。

一、水权配置的私法路径

水权的私权定性决定了私法在水权配置中应当承担基础性的作用。私法所具有的权利自治性是其先天的制度性优势。在一定程度上,私法与公法的区分就在于权利人在相关的法律领域中是否具有决策自由。[2]诚如曾世雄教

---

〔1〕 参见苏永钦:《寻找新民法》(增订版),北京大学出版社2012年版,第461页。
〔2〕 参见[德]迪特尔·梅迪库斯:《德国民法总论》,邵建东译,法律出版社2000年版,第14页。

授所言，从资源的合理配置而言，私法配置资源的路径可以通过私法自治来实现，权利人可对资源权利的取得及变更进行自主安排。[1]就私法而言，个人本身就是法律的目的，法律关系因个人而存在及变更。[2]私法的主要功能在于为权利人自治提供制度框架及规则依据。[3]

就私法视野下的水权配置而言，权利人的意志应当能够对水权的合理配置产生法律效力，进而保障水权人实现通过法律行为构筑水权法律关系的可能性，尤其体现在水权的初始取得及通过水权转让而形成水权继受取得的情形。换句话说，基于法律行为所产生的水权取得、转让及消灭属于物权变动的范畴，且应当成为水权配置的常态。依据民法理论，基于法律行为所产生的物权变动，就是指当事人之间通过合意或其他法律行为，并在依法践行一定的公示要件之后所形成的一种物权变动形式。[4]

具体而言，基于法律行为所产生的水权变动，除依据法律规定以外，应当充分尊重当事人之间的私法自治，且必须要采取一定的公示方法。水权人与需用水人之间经由转让水权的方式而形成的水权的继受取得，更多地是市场交易的法律形式，理应属于物权法所规范的水权变动的常态。其中，水权取得（包括水权初始及继受取得）的公示方式及水权变动模式的立法选择、规则适用需要通过私法规范进行调整。其一，作为一项物权，包括水权在内的用益物权受物权法保护有一个前提，即必须是依法公示的权利。在我国现有的物权体系之下，用益物权既有因登记而生效的权利（如建设用地使用权），也有仅因合同的生效便可设立的他物权（如土地承包经营权、地役权）。无需登记即可设立的物权公示权利的静态方式是占有，但仍是物权保护方式之一。[5]因此，如何在两种公示方式（登记或占有）之间进行选择，就成为必须考虑的问题。其二，对水权变动之公示的要求主要源于对水权交易安全的考虑。因此，水权变动须经登记公示的功能在于能够使第三人在进行水权交易时了解水权的权属状态，而没有必要亲身调查该项水权在变动之前曾经发生过的变动及

---

[1] 参见曾世雄：《民法总则之现在与未来》，中国政法大学出版社2001年版，第17页。

[2] 参见[德]萨维尼：《当代罗马法体系》（第一卷），朱虎译，中国法制出版社2010年版，第23-24页。

[3] 参见徐涤宇、胡东海、熊剑波、张晓勇：《物权法领域公私法接轨问题研究》，北京大学出版社2016年版，第19页。

[4] 参见王利明：《物权法》，中国人民大学出版社2015年版，第57页。

[5] 参见隋彭生：《用益债权原论：民法新角度之法律关系新思维》，中国政法大学出版社2015年版，第81-82页。

其真实的权属(即使同公示的水权权属不同)。这在保障水权交易安全的同时,也从某种程度上便利了水权交易的进行。

就现有法律规范而言,《物权法》在第二编中对包括水资源在内的自然资源所有权的归属进行了规范,在第三编中对包括取水权在内的自然资源用益物权作了原则性规定。可见,水资源在民法层面的所有权(《物权法》第46条)及取水权规范在《物权法》中的确认(第123条),为私法配置水权提供了实证法层面的规范依据。但是,关于水权初始取得方式、程序、公示方法、取得优先位序(如生活、生态、生产及娱乐用水的位序安排)及水权转让的规则设计、变动模式选择在《物权法》中的缺失,则需要从立法论的角度进行理论证成及制度构建。这也是本书重点研究的一些内容。

另外,就排水权的规范配置而言,依据传统民法理论,相邻关系中的用水人、排水人可以当然地取得及行使用水权及排水权,不需要再另行对排水权进行配置。但是,就现有的规范而言,水资源的所有权已经不再包含于土地资源的所有权之中,与此相应,水资源也不再是土地资源的组成部分或附属,而已被法律确认为单独的权利客体,且对水资源的使用原则上以有偿使用为原则。在水权的初始取得原则上必须经申请方能取得的情况下,如果依然按照传统路径去调整相邻用水及排水关系,一方面,极易产生对水资源浪费的现象,另一方面,这在无形中可能损害水资源所有权人(即国家)的权利,必然需要对传统规范路径进行改变。故正确处理相邻用水、排水关系的合理思路体现为:在当事人依法取得水权之前,相邻用水、排水人并不当然地取得用水权或者排水权,实际的用水、排水行为也不能构成水权取得的正当性基础。也就是说,实际的用水人、排水人只能在依法取得用水权、排水权之后才有资格进行用水、排水。以此推之,在排放雨水之诉中,土地所有权人除需要遵循相邻关系的规则之外,还应当容忍排水权人依法行使排水权,即不动产所有权的行使不能对邻人造成妨害及不利影响。[1]因此,如何构建合理的排水权配置规范便成为无法绕开的问题。

二、水权配置中的公法定位

本书的研究对象及重点虽然在于"私法视野下的水权配置",但这并不意味着公法在水权配置中不起任何的作用,更非强调单纯依靠私法就能实现水

---

[1] 参见黄风:《罗马法》,中国人民大学出版社2009年版,第141页。

权合理配置的目标,而是需要公法与私法的衔接与配合。毕竟,水权横跨公法、私法领域,公法(水利法)及私法对其均有规范存在。[1]私法与公法的区分、衔接问题在传统社会已无法避免,但那时的国家角色及法律关系尚相对简单。如今,迈入由更为复杂的私法及公法关系所组成的现代社会,私法关系与公法关系的界分更不会十分清晰,[2]彼此相互牵涉及嵌入的现象将更为常见。换句话说,虽然私法对水权配置应当发挥核心性作用,但是,公权力在水权配置中的合理定位,是研究私法配置水权过程中无法绕开的问题。毕竟,公法与私法确有区分之必要。否则,若二者不加区分,或者将使公法行为不受约束,或者将使私法行为过分受到管制。[3]

水权配置需要私法与公法的良好协调,从根本上是由公法与私法的不同特性决定的。在现代法学理论的视域下,公法与私法具有不同的调整对象、规范模式及法律效力,构成了彼此相对独立的规范体系。具体体现为,公法主要规范垂直式的法律关系,而私法主要规范具有平等性的水平法律关系。从法教义学角度而言,公法与私法的区分有利于厘清当事人之间法律关系的性质及内容,进而便于选取适当的规范及救济路径。[4]

私法自治并非绝对,具体到水权配置领域亦是如此。由于包括水资源在内的自然资源往往涉及一个国家整体的发展战略目标及环保政策制定,因此,国家往往会对水资源的分配、开发及利用加以管控。[5]除私法之外,水权的配置尚需要国家公权力介入的原因主要体现在:其一,单纯私法自治有可能导致的市场失灵。其二,水资源作为一种公共用物,自身所负载利益的公共性。[6]由于水资源负载价值的多样性、承载利益的全民性以及用水目的(生活、生态及生产用水)的多重性,水权较之其他民事权利需要更多地受到公法及公权力干预或限制也就变得不足为奇了。诚如弗朗索瓦·泰雷、菲利普·森勒尔所指出的,公法在对公共资源财产的所有权限制等方面的地位变得越来越重要,

---

[1] 参见史尚宽:《物权法论》,中国政法大学出版社2000年版,第93页。
[2] 参见苏永钦:《寻找新民法》(增订版),北京大学出版社2012年版,第314页。
[3] 参见朱庆育:《民法总论》(第二版),北京大学出版社2016年版,第10页。
[4] 参见梁慧星:《民法总论》(第三版),法律出版社2007年版,第34页。
[5] 参见孙宪忠:《中国物权法总论》(第二版),法律出版社2009年版,第112页。
[6] 参见单平基:《论我国水资源的所有权客体属性及其实践功能》,《法律科学》2014年第1期,第69页。

与私法的相互补充功能体现的日益明显。[1]为此，公法与私法在调整水资源权利的过程中，为达到"私法自治"与"行政管制"合理结合的状态，二者不宜呈现为一种截然对立或绝对隔离的状态，而应呈现相互交融、相互为用，[2]但又各自归位的良好趋势。[3]

因此，从某种程度而言，明确公权力（公法）介入水权配置的路径、程序及范围，在保障水权合理配置的同时，也有利于将公权力进行限定和控制，防止公法过分干预私法关系，避免公权力对水权配置任意干涉，进而损害水权人的合法权益。处理公、私法在水权配置中的关系，最关键的问题应当是民事法官采取何种方式来管控公法规范的适用，使公法对私法行为之法律效果的影响具有合理及正当性。[4]必须认识到，公法的生命及宗旨不在于实现权力的扩张，而在于对公权力的限制。在此意义上，从更好地保护水权人利益的角度考虑，公法确实能够成为私法的必要补充。[5]循此思路，如何准确界定公法调整水权配置的领域及范围，对水权配置过程中需要公法、私法进行协力的领域进行界定，就成为必须回答的问题。

三、水权配置中私法与公法协力的领域

私法与公法应当分别在水权的配置过程中充当何种角色，应做具体区分。体现在：

其一，就水权的初始配置而言，由于既涉及用水人的经济利益，同时也往往涉及生态及其他社会利益，对几种利益的协调无法在强调私法自治的民法内部完成，而是需要公法通过水权许可制度介入。在水权的初始配置过程中，既涉及不同用水者之间关于水资源使用权法律关系处理的"水平法律关系"，也涉及水权初始取得过程中，作为行政相对人之用水申请人与水资源行政管理机关的"垂直法律关系"的处理。循此，在涉及生活、生态、生产、娱乐等多项用水利益之时，需要经由公法与私法的协力调整来实现水权的合理配置。

---

[1] 参见[法]弗朗索瓦·泰雷、菲利普·森勒尔：《法国财产法》（上），罗结珍译，中国法制出版社2008年版，第2页。
[2] 参见苏永钦：《民事立法者的角色——从公私法的接轨工程谈起》，载苏永钦：《民事立法与公私法的接轨》，北京大学出版社2005年版，第10页。
[3] See Lee, Boehlje, Nelson and Murry. *Agricultural Finance*. Lowa State University Press, 1988：8.
[4] 参见苏永钦：《寻找新民法》（增订版），北京大学出版社2012年版，第333页。
[5] 参见徐涤宇、胡东海、熊剑波、张晓勇：《物权法领域公私法接轨问题研究》，北京大学出版社2016年版，第37页。

其二，证成水权配置的母权基础，进而解析水权的生成路径，涉及水资源全民所有、宪法层面上水资源的所有权、民法层面上水资源的所有权、水权及水资源产品所有权之间的关系问题，牵涉到公法与私法（宪法与民法）的沟通、衔接，需要结合公法与私法进行论证。

其三，取水权设立之后，若取水权人不自己行使权利，则可能产生取水权交易的问题。在取水权转让改变用水目的时，需要水资源行政机关作为公权力的介入。基于水资源所负载公共利益及水权交易安全等因素的考虑，实有必要对水权转让引入公法规范的适用。对相关公法规范的违反，将可能产生水权转让无效之私法上的法律效果。故此，对于水权的初始配置、水权确权及水权流转等也应纳入公法与私法共同调整的领域。[1]

其四，公法在调整区域之间的用水争端中发挥着重要的作用。例如，1860年之前的美国，政府于水权初始配置过程中扮演的角色及具有的影响微乎其微，但是，自20世纪以来，政府的作用变得越来越重要，并且这种变化呈现得越来越明显。[2]尤其体现在区域用水纠纷的处理中。诚如格奇斯的考察，"由于共享河流、湖泊和地下水，相邻各州之间的关系经常处于紧张状态。各州之间可以通过制定合约进行水的分配。合约一般是经过国会同意或者通过司法程序裁决，由相关各方协商达成的州际之间的协定"[3]。可见，区域间的水权配置往往通过公法（而非私法）来实现。

从上述分析可知，任何单一的法律规范都无法独立承担水权配置的整项任务：水资源的所有权由《宪法》（第9条）、《物权法》（第46条）及《水法》（第3条）共同规范，但却基于法律性质的不同而具有不同的规范机理、法律效力。[4]水权的法律性质在本质上是一项用益物权（《物权法》第123条），必然需要遵循用益物权的取得程序，由私法进行规范；水资源费的规定及交纳则应由公法调整（《水法》第48条）；取水权的具体行使（包括水权转让）等则应主要交由私法调整，但是，如果在水权转让的过程中，用水的目的发生变化时，

---

〔1〕 参见徐涤宇、胡东海、熊剑波、张晓勇：《物权法领域公私法接轨问题研究》，北京大学出版社2016年版，第142页。

〔2〕 参见[美]汤姆·泰坦伯格：《自然资源经济学》，高岚、李怡、谢忆等译，人民邮电出版社2012年版，第89页。

〔3〕 [美]戴维·H.格奇斯：《水法精要》（第四版），陈晓景、王莉译，南开大学出版社2016年版，第11页。

〔4〕 这将在本书"第二章 水权的生成路径：水资源之上权利层次性解读"中关于宪法层面上水资源的所有权、民法层面上水资源的所有权的区分部分，进行详细论述。

则必须由公权力进行介入及干预。另外,在水权转让所产生的第三方效应中,究竟是用公法还是私法来处理外部性问题不宜一概而论,在两种规范之间的选择不应当以抽象的术语为基础,而应当以解决具体问题为基础。[1]

总之,私法与公法在水权配置中的定位及扮演的角色,应就具体的水权配置领域进行特定化分析,而不能一概而定。水权配置法律关系的调整,无法通过单独的私法规范或公法规范来完成,而是需要两者的合力。

本章小结

水资源所呈现出的日益短缺甚至枯竭的现状,愈加凸显其自身的重要性,进而使其在法律意义上逐渐从土地资源权属中分离出来,构成独立的权利客体,并符合从动态视野审视的物权客体特定性原则。另外,公法因素以行政许可的方式介入水权的初始配置过程,不会改变水权作为一项私法权利的本质属性,后者的私权特性从根本上得益于作为母权的民法上水资源所有权的分娩及遗传。申言之,将水权的法律性质定性成一项用益物权,能够体现水权的特性,易于掌握水权的内涵,尤其是现今《物权法》已对取水权的用益物权属性予以立法确认的情形下,基于体系性法律解释方法,也符合物权法定原则。水权的私权定性直接决定着运用私法配置水权的路径选择。

---

[1] See Ugo Mattei. *Comparative law and economics*. Michigan University Press,1997:217.

第二章

水权的生成路径：水资源之上权利层次性解读

面对日益严峻的水资源危机，对水资源之上的权利进行定性是研究水权配置过程中一个无法回避及绕开的问题。从逻辑上看，寻求水权的母权基础并借此证成水权的生成路径，是在私法视野下对水权进行配置的基础。这既基于水资源之上承载的利益具有公共性的特征，更在于此间蕴含着全民、国家及个体之间利益的冲突与关系处理，是证成水权的生成路径、水权配置及行使的逻辑前提。这需要厘清水资源之上所负载多重权利的性质，并理顺此几项权利之间的关系。

当前，学界侧重对包括水资源在内的自然资源的国家所有权进行法律性质上的定性，但大多仅从自身所属学科出发，囿于一种"平面化"的定性逻辑，将其界定为一种单纯的公权力[1]、私权利[2]或据此认定"所有制性质"[3]，未将水资源国家所有权置于整个水资源权利链条中去考虑问题，无法阐释其对水权配置的深刻影响，难以理清水资源全民所有（《宪法》第9条）、宪法层面

---

[1] 参见巩固：《自然资源国家所有权公权说》，《法学研究》2013年第4期，第19—34页；巩固：《自然资源国家所有权公权说再论》，《法学研究》2015年第2期，第115—136页。

[2] 参见肖乾刚主编：《自然资源法》，法律出版社1992年版，第67页；江平主编：《物权法教程》，中国政法大学出版社2011年版，第157页。

[3] 参见徐祥民：《自然资源国家所有权之国家所有制说》，《法学研究》2013年第4期，第35—47页。

上水资源的所有权(《宪法》第9条)、民法层面上水资源的所有权(《物权法》第46条)、水资源用益物权(即水权,《物权法》第123条)及水资源产品所有权(如瓶装矿泉水所有权)之间的关系,不利于相关规则的具体适用,无法回应"水资源全民所有、宪法层面上的所有权如何转化为民法层面上的所有权,进而派生出私权本质的水权(水资源用益物权)"的理论诘问,更有引发公众质疑政府借水资源"国家所有权"之名行"与民争利"之实的危险。[1]对于上述诘问,既需要从解释论出发厘清以上条文之间的关系,也需要从理论角度进行回应。

实际上,拨开萦绕在水资源之上权利的迷雾就会发现,水资源之上的权利并非仅具有单一属性,而是呈现出一种权利层次性。证成水资源之上的权利层次性并非否定权利平等性,而是彰显不同权利之间的过渡、转化、派生及生成关系。相应地,寻求水权配置之母权基础及对水资源国家所有权定性的过程,也应将其嵌入到整个水资源权利链条中,而非孤立地"平面化"进行。解读水资源权利划分的层次性有利于理顺水资源的全民所有至宪法层面上的所有权、民法层面上的所有权及水资源用益物权(水权)、水资源的产品所有权之间的关系,更可为水资源权利范畴内全民、国家与私人关系的处理提供参照,进而证成水权生成的母权基础,为水权配置寻求深层次的理论支撑。

第一节 水资源国家所有权"平面化"定性之批判

对水资源之上权利研究的推进,必须检视既有研究的现状及其缺陷,这也是论证水权配置之母权基础及水资源之上权利层次性的逻辑前提。

一、"平面化"定性水资源国家所有权之检讨

(一)水资源国家所有权"平面化"定性的研究现状

当前学界对水资源之上权利的研究,在很大程度上集中在对水资源所归

---

[1] 例如,2012年黑龙江省《气候资源探测与保护条例》规定"气候资源为国家所有"(第7条)后,引发了质疑政府借气候资源国家所有权"与民争利"的热烈讨论。参见刘子衿:《"风光"买卖——黑龙江明令,多省潜行,气象系分羹新能源》,《南方周末》2012年8月23日,第13-14版;李艳芳、穆治霖:《关于设立气候资源国家所有权的探讨》,《政治与法律》2013年第1期,第102-108页;王灿发、冯嘉:《从国家权力的边界看"气候资源国家所有权"》,《中国政法大学学报》2014年第1期,第98-104页。理应由全民享用的气候资源,是否应归属于"国家所有"?这在表面上关系到对《宪法》第9条"等自然资源"的理解,本质上则涉及对"国家所有,即全民所有""自然资源全民所有、宪法上自然资源国家所有权"的性质解读。

属的国家所有权进行法律性质的界定上。主要提出了以下观点：

1.关于水资源之国家所有权法律性质的"公权说"。依据此学说，包括水资源在内的自然资源国家所有权并非特定主体对水资源直接支配的一种所有权类型，而是为国家"间接干预"水资源利用提供法律根据的一项公权力。[1]有学者更是明确指出，这是一种公法意义上的行政权力，无法纳入私法范畴，更大程度上体现的是国家对水资源权属所具有的一种主权决定性及支配性，[2]而非私法所有权。[3]

应当说，"公权说"意识到了水资源国家所有权并非单纯的私法概念所能涵盖，但是，这种观点不易于理解水资源用益物权（水权）设立其上的所有权的性质，无法为水权的生成及配置提供母权基础。试问，定性成公权力之水资源的所有权，如何能够派生出属于私权范畴的水资源用益物权（水权）？对此，公法上的行为规范如果可以转换为私法上的效力规范和行为规范，[4]那么，为什么不能转换为私法上的权能规范，而同样由民事法官在审理具体的案例时，扮演处理规范接轨者的角色？对此，必须认识到，初始水权只能来源于私法意义上水资源的所有权，不可能来源于宪法层面上的所有权，更不可能来源于所谓的"公权"。毕竟，公权力本身并不具有民法上水资源所有权所具有的对水资源进行占有、使用、收益及处分的权能，[5]更不能把上述权能"派生"给水权。[6]水权仅能依靠私法意义上水资源之所有权（自物权）的派生，方可获取上述权能。因此，若缺乏私法意义上水资源之所有权这一母权基础，必将导致无法制定合理的水权配置规范。[7]简言之，不加区分地将水资源国家所有权简单定性为一种"公权力"并不足取，无法回答"公权力"性质的国家所有权如何派生出私权性质的水权（《物权法》第123条）的理论诘问。

2.关于水资源之国家所有权法律性质的"私权说"。该学说认为，此处的

---

[1] 参见巩固：《自然资源国家所有权公权说》，《法学研究》2013年第4期，第19-34页。

[2] 参见陈旭琴：《论国家所有权的法律性质》，《浙江大学学报（人文社会科学版）》2001年第2期，第97页。

[3] 参见陈仪：《保护野生动物抑或保护国家所有权》，《法学》2012年第6期，第89-97页。

[4] 参见苏永钦：《寻找新民法》（增订版），北京大学出版社2012年版，第321页。

[5] 按照传统民法理论，所有权的权能包括积极权能和消极权能。占有、使用、收益和处分，属所有权的积极权能。排除他人干涉，为所有权的消极权能。参见梁慧星：《中国民法典草案建议稿附理由·物权编》，法律出版社2013年版，第100页。

[6] 参见崔建远：《准物权研究》（第二版），法律出版社2012年版，第357-361页。

[7] 参见单平基：《论我国水资源的所有权客体属性及其实践功能》，《法律科学》2014年第1期，第69页。

"国家"与私法上的私人一样,均是以私法主体的身份享有并行使所有权。[1]在私权说之下,水资源之国家所有权的法律性质与传统意义的私法权利并无不同,民法理论及规范在水资源所有权中也当然可以适用。在此意义上,水资源之国家所有权与私法层面的所有权非但不会构成对立及矛盾,[2]而且具有同质性。所有权人无论是国家、集体或私人,均不影响所有权的私权性质。[3]国家只是民事法律层面上的权利人,进而水资源国家所有权不能因为其权利主体上的特殊性(国家)而得到任何特殊保护。[4]

"国家所有权之私权说"在一定程度上可以回应"国家所有权之公权说"面临的诘问,即私权性质的水资源所有权之上可派生出水权,进而为水权的生成及配置提供母权基础。然而,它同样需要回应以下问题:(1)私权性质的水资源所有权与水资源之全民所有、宪法层面上水资源的所有权是否等同?(2)"国家所有权"体现为《宪法》(第9条)与《物权法》(第46条)条款时,二者的法律属性是否相同?若不同,二者的区别何在?若相同,将二者分别规范的意义及依据何在?(3)水权与水资源之全民所有、水资源在宪法层面上的所有权、民法层面上的所有权的关系如何?(4)私权性质的所有权如何能够体现水资源负载利益的全民性,进而如何贯穿到私法层面之水资源所有权的具体行使中?

3.关于水资源之国家所有权法律性质的"国家所有制说"。该学说认为,法律上针对水资源的归属采用国家所有权的权利形态,本质上是我国所有制在此领域的直接体现,具体而言,是全民所有制的私法体现。[5]依据该种学说,水资源采用国家所有权的权属形式是国家所有制的重要组成部分,是实现国家目标的具体方式,主要特点及核心功能是垄断。[6]

但是,必须指出,在大陆法系的经典民法理论中,并不存在依据所有制来定性所有权性质的做法及路径。据孙宪忠教授考证,依据所有制来定性所有权性质的做法始于前苏联。前苏联的学者认为,依据所有制的性质来定性所有权的性质具有非常重要的理论及实践意义,最主要的体现就是注重公有制

---

[1] 参见江平主编:《物权法教程》,中国政法大学出版社2011年版,第157页。
[2] 参见肖乾刚主编:《自然资源法》,法律出版社1992年版,第67页。
[3] 参见[德]鲍尔、施蒂尔纳:《德国物权法》(上册),张双根译,法律出版社2004年版,第610页;王利明:《论国家作为民事主体》,《法学研究》1991年第1期,第59—66页。
[4] 参见马新彦主编:《物权法》,科学出版社2007年版,第88页。
[5] 参见江平主编:《物权法》,法律出版社2009年版,第125页。
[6] 参见徐祥民:《自然资源国家所有权之国家所有制说》,《法学研究》2013年第4期,第35—47页。

的神圣地位,强调当国家、集体与私人权利或利益产生冲突时,将国家权利及利益的保护置于绝对优先的地位。在此理论之下,国家所有权是所有制的体现,只能由国家这一唯一的法律主体来享有并行使权利。长期以来,该理论都是社会主义国家法律的一项基本原则。[1]

然而,无论是以所有制的性质定性水资源领域之国家所有权的法律性质,还是以所有权的性质对所有制进行定性,都是值得商榷的。毕竟,所有制属于政治学范畴,所有权则是一个法律上的概念,二者均属于上层建筑。一般而言,上层建筑的性质由经济基础来决定,无法由一个上层建筑的性质来对另一个上层建筑进行定性。申言之,经济基础决定并支配着上层建筑,上层建筑则处于被决定及被支配的关系,二者之间起决定性作用的是经济基础,欲对国家所有制进行定性,需要考察该国作为经济基础的生产力情况,并据此研究该国的生产关系状况,而不能本末倒置地由一个上层建筑(国家所有权)的性质来决定另一上层建筑(国家所有制)的性质。回归到水资源领域之国家所有权本质的法律定性场合,即使将水资源所有权界定为具有私权性质或公权性质,也不能得出我国所有制的性质为何,反之亦然。

4.有学者意识到对水资源之国家所有权的法律性质进行简单"平面化"定性存在的弊端,难以对相关的理论及实践问题进行解答,进而考虑水资源之上权利的层次性问题,但缺乏系统探讨及理论证成。[2]例如,税兵教授认为,设立于自然资源之上的国家所有权(包括水资源的所有权)蕴含着双阶构造,表现为宪法层面的所有权及私法层面的所有权,从而认为单纯的私权说或纯粹的公权说均不恰当。[3]与上述双阶构造说不同,王涌教授认为,宪法层面上设立的水资源之国家所有权本身就蕴含着三个层次的结构,即民法层面所有权的私法权能、公法权能(包括公法意义上的相关立法权、行政管理权等)及宪法上行使上述两种权能以维护全民利益的相应义务。[4]

"双阶构造说"意识到了水资源在宪法层面之所有权向民法层面的所有

---

〔1〕 参见孙宪忠:《论物权法》,法律出版社2001年版,第11页。

〔2〕《法学研究》编辑部于2013年5月12日举办了"自然资源国家所有权理论研讨会",并于《法学研究》2013年第4期开设专栏讨论该问题。参见《法学研究》2013年第4期的"自然资源国家所有权专题研究"。具体论文体现为:税兵:《自然资源国家所有权双阶构造说》,《法学研究》2013年第4期,第4-18页;王涌:《自然资源国家所有权三层结构说》,《法学研究》2013年第4期,第48-61页;彭诚信:《自然资源上的权利层次》,《法学研究》2013年第4期,第64-66页。

〔3〕 参见税兵:《自然资源国家所有权双阶构造说》,《法学研究》2013年第4期,第4-18页。

〔4〕 参见王涌:《自然资源国家所有权三层结构说》,《法学研究》2013年第4期,第48-61页。

权予以转化的问题,值得肯定。然而,这一论点的论据存在问题,《物权法》第119条及第123条并不具有学者所称的"引致规范"[1]的功能,并不是拓通公法与私法的规范桥梁,而是打通民法内部规范的通道,即从民法意义上的水资源国家所有权派生出民法意义上的水资源用益物权(水权)的规范依据。另外,"三层结构说"也存在理论上的缺陷。试想,在法律上体现为一个条文的法律条款(如《宪法》第9条)既要调整宪法层面上的水资源国家所有权,又要规范私法层面上的所有权,在理论上是否具有可行性? 毕竟,宪法层面的所有权与民法层面的所有权属于不同的权利范畴,调整不同的法律关系,前者主要调整主权国家与公民之间的关系,后者则主要针对具有平等性质之法律关系进行规范。因此,上述学说难以对一些理论及实践问题给出解释。[2]

相较而言,水资源国家所有权"三层结构说"需澄清的问题体现在:若宪法层面的所有权中已经蕴含着"私法权能",那么,它在私法关系上可否直接进行适用? 毕竟,就我国现行制度而言,宪法规范无法直接用作裁判依据。若不可直接适用,这种"私法权能"将如何体现? 是否仍需要通过民法层面的所有权予以实现?《宪法》第9条所规定的宪法层面的水资源所有权是否具有私权性质? 若具有,为何还需在私法中再行规范? "三层结构说"对这些问题并未深入展开讨论及给出解答。实际上,宪法层面的所有权与民法层面的所有权是两种性质不同的权利类型,前者如同其他宪法上的权利一样,直接地体现公民和国家在宪法层面的法律关系;后者则主要规范私人之间的私法行为。二者在权利主体、权利客体、权利内容及违反相应义务后的责任承担等诸多方面均存在明显差异。[3]

(二)水资源国家所有权"平面化"定性的弊病

实际上,仅将焦点聚集于水资源国家所有权的定性具有难以避免的缺陷,至少体现在:

首先,学界大多将水资源国家所有权认定为仅具有单一性质,未认识到其实质上处于水资源权利群这一链条之中,忽视了水资源之上权利的多重性及其过渡、转化、派生及生成关系。单一的定性方式将无法理清水资源全民所有、宪法层面的所有权、民法层面的所有权、水资源用益物权(即水权)及水资源

---

[1] 参见税兵:《自然资源国家所有权双阶构造说》,《法学研究》2013年第4期,第4-18页。
[2] 参见彭诚信:《自然资源上的权利层次》,《法学研究》2013年第4期,第65页。
[3] 二者的具体区别将在本章后文进行系统论证。

产品的所有权之间的关系,不利于水权的合理配置。毕竟,作为抽象主体的国家自身无法直接行使水资源所有权及水权,国家所有权也并非研究的最终目标。水权配置的最终目的在于构建合理的水资源使用制度,使普遍的个体通过水权的享有及行使从中受益。这或许都要得益于宪法与民法、公法与私法之间关系的打通、水资源权利层次性的证成及不同类型权利之间关系的理顺。这种理顺是宪法与部门法、公法与私法相互整合、规范与事实相互交融、诠释循环,并逐渐调和公法与私法间的价值矛盾,使之最终统一于宪法秩序的动态过程。[1]

其次,运用"平面化"的形式定性水资源之国家所有权,无法避免政府借所谓的水资源国家所有权"与民争利"。学界关注包括水资源国家所有权在内的自然资源国家所有权的重要原因在于忌惮政府与民争利。[2]但无视水资源之上权利的层次性,仅是将水资源所有权予以"平面化"地单一定性恰不能实现这一目标,致使与民争利的现象频频发生。近年来,在自然资源领域,我国社会中的许多实践做法很难从法理上予以阐释。例如,将立法尚未明确所有权归属的某项自然资源,甚至是否需要设置所有权尚可能存在争议的标的物,经由法律或政策文件的路径确定为国家所有。必须承认,我国许多立法(包括许多地方性的立法)都是这一观念的产物,甚至对传统民法中的"无主物"(如野生的天上飞鸟、地上走兽、天地间空气),也要通过立法的形式将其纳入国家所有权的调整范畴。例如,2012年黑龙江省人民代表大会常务委员会通过的《黑龙江省气候资源探测与保护条例》第7条第1款将气候资源归属于国家所有。暂且不说地方性立法是否有出台关于自然资源(包括此处的气候资源)归属立法的权限,反观地方政府生发由国家垄断气候资源的思维逻辑可能在于,若此项资源归属于国家所有,则政府就可以借此取得及行使气候资源的相关权利,进而取得权利享有及行使的法律依据。必须认识到,世界主要国家或地区的先进立法例中均不存在类似规定,这不禁让人发出如何从法律角度"防止(至少是限制)政府与民争利"[3]的诘问。具体到水权配置领域,面对此种诘责,亟需从理论上理清水资源全民所有、宪法层面的所有权、民法层面的所有权之间的关系,而非在缺乏理论证成的前提下就动辄"一律国

---

[1] 参见苏永钦:《寻找新民法》(增订版),北京大学出版社2012年版,第349页。
[2] 参见单平基、彭诚信:《"国家所有权"研究的民法学争点》,《交大法学》2015年第2期,第35页。
[3] 参见孙宪忠:《"统一唯一国家所有权"理论的悖谬及改革切入点分析》,《法律科学》2013年第3期,第63页。

有",进而解析水权的生成路径,并寻求水权配置的母权基础。

二、亟需解决的问题及论证思路

学界对水资源领域国家所有权的定性看似"混乱",实则存在一个共同特点,即仅从某一角度或学科出发对其进行单纯"平面化"定性,较少从水资源权利群的整体角度开展论证。当言及"水资源权利"之时,实际指向的是一组相互关联、密不可分,且呈现出极强层次性的权利群,不能仅窥见一个"平面上"孤立的权利类型。水资源之上权利群的存在也将公法与私法交织融合到一起,价值中立的民法与负载多重价值的宪法如纵横轴一般支撑起整个动态法律体系。[1]相应地,水资源国家所有权、水权等也仅是"水资源权利群"链条中的一环,对其定性也必然受到其他类型权利性质的影响。这或许正是学界无法对水资源国家所有权的性质达成一致的重要原因:仅窥见水资源国家所有权这一斑,而忽视了"水资源之上权利群"这一全豹。

(一)亟需解决的问题

在寻求水权的生成路径及水权配置的母权基础的过程中,界定水资源领域之国家所有权的法律性质,需要将其嵌入到整个水资源权利链条中去,而非粗线条地孤立看待这一问题。针对现有缺陷,亟需解决以下问题:

1.如何在规范及理论层面解读水资源之上权利划分的层次性,进而克服对水资源国家所有权孤立地进行"平面化"定性的弊端?这需要理清水资源在宪法层面的全民所有、宪法层面的所有权、民法层面的所有权之间的关系。

2.如何从解释论角度理顺《宪法》第9条、《物权法》第46条及《物权法》第123条的关系?毕竟,无论是《宪法》第9条,还是《物权法》第46条,均为关于水资源领域之国家所有权的规范。如果不能有效地区分宪法层面的所有权和民法层面的所有权,将会导致物权法上的所有权概念产生混乱。[2]当体现为《宪法》条款与《物权法》条款时,二者的法律属性是否相同?宪法上的权利主体一般为公民,义务主体为国家。那么,如何认定水资源在宪法层面上之国家所有权的权利主体及义务主体?"国家"如何对"国家"行使权利、履行义务?回归到法律文本中,就体现为如何正确理解《宪法》第9条中所有权的法

---

〔1〕 参见苏永钦:《寻找新民法》(增订版),北京大学出版社2012年版,第351页。
〔2〕 参见徐涤宇、胡东海、熊剑波、张晓勇:《物权法领域公私法接轨问题研究》,北京大学出版社2016年版,第99页。

律性质？故此，如何经由对水资源之上多重权利划分的层次性的证成，打通公法与私法之间的通道，缓解公法与私法之间的紧张关系，[1]也给学术界提出了新的挑战和任务。

3.水资源之上的多重权利呈现出何种层次性（而非"平面化"）？水权与水资源在宪法层面的全民所有、宪法层面的所有权、民法层面的所有权等不同权利之间存在何种过渡、转化、派生及生成关系？不同层次的权利之间贯穿何种精神主线？

4.证成水资源之上权利划分的层次性有何实践价值？如何借此打通水资源在宪法层面的全民所有至宪法层面的所有权、民法层面的所有权之间的关系，进而为水权生成及其配置提供母权基础，并促进水资源产品（如瓶装水）所有权的生成？如何避免政府借水资源"国家所有之名"与民争利？

总结而言，针对水权配置的母权基础，水资源"权利层次说"有以下问题需要在理论上给出回答：水资源在宪法层面的所有权与民法层面的所有权有何不同？既然将宪法层面的所有权与民法层面的所有权相区分，就必然需要厘清二者的本质区别。[2]宪法上的义务主体一般为国家，那么，具体到水资源领域，作为所有权人的"国家"如何对作为义务人的"国家"行使权利？虽然宪法层面的所有权可能会转化为民法层面的所有权，但是，民法层面的所有权无法摆脱宪法规范的影射，仍需担负社会义务，[3]那么，水资源自身所负载利益的公共目的性怎样于民法层面的所有权上进行体现呢？按照现代民法理论，私人的财产权利需要同社会连带理念相结合，相应地，所有权的纯粹民法构成已向公私法共通的社会构成进行转变。[4]具体到水权配置领域，这在根本上涉及如何处理水权配置过程中公共利益与私人权益之间的关系问题。诚如孙宪忠教授所言，从法律发展史的角度考察，关涉"公权与私权"的此类课题，才是法律与法学研究必须探讨的基本命题。[5]具体而言，在水资源领域，为更好地实现公共性目的，此领域的民法层面的所有权与其他普通标的物的所有权相比，需要受到何种程度及范围的更大限制？如何在具体制度上体现？这些

---

[1] 参见苏永钦：《寻找新民法》（增订版），北京大学出版社2012年版，第309-310页。

[2] 参见徐涤宇、胡东海、熊剑波、张晓勇：《物权法领域公私法接轨问题研究》，北京大学出版社2016年版，第98页。

[3] 参见王泽鉴：《民法物权》（第二版），北京大学出版社2010年版，第13页。

[4] 参见史尚宽：《物权法论》，中国政法大学出版社2000年版，第62页。

[5] 参见孙宪忠：《争议与思考——物权立法笔记》，中国人民大学出版社2006年版，第351页。

问题都亟需进行理论探讨及深入研究。

（二）论证思路

为寻求水权的生成路径及水权配置的母权基础，针对水资源之上权利的层次性这一命题，我们将尝试提出并论证以下观点：

1.证成水资源之上权利的层次性，而非平面化。这种层次性由上至下体现为：水资源全民所有、宪法层面的所有权、民法层面的所有权、水权及水资源产品所有权。权利层次性并非否定权利平等性，而是彰显不同权利之间的过渡、转化、派生及生成关系。

2.将水资源所有权"嵌入"整个水资源权利链条，而非对其孤立地"平面化"定性。水资源全民所有居于水资源之上权利"金字塔"的顶层，直接决定着水资源在宪法及民法上的归属——国家所有，也影响着水权配置的逻辑前提——平等取得机会。然而，从严格意义上来讲，宪法层面所确认的水资源"全民所有"不是一个法律术语，必须通过宪法层面的所有权以获得宪法上的确认及保护，后者还需进一步向民法层面的所有权进行转化，进而使水权能够得以派生并设于其上。[1]

3.从解释论角度打通《宪法》与《民法》的规范关系。《宪法》第9条针对水资源在宪法层面之国家所有权的法律规范，具体体现了《宪法》关于水资源归属的总体性规定，也是水资源之全民所有的一种宪法性确认。《物权法》第46条关于水资源在民法层面之所有权的规定，构成了宪法规范向民法层面的规范予以转化的纽带，也是沟通《宪法》与《民法》（公法与私法）的桥梁。《物权法》第123条则是由水资源在民法层面的所有权中生发出水权的制度基础。水权生发于水资源在民法层面上的所有权，其行使可促使水资源产品所有权的生成，并赋予其绝对的占有、使用、收益及处分权能。

4.解读水资源之上权利的层次性及水权配置的母权基础所具有的实践价值。水资源之上权利划分的层次性，既有利于打通本应属于全民所有的水资源如何转化为宪法层面及民法层面的所有权，进而生发出水权的关系，为水权的生成及配置提供母权基础及深层次的理论依据，更可为水资源权利范畴内全民、国家与私人关系的处理提供有益参照。水资源之上权利的层次性及其多重转换始终贯穿着水资源自身价值的多重性及负载利益的公共性这条精神

---

〔1〕参见彭诚信、单平基：《水资源国家所有权理论之证成》，《清华法学》2010年第6期，第98-115页。

主线。这在根本上涉及公法与私法的交错、拉锯及接轨问题。[1]理论研究的任务则在于尽可能地找到这一接轨点,并打通公法与私法之间的连接通道。

第二节 水资源之上多层权利的体现

水资源之上权利的层次性需要从规范层面解读,也需要理论层面的证成。

一、水资源之上多层权利的解释论

针对水资源的所有权归属,我国《宪法》第9条及《物权法》第46条均对此进行了规范,那么,二者的性质是否相同?后者是否仅是对前者的一种翻版式重复性规定?如果不能通过法律解释的方法对法律文本可能存在的抵触、疑问之处进行解释,那么法律文本的整合性及体系性将会受到影响。[2]

(一)《宪法》第9条解释论

1.水资源"全民所有"解读

对《宪法》第9条的正确解读将直接影响到对水权生成路径的理解,是水权配置中必须解决的问题。我国《宪法》第9条将水资源、矿产资源等几类自然资源的所有权归属于国家,同时指出"国家所有即全民所有",对此应如何理解?究竟谁应当是水资源在宪法层面之所有权的享有者?全民,还是国家?或者二者的指向本来就具有同一性?

常识告诉我们,全民所有意味着每个公民均有份额,但是,全民所有可以界分成个体成员所享有的份额吗?对此问题能否进行正确的回答,将直接影响到对一些规范的理解。根据《物权法》第123条的制度安排,取水权在本质上应当定性为一种定限物权(用益物权)。如果将全民所有界分成个体成员所享有的份额,则难免使人产生疑问,即,个体成员(需用水人)为何需要(或者能否)在自己所享有的水资源份额上为自己再行设置定限物权性质的水权?[3]对私法规范的解释有时需要突破私法体系的限制,将不明确的某种事项(不仅指民法上的东西)予以明确化。[4]毕竟,用益物权一般是存在于他人

---

[1] 参见苏永钦:《寻找新民法》(增订版),北京大学出版社2012年版,第309页。

[2] 参见[日]大村敦志:《民法总论》,江溯、张立艳译,北京大学出版社2004年版,第56页。

[3] 参见彭诚信、单平基:《水资源国家所有权理论之证成》,《清华法学》2010年第6期,第102页。

[4] 参见[日]大村敦志:《民法总论》,江溯、张立艳译,北京大学出版社2004年版,第54-55页。

的标的物之上，进而物尽其用，便于有所有权与无所有权者之间互通有无，[1]在自己之物上设定用益物权仅是一种例外。[2]可见，全民所有意味着每个公民均有份额，但是，不可界分成个体成员所享有的份额。

《宪法》第9条的水资源国家所有权背后的权利主体应当理解为"全民"。依据《宪法》第9条，"水资源全民所有"中的"全民"在宪法上找到了自身代表，即宪法层面的国家，"国家所有即全民所有"的立法表述即是具体体现。基于《宪法》对一国的根本属性及基本政治制度进行规定的特性，水资源全民所有也需要在宪法上进行确认。《宪法》"序言"明确规定宪法的作用在于以法律的形式确认及规定"国家的根本制度和根本任务"。简言之，宪法制度及国家任务应为全民利益而存在。水资源之上也承载着全民利益，具有天然的不可分割性，应通过国家目的实现的路径使每个人受益。[3]在此意义上看，与其说《宪法》第9条是针对水资源在宪法层面之所有权的规范，不如说是水资源全民所有在宪法层面的确认；与其说是宪法意义上的抽象国家所享有的一种权利，不如说是宪法上的国家在水资源领域对全民履行义务的规范依据。这也是该条中规定国家所有即"全民所有"的原因所在。

水资源缘何要"全民所有"，而不能在其上建立私人所有权？原因在于，水资源并非民法上普通的私人之物，而是负载着生活、环境保护、经济及社会的多重功能，呈现出公共性物品的本质特征，[4]这种特性预示着其无法纳入私人财产的范围，而需体现全民的意志，在法律意义层面即表现为代表全体人民意志的宪法层面的国家所有权。"因为我们深深地依赖着水资源，所以水资源在我们的生活中最为重要。除了普遍的商业价值，水资源在我们所关心的事情中居于核心地位，我们的健康、营养、生态完整性和审美需求都离不开水资源，它甚至能提供社区认同和精神满足。"[5]水资源的这些特性决定了不应简

---

[1] 谢在全：《民法物权论》（中册），中国政法大学出版社2011年版，第425页。

[2] 作为例外，我国台湾地区"民法典"中设有关于"自己不动产役权"的规定，目的在于物尽其用，并灵活运用不动产役权制度。例如，开发商开发社区之时，预先设计建筑的风格，并完整规划各项公共设施，以设定自己不动产役权的方式进行呈现。参见谢在全：《民法物权论》（下册），中国政法大学出版社2011年版，第1367页。

[3] 参见［美］曼瑟尔·奥尔森：《集体行动的逻辑》，陈郁、郭宇峰、李崇新译，格致出版社、上海三联书店、上海人民出版社2011年版，第122页。

[4] 参见单平基：《论我国水资源的所有权客体属性及其实践功能》，《法律科学》2014年第1期，第69页。

[5] ［美］戴维·H.格奇斯：《水法精要》（第四版），陈晓景、王莉译，南开大学出版社2016年版，第2页。

单地将其纳入私人所有权的调整范畴,而应作为一种公共用物由全民享用其所具有的效益。实际上,自然流水在罗马法上就被认定为一种共用物。"自然的怀抱,向所有人敞开;使用一切事物,是人类共同的权利。"[1]在罗马法上,依据自然法理论,流水属于所有人共同享有,[2]不应受所有权的限制及影响。

当然,也不乏学者主张在水资源之上建立私人所有权的观点。有学者主张对水资源通过设立私人所有权的办法进行配置,可以解决所有环境问题,并可通过私权的交易解决外部性问题。[3]哈丁也曾用"公地悲剧"理论论证包括水资源在内的自然资源之上设置私权利的优越性。[4]然而,正如罗马俱乐部报告指出,"很多人相信私有权可以提高效率,创造更多财富。但是,不管用何种辞令进行矫饰,即使富裕的国家也不得不承认,私有权的效率价值需要在私营部门和公共领域之间寻求一种平衡"[5]。具体到水资源领域更是如此,"水在法律上和历史上都是一种公共资源。尽管私人产权在水使用中运行的非常好,但水在根本上还是公共资源;私人产权总是不完全的,而且从属于公共需求。"[6]另外,从经济学角度考虑,水资源私人所有权并不能解决负外部性问题。权利被分割得越多,彼此之间的边界越大,产生新的负外部性的可能性就会变得更大。[7]

有学者运用公共信托理论作为解释水资源领域国家所有即"全民所有"的法律制度依据及理论基础,认为宪法上的水资源国家所有权可理解为是全

---

[1] 参见[荷兰]格劳秀斯:《论海洋自由》,转引自[澳]斯蒂芬·巴克勒:《自然法与财产权理论:从格劳秀斯到休谟》,法律出版社2014年版,第33页。

[2] 参见[罗马]查士丁尼:《法学总论:法学阶梯》,张企泰译,商务印书馆1989年版,第48页。

[3] 参见[美]托马斯·思德纳:《环境与自然资源管理的政策工具》,上海三联书店、上海人民出版社2005年版,第98页。

[4] 哈丁的论证思路为:假若某块草地适合放牧,在缺乏权利界限的情况下,如果人人都可以任意放牧,那么,每个牧民所考虑的都将是如何增加牲畜的数量以获取利益。倘若人人争先恐后地增加放牧量,该块草地终将因过度使用而贫瘠。See Hardin. *The Tragedy of the Commons*. Science, New Series, 1968(162):1243. 针对这种情形,有学者认为,另一种可能的解决路径是将该片草地归属于私人,由私人自行决定何时可以进行放牧以及可以保留的牲畜数量,进而物尽其用,并对物进行最有效的管理,发挥私有财产的经济功能。参见王泽鉴:《民法物权》(第二版),北京大学出版社2010年版,第13页。

[5] [德]魏伯乐、[美]奥兰·扬、[瑞士]马塞厄斯·芬格主编:《私有化的局限》,上海三联书店、上海人民出版社2006年版,第3页。

[6] [美]戴维·H.格奇斯:《水法精要》(第四版),陈晓景、王莉译,南开大学出版社2016年版,第8页。

[7] 参见[美]托马斯·思德纳:《环境与自然资源管理的政策工具》,上海三联书店、上海人民出版社2005年版,第98页。

民通过公共信托委托及赋权而成立。[1]从实践来看,依据信托理论解读水资源配置者也不乏其例。例如,在美国加州,有学者认为,水资源不能为私人享有所有权,水权是一种财产权,州政府依据信托理论作为受托人对水资源和水权进行管理。[2]依据公共信托理论,对于人类的生存发展所必需的水资源应当属于公共所有,且任何个体均应享有用水的权利,基于对政府的信任而将水资源委托给政府管理。[3]但是,公共信托理论可能会与我国既有的权利体系结构产生矛盾。公共信托理论是以"双重所有权"的存在为前提的,而我国的权利体系并未接纳这一理论预设。

2.宪法上水资源国家所有权中"国家"与宪法上的义务主体(国家)的关系

水资源采用"全民所有"形式,并呈现为宪法层面上的国家所有权之后,亟需解决的理论问题在于:宪法上的义务主体通常为国家,[4]宪法上的义务一般是针对国家而设,于私人之间不产生法律效力。[5]照此推之,在水资源权属领域,宪法层面上之国家所有权的义务人也应当指向国家,那么,"国家"如何对"国家"行使权利、履行义务?具体到宪法层面的水资源之国家所有权领域,作为所有权人的"国家"如何对作为义务人的"国家"行使权利?或者说,"国家"如何对抗国家权力?毕竟,宪法上的权利是个人对国家的主张。[6]

这似乎陷入了一种理论悖论,无论采取现有的任何一种定性方式都无法

---

[1] 参见王灵波:《论公共信托理论与水权制度的冲突平衡——从莫诺湖案考察》,《中国地质大学学报(社会科学版)》2016年第3期,第43页。

[2] 参见胡德胜:《生态环境用水法理创新和应用研究——基于25个法域之比较》,西安交通大学出版社2010年版,第192页。

[3] 依据公共信托理论,国家虽然对水资源享有所有权,但这种所有权是具有公共信托性质的所有权。具体体现:(1)政府的所有权基于民众的委托而产生;(2)公共信托财产只能用于公益目的;(3)政府对公共信托财产的处分权受到公益的限制;(4)政府对公共信托财产既有管理权利,也负有管理义务,不得放弃。依据公共信托理论,政府分配信托财产的权利受到严格限制。参见王灵波:《美国自然资源公共信托制度研究》,中国政法大学出版社2016年版,序言第3页。

[4] 个人能否作为宪法上的义务主体存在争议。肯定论者认为宪法上基本权利的效力及于公法和私法,拘束国家和私人。否定论者认为,基本权利仅针对国家权力,私法领域不宜直接适用宪法权利规范。参见周永坤:《论宪法基本权利的直接效力》,《中国法学》1997年第1期,第20-28页;韩大元:《论社会变革时期的基本权利效力问题》,《中国法学》2002年第6期,第10-11页;龚向和:《理想与现实:基本权利可诉化程度研究》,《法商研究》2009年第4期,第32-38页。

[5] 参见陈新民:《宪法基本权利及对第三人效力理论》,载陈新民:《德国公法学基础理论》(上册),山东人民出版社2001年版,第288页。

[6] 参见张翔:《基本权利冲突的规范结构与解决模式》,《法商研究》2006年第4期,第96页。

解决这一问题。全民作为一个抽象的整体性概念无法具体行使水资源权利，这也正是"全民所有"在宪法上寻找代表者的原因。因此，正视水资源之上所负载多重权利具有的层次性，寻求水资源在宪法层面之国家所有权背后所站立的全体人民，就成为解决这一问题的合理路径。此时，在宪法层面所体现的水资源所有权之下，全民的"权利"可以对抗国家"权力"。水资源于宪法层面所体现的国家所有权这种权利形态，是全民对其在宪法上的代表（国家）主张权利的根本性依据。从根本上讲，民众要求国家必须作为或不作为的资格，是一种民权的具体体现。[1]这种"民权"与私权不同，其价值和功能涉及法学、政治学等多个层面，而不仅限于法学层面，更是对特定宪法价值的凝炼。具体而言，水资源于宪法层面上所体现的国家所有权基于全体人民的意志所形成，并将以全民意志的实现作为自己的终极目的。全体人民的意志是宪法层面所体现之国家所有权予以实现的最高尺度，也是全民主张诉求的正当基础。

水资源在宪法层面所体现的国家所有权领域，国家既为"权利"主体，又是义务主体，看似矛盾，实则不然。透过宪法层面之国家所有权的字面表象，就会发现宪法层面的"国家"，实质上仅是全民在宪法上的代表，而真正的权利主体是背后的"全体人民"。宪法层面的国家仅对全民负责，而非针对某一具体的公民个体。宪法层面的国家对全体人民所享有的水资源负有"不侵犯义务"，对全民受益权承担"给付义务"，同时还应当运用一切可能和必要的手段来促成水资源所负载之全民利益的实现。德国学者运用"所有权的社会义务"理论来解释及概括宪法上所有权所应当担负的公共性目的，[2]并将其上升到了宪法基本原则的高度。例如，依据《德国基本法》第14条第2款的相关规范，所有权负有义务，其行使应同时服务于公共利益。这一规范不仅在宪法层面，而且对物权法，乃至整个民法都具有深远影响。[3]宪法上所有权基于公共利益考量需通过部门法而进行具体限制，例如，《德国水管理法》原则上就剥夺了水资源所有权人对地下水资源的处分。[4]

这可通过《宪法》对公民基本权利（第二章）的规定进行反面佐证。水资

---

[1] 参见夏勇：《民本与民权——中国权利话语的历史基础》，《中国社会科学》2004年第5期，第5页。

[2] 参见[德]卡尔·拉伦茨：《德国民法通论》（上册），王晓晔、邵建东、程建英、徐国建、谢怀栻等译，法律出版社2003年版，第86—87页。

[3] 参见孙宪忠：《德国当代物权法》，法律出版社1997年版，第43页。

[4] 参见徐涤宇、胡东海、熊剑波、张晓勇：《物权法领域公私法接轨问题研究》，北京大学出版社2016年版，第26页。

源在宪法层面所体现的国家所有权并未于宪法上"基本权利"中进行规定。一方面,水资源在宪法层面所体现的国家所有权并非国家的基本权利。毕竟,通常只有公民方可作为宪法上基本权利的权利主体,国家在宪法上只能当作义务主体,而非权利主体。另一方面,水资源在宪法层面所体现的国家所有权的存在目的,恰在于实现公民在水资源领域的基本权利。一般而言,基本权利具有可以直接约束公权力运作的规则特性,作为公权力代表的国家要以保障基本权利为基本考量。这也符合以宪法为统领的整个法律体系的基本要求。[1] 水资源在宪法层面所体现的国家所有权并非国家于宪法层面的"基本权利",而是以公民在水资源领域所应享有的基本权利为最终的保障目标。例如,公民用水权必然涉及公民的生存权、健康权等基本权利的保障。

因此,水资源全民所有针对的国家义务具有复合性特征,既有积极的方面,亦有消极义务的呈现。[2] 具体而言,消极义务体现在国家对全民所有的水资源负有"不侵犯义务",积极义务体现的是国家对水资源领域全民受益权承担"给付义务",须促进水资源领域全民利益的实现。全民在水资源领域的受益权针对的是国家的给付义务,[3] 国家应当提供水资源领域全民利益实现的条件。例如,随着当前水资源生态环境的恶化,公民的生存及健康必然需要国家提供清洁的饮用水及其他能够保障生存的良好水生态环境,即涉及生活用水及生态环境用水问题。[4]

(二)《物权法》第 46 条及第 123 条的解释论

《宪法》第 9 条及《物权法》第 46 条均确立了水资源在法律上的归属,即国家所有权制度,从体系角度解释并不能认定"国家所有权"仅具有单一性质。例如,若将水资源国家所有权认定为一种宪法上的"权利"或者一种"公权力",如何解释水权的生成及其性质?毕竟,水权的法律性质应当界定为民法中的一项用益物权(他物权),应当生发于水资源在民法层面的所有权(自物权)。这也意味着水资源在宪法层面上的所有权需要向民法层面的所有权进行转化。具体体现为:

---

〔1〕 参见[德]罗伯特·阿列克西:《法概念与法效力》,王鹏翔译,商务印书馆2015年版,第93页。

〔2〕 参见[美]杰克·唐纳利:《普遍人权的理论与实践》,王浦劬等译,中国社会科学出版社2001年版,第32-33页。

〔3〕 参见张翔:《基本权利的受益权功能与国家的给付义务——从基本权利分析框架的革新开始》,《中国法学》2006年第1期,第24页。

〔4〕 参见龚向和:《国家义务是公民权利的根本保障——国家与公民关系新视角》,《法律科学》2010年第4期,第4页。

其一，基于宪法上权利的过于抽象性，水资源在宪法层面的所有权于司法实践中不可直接适用，私人依据宪法上的水资源权利无法直接诉求国家为或不为一定的行为，必然预示着要向部门法中的权利进行转化。但是，这并不意味着宪法上的水资源规范不具有任何意义，宪法规范在其向部门法规范的转化过程中具有自身的价值及功能。这种转化应当操作适当，否则，或将使公法过分介入私人生活，或将因过于保守而无法达到应有效果。但是，无论如何，都不应将这种转化再视作无实质价值的技术规范，更不应将其仅当成只是一种重复性规定，不能认为即使没有转化也会产生同样的结果。〔1〕

考量规范政策因素，宪法层面的水资源所有权并非一项私法权利，更加类似于一项公共性的权利或者政治性权力，需要向民法层面的所有权转化之后，从物权法角度去思考水资源所有权及水权配置问题。此时，更应通过宪法层面所有权向民法层面所有权的转化，进而发挥所有权之本来的私法权利价值，从民事权利的主体、客体、内容及救济的权利体系结构出发，对负载于水资源之上的所有权进行重新解释及构造，〔2〕进而寻求水权生成及配置的母权依据。由于宪法在我国法律体系中居于根本法的地位，甚至是主权意义上国家的"出生证明"，〔3〕因而，宪法上的权利及义务在整个法律权利及义务体系的整体性构建中能够起到中轴功能，其他部门法（包括民法）中的权利及义务的具体规范都以宪法上的相应规范为依据。因此，从某种角度看，宪法与民法中权利、义务的关系就如同宪法与民法的关系，如果将宪法看作根本法及母法，宪法上的权利就是民法权利的母权利。〔4〕但是，宪法上的权利一般具有过分抽象性、概括性的特点，假如不能通过民法明确水资源国家所有权及其具体内容、效力，那么，私人将无法依据宪法规定从宪法上的"国家"那里取得水权，也无所谓水权的配置可言。通常情形下，由于宪法层面的所有权制度不具有司法上的可直接适用性，并不能直接使个人在水资源领域享有请求国家积极作为或者不作为的私法权利，无法为水权配置提供母权基础，需要向民法层面的所有权规范进行转化。

其二，从制度层面上看，目前我国的宪法解释规范尚不完善，无法形成解

---

〔1〕 参见苏永钦：《寻找新民法》（增订版），北京大学出版社2012年版，第318页。
〔2〕 参见孙宪忠：《争议与思考——物权立法笔记》，中国人民大学出版社2006年版，第416页。
〔3〕 参见郑贤君：《方法论与宪法学的中国化》，《当代法学》2015年第1期，第31页。
〔4〕 参见徐显明：《"基本权利"析》，《中国法学》1991年第6期，第27页。

决此困境的方法论体系。[1]因此,针对我国宪法上的权利规范在司法实践中尚不可直接适用的规范现状,需要将其通过部门法权利的转化来真正实现其效用。若不能将宪法层面上的所有权规范转化为民法上的权利,将使得宪法上的权利只能体现为"纸本上的权利",仅具有抽象的宣示意义。此时,就需要法律转介条款发挥沟通公法与私法、宪法与民法的桥梁或纽带作用。将公法的规范力适度延伸到私法关系需要法官的补缀接合,而法官的主要工具就是民法中的转介条款。[2]《物权法》第46条实际上就具有转介条款的功能,而不应当仅认为其是关于水资源所有权归属之《宪法》条文(第9条)的翻版式规定。在此意义上,也可佐证将宪法上水资源之上的国家所有权与民法上水资源之上的权利仅仅定性为单一性质,或将二者同一,并不能很好地解读及化解水资源权利理论及实践领域的诸多难题,实有分别定性之必要。

其三,宪法规定不能直接适用或借用私法规范进行调整。诚如本德·吕斯特、阿斯特丽德·施塔德勒教授所言,"对于更高层级的宪法规范在私法中的执行,产生了一个细节上非常有争议的问题:基本法的规定在私法中是直接适用,并且排除与其相矛盾的私法规范,还是其只是在民法一般规定范围内作为解释指导方针而对私人法律关系产生作用?在相关讨论中,有时候通过不同的法律论证体系可以证明出同一结果。当前主流观点认可的是在私法中基本权利的间接作用。也就是说,基本权利通过一般规定发挥作用"[3]。这是因为宪法与民法具有各自不同的出发点、调整对象及规范功能,前者必须借助后者方能对私人产生效力,前者主要是以作为主权者的国家为规范对象,根本功能在于界定国家权力的边界。[4]水资源在宪法层面所有权的规范功能,主旨在于对水资源之上的所有权给予一种宪法层面的规范性保障,尚不可直接适用用于水权配置领域。此时,私人也无法凭借宪法规范取得对水资源的使用权(水权),私人水权的取得方式及程序还需要民法,尤其是物权法予以具体化。物权法主要调整私人对财物进行支配的法律关系,其规则的构成在本质上取

---

[1] 当然,这并不能表明任何情形之下宪法规范对民事法律关系的调整不能起到任何作用,诸如宪法规范的"第三人效力"等理论,即旨在通过宪法解释方式来解决民法条款的冲突问题。

[2] 参见苏永钦:《寻找新民法》(增订版),北京大学出版社2012年版,第353页。

[3] [德]本德·吕斯特、阿斯特丽德·施塔德勒:《德国民法总论》(第18版),于馨淼、张姝译,法律出版社2017年版,第18页。

[4] 参见徐涤宇、胡东海、熊剑波、张晓勇:《物权法领域公私法接轨问题研究》,北京大学出版社2016年版,第55页。

决于国家宪法制度的安排及要求。[1]

化解这一难题的可能路径,在于避免不加区分地将水资源国家所有权简单地认定为仅具有一种性质:公权力、公权利或是私权利。诚如芦部信喜教授所言,将权利的性质进行固定的定性并予以严格的分类并不恰当。[2]实际上,证成水资源之上权利的层次性,无论对于打通宪法与民法的关系,厘清由水资源全民所有至宪法层面的所有权、民法层面的所有权直至私人所享有之水权及取得的水资源产品所有权的路径,还是对于正确处理全民、国家与私人之间的关系均具有重大意义!另外,正视水资源在宪法层面的所有权背后承载利益之全民性以及此项权利旨在实现的公共目的性,方能避免政府借助水资源国家所有权与民争利。

因此,与《宪法》第9条不同,《物权法》第46条是针对水资源在民法层面上所有权的一种法律确认,其中的"国家"指向的是民法意义上的国家。这种结论可通过对《物权法》第46条进行法律文本的解释来实现,即将成为问题的文本作为对象进行解释。[3]就水资源国家所有权而言,《物权法》第46条的规范目的在于解决水权的派生问题,克服将水资源国家所有权定性为单一的"公权力"或"公权利"的弊端。毕竟,作为民法上用益物权的水权所具有的占有、使用、收益及依法处分权能,只能派生于具有这些权能的母权,而"公权力"并不具有这些权能,更不能将其派生给本质为一种私权的水权。[4]《物权法》第123条中关于取水权受法律保护的规范,正是水资源在民法层面的所有权生发出水权的规范依据。因此,《物权法》第46条针对水资源专属于国家所有的规范,并不能理解为是对《宪法》第9条的照抄,更非有些学者所言的照抄型"僵尸法条",[5]而是发挥着将水资源所有权从宪法领域引入到民法范畴的独特功效。

二、水资源权利层次性的具体体现

水资源之上的权利(力)关系纵横交错,既包括宪法上的权利、公法上的

---

〔1〕 参见[德]鲍尔、施蒂尔纳:《德国物权法》(上册),张双根译,法律出版社2004年版,第3页。
〔2〕 参见[日]芦部信喜:《宪法》,李鸿禧译,元照出版公司2001年版,第243页。
〔3〕 参见[日]大村敦志:《民法总论》,江溯、张立艳译,北京大学出版社2004年版,第55页。
〔4〕 参见崔建远:《准物权研究》(第二版),法律出版社2012年版,第357-361页。
〔5〕 参见葛云松:《物权法的扯淡与认真——评〈物权法草案〉第四、五章》,《中外法学》2006年第1期,第54页。

权力,也包括具有私法属性的物权及其下属权能。[1]因此,很难对水资源之上的权利进行单一的"平面化"定性,在界定水资源领域国家所有权的法律性质的过程中,也应将其置于水资源之上权利层次性的体系中进行科学定性及准确解读。具体体现为:

首先,为什么水资源全民所有只能由宪法加以规定而不能以其他法律加以规定,甚至可以进一步设问,为什么不能将水资源在宪法层面的全民所有直接转化为民法层面的所有权规范,而是只能先行将其过渡为宪法层面上的水资源国家所有权之后,再确认为民法层面的所有权呢?如此安排的原因,根本上是由宪法的根本法属性及宪法上权利的主要功能所决定的:作为国家的根本法,宪法的重要功能在于明确国家权力的边界并预防其对私权的侵犯,[2]而非解决私人之间的权利冲突。试想,如果组成全民之个体所享有的基本权利不能对抗国家公权力的滥用,那么,这种基本权利必将无法真正实现。[3]也就是说,公民在水资源宪法权利层面所具有的受益功能,包括个体得以请求国家积极作为的一种宪法性权利,其对应的是国家在水资源领域于宪法层面的给付义务,即国家应以积极作为的形式在水资源领域为全民中的个体提供某种利益的义务。例如,保障饮用水的清洁、充足及水生态环境的整体质量等。这就是为什么水资源全民所有只能由宪法加以确认和规范的重要原因。

其次,为何宪法层面的水资源权利需要民法等部门法予以具体化?原因在于:其一,全民中的个体针对水资源在宪法层面所享有的权利,本应具有可对抗公权力的效力,宪法相关制度及具体程序设计也应很好地践行这一理念,但在现行制度体系内,宪法上所规定的个体权利在司法实践中不具有可操作性。如果个体在宪法上的水资源权利受到侵犯,权利人无法通过宪法所规定的途径行使自己的权利,即缺乏对个体之基本权利的救济路径及程序。宪法也未设置专门监督机构负责具体监督宪法的实施。[4]在水资源宪法层面之全民所有的语境下,虽然在个体得以向宪法层面的国家主张权利的角度,宪法层面的国家所有权更多地呈现出主权国家对全体民众理应承担的义务,但缺乏个体得请求国家依法履行义务的具体安排及程序。这些都决定了在现有制度

---

[1] 参见杨解君、赖超超:《公物上的权利(力)构成——公法与私法的双重视点》,《法律科学》2007年第4期,第49页。

[2] 参见徐显明:《"基本权利"析》,《中国法学》1991年第6期,第25页。

[3] 参见朱福惠:《公民基本权利宪法保护观解析》,《中国法学》2002年第6期,第19页。

[4] 参见朱福惠:《公民基本权利宪法保护观解析》,《中国法学》2002年第6期,第19页。

体系下，水资源在宪法层面的所有权制度需要转化为民法层面的所有权规范。其二，不加区分地将水资源国家所有权简单定性为一种"公权力"并不足取，更宜将不同法律制度中的水资源之所有权的法律性质，于《宪法》《物权法》等不同场合界定为呈现不止一面的特性。否则，将无法回应"公权力"性质的国家所有权如何派生出私权性质的水权（《物权法》第123条）的疑问。

第三，就规范层面而言，《宪法》第9条针对水资源于宪法层面之国家所有权的规范，在本质上是宪法层面水资源全民所有的具体体现，而《物权法》第46条对《宪法》第9条的确认是水资源于宪法层面的所有权转化为民法层面的所有权的规范依据，也是沟通《宪法》与《民法》（公法与私法）的桥梁。随之，水资源之国家所有权的性质也发生了变化，由宪法层面主权性质的所有转变为民事私法人意义的所有。《物权法》第123条则是由水资源于民法层面的所有权，派生出水权的制度基础。同时，水权的具体行使又可促使水资源产品所有权（如瓶装矿泉水所有权）的生成，并赋予其绝对的占有、使用、收益及处分权能。至此，水资源产品的所有权已经完全成为私法层面的私人所有权，与其他的私人所有权完全等同。在这一动态的过程中，水资源之上权利的层次性及其多重转换，始终贯穿着水资源自身价值的多重性及负载利益的公共性这条精神主线。

水资源之上一般存在五个权利层次：一是水资源于宪法层面所体现的全民所有"形态"，二是水资源于宪法层面的所有权，三是水资源于民法层面的所有权，四是民法层面的水权，五是民法层面的水资源产品所有权。就规范依据而言，《宪法》第9条是水资源于宪法层面的全民所有确认为水资源于宪法层面的所有权的规范依据，《物权法》第46条是水资源于宪法层面的所有权向水资源于民法层面的所有权予以转化的规范基础，也是沟通《宪法》与《民法》（公法与私法）的桥梁；《物权法》第123条则是由水资源于民法层面的所有权派生出用益物权（即水权）的制度基础。水权的具体行使结果则是私人依法取得水资源产品的所有权。

可见，水资源之上权利呈现出层次性。水资源之上的权利并非单一的权利类型，而是一组呈现出极强层次性的权利群。正视水资源之上权利的层次性，并非否定设置于水资源之上的国家所有权所体现的公权性、私权性，而是将水资源国家所有权嵌入整个水资源权利链条中，非孤立地对其进行定性。将水资源之上的权利定性为单一性质，往往会遮蔽宪法上权利与民法上权利的区别，并不经意地陷入到数个闪耀着理论争论光环的假问题的陷阱。水资源"国家所有权"一词的多义性是一种正常现象。水资源于宪法层面的所有权与民法层面的所有权是两个并不相同,但又互相渗透、紧密联系的概念。解读水资源之上权利划分的层次性,既有利于厘清水资源于宪法层面的全民所有至民法层面的所有权、水权及水资源产品所有权的关系,更可为水资源权利范畴内全民、国家与私人关系的处理提供有益参照,进而为水权配置提供规范依据及深层次理论基础。

第三节　不同水资源权利的过渡、转化、派生及生成关系

在水资源权利体系及链条中,水资源全民所有、宪法层面的所有权、民法层面的所有权、水权及水资源产品所有权虽各自处于水资源之上权利的不同层次中,但彼此之间并非孤立、封闭地存在,而是存在着过渡、转化、派生及生成关系,期间的多重转换始终贯穿着水资源自身价值的多重性及负载利益的公共性这条精神主线。这也从一定程度上印证了公法与私法并非完全不接头、割裂的法律部门。[1]这种不同权利之间的过渡、转化、派生及生成关系,在根本上保证了水资源权利体系的完整性。

一、水资源于宪法层面之全民所有与宪法层面之所有权的关系

理顺水资源于宪法层面的全民所有向民法层面之所有权的转换路径,必须合理解读水资源于宪法层面的全民所有与宪法层面之所有权的关系,亦需打通水资源于宪法层面之所有权与民法层面之所有权的关系。循此思路,方可合理解读及界定水资源领域于不同规范中存在的国家所有权的不同性质,从而为水权的生成及配置寻求母权基础。

（一）水资源于宪法层面的全民所有"形态"向宪法层面之所有权的转换

严格来讲,水资源于宪法层面的全民所有"形态"不是一项严谨的法学术语,而是一项政治及经济学术语,需要转化为法学上的权利概念及类型才能获得法律保护的正当性基础。[2]在此转化过程中,水资源于宪法层面的全民所

---

〔1〕 参见苏永钦:《寻找新民法》(增订版),北京大学出版社2012年版,第313页。
〔2〕 关于"水资源全民所有"性质的系统认定,参加彭诚信、单平基:《水资源国家所有权理论之证成》,《清华法学》2010年第6期,第98—115页。

有应当首先转换为宪法层面的所有权,而非直接转换成民法层面的所有权。水资源于宪法层面所体现的所有权形态与其在民法层面的所有权归属并非同一概念。这同宪法与民法的不同功能紧密相关,前者在于分配及限制国家权力,后者在于为私人自由行为提供保障。[1]

水资源于宪法层面所体现的所有权形态,应当是一种国家所有权,不能体现为宪法层面的私人所有权或者其他权利形态。学者一般也认为,"水在法律上和历史上都是一种公共资源。尽管私人产权在水使用中运行得非常好,但水在根本上还是公共资源;私人产权总是不完全的,而且从属于公共需求"[2]。水资源无法采取私有权的形式,否则容易出现私人垄断的现象,进而发生垄断者利用优势地位将水资源费率提高到私人难以承受的程度。这种情况甚至会危及整个社会的安定。[3] 可见,水资源于宪法层面的全民所有"形态"在转换为法律性质的所有权时,应直接转换为水资源于宪法层面的所有权,而非民法上的所有权。此时,并不能按照传统理论将市民社会与国家相对立,也不能认为市民社会仅是关乎私法(权)的领域。[4] 水资源之上负载的利益具有公共性,而国家代表的利益具有全民性,二者具有天然的内在一致性,在法律上就规范为宪法层面的国家所有权。[5]

(二)个体权利于水资源在宪法层面之所有权中的具体体现

水资源于宪法层面的全民所有"形态"转换为宪法层面的所有权之后,个体权利并未丧失。这至少体现为以下几个方面:

其一,全民中的个体成员可以通过法律规定的民主参与立法程序表达个人意思,个人意志的结合形成全民意志,进而上升为国家法律。在此意义上,

---

[1] 参见朱庆育:《民法总论》(第二版),北京大学出版社2016年版,第11页。

[2] [美]戴维·H.格奇斯:《水法精要》(第四版),陈晓景、王莉译,南开大学出版社2016年版,第8页。

[3] 例如,位于玻利维亚的科恰班巴省所发生的事情足以说明这一问题的严重性,虽然科恰班巴省只是水资源私有化众多失败案例中的一个。科恰班巴省在实行水资源私有化之后,当地的水费较之前猛增了一至两倍。其中,穷人受到的影响最大。2000年1月,一场持续了四天的针对水资源私有化的大罢工使得整个城市陷入瘫痪。当年2月,玻利维亚政府声明此次抗议活动属于非法行为,并出动了军队控制整个城市,冲突中导致100多人受伤,1人死亡,此次抗议活动直到4月份政府同意终止水资源私有化才结束。参见[美]汤姆·泰坦伯格:《自然资源经济学》,高岚、李怡、谢忆等译,人民邮电出版社2012年版,第112页。

[4] 参见[日]大村敦志:《民法总论》,江溯、张立艳译,北京大学出版社2004年版,第123页。

[5] 参见彭诚信、单平基:《水资源国家所有权理论之证成》,《清华法学》2010年第6期,第98-115页。

在水资源领域,法律的整体性意志在本质上仅为全部个体成员的意志之和,也就是说,个体成员所遵循的法律制度实际上就是其自身意思的体现。谈论宪法权利的前提条件是承认个体所具有的平等参与权和主体地位,否则,民主及宪法就不可能产生。[1]

其二,个体成员通过宪法上的监督制约制度针对水资源配置的具体程序进行监督,杜绝水资源管理机关滥用相关权力。在"个体得向国家主张权利"的意义上,宪法上的水资源国家所有权更多地呈现出国家对全民(而非某个特定个体)所应承担的义务或职责。[2]否则,所有在既有规范下所做的努力充其量仅是弥缝补苴,效果甚微。[3]公民个体在水资源宪法权利层面的受益功能对应的是国家的给付义务,即国家以积极作为的方式为公民提供在水资源领域某种利益的义务。这种监督权行使的最终目的,乃是保障个体在宪法层面所应享有的受益权的实现。例如,清洁的饮用水、良好的水生态环境保障等。

其三,行使水资源于宪法层面的所有权,仍然是以水资源全民所有中个体利益的最大化为最终目标。在此意义上也可以说,水资源国家所有权在促进个体发展过程中,兼具私法属性及公法属性。国家在这一过程中,历来都非旁观者,而是在不同阶段充当私法关系的参与者、维护者、管理者、服务者等不同的角色。这在一定程度上也可以佐证民法上的水资源所有权制度必然会同整个国家的政治体制发生关系,比如民法所有权与宪法的关系。[4]运用水资源收益兴修水利、改善及提升水环境、防止水污染等,均是以普通个体在水资源领域正当性利益的实现为目的。

二、水资源于宪法层面之所有权与民法层面之所有权的关系

水资源于宪法层面之所有权向民法层面之所有权的转换需受水资源于宪

---

〔1〕 参见徐显明:《"基本权利"析》,《中国法学》1991年第6期,第24页。

〔2〕 基本权利除适用于个人与国家间的公法关系外,在例外情况下还可能适用于私人间的私法关系。我国宪法也体现了这种"扩散作用"。例如,《宪法》第36条第3款第2项规定:"任何国家机关、社会团体和个人不得强制公民信仰宗教或者不信仰宗教,不得歧视信仰宗教的公民和不信仰宗教的公民",在限制国家的同时也限制了社会团体和个人。此外第41条也规定:"任何组织或者个人不得以任何理由侵犯公民的通信自由和通信秘密",直接把基本权利的效力扩及个人。参见张翔:《基本权利的双重性质》,《法学研究》2005年第3期,第36页。

〔3〕 参见张翔:《基本权利的双重性质》,《法学研究》2005年第3期,第34页。

〔4〕 参见徐涤宇、胡东海、熊剑波、张晓勇:《物权法领域公私法接轨问题研究》,北京大学出版社2016年版,第92页。

法层面的全民所有"形态"的影响,水资源于民法层面之所有权及水权的规范架构须受宪法层面之所有权的影响。

(一)水资源于宪法层面的全民所有"形态"对宪法层面之所有权向民法层面之所有权转换的影响

1.水资源于民法层面之国家所有权得以确立的深层理论基础及制度依据是水资源于宪法层面的全民所有"形态"。就主体层面观察,"全民"是一种自然人的集合体形态,是一种政治学、社会学概念,并不具有独立的法律主体资格,不能于私法层面上直接对水资源进行配置。[1] "全民"是一种以自然人共同体成员组成的集合体存在。传统上,这种共同体尚有家族、村落共同体等形态。随着时代发展,此几类共同体正在逐渐衰落。在现代社会,家族、村落共同体等传统上为维持共同生活秩序提供保障的形式,正逐渐被国家的社会保障所取代。诚如大村敦志教授所言,传统的中间团体(例如家族、共同体等)正在逐渐消失,日益被为个体利益而存在的福利国家所取代。[2] 然而,宪法上主权意义的国家,无法具有直接配置水资源的私法效力。当水资源于宪法层面的所有权转换为民法层面的所有权之前,前者无法直接行使权利,导致私人也无法取得水权,必然预示着前者需要向民法领域转化。水资源于宪法层面的全民所有"形态",为寻求水资源于民法层面的所有权归属(国家所有),提供了理论及制度基础。这也是需要将水资源于宪法层面之所有权转换为民法层面之所有权的重要缘由。

2.水资源于宪法层面的全民所有"形态"的制度安排,决定着即使转换到民法层面的所有权之后,国家之外的其他私人也无取得水资源所有权的可能,但可凭借民法上水资源所有权对用益物权的派生功能依法取得水权。诚如本德·吕斯特、阿斯特丽德·施塔德勒教授所言,私法是构建社会和国家的手段,也是一个国家政治和社会体系中不可分割的组成部分,是宪法的实体基石。[3] 当水资源于宪法层面的全民所有"形态"过渡到宪法层面的所有权,并转换到民法层面的所有权之后,民法层面的国家已经与民法领域的其他私权主体

---

[1] 在一定意义上说,全民所有具有"类似总有"的性质。关于水资源全民所有所具有的"类似总有"的性质,具体可参见彭诚信、单平基:《水资源国家所有权理论之证成》,《清华法学》2010年第6期,第98-115页。另外,关于总有这一权利形态的具体论证,可参见孙宪忠:《争议与思考——物权立法笔记》,中国人民大学出版社2006年版,第423页。

[2] 参见[日]大村敦志:《民法总论》,江溯、张立艳译,北京大学出版社2004年版,第121-122页。

[3] 参见[德]本德·吕斯特、阿斯特丽德·施塔德勒:《德国民法总论》(第18版),于馨淼、张姝译,法律出版社2017年版,第12页。

（自然人、法人或非法人组织）无甚区别，但国家所享有权利的行使却仍然需要受到水资源全民所有（往往体现为公共利益）的牵制。按照民法理论，民法层面的所有权主体（国家）在设定水权时，本可遵循内心意思自治，自由创设，但是，基于水资源于宪法层面的全民所有"形态"的制约，也由水资源自身所承载的全民利益因素所决定，私法层面的国家在配置水权时，不应仅遵循经济利益最大化逻辑，而应当遵循平等用水原则，保障私人获取水权的机会平等性。

3.水资源于宪法层面的全民所有"形态"经由宪法层面之所有权的确认，转换成私法层面的所有权之后，私人的权利主要体现为两个层次。其一，作为全民组成部分的个体，于宪法层面的权利体系内，针对水资源配置予以间接管控、监督和收益。其二，作为民事主体，于民法层面的权利体系范畴内，通过获取水权而对水资源直接进行使用，并获取水资源相关收益。上述个体享有的两个层面权利的权源基础在于其作为全体人民之成员的身份，亦为打通宪法层面的所有权与民法层面的所有权规范架起了桥梁。

可见，宪法层面的所有权必须转换为民法层面的所有权。宪法层面关于水资源归属于国家的规定，在于为水资源的保护提供宪法层面的制度性保障及纲领性规定，但并不指向具体的客体，也无法通过直接适用而产生法律效力。若缺乏部门法的转化及确认，则无法对水资源进行配置，具体个体也无法通过取得水权而对水资源进行使用及获取水资源收益。宪法上的水资源所有权在于解决水资源所有权在宪法领域应作为什么样的地位受到保障（保障条款），或者说旨在回答谁是水资源的主人的问题。[1]

（二）宪法层面之所有权对民法层面之所有权的影响

与宪法上的所有权不同，民法上的所有权具有明确具体的客体指向及规范效力。民法层面的所有权以具体的水资源配置为中介，展现私人（包括自然人、法人及非法人组织）之间的私法关系。宪法赋予公民基本权利，民法则赋予民事权利，既然宪法是根本大法，民法位列其下，民事权利自然以宪法基本权利为依据。有学者据以认为，这是典型的权利法定观念，其实质，乃是主张私人权利来自于公权力的赋予。[2]实际上，说民法上的权利来自于宪法并

---

〔1〕 参见徐涤宇、胡东海、熊剑波、张晓勇：《物权法领域公私法接轨问题研究》，北京大学出版社2016年版，第55页。

〔2〕 参见朱庆育：《民法总论》（第二版），北京大学出版社2016年版，第11页。

非指其来自于"公权力的赋予",宪法恰恰在于限制公权力,故而赋予公民权利,而宪法背后所反映的是全体人民的意志(通过全国人大的立法程序据以表达)。宪法中的公权力本身并不含有私权的基因,也无法将其遗传或分娩给私权利。[1]欲使具体个体取得私权性质的水权,必然要求以民法层面的所有权作为其母权基础。

我国宪法不具有司法适用性,宪法权利不具有可诉性,需要向民法上的权利进行转化。这就需要在民法中架设必要的管道,实现私法与公法的接轨与沟通。[2]这种"管道"往往体现为,民法经由转介或引致条款的设置,实现民法与公法相互沟通的目的及效果,虽然私法自治仍是私法必然遵循的基本理念,但是,私法内部已经适当架设起了通往其他法律领域的管道,[3]进而对公法规范保护的法益、追求的政策目的、涉及的个人自由法益以及私法自治本身的理念价值进行权衡。[4]有学者认为,《物权法》第46条的规定仍然属于宪法层面所有权的规范,再次确认了包括水资源在内的自然资源只能归属于国家,私人被剥夺了取得此类资源所有权的可能性,是宪法对公有制保障的一种物权法体现。[5]但是,实际上,诸如《物权法》第46条中针对水资源于民法层面的所有权归属及第123条关于取水权的规范,已经实现了物权法与其他行政管制法的概括转介目的。[6]虽然单纯从文义上看,《物权法》第46条的规范与《宪法》第9条针对水资源于宪法层面之所有权归属的规范没有差别,但是,二者的权利性质却并不相同,后者已属于民法的范畴,具有私权的性质。简言之,《物权法》第46条针对"矿藏、水流、海域属于国家所有"的规定保留了公法进入私法的途径,即体现为民法层面的所有权。当然,这也表明,基于水资源于宪法层面的全民所有"形态"及宪法层面之国家所有权的制约,与所有权绝对的私权理念不同,在民法层面之所有权的具体实现路径问题上,社会公共利益必须得到考量。

---

[1] 参见崔建远:《准物权研究》(第二版),法律出版社2012年版,第357—361页。

[2] 参见苏永钦:《民事立法与公私法的接轨》,北京大学出版社2005年版,第15页。

[3] 参见王利明、易军:《改革开放以来的中国民法》,《中国社会科学》2008年第6期,第146—147页。

[4] 参见苏永钦:《从动态法规范体系的角度看公私法接轨——以民法的转介条款和宪法的整合机制为中心》,载苏永钦:《民事立法与公私法的接轨》,北京大学出版社2005年版,第10页。

[5] 参见徐涤宇、胡东海、熊剑波、张晓勇:《物权法领域公私法接轨问题研究》,北京大学出版社2016年版,第98页。

[6] 参见苏永钦:《民事立法者的角色——从公私法的接轨工程谈起》,载苏永钦:《民事立法与公私法的接轨》,北京大学出版社2005年版,第29页。

水资源于民法层面的所有权在私法领域确立之后,也需要受到宪法层面之所有权的制约。毕竟,即使民法以私法自治为基本原则,也必然无法绕开宪法所要实现的整体性目标。[1]正如哈里·韦斯特曼、哈尔姆·彼得·韦斯特曼所言,虽然从理论上看,基于所有权作为最全面的法律上对物的支配权,原则上所有权人有权任意决定所有物的命运,但是,就如其他权利一样,所有权也会受到其他制度的影响。[2]为稳定社会的公共秩序或增加公共福祉,得依法律对私人财产加以必要的限制,实现自由与拘束的调和、私法与公法的协作。[3]在民法领域,所有权所需受到的法律限制又可体现为私法的限制和公法的限制两个层面,前者包括权利行使的限制(如禁止权利滥用、私力救济等)、相邻关系的限制等;后者的限制则以保护社会公共利益为目的,具体体现为行政管理法律(如水法、环境保护法等)的规定。[4]

宪法上水资源所有权的私法规范化具有重要意义。这至少表现为下述两个层面:其一,这可以使宪法上的水资源所有权能够依据物权法享有私法上的自由及处分权(如派生出水权),获得私法上的救济(如物权请求权及占有保护请求权),同时也需受到私法的限制(如排水权需受到相邻关系的限制)。其二,这可使水资源经由私法发挥其最大效用,如设定水权且允许水权转让。当水资源的所有权由宪法层面转换成私法层面的权利形态之后,即应与私法(包括物权法)上的权利一样受到平等的规范,不应具有优先于其他私权的效力。也就是说,水资源所有权人在私法活动中与其他民事主体具有平等的地位(《民法总则》第2条)。

(三)水资源于宪法层面之所有权与民法层面之所有权的差异

虽然宪法规范及民法规范针对水资源权利的归属使用的都是"国家所有"的称谓,但二者在法律属性和立法结构上具有不同的构造,[5]确有区分之必要。

其一,从权利主体看,宪法层面的国家具有主权意义,是对一国水资源在

---

[1] 参见徐涤宇、胡东海、熊剑波、张晓勇:《物权法领域公私法接轨问题研究》,北京大学出版社2016年版,第103页。

[2] 参见[德]哈里·韦斯特曼、哈尔姆·彼得·韦斯特曼:《德国民法基本概念》(第16版),张定军、葛平亮、唐晓琳译,中国人民大学出版社2014年版,第135页。

[3] 参见王泽鉴:《民法物权》(第二版),北京大学出版社2010年版,第11页。

[4] 参见梁慧星:《中国民法典草案建议稿附理由·物权编》,法律出版社2013年版,第97页。

[5] 参见徐涤宇、胡东海、熊剑波、张晓勇:《物权法领域公私法接轨问题研究》,北京大学出版社2016年版,第99页。

主权意义上的宪法确认；民法层面的国家则体现为私权主体的存在，与民法中其他主体（包括集体、个人）所享有之所有权的性质及保护手段并没有差别。[1]在水资源领域，国家既可成为在民法层面的权利人，享有私法性质上的物权，又是在宪法层面的归属者，具有公法性质上的宪法权利。两种身份的国家以及两种不同性质的权利极易出现混淆。

其二，从权利客体看，民法权利体系中的物权客体一般具有特定性的特点，而宪法上所有权的客体则并不具有特定性，更多是一种抽象性的观念存在，其范围较私法的权利客体要广，包括物权、股权等，甚至可包括债权。可见，宪法上所有权基本上等同于财产权的概念，与民法层面之所有权的内涵及外延存在重大差异。[2]

其三，从权利行使来看，宪法层面的所有权无法生发出水权，也无法纳入交易领域。与此不同，在民法层面上，所有权是一种在法律范围内可以对物进行全面支配的权利，是最典型、最完全的一种物权。[3]哈里·韦斯特曼、哈尔姆·彼得·韦斯特曼就曾指出，"所有权是全面的支配权，因而所有权人可以任意利用所有权或者完全置之不用；所有权人可以出卖、设定负担或者根据自己的意愿处置所有物"[4]。

故此，关于水资源之上的权利问题，宜坚持"水资源之上权利层次性"的观点，不能笼统地为国家所有权定性，不能将宪法层面之所有权与民法层面之所有权相等同，而是要审视在何种意义上使用这一概念。这也从侧面印证了解读水资源之上权利划分的层次性，既有利于厘清水资源于宪法层面的全民所有"形态"至民法层面之所有权、水权的关系，更可为水资源权利范畴内全民、国家与私人关系的处理提供有益参照，进而实现合理配置水权的目的。

三、水资源于民法层面之所有权对水权派生及水资源产品所有权生成

（一）水资源于民法层面之所有权对水权的派生

1.将水权配置给私人的缘由及规范体现

本应归属于全民所有的水资源，为何要经过多重精细的制度性设计，最终

---

[1] 参见梁慧星：《中国民法典草案建议稿附理由·物权编》，法律出版社2013年版，第97页。

[2] 参见孙宪忠：《中国物权法总论》（第三版），法律出版社2014年版，第105-106页。

[3] 参见梁慧星：《中国民法典草案建议稿附理由·物权编》，法律出版社2013年版，第97页。

[4] 参见[德]哈里·韦斯特曼、哈尔姆·彼得·韦斯特曼：《德国民法基本概念》（第16版），张定军、葛平亮、唐晓琳译，中国人民大学出版社2014年版，第129页。

转化为私权(用益物权)性质的水权?一方面,水资源之公共用物属性意味着任何个体均可依法取得水权。[1]在水资源之上设定用益物权的目的在于更好地实现水资源的使用价值,物尽其用。[2]另一方面,水资源作为公共资源的特性,决定了在缺乏明晰的私人使用权制度的情况下,无法对其进行很好的保护。诚如汤姆·泰坦伯格教授所言,地下含水层属于一种公共财产资源,在分配地下水时,若缺乏相应规范,基于开采者不具有保护地下水的积极性,会加速地下水资源的耗竭。[3]这预示着建立及明确私人所享有的水权的边界具有重要价值。

另外,从经济学角度考虑,于水资源之上创设私人水权的目的,在很大程度上在于防止"搭便车"的现象。水资源属于公共产品的一种,而"公共产品的提供会产生'搭便车者'问题。搭便车者是指那些享用了公共产品却并不对其生产、保管或补充作出贡献的人。如果团体中很多成员都选择了这种做法,那么公共产品将会供应不足或者根本不再供应"[4]。经由水权配置制度,可将具有公共物品性质且由国家享有所有权的水资源,在私人付出成本(如水资源使用费或水资源税)的前提下归于私人使用,并确定权利行使、义务履行的边界,进而防止"搭便车"现象的出现。

水权的法律性质应当界定为一项定限物权(用益物权),且属于一种法定物权。当《物权法》第122条对海域使用权、第123条对"探矿权、采矿权、取水权和使用水域、滩涂从事养殖、捕捞的权利"于用益物权的一般规定中予以规范的情形下,上述权利均属于民法上的他物权(自然资源用益物权)当无疑问,其私权属性自可确立。当某项权利已被法律明确规定的情况下,它就不能

---

[1] 参见单平基:《论我国水资源的所有权客体属性及其实践功能》,《法律科学》2014年第1期,第68—79页。
[2] 参见王泽鉴:《民法物权》(第二版),北京大学出版社2010年版,第267页。
[3] 参见[美]汤姆·泰坦伯格:《自然资源经济学》,高岚、李怡、谢忆等译,人民邮电出版社2012年版,第97页。
[4] [德]魏伯乐、[美]奥兰·扬、[瑞士]马塞厄斯·芬格主编:《私有化的局限》,上海三联书店、上海人民出版社2006年版,第19页。在经济学看来,政府提供的共同或集体的利益通常被经济学家称为"公共物品",那些没有购买任何公共或集体物品的人不能被排除在对这种物品的消费之外,而对于非公共物品是能够做到这一点的。参见[美]曼瑟尔·奥尔森:《集体行动的逻辑》,陈郁、郭宇峰、李崇新译,格致出版社、上海三联书店、上海人民出版社2011年版,第13页。

再被称为"准物权",[1]就不会与物权法定原则相悖,确定无疑地已构成一项"物权",即自然资源用益物权,那么,对于物权法规范就"应当适用",而非"可以准用"。[2]这就是民法层面的所有权生发出私人水权的规范体现。于民法层面的所有权中生发出水权作为用益物权的功能体现在增进水资源的经济效用,[3]最终实现本应由人人享有的水资源通过制度的架构重回个体之手。

2.水权的生成逻辑

水权作为定限物权(他物权)的一种,必然生发于自物权,即民法层面的所有权。后者是水资源用益物权得以派生的母权基础。从民法上水资源所有权之上如何能够分离出用益物权性质的水权?这需要通过所有权的权能分离理论进行解读。按照民法理论,所有权中蕴含着占有、使用、收益及处分等几种基本权能,但所有权并非以上几项权能的简单机械相加。[4]因为,如果机械地认为水资源所有权必须现实性地直接具备及行使上述四项权能,那么,就意味着占有等权能就必然需要成为所有权的构成成分,须臾不可分离,即所有权不能缺少上述四项权能中的任何一项。那么,用益物权或需以占有为有效要件的担保物权将无法设立。此时,正确的解读路径应当将水资源所有权更多地理解为具有一种观念性的特征。

如果没有民法层面之所有权的母权基础,水权就无从生发。前者并非空洞的摆设,应有真实的效力体现。它可以派生出取水权,是征收与水资源相关税费的法律根源,为取水许可制度的法律基础之一。[5]水资源于民法层面的所有权与水权之所以两立,后者之所以从前者中派生的缘由是因为所有权人(民法层面的国家)、他人(需要用水人)都要使用水资源,并享受其利益,二人的利益又不相同。法律解决水资源所有权人与实际需用水人之间冲突的办法,便是允许所有权人依照其意思分离出该项权利的若干权能,准确而言,是允许实际用水人得以分享水资源所有权的若干权能,并对实际用水人享有的此部

---

[1] 将诸如取水权、采矿权等具有用益物权特性的物权界定为准物权,较为系统的研究成果是崔建远教授所著的《准物权研究》一书。该书认为,准物权不是属性相同的单一权利的称谓,而是一组性质有别的权利的总称,它由矿业权、水权、渔业权和狩猎权等组成。参见崔建远:《准物权研究》(第二版),法律出版社2012年版,第18页。

[2] 参见单平基:《水资源危机的私法应对——以水权取得及转让制度研究为中心》,法律出版社2012年版,第127页。

[3] 王泽鉴:《民法物权》(第二版),北京大学出版社2010年版,第272页。

[4] 参见梁慧星:《中国民法典草案建议稿附理由·物权编》,法律出版社2013年版,第101页。

[5] 参见崔建远:《准物权研究》(第二版),法律出版社2012年版,第344页。

分用水利益赋予法律上之力,使之成为他物权或称定限物权,即水权。[1]这便是由民法层面的所有权派生出水权的法律逻辑。

因此,水权所具有的对特定区域或水域的水资源进行占有、使用、收益以及特定情形下的处分权能,只能生发自作为母权的民法层面之所有权,母权将它自己的占有、使用、收益等若干权能让给水权人享有。如果缺乏母权中部分权能的分离及派生,水权自然就不会含有对水资源予以使用及收益的权能,也就无法成为一项他物权。毕竟,行政许可或特许、行政权、宪法层面的所有权均没有上述基因,不具有上述内容。如果缺乏水资源于民法层面之所有权这个母权基础,水资源行政许可或特许就不可能生发出水权,而是其他类型的权利。例如,工商行政管理部门通过给予公司的营业许可使后者取得经营权。此处的母权基础是经营管理权,而并非所有权。[2]

水权生发自水资源在民法层面的所有权,或者说,后者是水权得以派生及生成的母权基础。经由上述论证,可以得知,水权的合理配置无法通过单一的部门法来实现,而应成为《宪法》《物权法》及《水法》等不同法律部门相互衔接、共同调整的领域。我国《宪法》《物权法》及《水法》都明确确立了水资源的所有权,[3]但具有各自不同的规范机理及制度功能。水资源所有权属于国家所有,意味着除国家之外的任何组织及私人都无权将其据为己有。然而,自然人、法人或其他非法人组织毕竟需要用水,为此,水权的初始配置原则上采取申请行政水权许可及有偿使用水资源的规则,进而出现水资源所有权与水权(包括取水权、排水权等)相分离的现象,任何人欲取得水权一般应依申请取得,并支付相应对价。对稀有资源的使用及消耗必须支付成本,而非使成本由其他人承担,也是市场机制的必然要求。[4]特定情形之下,用水申请及许可会对水权的初始配置产生作用,但并不能据此否定后者的私权属性,也不能作为否定后者生发自民法层面之所有权的依据。由于矿产资源、水资源、海域资源的重要性和稀缺性,国家对它们的开发利用往往实行行政许可管理。[5]但仅有行政许可或特许、行政权产生不出水权,宪法层面的所有权也不能直接生

---

[1] 参见单平基:《"三权分置"理论反思与土地承包经营权困境的解决路径》,《法学》2016年第9期,第55—56页。

[2] 参见崔建远:《准物权研究》(第二版),法律出版社2012年版,第357—361页。

[3] 具体体现为《宪法》第9条、《水法》第3条、《物权法》第46条的规定。

[4] See Ugo Mattei. *Comparative Law and Economics*. Michigan University Press, 1997: 216.

[5] 例如,根据现行立法规定,水权的取得原则上需要经过行政许可(《水法》第7条、《取水许可和水资源费征收管理条例》第2条第2款)。

发出水权,如同石头里生不出小鸡。

于民法层面的所有权中生发出定限物权性质的水权之后,水资源所有权必然需要在一定程度上受到后者的限制。毕竟,虽然按照民法理论,作为一项绝对权,水资源所有权应当呈现出绝对的对世性,但是,由社会相互依赖性所决定,所有权并非一项不受任何限制的私权,[1]这种受限制的程度伴随社会发展会体现得更加明显。[2]这种对所有权自由的限制,也包括所有权人自己通过设置限制物权的方式限制其所有权。[3]这尤其体现在水资源之上存在所有权与他物权性质的水权的情形中,属于用益物权性质的水权与民法层面之所有权毕竟不同,水权作为他物权会对自物权(所有权)进行限制。此时,水资源所有权由于将部分权能已经分离给水权,并不是一种最完全的权利,而是需要受到后者的限制。例如,所有权具有永久性,而水权作为定限物权具有期限性。在实践中,我国一些事实上的取水权缺少存续期限的限制,此与用益物权原则上均应有期限限制的民法原理相悖,容易与水资源所有权的特性相混淆,不利于有限的水资源于众多不同的需要用水者之间进行分配,亦可能损害水资源所有者的利益。毕竟,水资源所有权虽然在本质上具有完全性的特征,但是,水权构成对所有权的法律限制,必然需要具有定限性与有期性的特点,否则,水权的无期限性必将对水资源所有权的完全性与弹力性产生损害。[4]

(二)水资源产品所有权的生成路径

水权起到了由民法层面的国家所有权生成水资源的产品所有权(如瓶装矿泉水)的桥梁作用。水资源于民法层面之所有权的客体指向的是某一地上区域或地下水域的水资源,与此不同,水资源产品所有权的客体则体现为一种产品水。这种产品水是自然人、法人或其他非法人组织为实现自身用水需求,而从水资源中予以汲取,已归入权利人直接管控和支配的私有物。

水资源产品(产品水)成为权利客体有其现实性需求和法律依据。当前社会中,除了大量的以自然形态存在的资源水之外,尚有许多为单位或个人所支配、使用并从中获得收益的产品水的形式存在,如自来水公司提供的饮用水、瓶装矿泉水等。这类水与自然状态的水资源有所不同,包含了自来水公司

---

[1] 参见梁慧星:《中国民法典草案建议稿附理由·物权编》,法律出版社2013年版,第100页。

[2] 参见江平、米健:《罗马法基础》,中国政法大学出版社2004年版,第220-221页。

[3] 参见[德]哈里·韦斯特曼、哈尔姆·彼得·韦斯特曼:《德国民法基本概念》(第16版),张定军、葛平亮、唐晓琳译,中国人民大学出版社2014年版,第130页。

[4] 参见谢在全:《民法物权论》(中册),中国政法大学出版社2011年版,第425-426页。

的取水、过滤、净化,甚至矿泉水公司的产品包装等众多人类活动。而且这类水也并非自来水或矿泉水企业进行享用,而是或是通过供用水合同,由自来水公司提供给实际需要用水的自然人、法人或其他非法人组织;或是通过买卖合同,由矿泉水公司使其成为其他私人拥有的私有物,享有支配这类水的排他性权利。试想,若把上述产品水也纳入水资源的范畴,则其无法进行交易,否则便与水资源国家所有且无法进行交易的法规范相冲突。另外,从民法角度而言,此类产品水也已经具备民法层面之特定物的特性,与一般民法意义上的物并无二致。产品水的所有权完全可以归属于普通私人,无需成立国家所有权,并可以在市场领域予以流通。[1]此时,作为水资源用益物权的取水权既是对水资源权利进行配置的结果,也成为将水资源于民法层面的所有权转化为水资源产品所有权的纽带,是对后者实现对产品水消耗性使用的权源依据。

水资源产品(产品水)的所有权既有可能基于水资源于民法层面的所有权而产生,也有可能基于作为用益物权的水权而生成;当其初始生成之后,其他人也可能基于债权性权利而继受取得(如基于供用水合同债权而取得产品水的所有权)。具体体现为:

其一,由水资源于民法层面之所有权中直接产生水资源产品(产品水)的所有权,凭借的是民法上的所有权人对物(水资源)所享有的占有、使用、收益及处分权能,将天然状态的水资源融入人类劳动的因素,使之成为水资源产品。此时,水资源产品所有权的形成往往体现为通过渗入人类劳动使水资源脱离自然状态成为水资源产品的过程。

其二,私人所享有的本质为一项用益物权性质的水权,虽由民法上水资源所有权派生,但它是一项独立的物权,凭借对水资源所具有的占有、使用和收益权能(《物权法》第118条),也可生成水资源产品所有权,并且排除所有权人干涉(《物权法》第120条)。此时,水资源产品(产品水)所有权的取得主要经由取水权等具体用益物权的行使来实现。

其三,基于债权性权利而取得水资源产品所有权属于一种继受取得。换言之,水资源产品所有权在继受人取得之前已经经由水资源所有权或水权而生成。水资源产品(产品水)的所有权不同于水资源的所有权,可以进行交易。依据我国《物权法》第118条的规定,私法主体对自然资源所具有的权能包括占有、使用和收益三个方面,并不包括处分权能。但是,应当注意的是,"要正

---

〔1〕 参见崔建远:《物权:生长与成型》,中国人民大学出版社2004年版,第303页。

确区分对自然资源的处分和对自然资源产品的处分。例如，矿山企业销售其开采的矿产品，是企业获取收益的方式，是对产品的处分，而不是对自然资源的处分"[1]。同理，自来水公司、矿泉水生产企业通过供用水合同、买卖合同等所出卖的标的物亦是水资源产品（产品水）的所有权，而非水资源的所有权。

水资源产品虽为民法上的物，且通常可进行交易，但其作为一种特殊商品的价格形成机制（如自来水价格）无法涤净，也不应消除水资源负载利益全民性及实现目的公共性的影响。其一，水资源产品（如自来水）的享有与否，有时会影响到社会公众最基本的生活或生存条件，而人人均要用水的客观情况，亦说明无法将其完全纳入竞争性产品的范围。原因在于，竞争可能会最终导致过分的垄断。[2]因此，把竞争过程当作水资源分配公平的观念并不是一个设计水权及产品水配置规则的充分有效的指南。至少，还需要增加一项用于评价水资源产品初始取得的独立标准，即配置的公平性指标。其二，水资源产品不同于普通私人物品，是由水资源自身所负载的环境、生态及社会价值所决定的。这需要通过水资源产品价格管理的设置和价格管理权限的划分，构建合理、有效的价格管理体制，以将水生态环境治理价格、水资源耗竭价格、水生态功能恢复价格等纳入水资源产品价格的管理范围，进而促进水资源开发及利用的可持续性。

四、证成水资源之上权利层次性对水权配置的实践价值

证成水资源之上权利层次性，较之其他定性具有自身优点，既可理顺水资源全民所有至私人使用的制度路径，也能避免政府借水资源国家所有之名与民争利，进而实现水资源之上权利体系所承载目的的公共性，最终实现水权合理配置之目标及促进水资源改革的深入。

---

〔1〕 最高人民法院物权法研究小组编著：《〈中华人民共和国物权法〉条文理解与适用》，人民法院出版社2007年版，第355页。原地质矿产部在1993年1月20日《答复〈关于矿产资源法第五条规定如何解释的请示〉的函》（地函11号）中认为："我们理解《矿产资源法》第五条中'矿产资源'的含义与自然科学中'矿产资源'的含义基本一致，即矿产资源是指由地质作用形成，在当前和将来的技术条件下，具有开发利用价值，呈固态、液态和气态的自然资源。矿产资源经过采掘或采选后，脱离自然赋存状态的产品为矿产品。这样的产品为征收矿产资源补偿费的对象。"这就将自然资源与自然资源产品进行了明确的区分，进而在其上得以成立不同的所有权。

〔2〕 See Robert Cooter. Thomas Ulen, *Law and Economics*（*fifth edition*）. Addison Wesley Publishing, 2008：116.

（一）为水权配置寻求母权基础

实现权利体系化是法学的基本思维，是法学达成学科使命的基本致力方向。水资源之上权利层次性的证成恰在于实现这一目标。基于水资源领域之国家所有权"平面化"定性存在的弊病，正视水资源之上权利的层次性本身拥有其他学说所不具备的理论优势。

其一，水资源国家所有权在宪法及民法上的区分可为水权的生成寻求母权基础，避免后者缺乏规范及理论依据。相较于对水资源领域的国家所有权进行单一定性的方式，理清水资源之上的多层权利，并予以理论证成，有利于打通水资源全民所有至私人使用的路径，使水资源权利体系更加完善而不至于僵化，进而为水权配置寻求母权基础。

其二，水资源于宪法层面所体现的全民所有"形态"经由一系列的转化、过渡，并由民法层面的所有权中生发出私人使用权，有利于解决水资源所有者"虚位"与私人盲目利用之间的矛盾。按照既有理论，水资源于宪法层面的所有者无法直接行使水资源的权利，即使到了私法领域，对水资源权利的享有及使用也无法仅由民法意义上的国家来完成，反之，就不能满足私法主体的用水需求，无法展现水资源的全民所有"形态"，不能充分发挥水资源的最大效用。所有者需要经由派生及设立用益物权（水权）的路径，满足所有者之外其他需用水人的需求，并且最大程度地发挥水资源的使用价值。因此，水资源于民法层面的所有权者（国家）通过水权配置将水资源使用权交给私人手中，有利于水资源效用的最大发挥。

水权是一项他物权，生发自水资源于民法层面的所有权，后者是其母权基础。水权的生成及配置需以其母权基础的界定为基础。学界日益重视水资源之上权利研究的一个重要目的，在于实现水资源权利的合理配置及有效行使。在水资源缺乏权利配置机制，而向所有人（全民）开放的时候，所有人也就会随意进入和享用这些资源，以达到自我收益的最大化。为实现个人利益最大化，必然驱使人们以超过资源单位量的提取标准享用水资源，从而导致其衰退或枯竭。水资源是无言的，它需要代言人，这个代言人只能是人类。[1]人们之所以随意进入并过量地提取和享用水资源，是因为水资源作为公共资源，其上没有权利的界定，也就是人人都享用水资源而没有排斥其他人享用资源的权利。高登教授在讨论公海渔场问题的时候提出，所有人都拥有的财产也就是

---

[1] 参见王雷：《我国民法典编纂中的团体法思维》，《当代法学》2015年第4期，第36页。

不属于任何人的财产。[1]这句带有保守色彩的格言或多或少地反映了一些真实情况。当任何人都能随意地得到某种资源时,也就不会爱护这种资源。如果人们愚蠢地等候在适当的时候再去享用水资源,那么,他们会发现这些水资源已被人取光,任意占用的结果必然是一种"公地悲剧"。[2]在这一意义上,"公地悲剧"与其说是个体利益最大化的动机驱动,不如说是人们对预期收益的认识缺失所致。或者说,个体的理性导致了集体的非理性。在水资源领域避免这一悲剧的有效途径,即寻求合理水权配置制度的创设。就如采药者可以轻易进入不属于自己的田间和山林,获取自己想要的东西,但是,他们绝对不可能从这些地方随意获取所有者或使用权人已经明确的谷物和木材。

(二)避免政府借水资源国家所有之名与民争利

法学界关注包括水资源在内的自然资源国家所有权的一个重要原因在于担心政府凭借所谓的"国家所有权"与民争利。[3]学界提出"公权说""国家所有制说""双阶构造说"及"三层结构说"等观点为国家所有权定性的目的也在于避免政府在水资源方面借"国家所有权"之名行与民争利之实。在缺乏正当性理论基础的情况下,动辄就"一律国有"的规则设计成为国家与民争利的制度性工具。将无主物、主体缺失或不明的财产规定或者判定"归国家所有",过度扩大了国家的利益范围,是一种将政府置于不诚信地位的非常不妥当的做法。[4]立法者在确定这些立法规则时并未考虑到作为所有权人亦须承担相应的义务和责任(《侵权责任法》第十章、第十一章)。不科学地增加属于国家所有的标的物的范围,也会增加国家应承担的法律责任范围。本来依据传统民法,国家并不应该因为主权的拥有而承担民事责任,但是现在立法将过多的标的物由于国家主权纳入其所有权范畴,这就不理智地扩大了"国家"

---

[1] See H. S. Gordon. *The Economic Theory of A Common Property Resource*:*The Fishery*. Journal of Political Economy,1954(62):124.

[2] 哈丁曾言:"基于公地的自由,每一个人都追求自己的最好利益,毁灭是人们盲目行为的必然目的地。"Hardin. *The Tragedy of the Commons*. Science,New Series,1968(162):1244.

[3] 相关论证可参见王灿发、冯嘉:《从国家权力的边界看"气候资源国家所有权"》,《中国政法大学学报》2014年第1期,第98-104页;李艳芳、穆治霖:《关于设立气候资源国家所有权的探讨》,《政治与法律》2013年第1期,第102-108页;法制日报社:《黑龙江规定气候资源属于国家所有》,《法制日报》2012年6月16日,第6版;孙宪忠:《"统一唯一国家所有权"理论的悖谬及改革切入点分析》,《法律科学》2013年第3期,第62-65页;王建平:《乌木所有权的归属规则与物权立法的制度缺失——以媒体恶炒发现乌木归个人所有为视角》,《当代法学》2013年第1期,第92-97页。

[4] 参见王建平:《乌木所有权的归属规则与物权立法的制度缺失——以媒体恶炒发现乌木归个人所有为视角》,《当代法学》2013年第1期,第92-97页。

民事责任的范围。如果不承担这些责任,则国家或者政府的行为会受到民众的责难。[1]另外,国家权力的行使不应对不涉及他人利益和公共利益的私人自由造成妨碍,应当严格遵循"权力法定"的根本原则,不能考虑一己私利,要具备充分的目的合理性。[2]

故此,必须为水资源国家所有权寻求到正当性基础。为避免政府在水资源方面借"国家所有权"之名行与民争利之实,警惕并防止国家所有权之下出现与民争利的攫取型资源财政,需要将民法学、公法学等相关学科知识及理论与《宪法》及《物权法》规定的国家所有权进行有效对接。只有意识到水资源的公共用物属性及其背后负载利益的全民性(水资源全民所有),才能证成政府并非凭借所谓的水资源国家所有权与民争利。水资源乃自然形成之物,虽可为个体使用,却并不能由任何私人单独享有,应属于全民所有并分享利益。但若无权利制度结构的调整,尤其是水权配置制度的建构,全民所有的水资源势必形成"公地悲剧"。

水资源之上权利层次性的提出及其证成恰恰能够提供解决这一问题的有效路径。这至少可从以下方面得以体现:

其一,划清水资源之上行政权力与私人权利的界限,厘清哪些属于国家所有,哪些已暗自进入私人领域。权利(力)界限不清是造成水资源的过度开发、过度需求、过度浪费及污染严重的主要根源,也是粗放型的经济增长方式下造成水资源短缺、枯竭及污染严重的制度根源。

其二,厘清水资源于宪法层面所体现的全民所有"形态"至宪法层面的所有权、民法层面的所有权及水权的关系路径,彰显不同权利之间的过渡、转化、派生及生成关系,警惕并防止水资源国家所有权之下出现与民争利的攫取型水资源财政,彰显水资源权利层次性优于其他对水资源国家所有权之权利定性的优点。

其三,可合理区分宪法权利与普通部门法上的法律权利,避免宪法对权利的保护不堪重负。水资源于宪法层面所体现之国家所有权中的"国家",需要对"全民"负责。水资源于民法层面中的所有者(国家),需要保障水权配置过程中私人的平等取得机会。

---

[1] 参见孙宪忠:《"统一—唯一国家所有权"理论的悖谬及改革切入点分析》,《法律科学》2013年第3期,第64页。
[2] 参见王灿发、冯嘉:《从国家权力的边界看"气候资源国家所有权"》,《中国政法大学学报》2014年第1期,第98—104页。

（三）决定水权配置的前提——平等用水机会的保障

从理论上厘清水资源之上权利划分的层次性，使得"国家所有即全民所有"的宪法规范，从形式上的悖论取得了实质的统一，也为水权配置寻求到了深层次的理论依据及母权基础。以水资源这一本质上的公共财产来维护公共利益的功能，便是水资源国家所有权存在的唯一目的和全部道德依据；国家在享有和行使所有权方面（包括水权配置），都以该目的限制着其行为方式，最终以实现社会正义为目的。[1]这种要求无论对于公法还是私法上的国家人格都是必要的，"全民所有"构成了对国家所有权的制约性要素，也决定着水权配置的制度性安排必然要以平等用水机会的保障为前提。

水权的配置需要考量环境保护、水资源可持续利用等公共利益，这往往不能于坚持意思自治的私法之内实现，而是需要公权力的介入。"一条溪流可能同时供农民灌溉、供市政用水、供工厂废物处理，使发电厂冷却，供燃煤公司的煤浆运输，满足划船者和渔民的需求，维持溪流自然状况的生态用水需求。"[2]作为一种资源，水资源在生产和消费方面具有很多特性。为满足某些特别的需求（如饮用、清洗和灌溉），水资源显得至关重要，而且需求的决定因素随水资源用途的不同而不同。[3]虽然水资源可以成为单独的权利客体，但其本质应当属于一项公共用物，[4]在其上所设立的所有权行使的最终目标，只能为实现水资源的公用目的。水权的初始配置一般均须经过行政许可的规定，即是公权力介入水权初始配置的体现。公法因素得以介入私法对水权初始配置的深层次缘由，在于水资源之上权利的层次性及其多重转换始终贯穿着水资源负载利益的全民性及实现目的的公共性这条精神主线。

从根本上讲，宪法上的水资源国家所有权更多地体现为国家对全民所负有的一种职责、义务，最终目的是实现全民利益的最大化，最终受益者应当为全民中的每一个个体。在此意义上，体现国有水资源有偿使用而征收的水资源税应惠之于民，注重水资源保护及利用的可持续性。从水资源于宪法层面的所有权来源于水资源于宪法层面所体现的全民所有"形态"这一角度而言，

---

［1］参见孙宪忠：《争议与思考——物权立法笔记》，中国人民大学出版社2006年版，第351页。

［2］［美］戴维·H.格奇斯：《水法精要》（第四版），陈晓景、王莉译，南开大学出版社2016年版，第1页。

［3］参见［美］托马斯·思德纳：《环境与自然资源管理的政策工具》，上海三联书店、上海人民出版社2005年版，第553页。

［4］参见单平基：《论我国水资源的所有权客体属性及其实践功能》，《法律科学》2014年第1期，第68-79页。

《宪法》第9条的规定，实际上是宪法上的"国家"对"全民"所负义务的体现。这也是为何水资源国家所有权无法纳入宪法上基本权利的原因，即基本权利的主体只能是公民，不能是国家。

转化到民法领域之后，水资源国家所有权仍然背负着全民利益实现这一义务。撇开其中关于民事主体"平等"的表面化理解，这也许不经意地触及了我国当代国家所有权理论的软肋：以民法手段实现国家公共职能的特别设计，不能被物权平等保护的技术性原则所淡化。实际上，以宪法来垂直整合宪法与民法的转化问题，需要宪法与民法的规范接轨、相互融合。[1]《宪法》条款一旦转化为《物权法》条款，其效力就不仅仅停留在形式意义上。《物权法》针对水资源之私法层面所有权的条款也并非"僵尸法条"，更非学者所认为的纯属的"法学的扯淡"。[2] 水资源所负载的全民利益在民法领域的实现路径体现在，任何个体均可依法取得水权。另外，水资源行政管理机关在许可私人取得水权之时，应当秉承以普通个体得以平等地享有用水机会为基本理念和前提。这单纯依靠侧重意思自治的私法无法完成，而只能从其外部引入行政许可。

本章小结

水权的生成及其定性需嵌入整个水资源权利链条中，而非孤立地"平面化"进行。水资源之上的权利呈现出极强的层次性，具体体现为：水资源于宪法层面所体现的全民所有"形态"、宪法层面的所有权、民法层面的所有权、水权及水资源产品所有权。强调权利层次性并非否定权利平等性，而是理顺不同权利之间的过渡、转化、派生及生成关系，实现水权配置目的的公共性。水资源全民所有居于权利"金字塔"顶层，直接决定着水资源在宪法及民法上的归属——国家所有，也影响着水权配置的理念基础——平等用水。但是，水资源于宪法层面所体现的全民所有"形态"不是法律概念，必须过渡到宪法层面的所有权（《宪法》第9条）以获得法律保护，后者还需进一步转换为私法层面的权利（《物权法》第46条），才能将水资源视作私权客体。伴随着主权国家（《宪法》第9条）向国家法人（《物权法》第46条）之主体转化，水资源之所

---

〔1〕 参见苏永钦：《民事立法与公私法的接轨》，北京大学出版社2005年版，第114—115页。
〔2〕 参见葛云松：《物权法的扯淡与认真：评〈物权法草案〉第四、五章》，《中外法学》2006年第1期，第52—62页。

有权的性质从宪法层面的所有转变为民法意义上的所有，为在其上设置作为私权性质之水资源用益物权的水权（《物权法》第123条）及生成水资源产品所有权（产品水所有权）提供了可能。可见，水资源于私法层面的所有权是水权生成及配置的母权基础，保障了水权得以依法派生并具有私权特性。强调权利层次性并非否定权利平等性，而是理顺不同权利之间的过渡、转化、派生及生成关系，进而体现水权配置所旨在实现目的的公共性。

　　水资源之上一般存在五个权利层次：一是水资源于宪法层面所体现的全民所有"形态"，二是水资源于宪法层面的所有权，三是水资源于民法层面的所有权，四是民法层面的水权，五是民法层面的水资源产品所有权。就规范依据而言，《宪法》第9条是水资源于宪法层面的全民所有确认为水资源于宪法层面的所有权的规范依据，《物权法》第46条是水资源于宪法层面的所有权向水资源于民法层面的所有权予以转化的规范基础，也是沟通《宪法》与《民法》（公法与私法）的桥梁；《物权法》第123条则是由水资源于民法层面的所有权派生出用益物权（即水权）的制度基础。水权的具体行使结果则是私人依法取得水资源产品的所有权。

　　解读水权配置的母权基础及水资源之上权利层次性的目的，在于通过窥探水资源权利之一斑，系统探讨水权生成及配置之母权基础。水资源上的权利（力）关系纵横交错，既包括公法性质上的权力，也包括私法性质上的物权及其下属权能。[1]很难对水资源之上的权利进行单一的"平面化"定性。应将水资源国家所有权置于水资源之上权利层次性的体系中进行科学定性及解读。水资源自身负载利益全民性及实现目的公共性的特征为水资源之上权利层次性的证成提供了深层次依据。证成水资源之上权利划分的层次性，既有利于厘清几种权利之间的关系，更可为水资源权利范畴内全民、国家与私人关系的处理提供有益参照，进而构筑起一个精致严密而井然有序的水资源权利体系，使得全民、国家、私人利益都在水资源权利谱系中得以整合。水资源权利层次理论构成了沟通宪法与民法、全民与个体关系的基本框架，对于我国正在进行中的水资源改革实践具有相当的借鉴意义。

---

〔1〕 参见杨解君、赖超超：《公物上的权利（力）构成——公法与私法的双重视点》，《法律科学》2007年第4期，第49页。

第三章

水权初始配置之优先位序规则的立法建构

水资源短缺所引发的用水争端在我国愈加严重,亟需建构关于水权初始配置的相关制度,水权初始配置[1]之优先位序规则的立法建构就是其间最重要的内容。就水资源而言,水资源使用权的重要性甚至丝毫不亚于水资源的所有权。[2]

第一节 我国水权初始配置之优先位序规则的制度缺陷及适用困境

对我国既有的水权初始配置之优先位序规则的制度缺陷及在司法实践中遇到的困境进行反思,是重新建构相关规则的逻辑前提。[3]我国《物权法》通过第123条虽然确立了水权作为一种用益物权的权利性质,但是,该条并未规

---

〔1〕 若无特别说明,本章中所称的"水权配置"是指水权的初始配置(初始取得),即从水资源所有权至水资源使用权的转化过程,而非依据水权转让所产生的水权继受取得。

〔2〕 参见[德]鲍尔、施蒂尔纳:《德国物权法》(上册),张双根译,法律出版社2004年版,第605页。

〔3〕 用"取水""用水"作为关键词在"北大法意"和"万律"(Westlaw China)法律数据库中对所收录案例进行搜索,共找到1172条记录。经过仔细甄别、研读,总结出涉及水权取得的典型纠纷共计51件(见文后附录)。本章主要法律问题的提出、分析与论证等都是基于这些案例。

定水权初始配置过程中的优先位序规则。我国现行的水权初始配置之优先位序规则是从《水法》规定中解释而来,其关于直接从江河、湖泊取水原则上均须取得水权许可的规定就是该规则的具体体现(第48条第1款)。这也可从一些地方性规章中察知〔如《北京市实施〈中华人民共和国水法〉办法》(2004年)第40条、《山东省实施〈中华人民共和国水法〉办法》(2006年)第20条、《河南省实施〈中华人民共和国水法〉办法》(2006年)第32条、《福建省水法实施办法》(2013年)第35条等〕。基于此,我国水资源行政管理部门在对需用水人的用水申请进行审核以决定是否授予水权时,应当根据申请时间来决定水权初始配置的位序。以用水时间作为确定水权初始配置之优先位序的决定性因素恰是"在先占用规则"的基本要求,有学者由此认为在解释论上《水法》已承认了该规则。尤其在初始配置水权的情形下,水行政主管部门或流域管理机构审核取水申请,签发取水许可,应该根据用水人实际用水的情形,并按申请时间的先后确定各个取水权的位序。"时间"成为确定水权初始配置之优先位序的决定性因素,这与"在先占用规则"具有内在契合性。在以地下水为客体的场合亦是如此,根据上款规定可推知,土地所有权人须经水资源行政主管部门或流域管理机构审批并签发取水许可之后,才能有权抽取地下水并对其进行使用。设置于土地之上的其他用益物权人(包括土地承包经营权人、建设用地使用权人)也必须依法遵循上述申请用水程序,取得水权许可证之后才能有权对地下水进行使用。水资源行政主管部门或流域管理机构审核、批准取水许可,应按用水者申请时间的先后确定水权初始配置的优先位序。以此察之,我国现有立法有关水权初始配置之优先位序的确定实行的是"在先占用规则"。[1]

"在先占用规则"尽管可从《水法》中解释出来,但仍有诸多问题需要进一步研究。其一,该规则并未在立法中予以明确规定,而只能从隐晦的立法用语及司法实践中解释或推论出来。其二,学界研究该规则的学者还不多,从现有掌握的资料看,只有前引注中的两位学者对此有所提及,但也缺乏系统的论证及梳理。其三,我国的"在先占用规则"与当今世界确定水权初始配置之优先位序的立法趋势仅是表面上的契合,[2]尚缺乏令人信服的深层次理论证成。

----

〔1〕 参见崔建远:《准物权研究》(第二版),法律出版社2012年版,第357-361页。黄锡生教授也指出,水资源行政机关一般根据申请时间的先后授予用水者相应的优先权。参见黄锡生:《水权制度研究》,科学出版社2004年版,第103页。

〔2〕 该"表面契合"可能是出于少数学者的解释,亦可能是出于实践的偶然选择。

其四，当今最为盛行的"在先占用规则"本身尚存在忽视考量用水目的等诸多弊病，仍有反思与改进的必要。因此，通过立法建构我国水权初始配置之优先位序规则仍具有重要的现实意义与实践价值。

一、我国现行水权初始配置之优先位序规则的立法缺陷

1. 我国的"在先占用规则"确定水权初始配置之位序的规定不合理以及确定水权初始配置位序权限的机构设置不清，导致该规则欠缺实际操作性。（1）水权初始配置之位序规定不合理性表现在，该规定仅以申请时间作为确定水权初始配置位序的决定性因素，并没有考虑到及确立不同用水目的的水权初始配置位序，不能照顾到众多用水者处于不同位阶的水资源价值需求。（2）水权初始配置位序的权限设置不清体现在，《取水许可和水资源费征收管理条例》第5条第2款将确定水权初始配置之优先位序的权限赋予了省级人民政府。一方面，相应被授权部门（省级人民政府）仅有权制定适用于本行政区域内的地方性规章，而无法杜绝各地从自身的地方利益考虑来制定水权初始配置的位序，进而产生分割管理水权初始配置的现象。另一方面，地上水和地下水、河流的上下游所组成的水资源系统存在着无法割裂的紧密联系，致使水权初始配置往往涉及跨地区、跨流域的利益纷争，[1]由此引发的水权初始配置纠纷无法由单个的省、自治区、直辖市的力量所能解决。实际上，各地也并未就水权初始配置之优先位序制定相关的制度及程序。[2]

2. 我国《水法》解决水权初始配置之优先位序纠纷的指导性规则亦无法应对实践困境。我国2002年制定的《水法》第21条[3]以及此后国务院颁布的《取水许可和水资源费征收管理条例》第5条第1款[4]（后者只不过是前者的翻版）对如何解决水权初始配置纠纷虽制定了指导性规定，目的在于形成水权

---

〔1〕 近年来，跨地区、跨流域的用水争端日益突出。例如，2009年晋冀豫三省发生了16万民众关于清漳河用水之争。参见陈勇：《晋冀豫清漳河水权之争》，《民主与法制时报》2010年1月18日，第A7版。

〔2〕 遍查各省、自治区、直辖市水利厅、水务局网站，多是对《水法》第21条第1款进行的翻版式重复性规定，并未对该款进一步具体及细化。例如，2006年《河南省实施〈中华人民共和国水法〉办法》第13条规定，"开发利用水资源，应当首先满足城乡居民生活用水，统筹兼顾农业、工业、生态环境用水和航运需要"。

〔3〕 该条内容为："开发、利用水资源，应当首先满足城乡居民生活用水，并兼顾农业、工业、生态环境用水以及航运等需要。""在干旱和半干旱地区开发、利用水资源，应当充分考虑生态环境用水需要。"

〔4〕 该款内容为："取水许可应当首先满足城乡居民生活用水，并兼顾农业、工业、生态与环境用水以及航运等需要。"

合理配置的格局,[1]但仅是单纯的"兼顾""充分考虑"等简单、笼统的解决问题方式。这充其量只能视作关于水权初始配置之优先位序的一种原则性或概括性规定,简单且不清晰,根本无法适用于司法实践。例如,法律只是原则性地规定在"首先满足城乡居民生活用水"之后应该"兼顾农业、工业、生态环境用水以及航运"的用水需要(《水法》第21条第1款),但应当怎样"兼顾"却没有作出规范。试想,若此几类不同目的的用水之间发生冲突,该怎样确立它们的初始配置位序?若无法实现众多需用水行为的"兼顾",那么,又该怎样对彼此进行"取舍"?针对生态环境用水的规定也存在同样的问题:《水法》第21条第2款只是原则性地规定了应当"充分考虑",但面对生态环境日益恶化的社会现实却未规定如何"充分考虑"。诸如"充分考虑"等如此模糊性极强的立法用语根本无法将生态环境用水的初始配置位序予以明确化。毫不讳言,充斥着"兼顾""充分考虑"用语的立法规范只是一种"和稀泥"的解决问题方式:一方面导致水权行政许可机关的自由裁量余地较大,另一方面在司法实践层面也欠缺实际操作性。

3. 我国《水法》即便能够解释出关于水权初始取得的"在先占用规则",但对经常出现的水权初始配置纠纷在法律适用上仍然存在诸多漏洞。例如,关于如何处理数个用水人同一用水目的的水权初始配置位序没有予以规定,如在"信丰县仙水湖水产品养殖基地与肖仁山农业承包合同纠纷案"[2]中,现有立法就未能提供解决水资源不足以满足每个用水人的用水需求时的处理规则;既有规则也未区分用水目的相同且申请时间相同与用水目的相同但申请时间不同的具体用水情形,如在"蒲伯轩与蒲曾泽相邻用水纠纷案"[3]中,法官运用现有规则根本无法确定数个用水人用水目的的相同但申请时间不同时的水权取得位序,从而呈现法律漏洞。可想而知,适用该水权初始配置规则的结果只能导致现实生活中的水权初始配置纠纷愈演愈烈。本章下文关于该规则的司法适用所导致水权初始配置纠纷频发的现状就是一种明证。

经由立法实现水权合理配置在我国已日益迫切。水权生发自水资源于民法层面的所有权(《物权法》第46条),具体说是一项对水资源的使用权。水权作为一种私权之本质属性源自其母权(即民法层面之所有权)的权能分离

---

[1] 参见黄建初主编:《中华人民共和国水法释义》,法律出版社2003年版,第42页。
[2] 参见江西省赣州市中级人民法院(2009)赣中民一终字第289号民事判决书。
[3] 参见湖南省新晃侗族自治县人民法院(2009)晃法民一初字第269号民事调解书。

及派生,也因此,水权人得以对水资源进行直接的使用及收益。[1]即使须取得用水许可方可获取水权亦无法得出其不属于私法权利的结论,类似于城市国有土地使用权的取得须经土地行政管理部门的批准并不能否定其私权属性一样。[2]但这并不意味着公法因素于水权初始配置中毫无意义。相反,水权的合理配置恰恰依赖着行政许可对水权设定的"催生""准生"与"确认"作用的发挥! 得出如此论断的缘由体现为,尽管私法层面的所有权具有占有、使用、收益等权能,但水权的初始配置不能仅取决于所有者(即私法层面之国家)的个人意思,必须进行适当限制,反之,极易产生水权"垄断"。长此下去,可能导致水生态环境的保护被迫屈从于商业需要。[3]水权设置不能单纯考虑用水者个人的经济需求,尚必须考虑到水资源所承载的社会效益,尤其是生态环境利益,因此不能简单、随意地将水资源划入具有竞争性的私人物品行列。[4]从经济角度考虑,竞争会导致商业决策由于忽视外部性而无法服务于公共目标。[5]质言之,虽然外部性是环境经济学中最基础的概念,但长期以来却经常被忽视。[6]

水权内部蕴含的特殊价值考量,促使有关它的规范设置无法仅在强调意志自由的私法内部完成,而需外在立法予以规制。作为水权初始配置制度核心内容的水权初始配置之优先位序的设置,更需要法律的明确规定。

二、我国水权初始配置之优先位序规则适用的司法困境

水权初始配置之优先位序规则是解决水权初始配置纠纷的规范基础。水权初始配置之优先位序规则的不明确、欠缺可操作性导致现实生活中用水纠纷频发。

---

〔1〕 参见崔建远:《准物权研究》(第二版),法律出版社2012年版,第357-361页。
〔2〕 参见王利明:《物权法研究》,中国人民大学出版社2002年版,第611页。
〔3〕 参见[德]魏伯乐、[美]奥兰·扬、[瑞士]马塞厄斯·芬格主编:《私有化的局限》,上海三联书店、上海人民出版社2006年版,第15页。
〔4〕 参见单平基:《论我国水资源的所有权客体属性及其实践功能》,《法律科学》2014年第1期,第69页。
〔5〕 参见[德]魏伯乐、[美]奥兰·扬、[瑞士]马塞厄斯·芬格主编:《私有化的局限》,上海三联书店、上海人民出版社2006年版,第15页。
〔6〕 参见[美]托马斯·思德纳:《环境与自然资源管理的政策工具》,上海三联书店、上海人民出版社2005年版,第33页。

(一)我国水权初始配置纠纷的主要特点

1.从纠纷类型看,简单、笼统的水权初始配置之优先位序规则导致生活用水、农业灌溉、工业生产用水之间纠纷不断,并由此滋生出大量人身[1]、财产侵权[2]、刑事方面的犯罪[3],甚至引发出大规模的群体性纠纷[4]。其中上下游之间的农业灌溉用水争端、农业用水与工业生产用水之间的冲突尤其突出。

2.从空间分布看,我国中西部干旱地区的水权初始配置纠纷明显多于东部水资源丰沛地区。伴随干旱地区水资源短缺的日益加剧,这种现象必将持续。

---

[1] 参见"王干军、王光明与王佳明健康权纠纷案",湖南省宁乡县人民法院(2011)宁民初字第1293号民事判决书;"孙芝清与王小叶、孙聪和、唐小娥、伍国荣、银巧云人格权、健康权、财产损害赔偿纠纷案",湖南省邵阳县人民法院(2011)阳民初字第282号民事判决书;"曹某某、杜某某与葛某某生命权、健康权、身体权纠纷案",甘肃省张掖市甘州区人民法院(2011)甘民初字第1043号民事判决书。

[2] 参见"江贤财与蒲先根相邻用水,财产损害赔偿纠纷案",湖南省新晃侗族自治县人民法院(2009)晃法民一初字第28号民事判决书;"魏长光、魏长清、魏长余、魏长勇、魏长发等13人与蒋校得财产损害赔偿纠纷案",湖南省永州市中级人民法院(2011)永中法民一终字第89号民事判决书;"武冈市文坪镇三联村和兴电站与李波、李朝广财产损害赔偿纠纷案",湖南省邵阳市中级人民法院(2011)邵中民一终字第65号民事判决书。

[3] 参见"肖孝仁、肖永华、肖飞聚众扰乱社会秩序案",重庆市第四中级人民法院(2007)渝四中法刑终字第25号刑事判决书;"关小军玩忽职守案",河南省郏县人民法院(2010)郏刑初字第181号刑事判决书;"赵国涛、陈晓东玩忽职守案",河南省平顶山石龙区人民法院(2010)平龙刑初字第52号刑事判决书。

[4] 参见"黄同德与重庆市江津区凡江河水电站排除妨碍纠纷案",重庆市第五中级人民法院(2009)渝五中法民终字第1111号民事判决书;"唐方华与重庆市江津区凡江河水电站排除妨碍纠纷案",重庆市第五中级人民法院(2009)渝五中法民终字第1112号民事判决书;"朱坤能与重庆市江津区凡江河水电站排除妨碍纠纷案",重庆市第五中级人民法院(2009)渝五中法民终字第1114号民事判决书;"胡德兴与重庆市江津区凡江河水电站排除妨碍纠纷案",重庆市第五中级人民法院(2009)渝五中法民终字第1115号民事判决书;"周泽莲与重庆市江津区凡江河水电站排除妨碍纠纷案",重庆市第五中级人民法院(2009)渝五中法民终字第1117号民事判决书;"彭伟与重庆市江津区凡江河水电站排除妨碍纠纷案",重庆市第五中级人民法院(2009)渝五中法民终字第1118号民事判决书;"唐远才与重庆市江津区凡江河水电站排除妨碍纠纷案",重庆市第五中级人民法院(2009)渝五中法民终字第1120号民事判决书;"黄书德与重庆市江津区凡江河水电站排除妨碍纠纷案",重庆市第五中级人民法院(2009)渝五中法民终字第1123号民事判决书;"付明和与重庆市江津区凡江河水电站排除妨碍纠纷案",重庆市第五中级人民法院(2009)渝五中法民终字第1126号民事判决书;"张优德与重庆市江津区凡江河水电站排除妨碍纠纷案",重庆市第五中级人民法院(2009)渝五中法民终字第1129号民事判决书;"杨中华与重庆市江津区凡江河水电站排除妨碍纠纷案",重庆市第五中级人民法院(2009)渝五中法民终字第1132号民事判决书;"张登树与重庆市江津区凡江河水电站排除妨碍纠纷案",重庆市第五中级人民法院(2009)渝五中法民终字第1135号民事判决书;"喻礼华与重庆市江津区凡江河水电站排除妨碍纠纷案",重庆市第五中级人民法院(2009)渝五中法民终字第1138号民事判决书;"朱洪奎与重庆市江津区凡江河水电站排除妨碍纠纷案",重庆市第五中级人民法院(2009)渝(转下页)

3.从发生时间看,水权初始配置纠纷明显呈逐年上升趋势。尤其是2009年至2011年,三年间的纠纷数量占据本章后所附案例的82%。可以断言,如果缺乏明晰及合理的水权初始配置之位序规则以"定分止争",水权初始配置纠纷的数量只会有增无减。

4.从处理结果看,法院对相当一部分用水纠纷以"协调"方式结案,而未给出判决的规范理由和法理依据。法院经常以"和稀泥"的裁判方式,指明当事人需要"互谅互让""兼顾"不同用水目的,而缺少裁判依据与充分说理。[1]裁判依据的模糊性与判决说理的不充分性,无疑会滋生法官恣意裁判的危险。我们不得不承认,法律中的确存在一些需要法官自由裁量的法律制度安排。[2]但是,法律规范的模糊性不应成为滋生法官恣意裁判的土壤。

(二)我国水权初始配置纠纷的主要法律争议焦点

这些争议焦点主要围绕申请者之间的用水目的及申请时间而展开,体现在:

1.用水目的相同(如灌溉用水)且水权申请时间亦相同时,若水资源不足,如何解决用水冲突?例如,在"信丰县仙水湖水产品养殖基地与肖仁山农

(接上页)五中法民终字第1145号民事判决书";"唐方金与重庆市江津区凡江河水电站排除妨碍纠纷案",重庆市第五中级人民法院(2009)渝五中法民终字第1148号民事判决书;"张优均与重庆市江津区凡江河水电站排除妨碍纠纷案",重庆市第五中级人民法院(2009)渝五中法民终字第1151号民事判决书;"朱洪明与重庆市江津区凡江河水电站排除妨碍纠纷案",重庆市第五中级人民法院(2009)渝五中法民终字第1154号民事判决书;"周玉堂与重庆市江津区凡江河水电站排除妨碍纠纷案",重庆市第五中级人民法院(2009)渝五中法民终字第1157号民事判决书;"周树宽与重庆市江津区凡江河水电站排除妨碍纠纷案",重庆市第五中级人民法院(2009)渝五中法民终字第1158号民事判决书;"胡光中与重庆市江津区凡江河水电站排除妨碍纠纷案",重庆市第五中级人民法院(2009)渝五中法民终字第1160号民事判1160号民事判决书;"景义容与重庆市江津区凡江河水电站排除妨碍纠纷案",重庆市第五中级人民法院(2009)渝五中法民终字第1161号民事判决书;"杨祖明与重庆市江津区凡江河水电站排除妨碍纠纷案",重庆市第五中级人民法院(2009)渝五中法民终字第1163号民事判决书;"王用友与重庆市江津区凡江河水电站排除妨碍纠纷案",重庆市第五中级人民法院(2009)渝五中法民终字第1164号民事判决书;"杨登芳与重庆市江津区凡江河水电站排除妨碍纠纷案",重庆市第五中级人民法院(2009)渝五中法民终字第1166号民事判决书;"万昌钦与重庆市江津区凡江河水电站排除妨碍纠纷案",重庆市第五中级人民法院(2009)渝五中法民终字第1169号民事判决书。

〔1〕 参见"酉阳县飞水小水电开发有限责任公司与酉阳木叶河水力发电有限公司、酉阳县宜人实业有限公司停止侵害暨财产损害赔偿纠纷案",重庆市酉阳土家族苗族自治县人民法院(2008)酉法民初字第561号民事判决书;"佛山市南海区西樵镇西岸村银坑村民小组与佛山市南海区水国迷城度假村相邻用水纠纷案"等,广东省佛山市中级人民法院(2005)佛中法民五终字第293号民事判决书。

〔2〕 参见[美]本杰明·N.卡多佐:《法律科学的悖论》,董炯、彭冰译,中国法制出版社2002年版,第135页。

业承包合同纠纷案"中,原告(该养殖基地,二审被上诉人)以被告(肖仁山,二审上诉人)在原告获得许可的水域使用权证所载水域界址范围内进行养殖性用水为由诉求法院判令被告停止用水并赔偿损失。法院最终以被告取用水位置属于原告的水域使用权范围为由支持了原告的诉讼请求。

2.用水人的用水目的相同但申请用水时间不同时,如何认定水权初始配置的优先位序?例如,在"蒲伯轩与蒲曾泽相邻用水纠纷案"中,原告蒲伯轩以被告蒲曾泽侵犯其成立在先的灌溉水权为由,向法院诉请判令被告停止侵害并赔偿损失。经法院调解,被告同意原告继续从原水源地取水灌溉。

3.用水目的不同(如生活、生产及生态用水)但申请时间相同时,如何确立农业、工业、生态环境、娱乐以及航运用水等不同用水目的之水权初始配置的优先位序?例如,在"佛山南海区西樵镇西岸村银坑村民小组与佛山市南海区水国迷城度假村相邻用水纠纷案"中,原告(该村民小组,二审上诉人)以被告(该度假村,二审上诉人)为娱乐性用水目的对诉争水源采取截流引水,导致原告的生活、生态环境用水造成严重影响为由诉请法院判令被告拆除截水堤坝,恢复溪水原流向。法院认为,被告应在兼顾合理开发利用水资源和保障原告生活、生态环境用水的情况下,改造原截流引水设施,合理用水,同样原告亦应兼顾被告的生产经营。法院因此判决被告停止截断溪水的行为,设立分水设施使溪水从晚上8时之后至次日早上8时流入原自然水道下流,从早上8时至晚上8时,溪水可引入被告经营的度假村。

4.用水目的不同时,针对申请时间在后的生活用水人,如何理解"首先满足城乡居民生活用水"的规定?若其他类型用水在先,有的甚至形成习惯性用水,[1]应否一刀切地予以否定?例如,在"江贤财与蒲先根相邻用水、财产损害赔偿纠纷案"中,诉争水源"从历史上来看,一直为灌溉用水",原告江贤财因被告蒲先根破坏其所安埋的水管等灌溉取水设施并将水源用作生活目的导致其责任田无水灌溉为由,向法院诉请保护其灌溉水权并判令被告赔偿损失。

---

〔1〕 关于习惯,《民法总则》第10条规定,"处理民事纠纷,应当依照法律;法律没有规定的,可以适用习惯,但是不得违背公序良俗",已将"习惯"作为法源基础及裁判依据。此条中的"习惯","在这里主要是指民事习惯,即民事主体所知悉并实践的生活和交易习惯。习惯的存在,以长期实践以及一般人普遍承认作为成立基础"。参见张新宝:《〈中华人民共和国民法总则〉释义》,中国人民大学出版社2017年版,第18页。习惯既然是被普遍承认的,就说明民事主体具有"承认""服从"这一做法的主观意识。参见张新宝:《〈中华人民共和国民法总则〉释义》,中国人民大学出版社2017年版,第19页。但是,需要注意,该条中适用习惯作为法源处于第二次序,即"处理民事纠纷",首先"应当依照法律";当"法律没有规定的",方"可以适用习惯"。另外,"适用习惯"也"不得违背公序良俗"。

法院对此应如何裁判？

总的说来，我国现行立法确定的水权取得位序不利于用水人权利的依法确认及合理保护，难以为司法解决日益严峻的水权取得纠纷提供制度性支持。建构合理的水权取得优先位序成为我国立法必须直面的课题。毕竟，学术研究在某种程度上就是为了化解"法官的迷惘"。[1]大村敦志教授将法官解释、适用法律的过程看成是其得以施展"法律家的技艺"的一种方式，对案件及案件所涉及的法律规范进行一定的价值判断，并在适用法律规范的过程中间接地表现出来。[2]但是，需注意的是，这种"法律家的技艺"的施展必须要以相对合理、清晰的法律规范作为逻辑前提。这也彰显了探讨水权取得优先位序规则的立法建构的重要意义。

第二节　建构水权初始配置优先位序的规则参照：现代水权许可制度

考察国外有关水权取得之优先位序规则的现状及其生成的制度背景、理论根基可为我国建构相应制度提供宝贵经验。毕竟，现行法律规范一般都是经过制度演变发展而来，并非凭空臆想所能建构。[3]就水权初始配置之位序规范的确立而言，具有正当性的水权初始配置位序，需要从比较法及历史传统中汲取相关制度的营养，即通过考察与比较不同立法例中取水权优先位序规则的制度源起、历史嬗变及规范现状，可以为我国水权初始配置之优先位序规则的规范建构提供制度借鉴。对英美法系之水权初始配置规则的考察，由于其之前并不存在制定法法典，所以并不容易理解其全貌。[4]依据水资源在空间上的分布，在普通法上，针对附于地表的地表水和潜于地下的地下水，存在着不同的水权取得规范。但是，总体而言，作为当今水权初始配置普遍立法例的现代水权许可制度，是在摒弃仅依土地位置确定水权位序之普通法规则的基础上形成的。其基本内容为，通过对"在先占用规则"的修正，于水权取得过程中融入行政许可因素，并经由规范形式明确水权初始配置的先后位序。

---

[1]　参见[美]本杰明·N.卡多佐：《法律的成长》，董炯、彭冰译，中国法制出版社2002年版，第6页。
[2]　参见[日]大村敦志：《民法总论》，江溯、张立艳译，北京大学出版社2004年版，第53页。
[3]　参见徐涤宇、胡东海、熊剑波、张晓勇：《物权法领域公私法接轨问题研究》，北京大学出版社2016年版，总序第1页。
[4]　参见[日]大村敦志：《民法总论》，江溯、张立艳译，北京大学出版社2004年版，第77页。

一、现代水权许可规范的产生背景——传统水权初始配置规则的修正

(一)传统水权初始配置的优先位序规则

国外传统的水权初始配置制度或以土地位置,或以占用水资源的时间确定水权初始配置的优先位序,并未区分不同的用水目的,皆存在很大不足。至今,这些传统意义上的水权初始配置规则或日益走向消亡,或需要进行修正。

1.以土地位置确定水权初始配置位序的传统规则

此类型涵括确定地上水权初始配置之优先位序的"河岸权规则"及确定地下水权初始配置位序的"绝对所有权规则"。传统的"河岸权规则"源自英国普通法,通常在水资源较为丰沛区域比较盛行。[1]水资源对于一个地区的发展来说必不可少,因此人们最初总是在靠近水源的地方定居下来。此时产权便应运而生,当时人们称其为河岸权。[2]

"河岸权规则"的精髓体现在,水权取得及配置的次序取决于用水人所拥有的土地所有权毗邻水源或溪流的程度,最接近水源者优先取得用水的权利。[3]也就是说,在"河岸权规则"之下,应当将水权优先初始配置给对河岸土地享有所有权的人。[4]"与一个水道相邻的土地所有者被认为是河岸权人。在美国许多州的法律中,河岸权人的地理位置给予他们某些附属的权利。"[5]"河岸权规则"之下,土地位置就成为了确立水权初始配置位序的唯一凭据。[6]与河流、湖泊或其他水域邻接的土地所有权人当然有权优先将水资源用于饮用、灌溉、航行、游泳及垂钓等,而不必依靠负载于河流之上的任何取

---

[1] See John R. Teerink. *Water Allocation Methods and Water Rights in the Western States*, *U.S.A..* in John R. Teerink and Masahiro Nakashima. *Water Allocation*, *Rights and Pricing*: *Examples from Japan and the United States*. The World Bank Press, 1993:16; David M. Flannery, Blair D. Gardner and Jeffrey R. Vining. *The Water Resources Protection Act and Its Impact on West Virginia Water Law*. West Virginia Law Review, 2005(Spr.):772.

[2] 参见[美]汤姆·泰坦伯格:《自然资源经济学》,高岚、李怡、谢忆等译,人民邮电出版社2012年版,第88页。

[3] 参见[美]托马斯·思德纳:《环境与自然资源管理的政策工具》,上海三联书店、上海人民出版社2005年版,第91页。

[4] See Robert Cooter and Thomas Ulen. *Law & Economics* (fifth edition). Addison Wesley Publishing, 2008:157.

[5] 参见[美]戴维·H.格奇斯:《水法精要》(第四版),陈晓景、王莉译,南开大学出版社2016年版,第3页。

[6] 参见[美]约翰·G.斯普林克林:《美国财产法精解》,钟书峰译,北京大学出版社2009年版,第494页。

水设施或水利工程。例如，美国密歇根州，在第一次世界大战之前，就遵循着与水体相毗邻的土地所有者可以优先用水的规则。[1]不拥有河岸土地的需用水人，往往经由买受河岸土地的方式及路径取得河岸权，进而获取水权。"河岸权转让的替代方法是购买河岸的土地。购买者获得了与河流毗邻的土地的同时，也获得了河岸权。"[2]另外，无论河岸权是否行使，其均呈现出一种延续性的特征，既不会因为权利人不行使而丧失，也不因水资源被他人优先利用而排除优先性。[3]"不管对水使用采用何种权利分配制度，有河岸权的土地所有人有特定权利来利用与之土地相邻的地表水。如果利用的水道是适航行的，使用该地表水的公共区域成员不能排除河岸权人使用水。"[4]

"绝对所有权规则"是水资源尚未从土地的权利体系中脱离出来的一种体现：水资源被看作土地的一部分（成分），以土地之上的权利体系安排来确定水权的配置。地下水资源被视为如土壤、岩石一样属于土地本身的组成部分。[5]"有一段时间，地下水没有纳入到法律规范中，因为没有先进的技术查探地下水的运动并了解到能在哪里得到水、能得到多少水。"[6]此时，水资源往往被当作土地资源的一部分，这也是该项确定水权初始配置位序规则的意蕴所在。土地所有权为对于土地之物权，以对于土地之构成部分之支配为内容。地下水为土地之构成部分，自为土地所有权支配之标的。[7]土地所有权人可任意抽取其所享有权利的土地下的地下水，[8]不需要考量其他潜在用水者的

---

[1] See Russ Harding. *Groundwater Regulation*: *An Assessment*. Mackinac Center for Public Policy, 2005(Apr): 10—11.

[2] [美]戴维·H.格奇斯：《水法精要》（第四版），陈晓景、王莉译，南开大学出版社2016年版，第46页。

[3] See John R. Teerink. *Water Allocation Methods and Water Rights in the Western States*, *U.S.A.*. in John R. Teerink and Masahiro Nakashima. *Water Allocation*, *Rights and Pricing*: *Examples from Japan and the United States*. The World Bank Press, 1993: 16.

[4] [美]戴维·H.格奇斯：《水法精要》（第四版），陈晓景、王莉译，南开大学出版社2016年版，第4页。

[5] 参见[美]约翰·G.斯普林克林：《美国财产法精解》，钟书峰译，北京大学出版社2009年版，第497页。

[6] 参见[美]戴维·H.格奇斯：《水法精要》（第四版），陈晓景、王莉译，南开大学出版社2016年版，第8页。

[7] 参见史尚宽：《物权法论》，中国政法大学出版社2000年版，第93页。

[8] See Robert Cooter and Thomas Ulen. *Law & Economics*(*fifth edition*). Addison Wesley Publishing, 2008: 151.

用水利益。[1]英国传统普通法即认为,土地之上的所有权上至天空,下达地心,包括土地范围内的水资源。[2]日本针对地下水权的初始配置也采纳了这种规则。在日本,掘地取水,原为土地所有权之内容,即便导致近邻土地之井泉涸减,而致妨害其土地所有权的利用,日本判例也认为是所有权的自由,但是,邻地权利人对地下水(温泉)的专用权不得禁止。[3]《日本民法典》也采纳了这种作法(第207条)。[4]日本"地表水在相邻关系中规定(《日本民法典》第214条—第222条),地下水未作规定。日本判例认为地下水原则上是土地的构成部分。首先,自然流出的地下水原则上土地所有人能自由使用而不受任何限制,地下水流入他人土地时,该他人按习惯法取得流水利用权(水利权),而流出地所有人不得侵害该权利;其次,开采之地下水(挖井或温泉引出的地下水),判例先是主张土地所有人能自由使用,且认为该使用即使损害他人也为不得已。其后判例的态度是只要没有相反风俗,地下水的利用就是自由的,最后发展为只要不侵害他人已有的利用权(温泉权、水利权等),就可以挖地以使用地下水。这种判例态度的变化是因为挖掘土地会发生使他人利用的水干涸或遭受水害等结果"[5]。瑞士将地下水视同水泉,一并归为土地的组成部分。这具体体现在《瑞士民法典》第704条的规定:"水泉为土地的组成部分,水泉只能连同其发源的土地一并取得所有权。""对他人土地上发源的水泉之权利,在不动产登记簿登记后,取得役权。""地下水,视同水泉。"[6]一些有关

---

[1] See John R. Teerink. *Water Allocation Methods and Water Rights in the Western States*, U.S.A.. in John R. Teerink and Masahiro Nakashima. *Water Allocation, Rights and Pricing*: Examples from Japan and the United States. The World Bank Press,1993:17.

[2] See F. H. Lawson and Bernard Rudden. *The Law of Property*,2d ed.. Oxford University Press,1982:21. 如今,《英国水法》已经确立了水资源与土地权属分离的原则。See U. K. Water Act 1989, Part2, Division1, Section7(1).

[3] 参见日本明治三十八年十二月廿日大判。转引自史尚宽:《物权法论》,中国政法大学出版社2000年版,第94页。

[4] 依据《日本民法典》第207条的规定,私有土地下的地下水所有权属于土地所有人,即土地所有权包含了地下水的所有权,二者不分离。参见《最新日本民法》,渠涛译注,法律出版社2006年版,第48页。实际上,地下潜水层是循环圈的一部分,地下水资源应当像河川水资源一样被作为公共财产对待。考虑到地下水的水文特性,应当有相应的水法统一管理地下水和地表水。See Masahiro Nakashima. *Water Allocation Methods and Water Rights in Japan*. in John R. Teerink and Masahiro Nakashima. *Water Allocation, Rights and Pricing*: Examples from Japan and the United States. The World Bank Press,1993:51.

[5] 参见[日]近江幸治:《民法讲义Ⅱ 物权法》,王茵译,北京大学出版社2006年版,第163-164页。

[6] 《瑞士民法典》,于海涌、赵希璇译,[瑞士]唐伟玲校,法律出版社2016年版,第249页。

地下水权利分配的理论类似于河岸权理论（对土地下面的水拥有绝对的所有权）和先占优先权理论（地下水适用于先占原则，保护老的水井使之免于来自新的水使用者的损害）。[1]之前，在法国的水权取得及配置实践中，用水人可以通过对土地所有权的继承、变更、赠与和转让来取得地表水和地下水的水权。[2]从这种意义上来看，此时，法国坚持"水随地走"的原则，水资源被看作土地的成分或附属，水权并未与土地资源所有权完全脱离。

以土地位置确定水权取得位序的规则带有鲜明的农业社会烙印，具有一定的时代功能。就"河岸权规则"而言，它迎合了之前农业时代中土地是社会财富的中心的社会观念。该规则的适用必须以拥有河岸的土地为逻辑前提，从而强烈地证明，在传统农耕社会，土地所有权及使用权是最为重要的一种财产权利类型，甚至成为身份及财产的象征。[3]相反，水资源就如同树木或沙石一样构成土地的成分及实现工具。[4]当时，依据"河岸权规则"，把水权优先初始分配于临近水源的河岸地所有者，被证明是一种行之有效的解决方法。毕竟，这些毗邻水源之土地的位置决定了他们更容易获得水资源，另外，需用水者有足够的机会取得水源地周围的地块。[5]

以农耕经济为中心的社会，临近河岸的土地拥有者的用水需求最容易为人知晓，相反，距离水源地较远的潜在用水者的用水需要则比较难以预测。[6]"历史上，相邻河岸的地理位置有特别的优势，因为它能使土地所有者操作水磨，而且可以在水面上划船、捕猎、捕鱼。"[7]同时，"绝对所有权规则"契合彼时水资源内嵌于土地资源权属的制度状态。之前许多立法将水资源视作土地的组成成分，将其与土地相结合共同视为土地所有权的客体，并非视其

---

[1] 参见[美]戴维·H.格奇斯：《水法精要》（第四版），陈晓景、王莉译，南开大学出版社2016年版，第7页。

[2] 参见夏明、郑国楠：《国外水权水市场观澜》，《中国水利报》2015年12月17日，第8版。

[3] 参见[德]罗伯特·霍恩：《德国民商法导论》，楚建译，中国大百科全书出版社1996年版，第195页。

[4] See Joshua Getzler. *A History of Water Rights at Common Law*. Oxford University Press, 2004: 121-122.

[5] 参见[美]汤姆·泰坦伯格：《自然资源经济学》，高岚、李怡、谢忆等译，人民邮电出版社2012年版，第88页。

[6] See James Gordley. *Foundations of Private Law: Property, Tort, Contract, Unjust Enrichment*. Oxford University Press, 2006: 108.

[7] [美]戴维·H.格奇斯：《水法精要》（第四版），陈晓景、王莉译，南开大学出版社2016年版，第3页。

为土地以外的单独标的物,如之前的法国、英国、澳大利亚,包括当今美国的加利福尼亚州也仍然采取传统做法。[1]这种规则赋予了土地所有者得以自由使用其土地之下水资源的绝对权利。

可见,从水权初始配置制度来看,无论是关于地上水权之初始配置的"河岸权规则",还是关于地下水权之初始配置的"绝对所有权规则",都尝试通过水资源与土地资源的空间位置的相连性来界定水权配置的优先位序,明晰水资源所有权人与使用者(水权人)对于水资源所得享有的权利及应履行的义务,进而使得对水资源需求者的权利、义务和责任明确化及具体化。

但是,随着农业社会转型为工业社会,经济社会的中心也由乡村转向城镇,极大加剧了对用水量[2]的需求,仅以土地位置作为确定水权初始配置之优先位序的依据已不再符合生态环境保护、社会发展的需求及水资源的立法趋势,也同人人得享平等用水机会的法律观念产生了本质冲突。具体表现为:

其一,根据"河岸权规则"确立地上水权取得优先位序有其不可避免的弊端。具体表现为:

第一,上述水权配置规则非常容易引起上游、下游用水者的用水矛盾。位居河流上游的土地所有者得以任意地取用水源,可能会经常致使不会有水源经过下游的地块,[3]不可避免地要发生权利冲突。

第二,上述水权配置规则更容易致使河岸权人同其他的用水人的利益发生矛盾。一方面,众多需要用水却远离水源地的潜在用水者不能获取用水权利,极大限制了这些土地的利用。"一般来说,非河岸权人的土地没有权利用水,除非他们赔偿河岸权人因此所造成的损失。因为河岸权因土地所有权而存在,因此该权利本身相对固定。这种情况下的土地所有者可以在任何时候启动对水的使用,而其他水使用者必须相应地调整他们对水的使用。"[4]另一方面,随着由农耕社会步入工业时代,工厂可能并不紧邻河岸,愈加使得工业生产中的用水需要不能获得实现。急剧增长的人口对于土地的需求量大大增加,进而使得同水源相毗邻的土地变得更加稀缺,也预示着仅凭靠土地位置确

---

〔1〕 水资源归属的立法例考证,可参见彭诚信、单平基:《水资源国家所有权理论之证成》,《清华法学》2010年第6期,第98—115页。

〔2〕 此处的水资源利用量,包括已开采的水资源减去未经利用就回到水循环系统的部分水量。

〔3〕 参见[美]贝哈安特:《不动产法》(影印本第3版),董安生、查松注,汤树梅校,中国人民大学出版社2002年版,第380—381页。

〔4〕 [美]戴维·H.格奇斯:《水法精要》(第四版),陈晓景、王莉译,南开大学出版社2016年版,第4页。

定水权配置的制度变得不再合适。人们不得不开始寻求其他获取水资源的方式。[1]

第三,上述水权配置规则有碍于水资源的节约及有效保护。传统水权配置规范不限制水资源的使用量,导致滥用、乱用及浪费水资源的现象频繁出现。另外,上述水权配置规则不对众多的用水目的区别对待,不能制约将水权转让于其他在河岸不拥有土地者的投机活动,[2]妨碍了水资源的整体规划及合理维护。当前,在世界上许多国家或地区,由于对用水行为的毫无限制,地下水资源面临非常严峻的透支现象,同时,那些取得成本相对低廉的地表水资源也早已不复存在。[3]

第四,上述水权配置规则不能作为建立水权初始配置优先位序的正当性基础。仅视土地的空间物理位置以确定水权位序,意味着水权人并未付出任何劳动,且未支付任何对价,不具备权利优先的正当性基础。"多年来,位于美国东部的大多数州都认为普通法确立的河岸权制度是一种可以接受的水量分配方案。20世纪中叶,在干旱年份,城市和工业用水需求量的日益增加引发了社会问题,这使得一些州开始采取法定的许可证制度。"[4]

第五,从深层意义上讲,上述水权配置规则同平等用水的正义理念相悖。水资源负载价值之多重性,决定了任何个体均可依法平等用水,应为建构水权初始配置制度的基础。"河岸权规则"却与此相悖。例如,在美国,联邦最高法院在 Hudson County Water Company v. McCarter(209U. S.356.(1908))案中认为,"河岸权规则"不是牢不可破,取得水权不应损害社会福祉及公众健康。这一判决甚至被认为是美国司法机关针对水权初始配置最强有力的声明。[5]20世纪初,在发生于蒙大拿州的另一件取水权纠纷中,美国最高法院也认为,虽然传统上的水权初始配置规范原则上须受到判例法的规制,但是,以

---

[1] 参见[美]汤姆·泰坦伯格:《自然资源经济学》,高岚、李怡、谢忆等译,人民邮电出版社2012年版,第88页。

[2] See Robert Cooter and Thomas Ulen. *Law & Economics*(*fifth edition*). Addison Wesley Publishing,2008:157.

[3] 参见[美]汤姆·泰坦伯格:《自然资源经济学》,高岚、李怡、谢忆等译,人民邮电出版社2012年版,第86页。

[4] [美]戴维·H.格奇斯:《水法精要》(第四版),陈晓景、王莉译,南开大学出版社2016年版,第46-47页。

[5] See Joseph L. Sax.*The Limits of Private Rights in Public Waters*. Environmental Law, 1989(19):480.

农业灌溉、采矿、制造为目的而需要用水者也必须遵循蒙大拿州制定法的相应规定，单纯的河岸权规则并不能当然适用，进而对判例法中的河岸权规则予以了修正。[1]"目前，河岸权规则已经随着成文法和判例法而改变，因此，那些运用河岸权规则的州今天已经不是仅仅根据普通法来规范水使用。在典型意义上，河岸权人使用水必须从州相关机构得到许可，当然，许可也适用于非河岸权人。"[2]

其二，根据"绝对所有权规则"建构地下水权初始配置之优先位序规范，也存在缺陷。主要表现在：

第一，该规则对水资源的良好保护及可持续性使用将产生不利的影响。土地所有者拥有使用地下水的绝对自由的权限，纵使这一用水行为将损害该地下水域的其他用水者的用水利益。[3]不受任何限制的自由用水行为，既易导致水资源的浪费，亦会降低用水效益。"绝对所有权规则"并不能防止对含水层的迅速抽取，也不能保护相邻的水使用者的利益。[4]在开采地下水时，若秉持该项水权初始配置规则，从地下含水层抽取的水资源量将超过新补充的水量，也预示着水权取得成本及水价将不断提升，直至地下水资源耗尽为止。[5]

第二，该规则未摆脱把地下水当做土地成分的桎梏，不符合二者的权属日趋独立的制度现状。现今，世界上主要国家或地区的先进立法例，大多都没有在立法层面确立水资源的私人所有权，而是将其确立成单独的权利客体，规定

---

[1] See William H. Hunt. *Law of Water Rights*. The Yale Law Journal,1908(17):586.

[2] [美]戴维·H.格奇斯：《水法精要》(第四版)，陈晓景、王莉译，南开大学出版社2016年版，第4页。不过，河岸权规则仍然在某种程度上适用于美国29个州，这29个州具体是：密苏里州、阿肯色州、亚拉巴马州、新罕布什尔州、康涅狄格州、新泽西州、特拉华州、纽约州、佛罗里达州、北加利福尼亚州、佐治亚州、俄亥俄州、伊利诺伊州、宾夕法尼亚州、印第安纳州、艾奥瓦州、罗得岛州、肯塔基州、南加利福尼亚州、缅因州、田纳西州、马里兰州、佛蒙特州、马萨诸塞州、弗吉尼亚州、密歇根州、西弗吉尼亚州、明尼苏达州、威斯康星州。在上述29个州中，不管对水使用采用何种权利分配制度，有河岸权的土地所有权人有特定权利来利用与之土地相邻的地表水。参见[美]戴维·H.格奇斯：《水法精要》(第四版)，陈晓景、王莉译，南开大学出版社2016年版，第4页。

[3] 参见[美]贝哈安特：《不动产法》(影印本第3版)，董安生、查松注，汤树梅校，中国人民大学出版社2002年版，第386页。

[4] 参见[美]戴维·H.格奇斯：《水法精要》(第四版)，陈晓景、王莉译，南开大学出版社2016年版，第7页。

[5] 参见[美]汤姆·泰坦伯格：《自然资源经济学》，高岚、李怡、谢忆等译，人民邮电出版社2012年版，第86页。

为国家所有、州所有或者属于全民。[1]这标志着运用土地的权利体系去解读水权初始配置制度已经不符合制度现实。

第三,该规则仅通过土地的空间物理位置决定初始配置水权的位序,不能适应农耕时代迈入工业社会的大量用水需求的状况,也违反了任何个体均可取得平等用水机会的现代法律观念。工业产业的快速发展及人口数量的猛增,促使用水者对水资源展开竞争,预示着上述规则存在重大缺陷,亟需进行重构。[2]

单纯依靠土地的空间物理位置决定水权初始配置位序的制度规范已日益走向消亡。一方面,仅仅以是否享有与河岸相毗邻的土地来确定水权初始配置位序,不能有效满足与河岸不相邻之用水者(尤其是工业用水)的需要,日益被法律废止。美国的许多州早已摈弃了"河岸权规则",所有人均需要经过水权申请程序方能取得水权。[3]例如,位于美国东部的西弗吉尼亚州,之前曾一直秉持"河岸权规则",[4]但是,其亦在2004年经由法律的修订而放弃了该规则,转而采用确定水权初始配置位序的水权许可规则。[5]与以往不同,更多州的城镇正在通过增加用水量的方式来满足经济发展及人口激增所带来的大量用水需求。[6]

另一方面,如果"将水资源视作土地之组成部分"的制度前提已不存在,那么,传统的"绝对所有权规则"就必然将走向灭亡。"随着水资源愈来愈成为短缺的自然资源,继续墨守水为所处土地的成分[7]或为无主物的成规,已无力解决实际生活用水的矛盾。"[8]此时,立法就需要开始明确水资源的所有及

---

[1] 有关水资源归属的详细立法例考证,可参见彭诚信、单平基:《水资源国家所有权理论之证成》,《清华法学》2010年第6期,第98-115页。

[2] 参见崔建远:《准物权研究》(第二版),法律出版社2012年版,第360页。

[3] 参见[美]贝哈安特:《不动产法》(影印本第3版),董安生、查松注,汤树梅校,中国人民大学出版社2002年版,第383页。

[4] See David M. Flannery, Blair D. Gardner and Jeffrey R. Vining. *The Water Resources Protection Act and Its Impact on West Virginia Water Law*. West Virginia Law Review, 2005(Spr.): 773.

[5] See *West Virginia Water Code 2004*, Chapter 22, Article 26, Section 3.

[6] See Olivia S. Choe. *Appurtenancy Reconceptualized: Managing Water in an Era of Scarcity*. Yale Law Journal, 2004(113): 1910.

[7] 依据民法理论,物之成分是法律上不具独立性的物之构成部分,也就是说,它不是一个独立的物。参见[德]哈里·韦斯特曼、哈尔姆·彼得·韦斯特曼:《德国民法基本概念》(第16版),张定军、葛平亮、唐晓琳译,中国人民大学出版社2014年版,第31页。

[8] 崔建远:《物权法》(第二版),中国人民大学出版社2011年版,第217页。

使用的相关权利,以定分止争,水权配置制度应运而生。之前,土地之上可能并不存在所有权,与现在大部分的土地之上均成立了产权的土地权利结构不同。[1]与此类似,水资源亦是如此。如今,水资源逐渐摆脱被当做土地资源之成分或附属的身份,构成单独的权利客体,以归为国家所有、州所有或属于全体人民,而不是归于土地所有者。我国《宪法》第9条、《物权法》第46条和《水法》第3条对此已有将其归属于国家的规范。美国的《路易斯安那州民法典》把其归为州所有(第450条)。[2]《马萨诸塞州水道法》把其归为全体人民所有(第2条)。[3]诚如崔建远教授所言,"《水法》明确规定了水资源国家所有权(第3条)和取水权(第48条),《物权法》对此再次确认(第46条、第123条)。在这种背景下,不动产权利人用水,仅仅以其不动产权利为依据已不再合法,只有首先获得取水权才名正言顺"[4]。

2.通过对水资源的占用先后决定水权初始配置之先后位序的"在先占用规则"

这一规范主张"时间在先者,权利在先"的基本原则,初始水权被优先提供给率先进行有益性用水者。[5]这一规则对地上及地下水资源之水权初始配置的位序,均可进行调控。仅需要人们把水资源率先用作或者采矿(包括淘金),或者灌溉,自可优先取得初始水权。[6]这一制度滥觞于18世纪中期美国加利福尼亚州的淘金活动中,随后在美国西部获得确认及比较快速的发展。依据此制度,水权被首先给予对水资源的最先使用者,并使其得以排除后来对水资源的占有者,前者较后来者拥有优先用水的权利,后来者只有在不侵犯在

---

〔1〕 参见[美]托马斯·思德纳:《环境与自然资源管理的政策工具》,上海三联书店、上海人民出版社2005年版,第34页。

〔2〕 该条规定,"公共物品归州和作为公共管理人的州政府所有。归州所有的公共物品包括流水、适航水域的水体和水底、界海和海岸"。See *Louisiana Civil Code*, Section 450.

〔3〕 该条规定,"水资源属于全体人民"。See *Massachusetts State Waterways*, Section 2.

〔4〕 崔建远:《物权法》(第二版),中国人民大学出版社2011年版,第217页。

〔5〕 参见[美]约翰·G.斯普林克林:《美国财产法精解》,钟书峰译,北京大学出版社2009年版,第494页;David H. Getches. *Water Law*. Saint Paul Minnesota Press,1984:85.

〔6〕 See Robert Cooter and Thomas Ulen. *Law & Economics*(*fifth edition*). Addison Wesley Publishing,2008:151.

先用水者权利的前提下方能用水。[1]

"在先占用规则"通常应用于水资源欠缺的区域,往往作为无法在这些区域适用的"河岸权规则"的一种补充。[2]当时,伴随美国加利福尼亚州淘金热的持续升温,采掘业日益兴起并逐渐成为重要就业来源。采掘业基于对水资源的需求,需要改变"河岸权规则"将水资源从河道中引向别处,这是传统的"河岸权规则"所禁止的行为。因为,"河岸权规则"之下,水权和土地所有权须臾不可分离。在此情况下,就使得"河岸权规则"向一种新的水权取得规则进行转变,以满足水资源可转移性的需求。[3]在美国西部,早期的法庭裁决对水权的设定以采矿人的习惯为基础。这种制度设计在农场主中也很受欢迎,从而在西部各州法律中确定下来。因此,水权属于那些将水合理使用的任何人,不管是在河岸还是非河岸的土地上;相对于后来开始使用水的人,那些将水合理使用的人对水的使用具有优先权。不像河岸权,在先占用规则的确定是根据使用的情况而不是根据土地所有情况。一旦一个人将水合理使用并符合成文法的要求,其水权就是完整的,并持续有效。[4]与"河岸权规则"建立于土地所有权基础之上不同,"时间在先者,权利在先"的基本原则,强调对水资源的有益性使用。[5]换句话说,采矿者制定了一个惯例,即先到的人对水资源有优先权。实际上,这就把存在于"河岸权规则"下的水权和土地所有权的关系给斩断了。随着"在先占用规则"被越来越多的州立法、司法判例所接受,基于该规则使得水资源转移变为现实,能够将水资源应用到更有价值之处,并有利于对贫水区用水需求的补足。[6]

---

〔1〕 参见[美]托马斯·思德纳:《环境与自然资源管理的政策工具》,上海三联书店、上海人民出版社2005年版,第92页。需注意的是,"在先占用规则"与民法上的占有制度不同。我国《物权法》对占有作为一编(第五编)进行了规定。根据传统民法理论,占有仅是对物具有事实上管领力的一种状态,而非一种权利,但其也受到法律的保护,有时还能够成为不当得利或侵权行为的客体。参见林诚二:《民法总则》(上册),法律出版社2008年版,第73页。

〔2〕 参见[美]贝哈安特:《不动产法》(影印本第3版),董安生、查松注,汤树梅校,中国人民大学出版社2002年版,第382页。

〔3〕 参见[美]汤姆·泰坦伯格:《自然资源经济学》,高岚、李怡、谢忆等译,人民邮电出版社2012年版,第88页。

〔4〕 参见[美]戴维·H.格奇斯:《水法精要》(第四版),陈晓景、王莉译,南开大学出版社2016年版,第5页。

〔5〕 参见[美]托马斯·思德纳:《环境与自然资源管理的政策工具》,上海三联书店、上海人民出版社2005年版,第94页。

〔6〕 参见[美]汤姆·泰坦伯格:《自然资源经济学》,高岚、李怡、谢忆等译,人民邮电出版社2012年版,第88-89页。

"在先占用规则"在美国的西部最为盛行,这突出体现在美国西部水资源最为匮乏及干旱的八个州中,[1]它们在很久之前就率先舍弃了"河岸权规则",改采前者。[2]原因在于:一方面,用水者(包括农牧民在内)一般并不居住于河岸旁,他们的用水地点距离水源地往往有些距离;[3]另一方面,当时美国西部地区早期的采矿(尤其是淘金)活动,极大地助推了该规则的生成。[4]

"在先占用规则"存在许多规范优势。具体表现为:

首先,这一规范符合水资源短缺区域的水权配置需要,有益于每个个体得享平等的用水机会。它并非依据土地所处的空间位置确定水权配置的位序,冲破了取得水权必须享有河岸地所有权的规范桎梏。这不但使初始水权得以优先配置给河岸地所有者以外的人,对于实现及满足整个社会的用水需要、助推经济社会发展有重要价值,并且有助于实现任何个体均得以平等用水的水权配置理念。与运用土地位置来优先配置地上水权之优先位序的"河岸权规则"及配置地下水权之优先位序的"绝对所有权规则"不同,该规则奉行的是实际使用原则,即因使用水资源而产生水权,因不使用水资源而导致水权消灭。[5]另外,与一些规则不同,该规则并不需要用水人拥有毗邻水资源(河

---

〔1〕 这八个州包括:亚利桑那、科罗拉多、爱达荷、蒙大拿、内华达、新墨西哥、犹他和怀俄明州。See James Gordley. *Foundations of Private Law*:*Property*,*Tort*,*Contract*,*Unjust Enrichment*. Oxford University Press,2006:108.

〔2〕 See David H. Getches. *Water Law*. Saint Paul Minnesota Press,1984:85.

〔3〕 See James Gordley. *Foundations of Private Law*:*Property*,*Tort*,*Contract*,*Unjust Enrichment*. Oxford University Press,2006:107.

〔4〕 "在先占用规则"在西部"淘金"中首先被采用,最初体现为"即取即用"的水资源利用习惯,后来通过通报用水人取水意图,并在地方司法部门记录而正规化,最终被正式的水权分配系统所采用。See John R. Teerink. *Water Allocation Methods and Water Rights in the Western States*,*U.S.A.*. in John R. Teerink and Masahiro Nakashima. *Water Allocation*,*Rights and Pricing*:*Examples from Japan and the United States*. The World Bank Press,1993:17.在欧洲人最初定居于美国西部及西南部时,政府发挥的作用甚微,当地的社会秩序几乎是靠当地居民自己创建。参见[美]汤姆·泰坦伯格:《自然资源经济学》,高岚、李怡、谢忆等译,人民邮电出版社2012年版,第87页。早期的采矿工人,尤其在加利福尼亚州,经常为了在公共土地上采矿而寻找水源。美国西部地区水资源稀缺,因为在西部广袤的沙漠里,仅仅百分之一的土地上才有水资源。美国西部的土地所有由美国联邦政府确定。因为不拥有土地,矿主们不能取得河岸权,所以他们对水权的确定就简单地遵循在解决采矿争端时相同的规则:谁先到,谁先得。最早到的矿主在采矿用水时有权利持续使用水而排除其他人对水的使用。参见[美]戴维·H.格奇斯:《水法精要》(第四版),陈晓景、王莉译,南开大学出版社2016年版,第5页。后来,对采金场所作的革新,成为了人们所熟知的"在先占用规则"的先导。参见[美]汤姆·泰坦伯格:《自然资源经济学》,高岚、李怡、谢忆等译,人民邮电出版社2012年版,第88页。

〔5〕 参见胡德胜:《生态环境用水法理创新和应用研究——基于25个法域之比较》,西安交通大学出版社2010年版,第189页。

流或其他水体)的土地,仅需要首先对水资源进行有益性的使用即可。[1]在最初,这一规则或可通过实际引水并进行有益性使用来确立,或可通过于引水处张贴通知并在县书记官处备案,且进行有益性用水而取得。[2]在这一层面上,这一规则在某种程度上是对勤劳及生产的一种有效激励。诚如斯蒂芬·巴克勒教授所言,"倘若不能对劳动果实予以充分保护,所有实际努力将会成一场空。不仅通过保护而且通过刺激社会成员进行生产活动以获取巨大利益,会催生出一个财产制度。引进财产制度旨在确保勤劳,而完全根据其能力分配财产则使得财产制度具有了正当性"[3]。

在初始配置水权规则的选择上,美国许多州认为"河岸权规则"不适合许多地方的要求,需要水的矿场和农场不可能总位于河岸的土地上,相反河岸区域的水道通常比较少而且离矿场和农场较远。而且如果沿岸的土地所有者垄断着稀缺水资源而不让其他人使用水,那么矿场和农场的开发就会相当困难。[4]

其次,该规范凭借占用时间的先后确立水权配置位序,能通过较为明晰的路径及程序配置初始水权。[5]这一规则的制度成本较低,能够较快地厘清水权,进而解决水权初始配置过程中发生的纠纷,[6]从而是可预测及易于实行的一项规则。[7]这在某种程度上也可大力提升水资源的利用水平及效率。[8]这一规则之下,水权属于那些将水资源合理使用的任何人,不管是在河岸还是非河岸的土地上;相对于后来开始使用水的人,那些将水合理使用的人对水的

---

[1] 参见[美]托马斯·思德纳:《环境与自然资源管理的政策工具》,上海三联书店、上海人民出版社2005年版,第92页。

[2] 参见胡德胜:《生态环境用水法理创新和应用研究——基于25个法域之比较》,西安交通大学出版社2010年版,第189页。

[3] [澳]斯蒂芬·巴克勒:《自然法与财产权理论:从格劳秀斯到休谟》,法律出版社2014年版,第209页。

[4] 参见[美]戴维·H.格奇斯:《水法精要》(第四版),陈晓景、王莉译,南开大学出版社2016年版,第5页。

[5] See Robert Cooter and Thomas Ulen. *Law & Economics*(*fifth edition*). Addison Wesley Publishing, 2008: 97.

[6] See Carol M. Rose. *Possession as the Origin of Property*. The University of Chicago Law Review, 1985(52):73-88.

[7] 参见[美]约翰·G.斯普林克林:《美国财产法精解》,钟书峰译,北京大学出版社2009年版,第495页。

[8] See Richard A. Epstein. *Possession as the Root of Title*. Georgia Law Review, 1979(13):1221-1228.

使用具有优先权。与"河岸权规则"不同,这一规则的确立是根据水资源的使用情况,而不是根据土地所有权。一旦一个人将水资源合理使用并符合成文法的要求,其水权就是完整的,并持续有效。[1]

传统的"在先占用规则"也存在许多缺点。具体表现为:

首先,它在传统上秉持的是一种完全开放的规则模式,不利于生态环境的保护。依此规则,每一位用水者均有权自由放任地占用水资源,从而极易造成水资源的滥用及水资源生态系统的恶化。这种开放机制所具有的缺陷已经逐渐显现。[2]如果对水资源不加任何限制地自由滥用,最终的结局必然是哈丁教授所预言的"公地悲剧"。[3]美国加利福尼亚州于1872年3月21日,在历史上最早制定了成文形式的立法,禁止运用传统的"在先占用规则"优先取得水权。[4]

其次,该规则极易产生用水者的不当得利。针对水资源之任何分配制度都必须回应投机行为所引发的问题,但投机性的占用行为绝不能构成一种合理的配置方案,否则将产生某些用水者的用水量超过其应得,而另一些人则相反。需用水者为取得初始的水权必然将抢占尽可能多的水资源。把使用河道里水资源的水权优先配置给幸运的最早占有者是"一种错误"[5]。至于对占有概念的理解,如果严格应用的话,该概念只对第一个用水者给予完全的保护,几乎任何后来的、新的水使用者都会导致损害问题,从而遭受法律的抗议。[6]

第三,该规则无法避免投机行为的发生。若在先占用人并非自己需要用水,而是为转让水权以投机,那么该规则在为其带来不当暴利的同时,也会导致用水成本因可分配水量的减少而越来越高。毕竟,农业灌溉用水的水价较

---

〔1〕 参见[美]戴维·H.格奇斯:《水法精要》(第四版),陈晓景、王莉译,南开大学出版社2016年版,第5页。

〔2〕 Robert Cooter and Thomas Ulen. *Law & Economics* (*fifth edition*). Addison Wesley Publishing, 2008:154.

〔3〕 哈丁曾言:"基于公地的自由,每一个人都追求自己的最好利益,毁灭是人们盲目行为的必然目的地。"Hardin. *The Tragedy of the Commons*, Science, New Series, Vol.162,1968(162):1244.

〔4〕 See *California Civil Code*, sections1410−1422,1872.转引自胡德胜:《生态环境用水法理创新和应用研究——基于25个法域之比较》,西安交通大学出版社2010年版,第189页。

〔5〕 James Gordley. *Foundations of Private Law*:*Property*,*Tort*,*Contract*,*Unjust Enrichment*. Oxford University Press,2006:105.

〔6〕 参见[美]戴维·H.格奇斯:《水法精要》(第四版),陈晓景、王莉译,南开大学出版社2016年版,第7页。

工业用水的水价要低许多。[1]那么,对于这种水价之间的差异,我们应当如何进行正确理解呢?按照经济学的观点,水价由获取水资源所需花费的边际成本所决定。[2]但是,除此以外,行政介入水权管制也是水价产生差异的重要因素。这一规则也可能存在一个经济学上的弊端,即极易刺激一些人为抢占水资源而进行盲目的投资,毕竟有形证据极易证明谁是对水资源最先进行有益性使用的人。此种投资可带来两种收益,一方面来自对稀缺水资源的生产性收益,另一方面来自水资源在将来所具有之稀缺价值的未来收益。[3]

第四,该规则违背当前水资源的权利体系结构。这一规则的逻辑思路体现在:水资源是一种无主物,在其上没有所有权,用水人凭借"先占"而获得水权,如同猎获野生动物一样。早期的美国西部就是这种状况,大量的土地及水资源就是被作为无主物而存在。[4]当水资源在法律上构成单独的权利客体的情况下,这一规则的逻辑基础就已经丧失。

由此可见,这一规则对平等地使用水资源机会的关注包含着"平等"的法律观念;面对日益严峻的水资源短缺的社会现实,作为水资源不足时的风险分配体系,其对水权界定所具有的标准清晰性、可预测性、容易执行等优点决定了其存在价值。但是,这一传统规则的完全开放机制、对众多用水者使用水资源之目的的忽视等缺陷亦决定了亟需对其进行改造。之后(例如,加利福尼亚州的这一时间节点是1914年12月9日),水权的取得及确立必须通过由用水者向该州公共水利部水资源局提出用水申请的路径来取得。[5]现代水权初始配置之行政许可模式的兴起,恰是在修正"在先占用规则"的前提上进行的。

(二)水权许可规则的兴起——基于"在先占用规则"的修正

伴随传统的"河岸权规则""绝对所有权规则"的衰落以及修正传统的

---

〔1〕 See Megan Hennessy. *Colorado River Water Rights*:*Property Rights in Transition*. The University of Chicago Law Review,2004(71):1663.

〔2〕 参见[美]汤姆·泰坦伯格:《自然资源经济学》,高岚、李怡、谢忆等译,人民邮电出版社2012年版,第97页。

〔3〕 参见[美]罗伯特·D.考特、托马斯·S.尤伦:《法和经济学》(第三版),施少华、姜建强等译,上海财经大学出版社2002年版,第105页。

〔4〕 See John R. Teerink. *Water Allocation Methods and Water Rights in the Western States*,*U.S.A.*. in John R. Teerink and Masahiro Nakashima. *Water Allocation*,*Rights and Pricing*:*Examples from Japan and the United States*. The World Bank Press,1993:16.

〔5〕 参见胡德胜:《生态环境用水法理创新和应用研究——基于25个法域之比较》,西安交通大学出版社2010年版,第189页。

"在先占用规则"自身局限的需求,现代水权初始配置的许可规则日益兴起。

1. 行政许可介入水权初始配置之优先位序的合理性

在水权初始配置过程中,引入行政许可的目的在于规制盲目用水行为,协调不同用水目的(生活、生态、生产及娱乐用水等)之间,尤其是个体经济权益同环境保护效益二者的矛盾。水资源之上所负载的利益具有多重性的特征,决定了其不能归为私人所有,不应成为任何个人的私有财产,而应为每个人享用其效益。人人需要用水之现实也意味着不应将其随意纳入竞争取得机制。[1]此时,基于水资源有限性与我国对水资源需求日益增加之间的矛盾,国家作为所有权主体对水权的配置必然需进行某种政策考量。这种政策考量旨在尽量化解水资源的有限性与我国人口众多之间的激烈矛盾,避免对水资源的无序使用造成对水资源的破坏等。此时,就必然需要为水权的取得设定一定的公法限制、条件和程序,进而对水资源使用者进行审核、确认及批准。在这一过程中,于水权初始配置中引入行政许可机制就是典型的例举。申言之,如果用水人不履行法律规定的申请用水许可程序,用水人将无法获得水权。从某种程度上说,这也可称为公权力对私法关系(水权的取得)所生之效果。这在某种程度上也可以说,水权的初始取得及设立,应当属于公法及私法二者所合力规范的范畴。[2]这一任务仅依靠私法的力量无法实现,而只能从其外部引入行政许可。从深层意义上讲,仅以土地位置确定水权取得位序规则的衰落在很大程度上归咎于此类规则对用水缺乏约束机制。一方面,处于绝对优先地位之河岸权人及地下水之上的土地所有权人,通常仅关注眼前的经济效益而忽视社会利益,不能体现水资源价值之公共性。另一方面,对用水目的、水权初始配置的先后位序及可用水量不进行合理规制,直接引发大量滥用、乱用及浪费水资源的现象。毫不讳言,若缺乏规制,水资源环境、娱乐、景观等公共物品属性与水权的私权独占性则可能水火难容。

2. "在先占用规则"与水权初始配置之水权许可的契合之处

第一,该规则更有利于应对日益严峻的水资源短缺状况及回应水资源紧缺地区的水权配置困境。相较于"河岸权规则"适用于水资源丰沛的区域不同,"在先占用规则"本质上是水资源不足时的风险分配体系,旨在实现干旱

---

[1] See Robert Cooter and Thomas Ulen. *Law and Economics*(*fifth edition*). Addison Wesley Publishing,2008:116.

[2] 参见徐涤宇、胡东海、熊剑波、张晓勇:《物权法领域公私法接轨问题研究》,北京大学出版社2016年版,第141页。

地区及距离水源地较远之用水者的水权配置需要。这与水权许可制度具有相似之处。其实，水权许可制度也正是为解决干旱地区的水权初始配置困境，最先发端于水资源较为匮乏的美国西部怀俄明州（1890年），[1]经由对"在先占用规则"的修正而逐渐形成。[2]例如，针对地表水资源的有效水权配置：其一，需要在数量众多的用水者之间进行协调，并达成一定的利益平衡；其二，必须针对每年可能存在变化的地表水径流量采取切实可行的应对方法。第一个问题有时比较棘手，毕竟，数量众多的潜在用水人可能都具有非常合理的用水需求。例如，农村及城市居民需要为饮用目的而消耗水，游泳者和划船者需要为娱乐目的而使用水，虽然不消耗水。第二个问题出现的原因，则主要是由于降雨量、地表水的径流量及蒸发量在每年、每月均有所不同，枯年（月）较丰年（月）的可用水量要少很多。[3]因而，为应对愈加紧缺的水资源状况，应当在修正"在先占用规则"的基础之上，建构水权初始配置中的水权许可制度。

第二，二者均强调对平等用水的关注。"在先占用规则"使初始水权可优先授予给河岸及地下水之上的土地所有权人以外的人，突破了"河岸权规则"及"绝对所有权规则"仅以土地位置确定水权取得位序的禁锢，不但有利于人人享有平等用水机会，也能够彰显水资源自身价值的多重性及负载利益的全民性。初始配置水权过程中的行政许可是水资源行政管理机关根据用水人的用水申请，经依法审查并通过颁发水权许可证的形式，赋予申请人水权的一种具体行政行为。秉持公平性是水权初始配置之行政许可的一项基本原则，要求水权许可机关应当平等地对待所有的用水申请者。"在先占用规则"与水权许可制度对平等用水的关注决定了二者具有天然的内在契合性。

第三，二者均有利于缓解用水紧张的社会现实，彰显水权所具有的非排他性的特点。水权不具有排他性的特征，在特定水域（地上水）或特定区域（地下水）的水资源之上可同时并存多项水权。然而，根据传统水权初始配置规则（"河岸权规则"及"绝对所有权规则"），用水者根据土地所处的物理位置获取水权之后，其他用水者就不能再获得水权，使水权具有了排他性，无法满足

---

[1] See Andrew P. Morriss. *Lessons from the Development of Western Water Law for Emerging Water Markets: Common Law vs. Central Planning.* Oregon Law Review, 2001(861): 80.

[2] See John R. Teerink. *Water Allocation Methods and Water Rights in the Western States*, U.S.A.. in John R. Teerink and Masahiro Nakashima. *Water Allocation, Rights and Pricing: Examples from Japan and the United States.* The World Bank Press, 1993: 17.

[3] 参见[美]汤姆·泰坦伯格：《自然资源经济学》，高岚、李怡、谢忆等译，人民邮电出版社2012年版，第84—85页。

众多用水者的用水需求。相反,"在先占用规则"却不具有这种弊端,具有以时间先后确立初始水权配置之位序的功能。水资源短缺的严峻现实及水资源流动性的水文特征决定了水权许可模式之下于同一地上水域或地下区域的水资源之上设定多项水权的必要性。

第四,二者都坚持将地上及地下水资源的初始水权实行一体规制的模式。取水权的初始配置规则主要针对地表水及地下水而展开。地表水和地下水具有不同的物理特性,前者多在地球表面汇集、流动,后者则大多汇集于地下多孔的岩石层中,且一旦耗竭就难以补充。[1]另外,地下水的退水也包括在地下水资源的范围内。[2]对地下水的管理与地下水水权的配置需要有特别的规定。因为,人类抽取地下水的速度较之地下水补充的速度要快得多。另一个难题是,"新的水井会威胁到现存的水井",[3]即会出现新的地下水使用者与原地下水水权人之间的用水争端及权益保障问题。实际上,按照联合国教科文组织和世界气象组织对水资源类型的界定,除了地表水及地下水之外,还有"空中水"的概念,即蕴藏在大气中呈现为多种形态出现的水。[4]但是,由于"空中水"在降落于地面之前通常尚未进入人类得以控制及利用的领域,因而对水权配置的关注现在主要限于地表水及地下水范围。

水资源的整体性决定了调整地上及地下水权初始配置规则的一体性。蒸发、水气输送、降雨、地表径流、地下渗透等水文过程使水资源形成了一个密不可分的动态循环系统,对某一层面水资源的开发利用必然会对其他部分产生影响。用统一规则对水权初始配置予以一体化管理契合了水循环系统的统一性特征,也有利于降低水资源的利用成本。例如,地下含水层就可以用做天然的蓄水设施,既可以省却在地表建造大型水库所需要的大量投资,又可避免该人工设施对当地生态环境的影响。既然"在先占用规则"自始就对地上及地下水权的取得均可适用,这无疑具有节约制度变革之路径成本的优势。随着水权许可规则的确立,地上及地下水权取得的优先位序由不同规则调整转

---

[1] 参见[美]汤姆·泰坦伯格:《自然资源经济学》,高岚、李怡、谢忆等译,人民邮电出版社2012年版,第79-80页。

[2] See Russ Harding. *Groundwater Regulation*:*An Assessment*. Mackinac Center for Public Policy, 2005(Apr.): 6.

[3] [美]戴维·H.格奇斯:《水法精要》(第四版),陈晓景、王莉译,南开大学出版社2016年版,第7页。

[4] See UNESCO/WMO. *The International Glossary of Hydrology* (2nd ed.),1992. 转引自胡德胜:《生态环境用水法理创新和应用研究——基于25个法域之比较》,西安交通大学出版社2010年版,第6页。

由统一规则调整。现今,地上水资源与地下水资源之水权的初始配置,一般均经由水权许可而实现配置,获取水权必须获得许可证,一般经由"在先占用规则"的改造,根据"申请时间在先者,优先取得水权"的标准对水权予以初始配置。[1]美国华盛顿州的《水法》第10条对此就予以了确认。[2]美国其他各州也越来越倾向于将地表水和地下水统一管理来达到可用水资源的最优使用。[3]"目前,很多开明的法律把地下水和地表水进行一体化管理。例如,当从一个井里抽水影响到其他正在使用河水的人的权利时(反之亦然),美国许多州目前就把地下水管理归入到对河流的制度体系中一并规范。"[4]这一点也恰恰符合我国对地上及地下水资源的水权初始配置采取的统一调整路径。[5]毕竟,地表水及地下水都处于一个统一的水文循环系统之中。水文循环是一个动态的、无终结点的、持续不断的进程,通过这一循环使水资源能够在自然或人工条件下得以更新。[6]

所有这些契合之处决定了以"在先占用规则"为蓝本是建构现代水权许可制度的必然选择。

3."在先占用规则"需要修正的主要理由

其一,面对经济力量从农村向城市转移所导致的急剧增加的用水需求,[7]若仍坚持完全开放机制,人们于"用水时间在先者,优先取得水权"规则之下会尽量抢占水资源,进而导致对水权形成垄断。用水时间在先者总意欲尽量使用更多的水,造成用水时间较晚但用水效率及用水价值更高的用水者无法

---

[1] 参见[美]约翰·G.斯普林克林:《美国财产法精解》,钟书峰译,北京大学出版社2009年版,第497−498页。

[2] 该条规定:"依据现有权利,州内水资源均归公众所有。今后对水的使用只能通过为有效利用而占有水的方式,经由法定许可取得。在占有者之间,先占先得。"See *Washington Water Code*, Section 10.

[3] 参见[美]戴维·H.格奇斯:《水法精要》(第四版),陈晓景、王莉译,南开大学出版社2016年版,第3版序言第6页。

[4] [美]戴维·H.格奇斯:《水法精要》(第四版),陈晓景、王莉译,南开大学出版社2016年版,第7页。

[5] 参见我国《水法》第23条第1款、《取水许可和水资源费征收管理条例》第7条第1款。

[6] 参见胡德胜:《生态环境用水法理创新和应用研究——基于25个法域之比较》,西安交通大学出版社2010年版,第5页。

[7] See A. DanTarlock. *The Future of Prior Appropriation in the New West.* Natural Resources Journal, 2001(41): 769. 例如,美国加州在水的用途上就强调必须是合理、有益性用水,而且法律强调引水和用水方式的合理性。参见胡德胜:《生态环境用水法理创新和应用研究——基于25个法域之比较》,西安交通大学出版社2010年版,第192页。

获得水权。[1]这也是改造传统"在先占用规则"完全开放机制的缘由。

其二,伴随水资源权属的变化,传统"在先占用规则"存在的逻辑前提已经失去。该规则以习惯性用水为基础,水资源被视为无主物或共用物。现今,水资源在法律上与物理空间位置不同,不是土地的组成部分,已构成单独的权利客体。这也意味着,水资源已不会再有无主物形态的存在,"在先占用规则"的逻辑前提已经失去。毕竟,无主物的存在是能够成立先占的关键性因素。诚如迪特尔·梅迪库斯教授所言,"法律关系的产生、变更和消灭要么基于法律,要么基于法律行为。如果只有一人参与法律行为,则法律行为表现为单方法律行为。仅在不触及他人的权利范围时,此种单方性方为足够,尤其在无主物的先占、所有权的抛弃的情况下"[2]。这决定了单纯的占用行为已无法为水权的取得提供正当性基础,必须经由法定的程序方能取得。

其三,"在先占用规则"单纯以时间因素确定水权取得位序,未区分用水目的,无法照顾到用水人不同位阶的水资源价值需求。对用水人需求的回应及关照,往往决定着水资源法律体系的完整性。法律的生命在于其体系完整性,且需要从逻辑及价值两个层面去寻求这种体系完整性。[3]例如,娱乐用水人若可依据"时先权先"规则优先于生活用水人取得水权,显然缺乏正当性根基。

4.修正"在先占用规则"的制度体现——水权取得许可制度

水权许可对"在先占用规则"的修正主要是通过立法形式明确水权取得的优先位序,即运用行政许可机制将水权申请时间与用水目的因素相结合,保证水权取得的明确性及合理性。修正内容具体表现在:

第一,通过立法形式明确水权取得位序,对用水目的进行许可审查。这需要对传统的"在先占用规则"之下所秉持"用水时间在先者,优先获取水权"的规则进行改进,不能仅通过占用日期的先后作为初始配置水权的决定性条件,而须以用水目的为首要因素,由水权许可机关审查用水目的以决定是否许可水权及其位序,进而照顾到用水人不同位阶的水资源价值需求。

第二,为克服"在先占用规则"的完全开放机制对水资源环境保护不利的缺陷,水权许可制度之下,"在先占用规则"日益强调有益用水及最低生态用

---

[1] 参见王小军、陈吉宁:《美国先占优先权制度研究》,《清华法学》2010年第3期,第56页。

[2] [德]迪特尔·梅迪库斯:《请求权基础》,陈卫佐、田士永、王洪亮、张双根译,法律出版社2012年版,第21页。

[3] 参见[日]大村敦志:《民法总论》,江溯、张立艳译,北京大学出版社2004年版,第103页。

水的需要。"事实上,从一些最早的案例中可以发现,法庭运用'合理使用'原则调和了优先占有原则。"[1]现在,学者普遍认为,对水资源的利用并非绝对自由及毫无制约。例如,禁止浪费水资源,对水资源应当秉持合理及有益性使用的原则等。[2]这一点完全可通过水权许可机关审查用水目的、决定是否许可水权及限制审批用水量来实现。基于当代和未来福祉考虑,有益用水应包括为保持河流自然径流和湖泊合理生态的最低流量的用水。[3]如此要求的原因,一是为了平衡新、老用水者之间的利益竞争,二是为了保障水资源高效利用的同时,也有利于政府履行保护水资源的义务。在许多司法案例中,法官经常把合理使用原则作为判断水使用者和颁发新水权许可使用证之间的责任规则,要求对水的使用要相对有效用并要求不同利益主体之间的公平。[4]有益用水必须是合理性用水,支付相关用水费用,[5]具有能为社会所接受的正当性用途,且不能以明显低效率的方式(如大水漫灌、输水水渠渗漏严重)用水。水权许可不仅关注用水方式的合理性,而且要求水资源用途的正当性,注重对用水目的的考量。这也为运用立法形式明确水权取得位序提供了契机。

第三,在水权初始配置之行政许可的具体制度施行中,改采用水者的申请用水时间与用水目的(类型)相结合的方式确立水权初始配置的先后次序。水权许可制度仍蕴含着"在先占用规则"的精髓——时间因素,然而,时间要素在两种规则之下的功能存在差异。它并非依据单纯的在先占用行为便可取得水权,而要根据甄别用水申请人的用水目的与用水类型进行区别认定。例如,针对用水类型相同的众多申请者,应把时间要素当成判断水权初始配置位序的关键因素;针对两个以上的不同用水类型但同时申请用水的情形,应把用水目的(类型)当成决定性因素。

第四,为避免出现"在先占用规则"所导致的盲目抢占水资源的状况,水权许可对"先占日"(First in time)进行了改造。之前对"在先占用规则"至关重要的"先占日"主要依据权利人着手(first step)从事引水或其他占用水资源

---

[1] [美]戴维·H.格奇斯:《水法精要》(第四版),陈晓景、王莉译,南开大学出版社2016年版,第3页。

[2] See Joseph L. Sax. *Rights that Inhere in the Title Itself*: *The Impact of the Lucas Case on Western Water Law*. Loyola Law Review, vol.26, 1993(26): 943–944.

[3] See *Colorado Water Right Determination and Administration Act 1969*, section37.

[4] 参见[美]戴维·H.格奇斯:《水法精要》(第四版),陈晓景、王莉译,南开大学出版社2016年版,第7-8页。

[5] See William H. Hunt. *Law of Water Rights*. The Yale Law Journal, 1908(17): 586.

的日期来认定。但对于如何认定"着手"却比较复杂、标准不一。[1]究竟是实地勘察、修建引水设施？还是制定、实施引水计划？针对这一问题，目前大都采用行政许可制度对先占日进行确定。[2]水权人提出有效水权许可申请的日期通常即为先占日。这尤其体现在对地下水资源的配置上。水资源配置的有效性，在很大程度上取决于开采对象是地表水还是地下水。如果开采的是地表水资源，水源的补充更新主要取决于自然条件（比如降水量的多寡），因而，地表水配置对代际间的影响比较小；但是，如果针对地下水资源进行开采，则当下的用水行为会在代际间产生重大影响。因此，依据用水时间来配置地下水资源就成为探讨重点。[3]

二、现代水权初始配置之行政许可模式的比较法趋势

现代水权取得许可制度摈弃了仅以土地位置确定水权位序的普通法规则，通过修正"在先占用规则"，并用立法形式明确水权取得的优先位序。当下无论是大陆法系还是英美法系，许多国家和地区或是通过修改水法，或是制定新法律，纷纷强化水权取得的行政许可规则。

（一）现代水权初始配置之行政许可模式在大陆法系的主要立法例

传统上，法国确定水权初始配置之优先位序采取的是河岸权这一规则。据学者考证，公元533—534年，查士丁尼研究院公开发表了他们的观点：就像空气、海洋、野生动物一样，流动的水是物质世界"封闭社区"的一部分，不能被个人所有，在"封闭社区"的物质可以被利用，个人可以获得使用权，或者获得使用水资源收益的权利，但必须制定立法以便有序利用并防止过度开采；水资源的使用权仅属于因拥有河岸土地所有权而可接近水源的人，其他人则不可以非法侵入并利用水资源，除非该河流是公共的。查士丁尼研究院的基本观点被1840年的《法国民法典》正式确认。《法国民法典》规定，如果所引水资源在流出土地之前，多余的水量能回流到原有的河道中，则河岸土地的所有者可以利用该河道的水灌溉毗邻的土地。据此，两大河岸权规则的雏形在法典中显现：一是限制，即只有河岸土地所有者才拥有水权；二是要求，即用水者必须把灌溉多余的水量返还原有的河道。在法国，当河岸土地所有权人

---

[1] See Robert E. Beck. *Water and Water Right*. Michie Company Law Publishers,1991：93.

[2] 参见王小军、陈吉宁：《美国先占优先权制度研究》，《清华法学》2010年第3期，第46页。

[3] 参见[美]汤姆·泰坦伯格：《自然资源经济学》，高岚、李怡、谢忆等译，人民邮电出版社2012年版，第84页。

之间发生用水争议时,法院应当协调农业生产利益和河岸财产权之间的关系(比如,一个非农业生产的河岸土地所有权人拥有流经其土地经年不断的水资源)。[1]

现今,法国已摈弃"河岸权规则"而转采水权许可制度。有学者认为,法国之前的做法是一种在欠缺深思考虑的情形下所作出的选择。[2]例如,《法国民法典》第644条的规定就是具体的体现,位于水流近旁的土地所有权人得在水流经过其土地之处引水灌溉。水流横穿其地产的所有权人,同样可在水流流经地产的地段用水,但水流一经离开土地,应将其归复于通常水道。[3]法国如今已经舍弃这一传统规则,把水资源的所有权归属于国家,但任何人都可对其进行使用(《法国水法》第1条)。[4]在法国现代法律制度中,需要用水者必须要取得水权许可才可使用水资源,与之前的水权初始配置规则并不一致。[5]当前,法国的水资源管理体制主要分为四级,即:国家级、流域级、地区级和省市级。这种水资源管理体制的特点是与水资源管理相关的法律和法规体系较为明确有关,主要依据水资源所处的流域予以综合、分权进行管理。也就是说,对水资源的开发、利用及保护通常要依循按照水资源流域统一进行管理以及衡量多种目标的原则。[6]

意大利的水权取得也由"河岸权规则"转为水权许可制度。由于受法国法的影响,其之前针对水权的初始配置位序也是经由"河岸权规则"进行调整。原来《意大利民法典》中之第910条与上述《法国民法典》第644条的规定大致相同,对于从自己土地疆界处自然流经的或者横穿自己土地的、他人不享有任何权利的公共水流,土地所有者可以利用流经其土地的溪流浇灌自己之耕地,或者作为工业用水使用,但是,应当将所用之水过滤后连同未曾使用的

---

〔1〕[美]戴维·H.格奇斯:《水法精要》(第四版),陈晓景、王莉译,南开大学出版社2016年版,第13页。

〔2〕See James Gordley. *Foundations of Private Law*: *Property*, *Tort*, *Contract*, *Unjust Enrichment*. Oxford University Press,2006:125.

〔3〕参见《法国民法典》,罗结珍译,北京大学出版社2010年版,第192页。

〔4〕参见《法国水法》,水利部政策法规司译,"中国水利国际合作与科技网",http://www.chinawater.net.cn/law/ CWSArticle_View.asp? CWSNewsID=14774,2013年10月17日访问。

〔5〕See James Gordley. *Foundations of Private Law*: *Property*, *Tort*, *Contract*, *Unjust Enrichment*. Oxford University Press,2006:126-128.

〔6〕参见水利部政策法规司:《法国的水权与水价》,载水利部政策法规司:《水权与水市场》(资料选编之二),内部资料(未刊行),2001年12月,第431页。

剩余之水重新注入原水流以回复其通常的流量。[1]但是，该条规定已于1999年2月18日被废除。[2]如今，《意大利民法典》第840条第1款关于"土地的地下和上空"规定，"土地的所有权扩及其地下及其所含有的一切，土地的所有权人可以从事任何不损害邻人利益的挖掘和建筑活动。此项规定不适用于金属矿、石矿、石灰矿所在土地的所有人。有关古迹、艺术品、水资源、水利工程的法律和特别法的限制性规定不受任何影响"[3]。这实际上为水资源利用的调整提供了一项引致性规范，因为意大利1999年第238号法令第1条第3款第1项已将水资源归于国家所有，取消了"公共水流"，"所有地表和地下的水，包括那些水库和水池蓄积的水，都属于国家所有，并构成公有水域的组成部分"。这一变化预示着水权取得必须受到1933年颁布的君主法令的调整。该法第2条规定，私人要享有用水的权利，需要获得行政用水许可，该行政许可程序被用来权衡公共利益和申请人的私人利益。[4]

当前，德国关于水权初始配置之优先位序与日本关于地上水资源之水权初始配置位序均必须经过水权许可。依据《德国水生态平衡法》第8条，无论是对地上水资源，还是对于地下水资源的使用，均需获得行政用水许可。[5]根据《德国水资源管理法》第2条，水权的初始配置由行政用水许可制度予以规范。[6]根据《德国联邦水利基准法》第6条，土地的所有者无法基于其与水资源的空间物理位置就自然地取得初始水权，而是必须经过取水许可。[7]日本河川水资源的权属也已经从土地中分离出来，取得此类水资源的水权采取用水许可的方式。根据《日本河川法》第23条，一切对河川水资源的使用必须取得水资源管理机关的相应许可。[8]

关于日本的地下水，从《日本民法典》之字面规范（第207条）观之，土地

---

[1] 参见《意大利民法典》，费安玲、丁玫、张密译，中国政法大学出版社2004年版，第254页。

[2] 参见《意大利民法典》，费安玲等译，中国政法大学出版社2004年版，第225页。

[3] 《意大利民法典》，费安玲等译，中国政法大学出版社2004年版，第225页。

[4] See James Gordley. *Foundations of Private Law: Property, Tort, Contract, Unjust Enrichment*. Oxford University Press, 2006: 129.

[5] Siehe *Gesetz zur Ordnung des Wasserhaushalts*, §8.

[6] 参见《德国水资源管理法》第2条。See James Gordley. *Foundations of Private Law: Property, Tort, Contract, Unjust Enrichment*. Oxford University Press, 2006: 108.

[7] 参见黄锦堂：《财产权保障与水源保护区之管理：德国法的比较》，《台大法律论丛》2008年第3期，第13页。

[8] 参见《日本河川法》，水利部政策法规司译，"中国水政网"，http://shuizheng.chinawater.com.cn/gwsf/gwsf4.htm，2013年3月21日访问。

所有权在形式上似乎具有以其效力无限地及于土地上下的本质。但是,诚如我妻荣与有泉亨教授所言,该条"应该理解为,在结果上,该规定与瑞士民法第667条关于'土地所有权,在存在利益的限度内,就其行使及于空中和地下'的规定之间,并无太大差异"[1]。也就是说,土地所有权人不得禁止其他人在土地的高空或地层中从事与所有人无利害关系的法律行为。例如,基于社会经济的需求,在接近土地地表处存在特殊矿物的情形下,使该矿物与土地所有权的效力相分离而成为另一矿业权的标的也应无妨。此时,土地所有权人可请求对妨害使用地表而产生的损害的补偿。关于地下水,日本判例主要从将其视为土地的构成部分的立场出发,对地下水进行了调整。其一,关于自然涌出的地下水。当涌出的地下水浸润其土地,且在尚未流入沟壑以及其他水流时,属于该涌出土地的所有人专用。[2]但是,在地下水继续涌出并流入他人土地时,则变为流水,从涌出地的所有权内容中分离出来而成为独立之物。因此,土地所有人不得妨碍下游沿岸土地所有人的流水利用权。[3]其二,关于挖掘土地而使用地下水。对此,传统上采取了将地下水的使用作为土地所有权的内容,认为土地所有权人可自由使用。[4]即使是当近邻土地的水井或者温泉枯竭,其土地所有人据此的原来使用因而受到妨害时,也是如此。只有在邻人拥有地下水(温泉)的专用权时,才可以禁止他人挖掘土地而使用地下水。[5]针对此类判例,已有日本学者(我妻荣与有泉亨教授为代表)提出了批评,主张即使对于地下水的人工利用,也应考虑参见使用流水的规定。[6]具体体现为:其一,在某些人根据法令或者习惯而享有专用权的情形下,其他人不得挖掘自己的土地而使用地下水。但是,在并不妨害专用权人的权利时,专用权人不得禁止该使用。其二,在任何人均不享有专用权时,应该理解为恰如与有关

---

[1] 参见[日]我妻荣:《我妻荣民法讲义Ⅱ 新订物权法》,有泉亨补订,罗丽译,中国法制出版社2008年版,第290页。

[2] 参见[日]大判大正4.6.4民第886页。转引自[日]我妻荣:《我妻荣民法讲义Ⅱ 新订物权法》,有泉亨补订,罗丽译,中国法制出版社2008年版,第292页。

[3] 参见[日]大判大正6.2.6民第202页。转引自[日]我妻荣:《我妻荣民法讲义Ⅱ 新订物权法》,有泉亨补订,罗丽译,中国法制出版社2008年版,第292页。

[4] 参见[日]大判明治29.3.27民第111页,同昭和4.6.1评论18民第951页。转引自[日]我妻荣:《我妻荣民法讲义Ⅱ 新订物权法》,有泉亨补订,罗丽译,中国法制出版社2008年版,第292页。

[5] 参见[日]大判明治38.12.20民第1702页。转引自[日]我妻荣:《我妻荣民法讲义Ⅱ 新订物权法》,有泉亨补订,罗丽译,中国法制出版社2008年版,第292页。

[6] 参见[日]我妻荣:《我妻荣民法讲义Ⅱ 新订物权法》,有泉亨补订,罗丽译,中国法制出版社2008年版,第292-293页。

贯穿数人所有的土地的流水的各沿岸地所有人的使用权一样,各土地所有者均相互平等地具有利用权。因此,当因一人的挖掘而致使其他所有土地无法使用时,应该采取按照各自的协定,寻求平等分配的途径。此外,关于地下水,由于难以发现其泉源或者地下流水的状况,因此可能需要特别法律规定。对于因乙掘井从事养殖鳟鱼业而导致使用泉水经营餐馆的甲的泉水枯竭的事件,存在有关基于上述宗旨而作出命令乙赔偿损失的判决。另外,依据《日本温泉法》规定,为使温泉涌出而挖掘土地,必须获得都道县知事的许可,而且都道县知事根据其权限保护温泉泉源。[1]但是,该法偏向于保护既存的权利,是否符合温泉公共使用的目的,尚存巨大疑问。不过,值得关注的是,近年来,日本在城市中由于工业用水、冲水厕所等而抽取地下水,致使地盘下沉的事例较多,故而对抽取地下水采取了许可证制度。[2]

(二)现代水权初始配置之行政许可模式在英美法系的主要立法例

现代水权初始配置之行政许可模式日渐被美国多数州所采用。在水权许可规则施行之前,美国水法实际上存在三种普通法体系,即美国东部的河岸权规则、西部的在先占用规则及前两种规则的混合体系(如美国加利福尼亚州)。[3]虽然各州针对地下水及地上水所适用的规则稍有不同,但是,大多数州的水权规则可类型化为河岸权规则、在先占有规则或者兼备两种规则的特性。[4]从19世纪末开始,美国各州就陆续开始通过制定法律的方式对本州取水权的配置进行规范及调整。[5]以美国加利福尼亚州为例,在1913年加利福尼亚州的水法制定之前,取水权的初始取得采取的是传统的"在先占用规则"。自1913年后,任何人想要取得水权,都必须向加利福尼亚州水资源控制委员会提出申请,经该州水资源控制委员会审核、环境评估、公告异议等程序

---

[1] 参见[日]昭和23年法律第125号。转引自[日]我妻荣:《我妻荣民法讲义Ⅱ 新订物权法》,有泉亨补订,罗丽译,中国法制出版社2008年版,第293页。

[2] 参见《日本工业用水法》(昭和31年法律第146号)以及关于规制建筑物采用地下水的法律(昭和37年法律第100号)。转引自[日]我妻荣:《我妻荣民法讲义Ⅱ 新订物权法》,有泉亨补订,罗丽译,中国法制出版社2008年版,第293页。

[3] See David H. Getches. *Water law in a nutshell* (3rd ed). West Publisher Company, 1997: 4-8.

[4] See Joseph W. Dellapenna. *The Law of Water Allocation in the Southeastern States at the Opening of the Twenty First Century*. Arkansas Little Rock Law Review, 2002(9): 44.

[5] See William H. Hunt. *Law of Water Rights*. The Yale Law Journal, 1908(17): 585.

之后，才能向申请用水人予以核发水权许可证。[1]这种变化也可从下表中得到体现。

如今，在美国的东部，已经有16个州把传统水权初始配置之先后位序的"河岸权规则"转交给制定法（而非普通法）予以规范，初始取得水权须取得水资源管理机关的用水许可。在西部各州中更是如此，凭借水权初始配置的行政许可获得的权利，相较于传统规则所取得的用水权利，具有优先效力。[2]之所以出现美国东部及西部的绝大多数州均转采水权许可规则现象的原因在于，虽然一直以来美国东部的水资源较美国西部更为充沛，但现今美国东部水资源短缺的形势亦十分严峻（尤其是大都市的缺水问题），且这种现象将长期持续存在。[3]"许可证制度的目的在于保护公共利益以便维持正常的水量供应，保持河流流量，允许各州自主决定水资源的利用并承受其带来的影响。立法要求在使用水资源之前必须要获得许可证，这是一种限制河岸权使用者的继承人权利数量和大小的方法。这一方法的结果使得许多许可证授予要求受到质疑，尽管很多质疑以失败而告终。"[4]同时，值得注意的是，当前，美国各州之间的用水争端也日益凸显，急切呼唤着美国联邦层面的水权配置立法早日出台。[5]另外，之前调整地下水权初始配置的规则，亦日益被制定法经由水权许可来调整，必须获取许可。[6]现代水权初始配置之行政许可模式在美国的状况具体体现为下表的统计：

---

[1] 美国加利福尼亚州水资源控制委员会是该州的水权主管机关，负责水权和水质的管理，有权为从地表河流和地下引取并用水的主体颁发许可证和执照。故在美国加利福尼亚州，由水资源控制委员会负责水权的审查和核发。欲取得水权者，必须向该州的水资源控制委员会申请并取得用水许可，由其加以监督。参见刘世庆、巨栋、刘立彬、郭时君等：《中国水权制度建设考察报告》，社会科学文献出版社2015年版，第361页。

[2] See James Gordley. *Foundations of Private Law: Property, Tort, Contract, Unjust Enrichment*. Oxford University Press, 2006：120.

[3] See Olivia S. Choe. *Appurtenancy Reconceptualized: Managing Water in an Era of Scarcity*. Yale Law Journal, 2004(113)：1910-1911.

[4] [美]戴维·H.格奇斯：《水法精要》（第四版），陈晓景、王莉译，南开大学出版社2016年版，第47页。

[5] 例如，美国阿拉巴马州、佐治亚州和佛罗里达州之间围绕着查特胡奇河（位于佐治亚州境内）的用水问题，曾在联邦地区法院发生过多起诉讼，最终导致佐治亚州的亚特兰大市更加缺水。See Douglas Jehl. *A New Frontier in Water Wars Emerges in East*. New York Times, Mar.3, 2003, at A1.

[6] 参见[美]约翰·G.斯普林克林：《美国财产法精解》，钟书峰译，北京大学出版社2009年版，第497-498页。

表 1 美国各州水权许可制度的实施时间[1]

序号	州名称	实施水权许可时间	序号	州名称	实施水权许可时间
1	怀俄明州	1890年	18	马里兰州	1957年
2	内布拉斯加州	1895年	19	艾奥瓦州	1957年
3	爱达荷州	1903年	20	特拉华州	1959年
4	犹他州	1903年	21	新泽西州	1965年
5	内华达州	1905年	22	肯塔基州	1966年
6	新墨西哥州	1905年	23	佛罗里达州	1972年
7	北达科他州	1905年	24	明尼苏达州	1973年
8	俄克拉荷马州	1905年	25	蒙大拿州	1973年
9	南达科他州	1905年	26	北卡罗来纳州	1973年
10	俄勒冈州	1909年	27	佐治亚州	1977年
11	加利福尼亚州	1913年	28	纽约州	1979年
12	德克萨斯州	1913年	29	康涅狄格州	1982年
13	华盛顿州	1917年	30	马萨诸塞州	1985年
14	堪萨斯州	1917年	31	密西西比州	1985年
15	亚利桑那州	1919年	32	弗吉尼亚州	1989年
16	阿肯色州	1957年	33	亚拉巴马州	1993年
17	威斯康星州	1957年			

从表1可知,美国西部干旱地区先于东部水资源充足地区实施水权许可。西部的怀俄明州(1890年)最先实行水权许可,之后被其他州纷纷效仿。另外,

---

[1] 有关美国西部各州的水权许可,参见 Andrew P. Morriss. *Lessons from the Development of Western Water Law for Emerging Water Markets: Common Law vs. Central Planning.* Oregon Law Review, 2001 (861):80;有关美国东部各州的水权许可,参见 Joseph W. Dellapenna. *The Law of Water Allocation in the South eastern States at the Opening of the Twenty-first Century.* Arkansas Little Rock Law Review, 2002 (9):25.

西部各州(蒙大拿州除外[1])实施水权许可的时间全部始于20世纪50年代之前,且实施时间居于前15位的州全部处于西部。[2]在美国的东部各州,由于水资源相对丰富,则全部于20世纪50年代之后推行水权初始配置的行政许可制度,且实施时间位于后15位的州中有14个处于东部。当前,美国多数州水权初始取得的程序体现为,用水人首先需要向相应的水资源管理机构递交用水申请,列明用水者需要用水的来源、界线以及用水目的。用水申请人则一直需要等到将水资源实际用作有益性使用时,方能获取水权,这恰是"在先占用规则"的要求,水权的取得时间即为优先权日期,体现为对水资源首次进行使用的时期或水权申请日期。[3]这也再一次证明,美国现代水权初始配置的行政许可模式在某种程度上是在改造曾经盛行于美国西部的"在先占用规则"的基础上日渐形成的。[4]

与美国水权取得规则的演变类似,英国是传统"河岸权规则"的发端地,但是也已经舍弃了该水权初始配置的模式,被《英国水资源法》中规定的水权许可规范所取代,使用水资源必须获得行政许可(第24条)。[5]诚如劳森教授所言,在英国,若将公法置于财产之外,将使人只能得到关于财产的假象。相反,财产法律家及律师需要花费更多气力去考察是否在财产上存在公法上的限制。[6]就可申请取水权之主体而言,不再局限于处于河流沿岸的土地所有权人,任何个体均可申请用水,通过许可的方式确立可用水量。[7]水资源管理机构有权变更或取消水权许可,但对之前水权人所承受的损失,水资源管理机

---

[1] 这或许与蒙大拿州面积较大(全美第4位)、人口稀少(全美第44位)、人口密度较低(全美第48位)及降水量相对较多有关。

[2] 需要注意的是,目前,美国西南部地区的水资源配置情况大致如此,联邦和各州政府都起着重要的作用,但各州法律也存在差异,特别是针对地下水的开采。"在先占用规则"虽然是水权配置制度的基础,但是政府规章及其对大量水资源的直接调拨也制约着水权配置。参见[美]汤姆·泰坦伯格:《自然资源经济学》,高岚、李怡、谢忆等译,人民邮电出版社2012年版,第90页。

[3] 参见[美]托马斯·思德纳:《环境与自然资源管理的政策工具》,上海三联书店、上海人民出版社2005年版,第92-93页。

[4] 美国各州都分别制定了关于"在先占用规则"的行政管理制度和程序,其水权取得主要根基于水权许可。See John R. Teerink. *Water Allocation Methods and Water Rights in the Western States*, *U.S.A.*. in John R. Teerink and Masahiro Nakashima. *Water Allocation*, *Rights and Pricing*: *Examples from Japan and the United States*. The World Bank Press, 1993: 17.

[5] See *U. K. Water Resources Act 1991*, chapter 57, section 24.

[6] 参见[英]F.H.劳森、B.拉登:《财产法》,施天涛等译,中国大百科全书出版社1998年版,第117页。

[7] See *U. K. Water Resources Act 1991*, chapter 57, section 27-46.

构要予以赔偿。[1]

另外,同属英美法系的澳大利亚,作为英联邦的成员,之前其关于水资源所有权的归属继受了英国普通法的传统,[2]即将水资源视同为土地之成分,作为土地的附属,而并非将其当做单独的权利客体。[3]一直到20世纪初期,考虑到当时社会所面临的水资源短缺的严峻形势,澳大利亚各州才逐渐把水资源自土地的权属之内予以脱离,进而将其确立为单独的权利客体,将其所有权授予给王室,私人的用水行为则需要取得水权。[4]但是,传统上澳大利亚的水权取得方式仍然沿袭了英国关于水权取得的"河岸权规则",以此对农业用水行为进行调整。[5]这一状况持续到20世纪60年代,澳大利亚各州开展了水权改革,摈弃了传统水权初始配置所遵循的"河岸权规则",逐步形成了水权许可制度,并建立了完善的取水权登记和交易制度,由水资源行政管理机关为符合条件的用水人颁发水权证书,并使之成为世界上实行可交易水权制度的领先国家。[6]

三、现代水权许可模式下水权初始配置之优先位序的制定法确定

(一)水权初始配置之先后位序的立法明确

水权初始配置之行政许可模式之下,对初始配置水权的先后位序由普通法中的传统水权取得规则予以调整转由制定法确定。这样,既实现了水权初始配置之获取机会的均等性,亦得以保障水权配置的统一性。用立法形式明确水权优先位序至少具有以下功能:其一,确定水权可否取得,尤其在面对具有竞争性的用水情形下;其二,建构水权初始配置的优先次序,解决不同用水者的用水纠纷;其三,协调水权实现过程中的权利冲突。前两项功能很好理解,第三项功能与水权原则上不具有排他性紧密相关,该特性决定了必须通过立法明确水权的优先位序。通常情况下,排他性可解决物权之间的效力冲突。

---

[1] See *U. K. Water Resources Act 1991*, chapter 57, section 61(1).

[2] 参见彭诚信、单平基:《水资源国家所有权理论之证成》,《清华法学》2010年第6期,第102页。

[3] See D. E. Fisher. *Water Law*. Law Book Co. of Australasia Press, 2000: 64.

[4] See Richard Bartlett. *A Comparative of Crown Right and Private Right to Water in Western Australia: Ownership, Riparian Right and Groundwater*. The University of Western Australia Press, 1997: 45-46.

[5] See David Ingle Smith. *Water in Australia Resources and Management*. Melbourne: Oxford University Press, 1998: 3.

[6] 参见池京云、刘伟、吴初国:《澳大利亚水资源和水权管理》,《国土资源情报》2016年第5期,第12-15页。

水权由于原则上无排他性，在特定水域（地上水）或特定区域（地下水）的水资源之上可同时并存多项水权。这与水权客体和水资源所有权客体融合一体有关，也是为保护其他用水人能利用同一水资源所必需。此时，水权冲突无法依靠物权排他性解决，只能通过水权优先位序加以协调：处于优先位序的水权人得以优先用水；若水资源不足，处于后位序的水权则可能会被削减，甚至落空。

以美国为代表的国家或地区现在纷纷用立法的形式明确了水权取得优先位序，甚至可以说，美国水法已经进入到一个普通法与制定法并重的时代。亚利桑那州确立的水权优先位序为：家庭和市政用水、农业灌溉、水利发电和矿业用水、娱乐渔业和生态用水、地下水的人工回灌用水。[1]德克萨斯州确立的水权优先位序为：家庭、市政、灌溉、工业、矿业、水电、航运、休闲娱乐及其他类型的有益性用水。[2]北达科他州确立的水权优先位序为：家庭用水、市政用水、养殖用水、灌溉用水、工业用水、渔业用水以及其他类型的娱乐目的用水。[3]阿肯色州确立的水权优先位序为：家庭和城市生活用水、最低流量（minimum stream flow）的生态用水、联邦政府水权、维持其他生命用水、维持健康用水及创造财富的用水。[4]科罗拉多州的初始水权配置也将家庭用水置于优先地位，其次是农业和工业目的的用水。[5]爱达荷州也是如此，将家庭目的的用水置于最前位置，农业及制造业（工业）目的的水权紧随其后。[6]世界主要国家或地区在通过制定法之形式确定取水权初始配置的先后次序的同时，有些已经规定了水权初始配置的登记机关。例如，澳大利亚维多利亚州的水权初始登记由该州的水务登记局负责，承担关于水权的权限界定、初始登记、水权配置、水权转让、调整、取消等与水权配置相关的具体事项。[7]这种取水权初始登记的做法，可为我国水权确权登记提供经验借鉴。

---

［1］ See *Arizona Revised Statutes*, article 45, section 157(B).

［2］ See *Texas Water Code*, article 11, section 24.

［3］ See *North Dakota Cent. Code*, section 61(4).

［4］ See *Arkansas Code Annotated*, article 15, section 217(a).

［5］ See *Colorado Constitution*, article XVI, section 6.

［6］ See *Idaho Constitution*, article XV, section 3.

［7］ 澳大利亚维多利亚州是澳大利亚面积最小但人口最多的一个州，且该州的工业化程度最高，农业及牧业也最发达，这些因素共同促成该州的水权登记和水权转让制度建立最早，且最为完善。其中，维多利亚州的水资源由该州的"环境、国土、水与规划厅"管理，而水务登记局是该"环境、国土、水与规划厅"下属的一个水资源公共登记机构，专门负责该州的水权确权及其他相关事项的登记。参见池京云、刘伟、吴初国：《澳大利亚水资源和水权管理》，《国土资源情报》2016年第5期，第11—16页。

各国或地区关于水权优先位序的规定虽不尽相同,但一般均将生活用水置于水权取得的绝对优先位序。在保障生活用水的前提下,再根据自身的水资源状况及经济发展等具体情势确立各自的水权优先位序。

(二)水权许可模式下水权初始配置先后次序的例外情形

水权许可的例外情形不必遵循立法所确定的水权取得优先位序,即不必经过行政机关审查用水目的,无需获得行政许可便可直接用水。主要有以下几种情形:

1.雨水(大气水)。使用雨水不需要取得行政许可,也不必遵循立法所规定的水权初始配置的先后次序。如《法国民法典》第641条第1款规定,任何所有权人均有权使用和处分落在其不动产上的雨水。[1]这可激励用水人积极革新雨水收集方式,增强用水效率。

2.地表积水。地表积水是指由于降水、融雪或者洪水而滞留在地面上的水。总的来说,地表积水不适用于水的分配规则,它可由土地所有人或使用人收集及利用。在美国,"几乎所有的州都许可土地所有者不加规制和限制地收集和使用地表积水,因为这样的水不属于国家控制之内"[2]。例如,美国爱达荷、科罗拉多、俄勒冈和华盛顿州都规定地表积水所在土地的所有权人或使用权人对其享有排他性利用权。[3]另外,依据《法国民法典》,自己的土地上有水源的人,始终可以在其地产的界限内并为其不动产的需要,任意用水(第642条第1款)。[4]又如,《意大利民法典》第909条第1款关于"对自己土地内的水源享有的权利"规定:"土地的所有人享有利用自己土地内的水源的权利,特别法有关公共水源和地下水的规定不在此限。"[5]

3.洪水。洪水属于人类难以控制的水流,对其使用通常不宜采用水权许可规则。

4.传统性的公共性用水。该例外主要是针对相对不太重要的传统习惯性

---

〔1〕 参见《法国民法典》,罗结珍译,北京大学出版社2010年版,第191页。

〔2〕 [美]戴维·H.格奇斯:《水法精要》(第四版),陈晓景、王莉译,南开大学出版社2016年版,第8页。

〔3〕 参见王小军:《美国水权制度研究》,中国社会科学出版社2011年版,第88页。

〔4〕 参见《法国民法典》,罗结珍译,北京大学出版社2010年版,第192页。

〔5〕 《意大利民法典》,费安玲等译,中国政法大学出版社2004年版,第225页。

用水,如洗浴、洗涤、用手提容器汲水、牲畜饮水、游泳及冰上运动等。[1]一般情况之下,"习惯与成文法并不存在内容上的本质不同,因为大部分的成文法本身就源自之前的习惯"[2]。实际上,习惯在水权配置中的作用往往与当地的地理形势、公众对水资源的开采贡献、是否投入资本与劳力及其投入比例等因素紧密相关。[3]自古以来,关于水权的传统习惯法于水权初始配置中都具有重要的功能,或是一部分习惯法通过被司法判决援引的方式逐渐进入国家法体系,进一步通过立法的形式成为正式的法律制度,或是持续以传统习惯法的形式"在基层水利社会发挥作用"。[4]也就是说,财产分配方面和占有的稳定性方面的习俗,在所有情况下都是人类社会赖以建立的最必要的东西。[5]例如,长期以来,民间水利自治组织成为乡村水利的管理者。[6]

之前,关于习惯、习惯法的含义、习惯法发挥效用的领域及其与国家法的关系素有争议。[7]但是,在《民法总则》将习惯规定为可作裁判的法源基础(第10条)之后,必然意味着习惯于水权初始配置过程会具有愈发重要的价值。从水权配置的民法制度发展来看,也往往需要经历从"用水习惯"到"习惯水权"的转变过程。这也符合习惯的司法适用过程,具体指从"事实上习惯"到

---

〔1〕 参见王洪亮:《论水权许可的私法效力》,《比较法研究》2011年第1期,第43-44页。崔建远教授将此种事实上的取用水权利称为"不完全取水权",并未履行水资源行政管理机关的审核批准程序,属于事实上的用水权利。"不完全取水权"与依法申请取得的水权相对,后者称为"完全取水权",已经依法申请并获得水资源行政管理机关的用水许可。参见崔建远:《准物权研究》(第二版),法律出版社2012年版,第16页。

〔2〕 张新宝:《〈中华人民共和国民法总则〉释义》,中国人民大学出版社2017年版,第19页。

〔3〕 参见张俊峰:《前近代华北乡村社会水权的形成及其特点——山西"滦池"的历史水权个案研究》,《中国历史地理论丛》2008年第4期,第120页。

〔4〕 参见田东奎:《民国水习惯法及其实践》,《政法论坛》2016年第6期,第173页。

〔5〕 参见[英]彼得·斯坦、约翰·香德:《西方社会的法律价值》,王献平译,中国法制出版社2004年版,第295页。

〔6〕 参见周亚:《明清以来晋南龙祠泉域的水权变革》,《史学月刊》2016年第9期,第91页。

〔7〕 参见梁治平:《清代习惯法:社会与国家》,中国政法大学出版社1996年版,第1页;[英]戴维·M.沃克:《牛津法律大辞典》,李双元等译,法律出版社2003年版,第296页;田东奎:《民国水权习惯法及其实践》,《政法论坛》2016年第6期,第173-174页。

"个案中的习惯法规则",再到习惯法,进而发展为习惯立法的过程。[1]

还有一些法律规定特定种类或数量的用水不需要水权许可。例如,美国佛罗里达、印第安纳、肯塔基、马里兰、密西西比等州规定家庭用水免于申领取水许可证。在马里兰州,每日用水量低于10000加仑(约45.5吨)的农业用水不适用许可制度。[2]这些州大都处于水资源比较丰富的美国东部,少量用水对水资源总体利用影响不大,设置许可例外也可降低水资源管理的行政成本。

第三节 我国水权初始配置之优先位序规则的具体建构及其适用

有了现代水权许可规则为参照,我国水权取得优先位序规则的建构与完善还应体现有关水资源利用的现代法治理念:即水权初始配置制度必须包含获得用水的平等性机会。[3]平等用水机会体现出水资源自身价值的多重性及负载利益的全民性,也是赋予水权取得优先位序规则正当性的基础,它亦应包含在水权许可规则在我国本土化的路径选择之中。由于我国的既有法律在解释论上已承认"在先占用规则",如果参照并借鉴国外相应先进制度建构与完善我国水权取得许可规则的话,那亦应在此基础上予以本土化构造。

---

〔1〕 参见彭诚信:《论〈民法总则〉中习惯的司法适用》,《法学论坛》2017年第4期,第24页。这可以日本的入会权为例进行说明。在封建时代,入会权作为团体性权利是极为重要的一种团体生活权,入会在村落生活中具有重要意义。然而,入会权以各地村落团体的生活习惯为基础而成立和存在,地方习惯色彩较为浓厚,成为阻碍以个人所有为中心的商品社会发展的重要因素。因此,日本制定了《入会林野权利关系近代化之助成法律》(1966年),致力于消灭入会权,"为增进入会林野或旧俗使用林野土地之农林业上的利用,规定助成与这类土地相关的权利关系近代化的措施,以谋求农林业经营之健全发展"。在此基本观点指导下,该法律一方面消灭入会权、地上权、租借权等其他以使用、收益为目的的权利,另一方面进行入会林野整顿(及旧俗整顿),以推进农林业近代化。民法上的入会权至此就依此法律政策进行规制。参见[日]近江幸治:《民法讲义Ⅱ 物权法》,王茵译,北京大学出版社2006年版,第213—216页。"本来,传统的地缘团体是法律上的权利主体。现在,这样的权利仅仅剩下入会权(并且作为个人的权利进行了再构成)。最初,作为主体的'村'就在削弱其团体性、约束性。"[日]大村敦志:《民法总论》,江溯、张立艳译,北京大学出版社2004年版,第121页。通过血缘、地缘产生的社会结合逐渐变得松散起来,这就需要法律的调整。

〔2〕 参见王小军:《美国水权制度研究》,中国社会科学出版社2011年版,第104页。

〔3〕 平等用水机会意味着水权乃人人都得平等享有的权利。See James Gordley. *Foundations of Private Law: Property, Tort, Contract, Unjust Enrichment*. Oxford University Press, 2006: 116.

一、水权许可下我国水权初始配置先后位序的立法确立

在对"在先占用规则"进行改造的基础上确立我国水权初始配置的先后位序,在一定程度上可克服我国既有规范之弊端。即,法律应摒弃仅以"占用时间"确定水权位序的做法,改采"用水目的与申请时间"相结合之方式建构水权初始配置先后次序,以提供处理用水冲突的规则。这是构建水权许可制度的核心。在水权初始配置中,注重对用水目的的关注,是解决水权初始配置冲突的合理路径。[1]

(一)水权初始配置先后位序的立法明确

当今主要国家或地区确立水权优先位序的立法例皆以"用水目的"作为核心依据。以其为参照,我国立法应采用的水权优先位序是:生活目的用水、生态环境目的用水、农业目的用水、工业目的用水、娱乐目的用水及其他目的用水。

1.生活用水。水资源为生存权所必需,实现生存权之后才能顾及其他。从某种程度上说,水权也属于基本人权的一种。诚如汤姆·泰坦伯格教授所言,水资源是生命不可或缺的基本元素,人类的生命存续以及赖以生存的食物资源都须臾离不开水。[2]水权中确实含有人权的因素,尤其是涉及生活用水时,水权与人的生存权、健康权紧密相连,须臾不可分割,构成人之生存的物质基础,而生存权属于最基本的人权类型,其作为桥梁将水权与人权连接到了一起。这必然要求将自然人生活用水的满足放在首位。"一个没有自然人的法律秩序将是毫无意义的,最终只有自然人才适合于充当规范的对象。"[3]为此,各国立法均将生活用水放在优先地位。[4]生活用水不仅指人类饮用水,还包括小规模喂养禽畜之用水及家庭生活中其他小规模的用水类型。[5]《水法》第

---

〔1〕 See John R. Teerink. *Water Allocation Methods and Water Rights in the Western States*, U.S.A.. in John R. Teerink and Masahiro Nakashima. *Water Allocation, Rights and Pricing: Examples from Japan and the United States*. The World Bank Press, 1993: 13.

〔2〕 参见[美]汤姆·泰坦伯格:《自然资源经济学》,高岚、李怡、谢忆等译,人民邮电出版社2012年版,第78页。

〔3〕 [德]迪特尔·梅迪库斯:《请求权基础》,陈卫佐、田士永、王洪亮、张双根译,法律出版社2012年版,第6页。

〔4〕 参见黄建初主编:《中华人民共和国水法释义》,法律出版社2003年版,第41页。

〔5〕 See John R. Teerink. *Water Allocation Methods and Water Rights in the Western States*, U.S.A.. in John R. Teerink and Masahiro Nakashima. *Water Allocation, Rights and Pricing: Examples from Japan and the United States*. The World Bank Press, 1993: 14.

21条关于首先满足城乡居民生活用水的规定确立了生活用水处于第一位序的规则应该继续坚持,并在此基础上保障生活用水的水质安全(《水法》第33条、第34条、第54条)及提高生活用水效率(《水法》第52条)。例如,当水源不足,不能同时满足生活和灌溉用水需求时,应首先满足生活用水需要。[1]

2.生态环境用水。当前,生态环境问题需要引起私法理论及制度的关注。地下水资源的过量开采对生态环境造成了非常恶劣的影响,除导致水资源耗竭及水污染严重之外,更是引起土地沉陷的重要因素。[2]但是,我国生态环境用水的配置次序并不明确,亟需对生态环境用水的优先次序进行理论证成及制度建构。生态环境用水居于何种法律次序,将直接影响到生态环境用水能否得到全面有效的保障。[3]水权配置若要注重保障水资源的承载能力(《水法》第30条),便应以保证生态环境用水为前提。诚如时任水利部部长汪恕诚所言,探讨水资源承载能力的前提是首先要保证生态环境用水需求,在此基础上,才能去探讨其他目的(如农业、工业用水)之用水需求。[4]

其一,应将维护生态环境用水与人类健康生存权结合理解,不能脱离人类生存的自然环境去探讨个体的健康权。[5]诚如罗斯科·庞德所言,对自然资源的保护是满足人类需要的必然手段,也是一个文明社会的必然要求,应当使其能够满足人类最广泛的应用。[6]20世纪中期以后,基于人类生存权之保障理念,在确保公众基本生存条件的满足后,更进一步地要求生活及生存环境品质的保障,到21世纪初,此已成为今日人类的共识。因此,"人类有保有生存最低限度保障的权利"与"人类有生存在不受污染环境下的权利",对于在高度开发及工业化国家中,早已饱受环境污染之苦的人民而言,已成为其在今日民

---

[1] 参见"俸绍青、胡永春与杨达学相邻用水、排水纠纷案",云南省云县人民法院(2014)云民初字第233号民事判决书。

[2] 地下水超采引起的土地沉陷,是指由于地下水体的物质移动所造成的缓慢或瞬间的地表土壤塌陷。参见[美]汤姆·泰坦伯格:《自然资源经济学》,高岚、李怡、谢忆等译,人民邮电出版社2012年版,第83页。

[3] 参见胡德胜:《生态环境用水法理创新和应用研究——基于25个法域之比较》,西安交通大学出版社2010年版,第269页。

[4] 参见汪恕诚:《水环境承载能力分析与调控——在中国水利学会成立70周年大会上的学术报告》,载水利部政策法规司:《水权与水市场》(资料选编之二),内部资料(未刊行),2001年12月,第13页。

[5] See Jan Hancock. *Environmental Human Rights: Power, Ethics and Law*. Ashgate Publishing Limited Press, 2003: 59-60.

[6] 参见[美]罗斯科·庞德:《普通法的精神》,唐前宏等译,法律出版社2001年版,第148页。

主国家中最热门争取的基本权之一。[1]例如,南非就在其关于水资源的政策中宣告,除满足公民的基本用水需求之外,生态环境用水的保留能够为人类现在和将来获取水资源提供基础的生态系统,应当被规定为一种权利。[2]

具体而言,从人类健康生存权出发,饮用水的水质处于最为重要的地位。在世界上许多的发展中国家,每年导致人们罹患疾病乃至死亡的最主要的因素之一就是饮用了被污染的饮用水,并且有时这是穷人不得不作出的选择。另外,饮用水之水质的优劣也不易为人们所察觉,而需要公共管理能够介入到对水质的监控中。[3]生态环境用水指标的最终确定与一定区域及时间内生活、生产污水的排放具有直接的关联性。也就是说,只有当我们确定了水资源的整体承载能力并对用水指标进行具体配置之后,通过生活、生产污水的回归量,才有可能计算出具体的生态环境用水指标。[4]

其二,良好的生态环境对经济发展可起到巨大推动作用。[5]值得注意的是,环境生态用水权日益受到世界主要国家或地区水资源先进立法例的重视。例如,澳大利亚维多利亚州在2005年修改该州的水法时就新增了"环境用水权",该项用水权只授予"环境水源持有人",即保护水生态环境而需使用水资源者,以期达到维护水资源环境保护、改善水资源生态循环系统的目的,并且生态环境用水与其他用水类型相比具有优先性。[6]可见,这为保证河流的水资源生态环境价值提供了规范依据及制度基础。

---

[1] 参见陈慈阳:《环境法总论》(修订三版),元照出版有限公司2012年版,第1页。

[2] See (South Africa) Department of Water Affairs and Forests. *White Paper on a National Water Policy for Africa* (April 1997). p.16.转引自胡德胜:《生态环境用水法理创新和应用研究——基于25个法域之比较》,西安交通大学出版社2010年版,第269页。

[3] 参见[美]托马斯·思德纳:《环境与自然资源管理的政策工具》,上海三联书店、上海人民出版社2005年版,第553页。

[4] 参见汪恕诚:《水环境承载能力分析与调控——在中国水利学会成立70周年大会上的学术报告》,载水利部政策法规司:《水权与水市场》(资料选编之二),内部资料(未刊行),2001年12月,第13页。

[5] 例如,美国蒙大拿州自1973年确定优先保护生态用水以来,不仅维护了该州的自然美景,而且为当地带来了显著的经济效益,尤其是需要生态用水支撑的水上运动和野生生物渔业活动成为该州强劲的经济增长点。参见王小军、陈吉宁:《美国先占优先权制度研究》,《清华法学》2010年第3期,第59-60页。

[6] 参见池京云、刘伟、吴初国:《澳大利亚水资源和水权管理》,《国土资源情报》2016年第5期,第15页。

其三，生态环境用水是保障物种生存的必须。[1]众所周知，世界上任何生物的生存都离不开水资源，一切生态系统的维持均必然需要一定数量及质量的水，或者说，水是物种生存的关键。[2]但是，水资源的日益短缺、枯竭却导致物种生存面临着严峻的挑战。例如，在美国西部及西南部，水权配置规则不能为野生动物的生存提供充分的用水保障，并且对水资源的争夺现象愈演愈烈，导致生物生存、娱乐用水等均受到很大影响。[3]诚如《人类简史》的作者尤瓦尔·赫拉利所指出的那样，在过去的几十年间，人类的生存条件有了巨大的改善，但是，其他生物的生存条件却急遽恶化。[4]由于缺乏明确的用水规则，美国西部各州发生了很多水事争议，更为重要的是，伴随着这些争议许多生命实质上也消失殆尽。[5]

因此，为物种生存创造良好的生态环境，避免物种进一步灭绝，是当前人类社会必须面对的严峻课题。这一目标的实现必然需要生态环境用水的保障。这种基于生态系统完整性考量而对水资源进行保护的思路，有时甚至需要以流域为单位，超越国界的限制。例如，法国、德国及荷兰的政策制定者就并不按照国界来对水资源进行管理，而将其建立在流域的概念之上。[6]另外，环境污染损害往往具有长期性、潜伏性，存在举证难的特点，且对损害进行恢复的

---

〔1〕据学者考证，自人类历史观察，曾经历三次物种灭绝的浪潮。第一波的灭绝浪潮是由于远古智人时期采集者的扩张，第二波是因为公元前1500年开始的农民的扩张，正在经历的第三波则是基于工业活动所导致环境污染造成的物种灭绝。"人类可以说坐上了生物学有史以来最致命物种的宝座。"参见［以色列］尤瓦尔·赫拉利：《人类简史：从动物到上帝》，中信出版社2014年版，第72-73页。

〔2〕参见胡德胜：《生态环境用水法理创新和应用研究——基于25个法域之比较》，西安交通大学出版社2010年版，第7页。

〔3〕参见［美］汤姆·泰坦伯格：《自然资源经济学》，高岚、李怡、谢忆等译，人民邮电出版社2012年版，第100页。

〔4〕参见［以色列］尤瓦尔·赫拉利：《人类简史：从动物到上帝》，中信出版社2014年版，第408页。

〔5〕参见［美］戴维·H.格奇斯：《水法精要》（第四版），陈晓景、王莉译，南开大学出版社2016年版，第2页。

〔6〕参见［美］托马斯·思德纳：《环境与自然资源管理的政策工具》，上海三联书店、上海人民出版社2005年版，第554页。

难度较大。[1]这也是环境污染侵权采取无过错责任的重要原因。[2]

其四,将生态环境用水次序居于生产性用水之前,体现了基于公共权利思想以限制私人产权的理念。例如,因为森林对气候、水资源平衡和作为疗养地(即森林的生态效应)的特殊意义,森林所有权人的所有权受到一些限制。这特别适用于高山森林和河源地森林。[3]"尽管水法千差万别,但在历史的长河中,确定水资源中明确的公共权利思想在整个分配制度中是永远的主题,由此导致法律制定者在相应的水管理制度中为了实现广泛的公共利益而努力规制私人产权。"[4]

在缺乏权利界定的情形下,通过获取生态环境目的之用水以维持生态,面临着严峻的问题。一是,生态环境自身的公共物品属性将导致"搭便车"现象及水资源使用的无效率性。二是,可能因认为此类用水的"无价值性"而被忽略或浪费。[5]这两大问题必须通过生态环境用水次序的法律明确化予以应对。

其五,这也符合从解释论观点审视我国现行立法的规定。实际上,我国《水法》第21条第2款关于"在干旱和半干旱地区开发、利用水资源,应当充分考虑生态环境用水需要"的规定已意味着生态环境用水地位的提高。就上述规定而言,水资源的开发利用原则上因地区差异而存在两种情形:首先,在干旱和半干旱地区"应当充分考虑生态环境用水需要"的规定,决定了生态环境用水处于仅次于城乡居民生活用水之后的次序;其次,在其他地区,城乡居民生活用水居于第一优先次序,而生态环境用水同农业、工业及航运用水等共同处于需要平等地予以"统筹兼顾"的第二次序,可能会基于"统筹兼顾"而

---

[1] 参见韩德强主编:《环境司法审判区域性理论与实践探索》,中国环境出版社2015年版,第11页。

[2] 环境损害无过错责任的归责原理源于现代科技的危险责任,其损害赔偿责任是伴随一定的"危险"而发生。现代侵权行为归责原理的变动,可归纳为"责任原理之社会化",即包括无过错责任的发展、违法性、因果关系、损害赔偿的社会化。环境损害无过错责任的基本思想,是指侵权行为的成立不以行为人的故意或过失为要件,德国称之为危险责任。所谓危险责任,是以特定危险的存在为归责理由,即持有或经营某特定具有危险的物品、设施或活动之人,就该物品、设施或活动所具危险的存在,导致侵害他人权益时,应就所生的损害负赔偿责任,赔偿义务人对该事故的发生是否具有故意或过失,在所不问。参见陈慈阳:《环境法总论》(修订三版),元照出版有限公司2012年版,第221—222页。

[3] 参见[德]哈里·韦斯特曼、哈尔姆·彼得·韦斯特曼:《德国民法基本概念》(第16版),张定军、葛平亮、唐晓琳译,中国人民大学出版社2014年版,第129页。

[4] [美]戴维·H.格奇斯:《水法精要》(第四版),陈晓景、王莉译,南开大学出版社2016年版,第2页。

[5] 参见[美]汤姆·泰坦伯格:《自然资源经济学》,高岚、李怡、谢忆等译,人民邮电出版社2012年版,第101页。

在不同的具体情形中有所差异。[1]另外,从法体系角度观察,《水法》第22条关于跨流域调水的规定强调"防止对生态环境造成破坏";第26条第2款有关于"建设水力发电站,应当保护生态环境"的规定;第32条第3款关于"水功能区"的规定,提出"应当按照水功能区对水质的要求和水体的自然净化能力,核定该水域的纳污能力",也就是说,在构成一个生态系统的情形下,水质的需求处于优先地位;[2]以及第33条关于"国家建立饮用水水源保护区制度"中的"防止水源枯竭和水体污染"的规定等,都强调在生态环境用水的确定中,不仅重视生态环境用水的数量,而且重视生态环境用水的质量,实际上已暗含将生态环境用水居于仅次于居民生活用水之后的第二次序的制度性意蕴。未来立法需要做的是舍弃"充分考虑""统筹兼顾"这些模糊用语,将其位序明确化:即将生态环境用水紧随生活用水之后,置于农业及工业用水之前。这也符合保护和改善生态环境的立法主旨(《宪法》第26条第1款、《环境保护法》第17条、第19条)。

另外,2017年通过的《民法总则》将"绿色原则"作为一项基本原则进行规定(第9条),是对日益严峻的环境资源危机的一种私法回应。这也为将生态环境用水置于生产性用水之前提供了制度性基础,意味着生态环境用水理应提到更高的次序,这可能会面临着牺牲一部分经济利益的代价。毕竟,制度的变革并非人们通常所钟爱。[3]绿色原则的落实,需要从价值观、行为方式等方面引导民事主体自觉节约资源、保护生态环境。[4]

3.农业用水。主要指灌溉性用水,即灌溉农田、林地及草地的必需性用水。通常而言,农业是一国经济产业中最大的水资源消耗领域。例如,在美国,农业灌溉用水约占水资源消耗量的80%以上,在美国西南部,这一比例竟然达

---

[1] 参见胡德胜:《生态环境用水法理创新和应用研究——基于25个法域之比较》,西安交通大学出版社2010年版,第38页。

[2] 参见胡德胜:《生态环境用水法理创新和应用研究——基于25个法域之比较》,西安交通大学出版社2010年版,第38页。但是,需注意的是,《水法》第32条第3款虽然规定了水功能区在涉及"生态环境用水"方面的保障性程序,即"向环境保护行政主管部门提出该水域的限制排污总量意见",但当前还仅是一种粗略的线路图,实践中缺乏相应的具体程序、规则或方法,在将来立法中需要进一步细化及完善,进而保障该项制度的具体可操作性。

[3] 参见[美]本杰明·N.卡多佐:《法律科学的悖论》,董炯、彭冰译,中国法制出版社2002年版,第135页。

[4] 参见张新宝:《〈中华人民共和国民法总则〉释义》,中国人民大学出版社2017年版,第17页。

到86%。[1]之所以将农业用水置于工业目的用水之前的原因在于,如果我国粮食不能自给将会给世界的粮食安全产生重要的影响,而灌溉性用水是农业发展的基础。虽然当前实践证明我国尚能解决粮食问题,但是随着人口的增加以及工业化进程中工业用水、城镇生活用水等不同用水需求的持续性增长,就不免使人发出诘问:"中国到2030年人口达到16亿时,水资源还能保证粮食安全吗?"[2]我国毕竟是农业大国,灌溉性目的的用水不应被其他类型的用水所挤占。[3]尽管工业用水可能会给当地政府带来巨大的经济效益以及税收来源,甚至工业用水所产生的工业增加值较之农业用水所产生的经济效益可能会高出几百倍,[4]但也不应成为工业用水挤占农业用水以及"以水生财"的正当依据。"当公众利益有受到损害的危险时,这种所有权人的任意行为必须停止。例如,当全民温饱还未得到保障之时,就不能让所有权人任意决定可以进行农业生产的土地用于耕种或者不耕种。因而,过去长久以来存在一部特殊的法律,它保障可应用于农业生产的土地合法合理地被耕种。"[5]这种理论在水权配置中也同样适用。保障粮食安全和社会稳定是水权配置需要考虑的重要因素,水权的初始配置对此亦应给予高度关注,唯此才能促进农业生产发展(《水法》第25条第1款)。

4.工业用水。工业用水通常指具有特定用水需求的企业类用水,包括采矿、造纸、印染、食品制造、冶金等多种用途。工业用水的类型非常繁多,并不局限于上述列举。[6]值得注意的是,当前工业生产的用水需求日益增加,出现了大量抢占农业灌溉用水的情形。为此,确立工业目的用水应当所处的初始水权配置次序,有利于此问题的合理解决。

5.娱乐性用水。此种用水类型主要指向日益增长的娱乐性用水需求,通

---

[1] 参见[美]汤姆·泰坦伯格:《自然资源经济学》,高岚、李怡、谢忆等译,人民邮电出版社2012年版,第82页。

[2] 汪恕诚:《水权管理与节水社会》,载水利部政策法规司:《水权与水市场》(资料选编之二),内部资料(未刊行),2001年12月,第5页。

[3] 参见崔建远:《水权与民法理论及物权法典的制定》,《法学研究》2002年第3期,第56-57页。

[4] 参见刘敏:《"准市场"与区域水资源问题治理——内蒙古清水区水权转换的社会学分析》,《农业经济问题》2016年第10期,第43页。

[5] [德]哈里·韦斯特曼、哈利姆·彼得·韦斯特曼:《德国民法基本概念》(第16版),张定军、葛平亮、唐晓琳译,中国人民大学出版社2014年版,第129页。

[6] See John R. Teerink. *Water Allocation Methods and Water Rights in the Western States*, U.S.A.. in John R. Teerink and Masahiro Nakashima. *Water Allocation, Rights and Pricing: Examples from Japan and the United States*. The World Bank Press, 1993: 14.

过取得水权,将河道、湖泊内的水流、水面等用于娱乐的目的。因为此种用水类型所追求的娱乐目的,应列于城乡居民的生活目的用水、生态及生产用水之后。

6.其他类型用水。例如,为处理污水、流放竹木等目的而用水。由于法律不可能对所有用水类型列举全面,仅以此作为概括式兜底规定。

(二)水权初始配置之先后次序的例外

水权许可例外情形之下的用水不必经过行政机关的审查及批准,所以不必遵循上述法定次序。针对我国水权许可例外的立法现状,以下几点必须明确:

1.对应属水权许可例外但立法未予确认的情形,应予确立。我国相关法律已规定一些水权许可例外情形(《水法》第7条、第48条),但并不健全,还应增加雨水、地表积水、洪水、传统性的公共性用水或习惯性用水等。为激励公众自发采用集雨措施缓解枯水年份的少雨干旱状况,法律尤应明确"雨水集流工程"中的集水不适用水权许可制度,集水人可自由处分。[1]这也符合鼓励通过集水工程技术开发雨水资源的立法精神(《水法》第24条)。

2.对立法已确认但存有缺陷的水权许可例外,应予完善。《取水许可和水资源费征收管理条例》第4条的例外情形既包括家庭用水、临时性紧急用水及生态保留水权,又赋予了农村集体经济组织以公共使用权。该规定尊重了传统习惯性用水,有利于保障农地生产,应予坚持,但亦有需改进之处。立法可借鉴美国马里兰等州的规定,增加家庭用水等取水额的具体量化规定,约束"自由取用"式的水资源浪费行为。

3.对不应属水权许可例外且立法又未确认的用水情形,应予依法取缔。用水人应依法尽快补办水权许可证,否则便应认定为非法用水。我国以前用水者抢占、取用异地之地下水资源的情形非常少见,但随着水资源短缺的加剧,这种现象愈加普遍。[2]现在非法用水问题已非常严峻,很多土地承包经营权人未申请许可证便抽取、使用地下水,相关机关亦未严格贯彻相关法律(如《水法》第48条)的规定。这意味着用水人并未支付相应的水价。"在设计水

---

〔1〕 在我国陕西、山西、甘肃、宁夏等黄土高原地区,河南、河北、内蒙古等干旱、半干旱缺水地区,以及东北的缺水旱地农业区,四川、广西、贵州等西南土石地区,通过修建水窖、水柜、旱井、蓄水池等小型、微型水资源工程,发展和建设集雨节灌的雨水积蓄利用工程已成为水资源开发的潮流之一。参见黄建初主编:《中华人民共和国水法释义》,法律出版社2003年版,第46页。

〔2〕 参见崔建远:《准物权研究》(第二版),法律出版社2012年版,第361页。

价的时候,成本补偿目标与社会相容性会有冲突。为了调和这一矛盾,监管机构往往混合使用浮动价格、个人津贴和直接补贴的方法。"[1]另外,有些事实上的取水未支付水价或仅支付了较低的水价,极有可能损及水资源所有权人(即国家)的权益。[2]毕竟,用水行为应当是一种有益使用,或者说是"无害使用权"。"'无害使用'权,即使用他人财产时'不会损害所有者'的权利。这种权利极具普遍性,它涵盖了诸如使用流水的权利和在陆地及河川上通行的权利等重要领域。"[3]另外,地下水流动缓慢,补充困难,一旦开采过量便会造成难以弥补的危害,甚至可能导致地面沉降及海水入侵(《水法》第36条)。因此,除非属于水权许可的例外情形,对地下水的开采、利用应一律依法先申请用水许可,然后才有权用水,否则便应视为非法用水而予以取缔。

无需经行政许可的用水情形毕竟只是例外,除此之外的水权都要遵循水权初始配置之先后次序,基于水权许可产生。水权许可是水权产生或设立的前提或必要条件,水权初始配置之先后次序亦须在水权许可之下来设立。

二、水权初始配置之优先位序规则的实践运用

我国《水法》第21条并未明确生活用水目的之外的其他用水类型的取得位序,关于水权的初始配置当下仍是关注水权申请时间。改造我国的"在先占用规则"因此就十分必要,即,不能仅将占用时间当作水权初始配置的决定性条件,而须将"用水目的[4]与申请时间"结合,并区分不同情形来确定水权取得位序的具体规则。确定水权取得位序的基本原则是,无论水资源是否充足,法律须将"申请时间"作为决定水权初始配置之先后次序的基本根据;当水资源不足时,法律要优先考虑"用水目的"位序高者的利益,必要时甚至可通过补偿损失的方式换取在先申请者的应得水权。虽然,诚如学者所言,"在缺水的季节将非必需用水的价格提得足够高也许可以控制水的消费,并且可能和现在用社会责任感来约束一样有效——而且可以认为更加公平。这种

---

[1] [德]魏伯乐、[美]奥兰·扬、[瑞士]马塞厄斯·芬格主编:《私有化的局限》,上海三联书店、上海人民出版社2006年版,第457-458页。

[2] 参见崔建远:《准物权研究》(第二版),法律出版社2012年版,第16页。

[3] [澳]斯蒂芬·巴克勒:《自然法与财产权理论:从格劳秀斯到休谟》,法律出版社2014年版,第43-44页。

[4] "用水目的"在我国相关法规中(《取水许可和水资源费征收管理条例》第12条)已有所体现,即用水人申请水权时,必须于水权申请书中注明用水目的。水权行政许可机关对此应予以审查。

全自动实时变动的计量方法在技术上是可行的"[1]。但是,过高的水价可能会使申请人无法取得水权,进而影响到次序在先水权人的基本生存权保障。"除了对家庭使用水作出例外之外,早期的法庭也特别关注现存的水使用者。"[2]循此,基于对申请人生存权的考虑及农业生产在我国的特殊性,补偿在先水权人所受损失的具体方式可具体斟酌。即,作为后位用水的生活用水者以及农业生产用水者只需交纳国家规定的基本水费即可,而无需直接补偿前位用水者的损失。前位用水者的损失可由国家专门设立的基金或保险等方式予以补偿,[3]唯此才能真正关切到人的基本生存权利以及农业生产者的现实利益。[4]

确定水权取得位序的具体情形有:

1.申请者用水目的相同,且用水者的申请时间也相同时的规则适用。若水资源充足,申请者均可按照需用水量获得水权,自不待言。水资源不足时,鉴于申请者的用水目的处于同一位序且申请时间相同,应按照用水人申请用水的比例许可水权。如果没有充足的水满足所有用水人的需要,所有水使用者必须根据他们的权利比例减少用水量,有时候是根据他们所拥有的土地数量减少用水量。[5]例如,如果用水者均具有面积不等的田地,且均为灌溉目的申请用水,若无足够水资源以供分配,应采用给每位农民的分配水量与其土地面积成比例的规则。否则,若个别农户获取多于该比例之水资源使用权,对其他农民而言,此水权的价值会变得更高,因为他们急需此水权。而得到多余比例水权的农民很可能会通过将此水权转让而获得不当暴利,并可能发生"敲竹杠"的情况。

2.申请者用水目的不同,但申请时间相同时的规则适用。处理此种情形的理想规则是,应首先根据用水目的之次序来决定初始水权配置顺序,将水权优先赋予给水权位序最高者,即生活用水最为优先,生态环境用水第二,农业

---

[1] [德]魏伯乐、[美]奥兰·扬、[瑞士]马塞厄斯·芬格主编:《私有化的局限》,上海三联书店、上海人民出版社2006年版,第47页。

[2] [美]戴维·H.格奇斯:《水法精要》(第四版),陈晓景、王莉译,南开大学出版社2016年版,第3页。

[3] 有关设立专门基金或保险的问题非仅靠理论研究能解决,也超出了本书的讨论范围,此处不再深论。

[4] 在美国,灌溉水供水成本的81%以及居民供水成本的64%都是由联邦政府来支付的。参见[美]汤姆·泰坦伯格:《自然资源经济学》,高岚、李怡、谢忆等译,人民邮电出版社2012年版,第90页。

[5] [美]戴维·H.格奇斯:《水法精要》(第四版),陈晓景、王莉译,南开大学出版社2016年版,第4页。

灌溉用水第三，依次类推。这既符合经济效率，可节省再次向具有更高价值需求者转让水权的交易成本，也契合正义观念，可最大程度地杜绝不当得利及对其他用水者"敲竹杠"。反之，若把初始水权配置给水权位序相对较低的用水者（如依据传统规则仅因该人拥有河岸土地或最先占用水资源），一方面，其可能取得高于自身需求的水资源使用权，且未支付相当的成本，只是基于土地位于河岸边或最先用水而获得意外暴利；另一方面，即使其为取得初始水权付出了代价，但并不计划自己用水，而是想将水权转让以获取高额利润，便极易通过"敲竹杠"的方式获取不法利益，因为对水资源具有更高价值需求者将不得不通过和他进行交易以取得水权。

3.申请者用水目的相同，但申请时间不同时的规则适用。此种情形下，由于申请人处于同一用水目的位序，申请时间便成为了确定水权取得优先位序的决定性因素，应按用水申请时间赋予水权，即，申请时间在先者优先取得水权。但这种情形应设置例外规则，即当水资源不足时，数个申请者同为生活目的用水时，为照顾在后申请者最基本的生活需要，也应赋予其一定比例的生活用水。从根本上讲，这实际是对人之生存权的一种基本关切。除此以外，其他的用水类型都应严格按照用水申请时间的先后赋予水权。

4.申请者用水目的不同，且申请时间不同时的规则适用。这又可细分为两种情形。其一，用水目的在先且申请用水时间在先的申请者自可优先于用水目的在后且申请用水时间在后的申请人获得水权。如果潜在的后来用水申请人的用水位序也低于前面的申请者，把初始水权授予给在先申请者实际就属于将水权赋予给了位序较高者，符合确定水权取得位序的立法精神，不必赘述。其二，用水目的在先但申请时间在后者与用水目的在后但申请时间在先者取得水权的优先位序的确立，仍应遵循前述一般原则，即依照时间先后当作确立水权初始配置位序的基本根据。这里着重考虑水资源不足时对在先申请者之权益如何保护的问题。由于水资源的不足而只能把水权优先赋予给用水目的位序在前者，但却不能忽视申请在先者先得水权的利益，必须对给其产生的损害进行补偿。毕竟，法律在依照用水目的赋予保护位序时已经包含了对人之基本权利的保护。如中岛正彦所言，"当申请中的水权比以前的水权更有利于公众，或者补偿性结构设施的设置预计可以化解持异议者可能遭受的损失时，河川管理者可以不顾反对意见而批准该项水权。申请人必须补偿与河川管理者协商后发生的一切损失"。[1]为防止在先的水权人"敲竹杠",在后的用水者需要承担的补偿金额应该大致等同于给前面的水权人产生的损害,而非可给后使用者带来的收益。《瑞士民法典》第711条规定:"水泉、水源或溪水,如其未被所有权人使用,或使用没有发挥其价值的,为饮用水、消防或其他公益用途,可以请求支付全部补偿金而转让其所有权。""补偿,可以采用在设施建成后提供用水的方式进行。"[2]简言之,合理的水权配置规则应保证在先的水权人不因水权被剥夺而受有损失,同时也应避免其获得不当暴利。

5.确立水权初始配置优先位序之极端情形的规则适用。当水资源不足时,至少存在两种情形导致申请者之间需依一定比例获得生活用水或农业用水。一是在申请者"用水目的"与"申请时间"均相同时,应依据需要对水资源进行使用者之需用水的比例配置权利;二是在申请者"用水目的"相同但"申请时间"不同时,为照顾在后申请者的基本生活需要,也应赋予其一定比例的生活用水。该情形可能会引发极端的后果:依照一定的比例予以分配而获得的水量对任何用水人均不具有实际意义!此时,法律应如何应对?理想的途径首先是尊重申请用水人的意志,由申请人自己通过自愿协商决定水权归属。当他们协商不成时,再由水权许可机关甚至司法机关等进行裁量。需要指出的是,在此极端情形下,无论哪位申请人最终放弃申请利益,无论水权最终裁判给谁,失去水权申请利益甚至水权利益的主体都应获得相应的补偿。更为极端的结果是,当水量不足以满足每个申请人的生活用水需求且当事人无法协商一致时,无论将水权配置给谁都将是一种"悲剧性选择",[3]此即为水权配置规则之僵局。原因显而易见,丧失生活用水就意味着生存权——基本人权——的消灭。面对此种极端情形,可行的做法或许只能由国家或国际人道主义予以法律之外的救助。

三、水权初始配置之登记制度的相应完善

水权登记既是水权初始取得之表征,也成为构建水权初始配置之先后次

---

[1] Masahiro Nakashima. *Water Allocation Methods and Water Rights in Japan*. in John R. Teerink and Masahiro Nakashima. *Water Allocation, Rights and Pricing: Examples from Japan and the United States*. The World Bank Press, 1993: 54.

[2] 《瑞士民法典》,于海涌、赵希璇译,[瑞士]唐伟玲校,法律出版社2016年版,第251页。

[3] 在分配有限资源时,由国家强制力作出的"一些人得死"的决定变得特别引人关注。参见[美]盖多·卡拉布雷西、菲利普·伯比特:《悲剧性选择——对稀缺资源进行悲剧性分配时社会所遭遇到的冲突》,徐品飞、张玉华、肖逸尔译,北京大学出版社2005年版,第127页。

序的关键要素。"优先原则的直白表述就是公示时间在先的权利优于在后的权利,这种先后次序被称为法定顺位。"[1]简言之,登记时间先后成为区分不同权利优先位序的重要维度。尤为重要的是,它可以克服"在先占用规则"完全开放机制产生的弊端。由物权的特性所决定,水权初始配置作为一种物权性质的权利变动,需要践行一定的形式性要求。就水权初始登记而言,我国长期以来将登记作为行政机关的职权,而非一种物权的公示方法,从而造成了登记机关与行政机关的设置及其职能混为一谈。[2]

另外,从水权初始配置的现有登记制度规定来看,许多重要问题亟需从解释论角度给出符合法理逻辑的阐释。例如,水权交易的展开应以水权的初始取得及取水许可制度为逻辑前提,但是,我国现有的取水许可审批模式并不统一。依据《取水许可和水资源费征收管理条例》第10条,用水人取得初始水权,应当向具有审批权限的审批机关提出申请。申言之,用水人的取水申请在经过水资源行政管理机关审查之后,由水资源行政管理机关颁发取水许可证。然而,我国《水法》及其他法律、法规并未明晰相关的取水许可审批模式,致使上述规范的上位法基础存在疑问,导致该条的适用存在困难。就司法实践而言,至少存在两种取水许可的审批模式:其一,依据水权申请者的具体取水口颁发取水许可证;其二,向取水申请者所属的建设项目法人颁发取水许可证。两者模式将会导致完全不同的结果:在第一种模式下,由于可能存在不同的取水点,将会导致申请用水人可能取得多个水权许可证;在第二种模式下,用水者虽然只能获取一个水资源使用权总证,但是,在每一个取水口都必须进行水权初始取得登记。由于缺乏统一的水权初始取得登记管理制度,极易导致水权初始取得登记的混乱。[3]

为应对上述困境,具体说,水权取得登记制度的完善主要有以下两方面:

1.明确水权登记机关。《物权法》第10条规定,不动产实行统一登记。伴随《不动产登记暂行条例》的出台,国家开始正式实行不动产统一登记制度

---

[1] 常鹏翱:《物权法的基础与进阶》,中国社会科学出版社2016年版,第321页。
[2] 参见王利明主编:《中国民法典草案建议稿及说明》,中国法制出版社2004年版,第407页。
[3] 参见丁渠:《最严格水资源管理制度河北实施论》,中国检察出版社2013年版,第39页。

(第4条第1款)。[1]国务院国土资源主管部门负责指导、监督全国不动产登记工作。县级以上地方人民政府应确定本行政区域的不动产登记机构,负责不动产登记工作,并接受上级人民政府不动产登记主管部门的指导、监督(第6条)。《不动产登记暂行条例》虽未以明确列举的方式将水权纳入不动产统一登记的范围,但关于"法律规定需要登记的其他不动产权利"(第5条)的兜底规定却对此保留了开放态度。尤其是,国土资源部《不动产登记暂行条例实施细则》已将"水域"纳入了需要统一登记的不动产范围,改变一般由县级以上人民政府水行政主管部门审批水权的现状,转由县级以上地方人民政府所确定的不动产统一登记机构按申请所在地原则建立水权登记簿,负责水权申请统一登记。

2.完善水权取得登记程序。就登记主体而言,需要用水者向水资源管理机关提出用水申请。就登记时间而言,应按登记机关实际收到登记申请书之日确定,同日收到的视为同时申请。就登记材料而言,需提交水权登记申请书、代理人登记之委托书、登记原因证明文件或水权证及其他依法应提交的材料。若取水项目会对水资源周边环境产生重大影响,申请人还应委托具备相应资质的单位编制用水论证报告书,包括取水水源、用水合理性及对生态环境影响等内容。

四、水权初始配置之优先位序规则的创设对实践困境的具体回应

理想的制度建构需要用解决实践问题的能力来检验,此处用本章开端提到的相关司法争议予以验证。

1.申请者用水目的相同且申请时间相同时,若水资源不足,应依据申请人的需用水比例来许可水权。取得水权之后,当水资源不足导致水权发生冲突

---

[1] 在不动产实行统一登记制度之前,由于多个行政机关负责对不同的不动产加以管理,造成了不动产"多头登记"的现象。例如,土地由土地管理部门管理,土地使用权登记在土地管理部门进行;房屋由城建部门管理,产权登记也在房屋管理部门进行;林木则由林业管理部门负责管理及登记。这种多元登记体制具有许多弊端:其一,登记机关的分散性特点不利于公众(尤其是交易当事人)查阅相关不动产登记状况,无法给当事人提供全面的不动产权属信息保障。其二,分散的多部门登记不利于当事人对相关不动产践行登记程序。例如,土地之上的房屋要分别至房屋管理部门、土地管理部门进行登记。其三,多部门登记容易造成重复抵押登记的状况。参见王利明主编:《中国民法典草案建议稿及说明》,中国法制出版社2004年版,第407页。鉴于上述弊端,实行统一的不动产登记制度有利于简化登记程序、便利交易进行、避免重复抵押登记,也有利于彰显不动产登记的物权公示公信效力。这也是我国推行不动产统一登记制度的初衷及落脚点。

时,依水权证所获得的用水量按比例削减和分配用水。例如,在"信丰县仙水湖水产品养殖基地与肖仁山农业承包合同纠纷案"中,原、被告水权人在水资源不足时,按照水权许可证记载用水量的比例削减用水即可化解此类纠纷。

2.申请者用水目的相同但申请时间不同时,应按用水申请时间的先后赋予水权。此时,"时间"成为决定水权初始配置先后次序之决定性因素。例如,在"蒲伯轩与蒲曾泽相邻用水纠纷案"等涉及同一用水目的的取水纠纷中,若适用用水申请时间确定水权,此类水权取得纠纷便可迎刃而解。

3.申请者用水目的不同但申请时间相同时,合理的选择应当是按照上文所确定的水权次序把初始水权优先许可给水权位序在前者。例如,在"佛山南海区西樵镇西岸村银坑村民小组与佛山市南海区水国迷城度假村相邻用水纠纷案"中,按照水权取得位序,生活和生态环境用水应处于娱乐用水之前。

4.申请者之间的用水目的与申请时间皆不相同时,用水目的在后但申请时间在先者优先于用水目的在先但申请时间在后者取得水权。但实践中存在的一些特殊情形需给予特别关注:其一,发生在先的习惯性用水可能符合水权许可的例外情形,此时亦可成立水权,而不应一刀切地加以否定。若习惯性用水不属于水权许可的例外情形,不但不能赋予在先用水人水权,而且还可能被认定为非法用水予以取缔。其二,若后位申请者是为满足生活目的而需要用水时,则只需交纳国家规定的基本水费即可获得水权,前位用水者的损失可由国家专门设立的基金或保险等方式予以补偿。这既是对生存权的基本关切,也是对"首先满足城乡居民生活用水"之立法精神的体现。这两种特殊情形均在"江贤财与蒲先根相邻用水、财产损害赔偿纠纷案"中得以反映。该判决值得肯定之处在于,它确认了原告的灌溉水权并给出了具有说服力的理由,即它属于水权许可例外且已成立习惯性用水。如判决书指出的,"原告取水点新田界洞门口水源从历史上来看,一直为灌溉用水。因此对这一水源,应坚持灌溉用水优先原则,即在灌溉季节,这一水源应当用于灌溉,只有在灌溉用水充足或者在非灌溉季节才能作为生活用水"。但该判决亦存在值得商榷或不当之处,因为被告此后的生活用水权被绝对排除。较为妥当的做法应当是,允许被告在交纳水费之后取得生活水权,给原告造成的损失应由国家专门设立的基金或保险予以补偿。

五、水权初始配置之优先位序规则在将来《民法典》中的立法体现

在我国当下编纂《民法典》的历史性时刻,本质上属于私权之水权的取得位序将来在《民法典》中如何予以立法体现就成为无法绕开的问题。民法典编纂的实质体现的是法律的精神,民法典的形体就好似法律的躯体。因此,《民法典》编纂者要力求实现实质、形体的双重目标。[1]这至少需解决两个问题:其一,将水权取得优先位序规定于《民法典》的何处?其二,如何设计水权取得优先位序的《民法典》具体规范?毕竟,民法典的体例结构对于民法典编纂尤为重要,而民法典的规范构成更是"立法遵守的底线要求"。[2]

水权取得优先位序规则将来宜于《民法典》"物权编"中予以规范。其一,水权的法律性质应认定为一种定限物权(用益物权),在我国法学界对于《民法典》中设计"物权编"已达成共识的情况下,[3]将其于"物权编"中予以规范当属自然。其二,现行《物权法》虽对水权取得位序规则未予规范,但对水权作为用益物权的属性已有所提及(第123条),这也为对水权取得位序规则在《民法典》"物权编"中予以规范提供了契机,进而便于同既有制度的规范衔接及体系整合。其三,这种设计也符合世界主要国家或地区通行的立法例。例如,《法国民法典》将其置于"第二卷 财产及所有权的各种限制"的"第四编 役权或地役权"(第641条至第645条)中;《日本民法典》将其安置于"第二编 物权"中(第214条、第285条)[4];《意大利民法典》将水权的相关规定放在了"第三编 所有权"中(第910条);[5]我国台湾地区"民法典"也将其规定于"三、民法物权编"中(第755条、第781条、第783—785条、第851条)。

在我国未来《民法典》"物权编"中,应当结合我国立法现状,借鉴发达国

---

[1] 参见[日]穗积陈重:《法典论》,李求轶译,商务印书馆2014年版,第5页。

[2] 参见李永军:《民法典总则的立法技术及由此决定的内容思考》,《比较法研究》2015年第3期,第1-2页。

[3] 学界对"物权编"作为独立的一编在《民法典》中予以规定已达成共识。参见王利明:《民法典的时代特征和编纂步骤》,《清华法学》2014年第6期,第10页;梁慧星:《松散式、汇编式的民法典不适合中国国情》,《政法论坛》2003年第1期,第13页;郭明瑞:《民法典编纂中继承法的修订原则》,《比较法研究》2015年第3期,第87页;崔建远:《编纂民法典必须摆正几对关系》,《清华法学》2014年第6期,第52页;李永军:《民法典总则的立法技术及由此决定的内容思考》,《比较法研究》2015年第3期,第2页。

[4] 参见《最新日本民法》,渠涛译注,法律出版社2006年版,第48-62页。

[5] 参见《意大利民法典》,费安玲、丁玫、张密译,中国政法大学出版社2004年版,第225-228页。

家或地区的先进经验,规定水权取得优先位序规则。[1]体现为:

第N条 [水权定义]:本法所称水权,是指自然人、法人或非法人组织依法对于地表水或地下水取得占有、使用或收益的权利。

第N+1条 [水权初始配置登记]:水权之取得、设定、转让、变更或消灭,非依本法登记不生效力。前项规定,于航行天然通航水道者,不适用之。

第N+2条 [水权初始配置行政许可及其例外]:初始水权须经行政许可方能取得,除非法律另有规定。

法律、行政法规对水权取得许可例外情形中的取水限额、临时取水的事后备案等有相关规定的,依据相关规定。

第N+3条 [水权初始配置之先后位序]:水权初始配置应当首先满足城乡居民生活用水,并依据生态环境用水、农业用水、工业用水、娱乐用水及其他类型用水的位序许可水权。

第N+4条 ["用水目的与申请时间"结合确定水权顺位]:水资源不足时,应依据以下规则确定水权取得顺位:

(一)申请者用水目的相同,且申请时间相同时,依据申请人需用水的比例配置水权。

---

[1] 由王利明教授主持的《中国民法典草案建议稿》对水权取得在第五编"物权"第三章"用益物权"第八节"特许物权"中进行了规定,具体体现为草案的第972条、第973条。其中,第972条规定:"取水权是指,公民、法人或者其他组织依法经批准取得的利用水工程或者机械提水设施直接从江河、湖泊或者地下取水的权利。""前款所称水工程,包括闸(不含船闸)、坝、跨河流的引水式水电站、渠道、人工河道、虹吸管等取水、引水工程"。第973条规定:"取得取水权应当按照国家取水许可制度和水资源有偿使用制度的规定,向水行政主管部门或者流域管理机构申请领取取水许可证,并交纳水资源费。但是,农村集体经济组织及成员使用本集体经济组织的水塘、水库中的水除外。""下列少量取水不需要申请取水许可证:(一)为家庭生活、畜禽引用取水的;(二)为农业灌溉少量取水的;(三)用人力、畜力或者其他方法少量取水的。""下列取水免予申请取水许可证:(一)为农业抗旱应急取水的;(二)为保障矿井等地下工程施工安全和生产安全必须取水的;为防御和消除对公共安全或者公共利益的危害必须取水的。"参见王利明主编:《中国民法典草案建议稿及说明》,中国法制出版社2004年版,第135页。上述规定对水权的取得规则进行了规定,是一种制度上的进步,但也存在一些问题,具体体现为:其一,上述规定仍然采用的是"取水权",而非水权的称谓,使其涵盖及辐射范围受到限制,且"只取不用"也与社会常理相悖。其二,第973条第2款中水权取得许可例外情形中"少量取水"的取水限额并未明确,不利于水资源节约利用的立法目的。其三,从立法语言来看,第973条第2款的"不需要申请取水许可证"与第3款的"免予申请取水许可证"是否相同,可能使人产生误解。若相同,为何又采取不同的称谓?若不同,又有何差异?其四,水权取得行政许可的例外情形中并未包含"雨水、地表积水、洪水、传统性的公共性用水或习惯性用水"等情形,构成一种法律漏洞。其五,上述规定并未明确水权取得优先位序的确立规则,并未将"用水目的与申请时间"相结合来确定水权顺位,存在立法缺陷。

(二)申请者用水目的不同,但申请时间相同时,依据本法第N+3条所确立的用水目的的位序确定水权取得顺序。

(三)申请者用水目的相同,但申请时间不同时,依据用水申请时间许可水权,申请时间在先者优先取得水权。

(四)申请者用水目的不同,且申请时间不同时,原则上须将申请时间当做决定水权取得先后次序的基本根据。但为考虑"用水目的"位序高者的利益,必要时[1]可通过补偿损失的方式换取在先申请者的应得水权。

本章小结

水权初始配置之优先位序是水权初始配置制度的核心。我国确定水权初始配置位序之现行规范过于简单、笼统且欠缺司法操作性,导致用水冲突频发,需借鉴先进的现代水权许可制度予以完善。具体思路是,在水权取得过程中融入行政许可因素以修正"在先占用规则",即法律结合"用水目的与申请时间"之考量来决定权利配置的具体先后次序。总的原则是,无论水资源是否充足,法律须把"时间"当做决定初始水权配置次序的基本根据;当水资源不足时,要优先考虑"用水目的"位序高者的利益,必要时可通过补偿损失的方式换取在先申请者的应得水权。

司法纠纷的解决需要依赖既有规则。但当既有规则不完善甚至缺失时,则需要立法创设相对完善的规则。建构我国关于水权初始配置的水权许可规范,尤其是水权初始配置的先后次序规则,便是从根本上解决水权取得纠纷的一条路径。自然界赐予了人类水资源,其自身价值的多重性及负载利益的全民性决定了理应为人人所享用。但只有创设合理的水权取得制度,才能真正把水之享用落实于人们的现实生活。水权许可制度的价值需要水资源的规范配置及管理实践来检验,优先位序规则的成败取决于人们在多大范围、多大程度上享用到应享的水资源。法律的终极目标是对人的真正关切,建构水权取得位序规则的全部努力也正在此!

---

[1] 由于水资源的不足,理应把水权赋予给用水目的位序在前者(如城乡居民生活用水),但也不能忽视申请在先者先得水权的利益(即使是娱乐性用水),最好的解决方式就是对在先水权人造成的损失予以补偿。考虑到《民法典》体例安排的合理性及规范空间的有限性,建议相关事项在将来修改《水法》或《取水许可和水资源费征收管理条例》中予以细化。

附录：司法实践中取水、用水纠纷典型案例

序号	案件名称	案号	基本案情	区域
1	"王干军、王光明与王佳明健康权纠纷案"	湖南省宁乡县人民法院（2011）宁民初字第1293号民事判决书	生活用水纠纷引发人身侵权	湖南
2	"魏长光、魏长清、魏长余、魏长勇、魏长发等13人与蒋校得财产损害赔偿纠纷案"	湖南省永州市中级人民法院（2011）永中法民一终字第89号民事判决书	农村生活、灌溉用水纠纷引发财产侵权（破坏取水设施）	湖南
3	"洪发良与银川市西夏区水务局农田灌溉用水经济赔偿案"	宁夏银川市中级人民法院（2009）银行终字第63号行政判决书	农村灌溉用水纠纷	宁夏
4	"蒲伯轩与蒲曾泽相邻用水纠纷案"	湖南省新晃侗族自治县人民法院（2009）晃法民一初字第269号民事调解书	农村灌溉用水纠纷	湖南
5	"江贤财与蒲先根相邻用水、财产损害赔偿纠纷案"	湖南省新晃侗族自治县人民法院（2009）晃法民一初字第28号民事判决书	农村生活用水、灌溉用水纠纷引发财产侵权（取水设施）	湖南
6	"张高儒与刘昌银相邻用水、排水纠纷案"	湖南省古丈县人民法院（2009）古民初字第31号民事调解书	农村生活用水、灌溉用水纠纷	湖南
7	"酉阳县飞水小水电开发有限责任公司与酉阳木叶河水力发电有限公司、酉阳县宜人实业有限公司停止侵害暨财产损害赔偿纠纷案"	重庆市酉阳土家族苗族自治县人民法院（2008）酉法民初字第561号民事判决书	上下游之间水利发电用水纠纷	重庆
8	"朱坤能与重庆市江津区凡江河水电站排除妨碍纠纷案"	重庆市第五中级人民法院（2009）渝五中法民终字第1114号民事判决书	水利发电、灌溉和人畜用水纠纷	重庆
9	"杨登芳与重庆市江津区凡江河水电站排除妨碍纠纷案"	重庆市第五中级人民法院（2009）渝五中法民终字第1166号民事判决书	水利发电、灌溉和人畜用水纠纷	重庆

续表

序号	案件名称	案号	基本案情	区域
10	"朱洪明与重庆市江津区凡江河水电站排除妨碍纠纷案"	重庆市第五中级人民法院(2009)渝五中法民终字第1154号民事判决书	水利发电、灌溉和人畜用水纠纷	重庆
11	"朱洪奎与重庆市江津区凡江河水电站排除妨碍纠纷案"	重庆市第五中级人民法院(2009)渝五中法民终字第1145号民事判决书	水利发电、灌溉和人畜用水纠纷	重庆
12	"周泽莲与重庆市江津区凡江河水电站排除妨碍纠纷案"	重庆市第五中级人民法院(2009)渝五中法民终字第1117号民事判决书	水利发电、灌溉和人畜用水纠纷	重庆
13	"周玉堂与重庆市江津区凡江河水电站排除妨碍纠纷案"	重庆市第五中级人民法院(2009)渝五中法民终字第1157号民事判决书	水利发电、灌溉和人畜用水纠纷	重庆
14	"张优均与重庆市江津区凡江河水电站排除妨碍纠纷案"	重庆市第五中级人民法院(2009)渝五中法民终字第1151号民事判决书	水利发电、灌溉和人畜用水纠纷	重庆
15	"张优德与重庆市江津区凡江河水电站排除妨碍纠纷案"	重庆市第五中级人民法院(2009)渝五中法民终字第1129号民事判决书	水利发电、灌溉和人畜用水纠纷	重庆
16	"张登树与重庆市江津区凡江河水电站排除妨碍纠纷案"	重庆市第五中级人民法院(2009)渝五中法民终字第1135号民事判决书	水利发电、灌溉和人畜用水纠纷	重庆
17	"喻礼华与重庆市江津区凡江河水电站排除妨碍纠纷案"	重庆市第五中级人民法院(2009)渝五中法民终字第1138号民事判决书	水利发电、灌溉和人畜用水纠纷	重庆
18	"杨祖明与重庆市江津区凡江河水电站排除妨碍纠纷案"	重庆市第五中级人民法院(2009)渝五中法民终字第1163号民事判决书	水利发电、灌溉和人畜用水纠纷	重庆

续表

序号	案件名称	案号	基本案情	区域
19	"杨中华与重庆市江津区凡江河水电站排除妨碍纠纷案"	重庆市第五中级人民法院（2009）渝五中法民终字第1132号民事判决书	水利发电、灌溉和人畜用水纠纷	重庆
20	"胡光中与重庆市江津区凡江河水电站排除妨碍纠纷案"	重庆市第五中级人民法院（2009）渝五中法民终字第1160号民事判决书	水利发电、灌溉和人畜用水纠纷	重庆
21	"黄书德与重庆市江津区凡江河水电站排除妨碍纠纷案"	重庆市第五中级人民法院（2009）渝五中法民终字第1123号民事判决书	水利发电、灌溉和人畜用水纠纷	重庆
22	"黄同德与重庆市江津区凡江河水电站排除妨碍纠纷案"	重庆市第五中级人民法院（2009）渝五中法民终字第1111号民事判决书	水利发电、灌溉和人畜用水纠纷	重庆
23	"付明和与重庆市江津区凡江河水电站排除妨碍纠纷案"	重庆市第五中级人民法院（2009）渝五中法民终字第1126号民事判决书	水利发电、灌溉和人畜用水纠纷	重庆
24	"王用友与重庆市江津区凡江河水电站排除妨碍纠纷案"	重庆市第五中级人民法院（2009）渝五中法民终字第1164号民事判决书	水利发电、灌溉和人畜用水纠纷	重庆
25	"彭伟与重庆市江津区凡江河水电站排除妨碍纠纷案"	重庆市第五中级人民法院（2009）渝五中法民终字第1118号民事判决书	水利发电、灌溉和人畜用水纠纷	重庆
26	"周树宽与重庆市江津区凡江河水电站排除妨碍纠纷案"	重庆市第五中级人民法院（2009）渝五中法民终字第1158号民事判决书	水利发电、灌溉和人畜用水纠纷	重庆
27	"唐方华与重庆市江津区凡江河水电站排除妨碍纠纷案"	重庆市第五中级人民法院（2009）渝五中法民终字第1112号民事判决书	水利发电、灌溉和人畜用水纠纷	重庆

续表

序号	案件名称	案号	基本案情	区域
28	"景义容与重庆市江津区凡江河水电站排除妨碍纠纷案"	重庆市第五中级人民法院（2009）渝五中法民终字第1161号民事判决书	水利发电、灌溉和人畜用水纠纷	重庆
29	"胡德兴与重庆市江津区凡江河水电站排除妨碍纠纷案"	重庆市第五中级人民法院（2009）渝五中法民终字第1115号民事判决书	水利发电、灌溉和人畜用水纠纷	重庆
30	"唐远才与重庆市江津区凡江河水电站排除妨碍纠纷案"	重庆市第五中级人民法院（2009）渝五中法民终字第1120号民事判决书	水利发电、灌溉和人畜用水纠纷	重庆
31	"唐方金与重庆市江津区凡江河水电站排除妨碍纠纷案"	重庆市第五中级人民法院（2009）渝五中法民终字第1148号民事判决书	水利发电、灌溉和人畜用水纠纷	重庆
32	"万昌钦与重庆市江津区凡江河水电站排除妨碍纠纷案"	重庆市第五中级人民法院（2009）渝五中法民终字第1169号民事判决书	水利发电、灌溉和人畜用水纠纷	重庆
33	"肖孝仁、肖永华、肖飞聚众扰乱社会秩序案"	重庆市第四中级人民法院（2007）渝四中法刑终字第25号刑事判决书	生活、灌溉及生产用水纠纷引发扰乱社会秩序	重庆
34	"龚长玖等217人与申祥停止侵害、排除妨碍纠纷案"	重庆市忠县人民法院（2006）忠民初字第1045号民事判决书	渔业养殖、生活用水纠纷	重庆
35	"新兴县天堂镇元头岗村民委员会泗塘村与新兴县人民政府水事纠纷案"	广东省云浮市中级人民法院（2000）云中法行初字第2号行政判决书	农村集体经济组织间分水争端	广东
36	"佛山南海区西樵镇西岸村银坑村民小组与佛山市南海区水国迷城度假村相邻用水纠纷案"	广东省佛山市中级人民法院（2005）佛中法民五终字第293号民事判决书	娱乐性用水与农村生态环境、生活、生产用水纠纷	广东

续表

序号	案件名称	案号	基本案情	区域
37	"上饶县尊桥乡岛山村民委员会张家村民小组与上饶县人民政府水事纠纷案"	江西省高级人民法院（2001）赣行终字第17号行政判决书	农村集体经济组织间生活、灌溉用水、分水争端	江西
38	"杜运景与杨建平、王占利相邻关系纠纷案"	河南省内黄县人民法院（2011）内民初字第158号民事判决书	农村灌溉用水纠纷	河南
39	"孙芝清与王小叶、孙聪和、唐小娥、伍国荣、银巧云人格权、健康权、财产损害赔偿纠纷案"	湖南省邵阳县人民法院（2011）阳民初字第282号民事判决书	农村灌溉用水纠纷导致人身、财产侵权	湖南
40	"武冈市文坪镇三联村和兴电站与李波、李朝广财产损害赔偿纠纷案"	湖南省邵阳市中级人民法院（2011）邵中民一终字第65号民事判决书	水利发电、灌溉用水纠纷导致财产侵权	湖南
41	"信丰县仙水湖水产品养殖基地与肖仁山农业承包合同纠纷案"	江西省赣州市中级人民法院（2009）赣中民一终字第289号民事判决书	渔业养殖用水纠纷	江西
42	"杜兴宽与杜兴保相邻用水、排水纠纷案"	河南省新乡市中级人民法院（2009）新中民四终字第235号民事判决书	灌溉用水、排水纠纷	河南
43	"于光坪与于大成相邻用水、排水纠纷案"	湖南省邵阳市中级人民法院（2008）邵中民一终字第474号民事判决书。	农村灌溉用水、排水纠纷	湖南
44	"于广坪与罗有生相邻用水、排水纠纷案"	湖南省邵阳市中级人民法院（2008）邵中民一终字第473号民事判决书	农村灌溉用水、排水纠纷	湖南
45	"刘海轩与登封市水务局打井队建设工程施工合同纠纷案"	河南省郑州市中级人民法院（2010）郑民三终字第840号民事判决书	农村生活取水打井纠纷	河南

续表

序号	案件名称	案号	基本案情	区域
46	"福建龙岩御佳园房地产有限公司与龙岩市新罗区水利局水政行政许可案"	福建省龙岩市中级人民法院（2011）岩行终字第51号行政判决书	取水、用水纠纷	福建
47	"开封市水利工程总队与开封市神龙电力物资设备有限公司建设工程施工合同纠纷案"	河南省开封市龙亭区人民法院（2008）龙民初字第224号民事判决书	取水纠纷	河南
48	"某公司与某局水利行政处罚案"	上海市长宁区人民法院（2010）长行初字第80号行政判决书	未取得取水许可擅自用水导致行政处罚	上海
49	"关小军玩忽职守案"	河南省郏县人民法院（2010）郏刑初字第181号刑事判决书	水利局工作人员对未获取水许可擅自用水行为玩忽职守	河南
50	"赵国涛、陈晓东玩忽职守案"	河南省平顶山石龙区人民法院（2010）平龙刑初字第52号刑事判决书	水利局工作人员对未获取水许可擅自取水行为玩忽职守	河南
51	"曹某某、杜某某与葛某某生命权、健康权、身体权纠纷案"	甘肃省张掖市甘州区人民法院（2011）甘民初字第1043号民事判决书	上下游灌溉用水纠纷导致人身侵权	甘肃

第四章

水权市场配置规则的私法选择

构建完毕水权的初始配置规则之后,为应对愈加短缺的水资源现状,必然需要探讨水权的市场配置问题。为应对水资源匮乏、枯竭、污染及浪费严重的现象,从学者对美国、日本、澳大利亚、新西兰等国水资源的研究来看,大都主张发挥政府管制同市场调节的共同作用来配置水权,从而最大限度发挥其效益。[1]水资源行政机关的作用主要体现在水权初始取得[2]中,而水权的转让规则是水权市场配置的核心内容及规范依据。虽然我国《物权法》明确了水权之私权性质(第123条),但对水权可否转让及如何进行却未规定。在水资源归国家所有,不允许交易,但又实行市场经济的背景下,面对水资源短缺及浪费严重的局面,有效解决方式应当允许私人主体依法获得水权,并允许其通过协商,而不是经由公权力强制干预的方式使该项水权能够在私人之间进行再配置。通过市场配置水权可实现将水资源自相对低价值之用水类型转移到

---

[1] See John R. Teerink and Masahiro Nakashima. *Water Allocation, Rights and Pricing: Examples from Japan and the United States*. The World Bank Press,1993;[美]里昂德·伯顿、[新西兰]克里斯·库克林:《新西兰水资源管理与环境管理政策改革》,杜群译,《外国法译评》1998年第4期;王凤春:《美国联邦政府自然资源管理与市场手段的应用》,《中国人口·资源与环境》1999年第4期;王亚华:《水权解释》,上海三联书店、上海人民出版社2005年版。

[2] 水权初始取得原则上需经水权取得行政许可。参见《水法》第7条、第48条,《取水许可和水资源费征收管理条例》第2条。

相对高价值之用水类型。[1]为此,在水利部门"积极推进水权转让"的情形下,如何进行水权市场配置规则的私法选择,就亟需相应理论研究和制度建构。

第一节 水权市场配置的基点——水权转让的定性

理论界及实践中存在大量将水权转让同水资源产品所有权转让、供水合同债权转让等相混淆之现象。必须对水权转让准确定性,并理清与相关制度的关系,这也是研究水权转让的理论基点及逻辑前提。

一、水权转让的实践误读——以我国"首例水权转让"案为例

东阳—义乌"水权转让"案被学界称为我国"首例水权转让",并被大肆宣扬。[2]具体案情是,浙江省金华地区的东阳市和义乌市分居金华江上下游,前者由于地处上游,水源丰富,而处于下游的后者的水资源则相对缺乏。为此,2000年,东阳市人民政府与义乌市人民政府双方通过协商对横锦水库的"部分用水权"进行交易,后者花费2亿元财政资金取得前者对横锦水库每年4 999.9万立方米的"水资源使用权"。

必须指出的是,水资源产品的所有权、水资源的所有权同水权存在着本质性的差异。水资源的所有者只能是国家,其他任何组织或者个人都不能成为水资源的所有人,[3]并且无法予以交易。水资源产品的所有权已经归属于普通的民事主体,且可予以交易。[4]水权则是一种对水资源的使用权,其法律性质属于一项用益物权。[5]

这便存在一个问题:上述所谓的首例"水权转让"案例的当事人为两个地市的公权力机关(人民政府),二者作为行政机关显然并未取得水权,如何进

---

[1] See Megan Hennessy. *Colorado River Water Rights*: *Property Rights in Transition*. The University of Chicago Law Review, 2004(71):1663.

[2] 参见郑玲:《对"东阳—义乌水权交易"的再认识》,《水利发展研究》2005年第2期,第10页;郑黎、石庆伟:《东阳义乌水权交易争议不断》,《经济参考报》2007年6月13日,第2版;王磊:《东阳把5000万方水权卖给义乌》,《中国水利报》2001年2月10日,第1版;李刚殷:《义乌花两亿元"买水"》,《工人日报》2001年3月24日,第1版。

[3] 参见"普于亮与张贵良相邻用水、排水纠纷案",云南省怒江傈僳族自治州中级人民法院(2013)怒中民一终字第20号民事裁定书。

[4] 参见崔建远:《物权:生长与成型》,中国人民大学出版社2004年版,第303页。

[5] See John R. Teerink and Masahiro Nakashima. *Water Allocation*, *Rights and Pricing*: *Examples from Japan and the United States*. The World Bank Press,1993:11.

行水权转让？有学者已认识到不能将此案定性为"水权转让"。曹明德教授认为，上述案例应当定性为一种水资源产品所有权的交易，理由在于，买受人所购买的作为交易标的物之横锦水库中的水，已经渗透了人类劳动，属于一种商品的范畴，本质并不是一种水权转让。[1]

然而，此案亦非水资源产品所有权的交易，即不是"水商品的买卖"。其一，水资源产品已经脱离了水循环[2]过程，例如，自来水和瓶装水，依法可以进入交易领域。[3]相反，尚存储于横锦水库中的水仍然未脱离水资源循环系统，同水资源产品（如瓶装矿泉水）并不相同。否则，当买受"水资源产品所有权"以后，浙江省义乌市的实际用水人仍必须再获取水权才有权对水资源进行使用就无法解释。为何需要重复取得水权呢？之后实际用水人所获得的难道是对"水资源产品"具有的使用权吗？其二，若将此案定性成"水资源产品所有权"的交易，那么，东阳市如何取得"水资源产品"的所有权呢？一方面，东阳市不享有水权，不可能以此取得水商品所有权；另一方面，当事人也并不具有由于供用水合同所产生的债权性权利。

上述案例更不是关于水资源所有权的交易。其一，法律不允许对水资源的所有权进行交易；其二，水资源的所有权只能属于国家，作为地方性的行政机关也并非所有者，亦未得到授权。另外，有学者将浙江省东阳市与义乌市的此项交易定性为一种"水量交易"。[4]但是，在法学层面，水资源、水资源使用权（水权）可以作为权利的客体，而"水量"并非属于严格意义上的权利客体的范畴，仅能作为衡量客体的一种标准。

当上述案例无法定性为水权交易，亦无法成立水资源产品所有权的交易、水资源所有权的交易行为时，以上行为就仅能界定成公权力机关根据自身权力对水资源的行政配置，仍然属于行政行为范畴，仅是期间加入市场性的元

---

[1] 参见曹明德：《论我国水资源有偿使用制度——我国水权和水权流转机制的理论探讨与实践评析》，《中国法学》2004年第1期，第84页。

[2] 关于水循环，联合国教科文组织和世界气象组织将其定义为：水经由从大气层到地球表面后再返回大气层的一系列阶段：从陆地上、海洋中或者内水中蒸腾蒸发，凝结成云，降落，汇聚于土壤或者水体之中，而后再次蒸发。See UNESCO/WMO. *The International Glossary of Hydrology*（2nd ed.），1992.转引自胡德胜：《生态环境用水法理创新和应用研究——基于25个法域之比较》，西安交通大学出版社2010年版，第5页。

[3] 参见黄锡生：《水权制度研究》，科学出版社2005年版，第122页。

[4] 参见郑航、许婷婷、李鹏学、杨锦、曹进军：《干旱流域自流灌区农户水权交易行为分析》，《水利发展研究》2016年第5期，第12页。

素。

另外,区域性的水权交易也存在类似的问题,其内涵也需要准确界定。依据《中国水权交易所水权交易规则(试行)》的规定,区域水权交易的主体是"县级以上地方人民政府或者其授权的部门、单位",并非实际的水资源使用权人(水权人),交易的标的为"用水总量控制指标和江河水量分配指标范围内结余水量",并非水权人实际享有的水权(第12条)。可见,无论从交易主体(公法主体,而非私法上的水权人),还是交易客体(行政配置水量,而非水权),均与当前学界所讨论的水权交易存在质的区别。区域水权交易如何解读就成为棘手的问题。实际上,我国对跨行政区域的河流依据规划主要实行的是水资源的行政配置制度(《水法》第45条第1款[1])。按照《水法》规定,我国采取流域管理及区域管理的水资源管理体制(第12条第1款),但并未涉及跨流域调水及水资源配置问题。这意味着我国正在进行的南水北调工程实际上已经超出了现有的水资源管理体制。[2]因此,区域水权交易究竟是否能够纳入严格意义上的水权交易的范畴,值得再斟酌。

由此,被媒体大肆宣扬的"首例"水权转让案例——"东阳—义乌水权转让"案——无法纳入水权转让范畴的现实恰恰反映出学界对水权转让的误读!这促使我们必须对水权转让进行准确定性,并区分其与水产品转让、水合同转让以及水资源行政配置之间的关系。这也是构建我国水权转让规则的理论基点及逻辑前提。

二、水权转让的应然定性:一项他物权的变动

水权转让通常是因为水权转让合同使水权于私人之间予以交易,本质为一种物权变动,应符合我国现行的物权变动模式。

水权属于他物权,即水资源用益物权,故此,将其进行转让就属于他物权的一种变动,是一项用益物权的交易。水权转让的标的属于他物权(用益物权),而非自物权(水资源所有权)。例如,《水权交易管理暂行办法》(水政法〔2016〕156号)第2条将水权交易界定为一种水资源使用权的流转行为。可见,水权交易为一种私权变动,经由私法主体之间的平等意思协商,并不是通

---

[1] 该款规定:"调蓄径流和分配水量,应当依据流域规划和水中长期供求规划,以流域为单元制定水量分配方案。"

[2] 参见丁渠:《最严格水资源管理制度河北实施论》,中国检察出版社2013年版,第41页。

过公权强制路径,将水权纳入市场机制平台,实现运用私法手段(市场机制)对水权进行再配置的目标。水权转让原则上应适用私法规则,在对水权转让进行理论解读时,也必须按照民法思维进行。

水权交易属于物权变动的范畴,一般因为水权交易债权性协议所引起。水权转让是指水权人通过签订水权转让合同或其他方式,将依法取得的水资源使用权转移给其他需用水人的行为。[1]水权转让合同以双方当事人之间达致合意为前提。所谓合意是指当事人就是否转让水权以及所转让水权的内容,包括但不限于所转让水权的价格、取水时间、地点、水质等,达成一致的意思表示。物权变动当事人之间达成的债权合意是依据法律行为引起物权变动的基础,有时也被称为基础关系或原因行为。[2]因此,债权性的水权交易协议构成水权交易的基础,水权交易就是上述基础行为所产生的结果。但是,一项水权交易的完成,除要求债权性的水权交易协议需要满足合同的构成条件外,尚需要契合我国物权变动模式的要求。[3]

另外,水权转让需要与供用水合同的债权让与区分开来。债权转让与用益物权转让存在根本性的区别。从法律性质上讲,债权让与是一项对相对权的交易,而水权转让作为一项他物权的变动,构成一项对世权的转让,相对权与对世权存在根本的不同。[4]水权不同于供用水合同债权。水权是由法律直接界定和规范的一种用益物权,不能将根据供水合同享有的获得供水的权利同水权混为一谈。[5]

第二节 水权市场配置的立法障碍及其克服

一、水权市场配置规则的制度考察及立法缺陷

1988年《水法》及2002年修订后的《水法》均未对水权转让进行规定。然

---

[1] 参见赵伟:《水权的法律释解及制度建立》,载水利部政策法规司:《水权与水市场》(资料选编之二),内部资料(未刊行),2001年12月,第55页。

[2] 参见王利明:《物权法》,中国人民大学出版社2015年版,第57页。

[3] 基于物权变动模式对于物权变动的重要性,本书将在下文对水权转让所应采取的变动模式中进行专门论证。

[4] 参见孙宪忠:《争议与思考——物权立法笔记》,中国人民大学出版社2006年版,第369-370页。

[5] 参见胡德胜:《生态环境用水法理创新和应用研究——基于25个法域之比较》,西安交通大学出版社2010年版,第193页。

而,《水法》修订过程中,对于应否在立法中确立水权转让规则争议甚大。法律解释的对象不应限于法律文本,而应斟酌及考量法律文本以外的要素,包括能够体现立法者意图的资料(草案)。[1]这也是对水权转让的立法存废的演变进行考证的原因所在。

2002年,在对《水法》进行修订的过程中,水权转让在《水法》修订草案的第一次审议稿中予以了规范(第45条第2款[2]),进而实现市场配置水权的功能。允许水权转让的草案一出即产生了巨大争议。全国人大环境与资源委员会的一些委员认为,规定水权转让的条件尚不成熟。而支持者认为,水权转让是水资源管理制度的重要改革措施,立法应提供规范根据。[3]即便有反对的声音,《水法》修订草案的第二次审议稿中依然保留了允许水权交易的规范(第47条第2款[4])。但是,之后全国人大常委会的部分委员指出,该项制度较为复杂,尚需要深入探讨,最好暂不作规定。[5]《水法》修订草案的第三次审议稿中也就未出现关于水权转让的相应规范,直接导致2002年修订后的《水法》对此没有进行保留,当时是想等《物权法》出台之后再对此进行规范。[6]

之后,关于水权交易严格管制的态度出现了松动。2006年,国务院出台的《取水许可和水资源费征收管理条例》通过行政法规的形式,规定符合特定条件的水权可以进行交易(第27条[7])。这是水权转让在政策层面的一种松动。但是,此处可以纳入交易平台的水权尚限定于取水权限额内,经由一系列节水等措施"节约"的水权,并未扩展至所有的水权范围。这在很大程度上导致水权转让的实践只能采取"点对点"的形式开展,即一项水权转让对应一项

---

[1] 参见[日]大村敦志:《民法总论》,江溯、张立艳译,北京大学出版社2004年版,第55页。

[2] 该款规定,"依法获得取水权的单位和个人,通过调整产品和产业结构、改革工艺、节水等措施节约水资源的,在其取水权年限和取水限额内,经原发证机关批准,可以依法有偿转让其节约的水资源,并到原发证机关办理取水权变更手续"。

[3] 相关意见可参见2002年4月18日第九届全国人大法律委员会《关于〈中华人民共和国水法(修订草案)〉修改情况的汇报》。

[4] 该款规定,"依法获得取水权的单位和个人,通过调整产品和产业结构、改革工艺、节水等措施节约水资源的,在其取水权年限和取水限额内,可以依法有偿转让"。

[5] 相关意见可参见2002年6月20日全国人大法律委员会《关于〈中华人民共和国水法(修订草案)〉审议结果的报告》。

[6] 参见曹康泰主编:《中华人民共和国水法导读》,中国法制出版社2003年版,第23—24页。

[7] 该条规定,"依法获得取水权的单位或者个人,通过调整产品和产业结构、改革工艺、节水等措施节约水资源的,在取水许可的有效期和取水限额内,经原审批机关批准,可以依法有偿转让其节约的水资源,并到原审批机关办理取水权变更手续。具体办法由国务院水行政主管部门制定"。

节水改造工程所节余的水权,制约了通过"虚拟"划分水权转让的对应渠道的"点对面"方式的水权转让的展开。[1]

然而,上述规定存在很大的限制,表现在:该条限于取水权的转让,未直接称为水权转让;能够进行转让的水权范围仅限于节余的水权,可转让水权的范围界定不准确;未区分水权转让的不同情形,强制性地要求所有的水权转让均需要得到水资源管理机关的批准;未区分规范不同用水目的之间的水权交易;针对水权市场配置规则的私法选择未有涉及等。另外,仅以行政法规(而非法律)的形式对水权转让予以规范也反映出规范层次低、立法滞后的弊端,导致水权转让市场建立缓慢。

二、水权市场配置的实践价值

水权市场配置具有重要的实践价值。具体表现在:

其一,允许进行水权市场配置的根本原因在于水资源的匮乏性。假若水资源足够充分,需要用水的人能够于自己需要的时间及处所获取水资源,那么就没有水权转让的必要,甚至水权也没有必要存在。也就是说,倘若水资源的富裕程度能够达到所有的需要用水者均可以自由利用的地步,是否需要存在水权就变得无足轻重。[2]然而,我国却面临着水资源分布不均、短缺、浪费严重等水资源危机。这就需要对现行的制度进行改变,允许节水的用水者能够经由转让结余的水权来获取利益,进而促进节水目标的实现。在允许水权进行交易的情况下,用水者将会采用累进定价法等可更好地考虑到水权取得及供水的成本。[3]另外,不同地区之间时常发生的用水争端也彰显了运用私法手段界定用水范围,允许水权转让,进而配置水权的必要性。

其二,通过市场方式配置水权有利于提高水资源的使用效益,达到节水目的。之前,在计划经济时代,由于水资源几乎都是免费提供,无需支付对价,导致用水者缺乏节水的理念。[4]也就是说,之前的教训已经告诉我们,实现节水

---

〔1〕 在2006年之前,内蒙古自治区鄂尔多斯市的水权转让就是采用的"点对点"的方式进行。参见刘峰、段艳、马妍:《典型区域水权交易水市场案例研究》,《水利经济》2016年第1期,第24页。

〔2〕 See John R. Teerink and Masahiro Nakashima. *Water Allocation, Rights and Pricing: Examples from Japan and the United States*. The World Bank Press, 1993:55.

〔3〕 参见[美]汤姆·泰坦伯格:《自然资源经济学》,高岚、李怡、谢忆等译,人民邮电出版社2012年版,第114页。

〔4〕 参见[美]托马斯·思德纳:《环境与自然资源管理的政策工具》,上海三联书店、上海人民出版社2005年版,第555页。

目的绝对无法仅仅依靠单纯的公权强制途径来推行,而要通过激励机制,使其成为用水者的自觉行动。水权不可转让所造成的水资源浪费非常巨大,已经超过了制度变革所需支付的成本。[1]水权转让可达到节水的效果,因为节约的水可在水权市场交易。[2]例如,在美国西部,农业灌溉用水由于不需要太高的成本,再加上政府的财政补贴,现在已经发展为用水最为严重的部门。但是,农业灌溉用水所能带来的经济利益却要远远低于工业用水,其重要性又不及居民生活用水。因此,将农业灌溉用水通过水权交易转变为生活用水就变得日益普遍。[3]

通过水权转让,有利于实现投资节水以提升水资源的使用效率的目标,[4]进而将水资源流转到最有条件和能力对其进行利用的人手中,最终实现水资源效用的最大化。[5]这需要减少对水权转让的限制。在放松水权转让之前,节约的水资源由于无法通过水权转让给水权人带来收益,导致用水人保护及节约水资源的积极性大大降低。[6]相反,在我国实践中,很多地方恰是在经由水权转让而获取经济性收益的激励之下,改进农业灌溉节水设施,运用先进农业节水技术,将农业节余的水量用于工业、生活及生态用水。[7]例如,将用水方式由粗放型向集约型转变(如改渠道灌溉为管道灌溉)。[8]这既有利于让用水者提升经济性收益,也一定会转变水权人的用水方式,实现由原来对水资源进行浪费性使用的方式转换为对水资源节约性使用的目的。那么,潜在的用水者必须按照市场价格去购买水权,进而促使其采用更加有效率的方式进

---

[1] 参见[美]汤姆·泰坦伯格:《自然资源经济学》,高岚、李怡、谢忆等译,人民邮电出版社2012年版,第88页。

[2] 参见汪恕诚:《水权管理与节水社会》,载水利部政策法规司:《水权与水市场》(资料选编之二),内部资料(未刊行),2001年12月,第8页。

[3] 参见[美]汤姆·泰坦伯格:《自然资源经济学》,高岚、李怡、谢忆等译,人民邮电出版社2012年版,第92-93页。

[4] 参见刘峰、段艳、马妍:《典型区域水权交易水市场案例研究》,《水利经济》2016年第1期,第25页。

[5] 参见全国人大常委会法制工作委员会民法室:《中华人民共和国物权法:条文说明、立法理由及相关规定》,北京大学出版社2007年版,第213页。

[6] 参见[美]汤姆·泰坦伯格:《自然资源经济学》,高岚、李怡、谢忆等译,人民邮电出版社2012年版,第98页。

[7] 参见杨涛利:《节水可以卖 农民有钱赚:新疆玛纳斯县探索农业水权水价改革》,《中国环境报》2016年1月5日,第010版。

[8] 参见阳治爱:《告别"大锅水"——来自云南省砚山县农业水权改革的报道》,《人民长江报》2016年1月23日,第002版。

行用水,[1]减少水资源的浪费。当今,越来越多的水权人通过水权交易市场将水权按季度或永久地转让出去。虽然水权转让可能受到丰枯年份、季节及地域的限制,但是,在一定程度上,确实能够经由水权交易发挥水资源之更大价值。[2]

其三,水权转让可减少污染水资源现象的发生。若水质不合格,将无人愿受让该水权。可见,水权的市场配置固然要受到可配置水资源总量的制约,但除此以外,还受制于水权市场配置的规范构建,如水权、合同安排、流域的水文条件。[3]实际上,许多传统的水资源供给由于污染严重,水质不达标,甚至于已经无法满足通常的用水需求。[4]

其四,允许市场配置水权更为重要的缘由体现在,水权是一种私权,如果不存在合理且正当的事由就无权对其进行限制。对私权的不合理限制将会影响到个性及自由的发展。[5]诚如王泽鉴先生所言,为更大程度地发挥物的效用,在创设物权并使其可以直接对物进行支配、排他的基础上,还应当赋予物权以让与性(处分性)。也就是说,应当使物权可以进行自由的移转,并最终使其得以转移到能够对该物进行较有效率使用的人手中。[6]具体到水权领域,亦应如此。水权应当可以转让,并藉此受益。例如,为灌溉目的而享有水权者若当年不想使用该项权利,或者通过更有效的调度方式节约了水资源,自然有权将水权予以交易。[7]

其五,水权市场配置方式的推行有利于把水资源引入市场机制。日益严峻的水权配置危机充分显示出仅仅依靠传统的公权强制模式,不能达到对水

---

〔1〕 See Megan Hennessy. *Colorado River Water Rights*:*Property Rights in Transition*. The University of Chicago Law Review,2004(71):1663.

〔2〕 参见[美]汤姆·泰坦伯格:《自然资源经济学》,高岚、李怡、谢忆等译,人民邮电出版社2012年版,第100页。

〔3〕 参见[美]P.A.沃伯斯:《美国得克萨斯州的流域水资源管理模型》,马元珽译,《水利水电快报》2004年第17期,第1页。

〔4〕 See Joseph W. Dellapenna. *Issues Arising Under Riparian Rights*:*Replacing Common-Law Riparian Rights With Regulated Riparianism*. in *Water Rights of the Eastern United States*(Kenneth W. Wright ed.). Berkeley Electronic Press,1998:36.

〔5〕 参见[美]本杰明·N.卡多佐:《法律科学的悖论》,董炯、彭冰译,中国法制出版社2002年版,第161页。

〔6〕 参见王泽鉴:《民法物权》(第二版),北京大学出版社2010年版,第13页。

〔7〕 See John R. Teerink and Masahiro Nakashima. *Water Allocation*,*Rights and Pricing*:*Examples from Japan and the United States*. The World Bank Press,1993:23.

资源进行良好维护及高效使用的目标。现有的水资源配置的效率并不高,在很大程度上受制于对水权转让的限制,致使水资源无法被配置到更高价值的地方。[1]在我国实行市场经济模式的情况下,《物权法》第123条对私人取得的水权依法进行保护,已经对水权之市场配置方式的展开提供了规范基础。为应对公权力配置水权效益不高的弊端,合理的解决路径应当是运用市场配置方式对水权的再配置进行调整,希冀达到合理配水、有效节水的最终目标。

其六,水权转让的必要性也可从比较法的考察中得到体现。从水权市场配置(水权交易)制度来看,世界上许多国家和地区的水权交易开展得如火如荼。例如,早在1983年,澳大利亚就把水权看成独立于土地资源所有权的一种权利,并且允许进行水权交易。原因在于,澳大利亚对许多河流水资源使用的上限进行了规定,进而防止用水人对水资源的过度消耗。因此,如果用水者对河流水资源的使用超过了法律预先规定的上限,当地的水资源行政管理部门将不会再允许其取得新的水权。此时,用水者对水资源的使用需求就仅能经由水权交易市场来满足,进而促使水权交易繁荣开展。另外,基于生态环境用水的公共性目的,为了保障生态环境用水的最低量,澳大利亚政府往往发挥"环境用水代言人"的功能,有权直接购买为保护生态环境用水目的的水权。[2]

三、对水权市场配置第三方效应的回应

(一)水权市场配置产生的第三方效应

在允许水权转让的情况下,必须提及的是,水权转让第三方效应问题的存在是对水权市场配置手段的严峻挑战。水权转让存在第三方效应问题,是指水权转让行为给除转让主体之外的第三方带来的影响。

这种影响对第三方而言可能是好的、有益的、积极的,可称其为"第三方

---

[1] 参见[美]汤姆·泰坦伯格:《自然资源经济学》,高岚、李怡、谢忆等译,人民邮电出版社2012年版,第90页。

[2] 参见夏明、郑国楠:《国外水权水市场观澜》,《中国水利报》2015年12月17日,第8版。

正效应";[1]也可能是坏的、有害的、消极的,可称其"第三方负效应"。[2]水权转让必然意味着对水源地会产生影响,因为一般的地下含水层呈碗状分布,其他人的取水行为会对周边的用水户产生重要的影响。因而,当含水层的水位线因取水行为而下降时,含水层的边缘会率先呈现干涸状态,此时,距离含水层的中心较近的位置可能还能够维持一定时间的水源供应,但已经会对其他人的用水行为产生影响。另外,海水倒灌可能是更为严重的后果。[3]而且,水权转让可能减少水源地的回流水量,并且影响回流的水量和水质,对水源地的生物生存、饮水、生态景观、航运、水利发电及娱乐用水等产生负面的影响。

(二)水权市场配置第三方效应的回应

水权转让虽然可能带来第三方效应,但这不应当成为禁止水权转让的理由。例如,从历史上看,美国科罗拉多河的水权建立在"在先占用规则"之上,也包含有限的水权转让。由于受到这些历史性规则的限制,导致绝大多数的水权都掌握在农业用水者的手中。伴随美国西部人口的持续性增长,城市用水的需求快速增加。但是,从农业用水向城市用水的水权转让由于法律规则的限制而成为一种障碍。[4]这种限制成功地避免了水权转让所可能出现的最大的问题,即转让可能导致的第三方效应。[5]确实,当转让导致的第三方外部成本高于转让双方所获得的利益时,禁止水权转让的确是一种有效的防范措施。[6]然而,当前随着城市用水需求的增加,水权转让的价值在提升,而且伴随技术的进步,水权转让所导致的第三方成本在降低。因此,禁止水权转让已

---

〔1〕例如,甘肃省张掖市通过核定水量、明晰水权、进行水权交易节约的水资源流入黑河,经过水量统一调度后到达黑河下游,使得下游的生态重焕新生,鸟类、鱼类又开始在此栖息,胡杨林的面积得以增加,进而使得我国北方的沙尘暴也有所控制。正是张掖市界定水权以及农户之间的水权转让节约了水资源,才使得黑河之水得以流出到下游地区,挽救了下游地区的生态环境。也就是说,水权转让给黑河下游地区带来了第三方正效应。参见韩锦绵:《水权交易的第三方效应研究》,中国经济出版社2012年版,第120—121页。

〔2〕参见韩锦绵:《水权交易的第三方效应研究》,中国经济出版社2012年版,第9页。

〔3〕参见[美]汤姆·泰坦伯格:《自然资源经济学》,高岚、李怡、谢忆等译,人民邮电出版社2012年版,第98页。

〔4〕See Megan Hennessy. *Colorado River Water Rights*: *Property Rights in Transition*. The University of Chicago Law Review,2004(71):1662.

〔5〕See Richard A. Epstein. *Why Restrain Alienation*? Columbia Law Review, 1985(85):981-982.

〔6〕See Guido Calabresi, A. Douglas Melamed. *Property Rules*,*Liability Rules*,*and In- alienability*:*One View of the Cathedral*. Harvard Law Review, 1972(85):1111.

并非应对水权转让所产生第三方负效应的有效方式。[1]

在民法视域下,由于第三人并非水权转让合同的缔约人,遵循合同相对性原则,其意思无法通过进入缔约博弈的方式而对合同当事人产生影响。在完全市场化的情况之下,水权转让当事人之外的第三人不能对合同双方的意志施加影响。有效运行的市场必然要求水权转让的第三方效应能够被识别和量化,这需要厘清水权转让给第三方带来的负效应的补偿及治理机制,进而探讨该机制的实现路径。只有当所有相关成本问题都能在水权转让过程中得到体现,水权转让市场才能被称为有效的市场。

但是,水权转让可能产生的第三方效应不应成为否定或禁止水权转让的理由。从经济学的有效性角度来看,第三方的外部成本必须考虑将交易费用加入后才能达到最优;从公平角度来看,对水权转让所引起的第三方损害应该进行补偿。[2]水权转让当事人往往会优先考虑自身利益,而水权转让所涉及的第三方由于并非契约当事人,不能获得契约保护,无法进入水权转让的博弈过程。这需要明确水权转让对周边用水户及当地水资源环境保护本身之影响,并对其造成的损害进行赔偿。

将水权转让所涉及的第三方的利益纳入法律规制范畴,可以对水权转让过程中的相关利益者予以更好的保护。如果发生地下水资源因水权转让而导致干涸,或者抽取地下水的成本远远高于从其他地方获取水资源的成本时,就应当禁止通过水权转让而形成的对地下水的过分开采行为。[3]例如,美国加州对于水权市场有"无伤害"法规,其目的就是为了避免水权的市场配置路径对第三方的损害。[4]为防止水权转让导致水资源过分外流,有些地方采取了出口禁令的方式。[5]又如,墨西哥在水权转让可能对第三方产生影响时,采取的是"经国家水资源委员会批准"的应对机制。[6]为此,必然需要通过公权力

---

[1] See Megan Hennessy. *Colorado River Water Rights*: *Property Rights in Transition*. The University of Chicago Law Review, 2004(71): 1662-1663.

[2] 参见刘红梅、王克强、郑策:《水权交易中第三方回流问题研究》,《财经科学》2006年第1期,第58-65页。

[3] 参见[美]汤姆·泰坦伯格:《自然资源经济学》,高岚、李怡、谢忆等译,人民邮电出版社2012年版,第86页。

[4] 参见刘红梅、王克强、郑策:《水权交易中第三方回流问题研究》,《财经科学》2006年第1期,第63-64页。

[5] See Ellen Hanak, Huntington Beach. *Stop the Drain*: *Third-Party Responses to California's Water Market*. Contemporary Economic Policy, 2005(23): 59-78.

[6] 参见夏明、郑国楠:《国外水权水市场观澜》,《中国水利报》2015年12月17日,第8版。

的介入，以对水权转让可能给第三方带来的负效应进行规制。这尤其体现在经由水权转让而导致原来的用水目的发生变化时，给第三方带来负效应的法律应对。[1]

第三节　水权转让的主体及其范围界定

允许水权转让并非允许其任意进行，应对可转让水权的主体及其范围进行立法界定。

一、水权转让的主体界定

基于法律行为所引起的水权转让，必然需要以债权性质的水权转让协议为依据。在此意义上，水权转让的主体就是其原因行为（水权转让协议）的主体，即水权的转让人与受让人，二者都必须符合签订债权协议的民事行为能力要件。具体就受让人而言，除了这一要求以外，就不应再对水权交易的受让人的资质进行限制。但是，需要注意的是，依据2016年水利部颁布的《水权交易管理暂行办法》的规定，取水权交易必须在"取水权人之间"，或者"符合申请领取取水许可证条件的单位或者个人"之间进行（第13条[2]）。该条规定在逻辑上是存在问题的。试想，若取水权的交易方本就享有"取水权"，或者"符合申请领取取水许可证条件"，那么，其又怎会多此一举地参与到取水权交易活动中？一方面，这一规定在无形中限制了能够进行取水权交易的主体范围；另一方面，若严格执行该条规定，则取水权交易将无法开展。殊不知，意欲进行取水权交易的受让方，或者说能够被激励进行取水权交易的人，恰恰是既"不具有取水权"，也不"符合申请领取取水许可证条件"，但需要用水者。因此，建议将该条规定删除，对取水权交易的受让人之主体资格不宜进行过多限定，进而激励取水权交易行为的开展。

下面我们着重关注水权转让人的主体资格问题。

（一）水权转让人为水权人

言及水权转让，当然意味着转让人必须拥有水权，否则，若无水权，当然也

---

〔1〕　对于水权转让改变用水目的时的法律应对，将在本章后文中进行系统论证。
〔2〕《水权交易管理暂行办法》第13条规定："取水权交易在取水权人之间进行，或者在取水权人与符合申请领取取水许可证条件的单位或者个人之间进行。"

不能将其转换给他人。这也意味着,水权人之外的一些主体,例如对水资源享有所有权者(国家)、水资源产品的所有者等,并不能成为水权转让中的转让方。崔建远教授就曾指出,不能将水权转让等同于水体的转让。原因在于,水权人此时并不享有水及水体的所有权。[1]因此,享有权利自然是对其进行让与的基础,若无此项权利必然无法进行转让。

在实践中,有些做法虽名为"水权转让",但并非发生于私人主体之间,严格而言可能更应属于行政权对用水指标的初始配置。例如,内蒙古自治区在黄河沿岸六个市(盟)的各个灌区内,地方政府纷纷通过对农业节水灌溉设施的改造以达到促进发展节水农业的目的,逐渐减少农业用水指标,进而满足工业及城镇用水需求,各市(盟)的最终目标则在于保证工矿企业能够在当地落户。但是,这种名义上的"水权交易"并非本质意义上的水权转让。原因在于,2004年11月,内蒙古自治区印发了《关于分配黄河水初始水权量有关事宜的通知》,将水利部批准给内蒙古自治区的共计58.6亿立方米的引用黄河水的用水指标分配到该自治区黄河沿岸六个盟市的各个灌区。但是,该用水指标分配到六个市(盟)的一级灌区之后,当地政府并未将水权再行配置给各农业或工业用水户,而是由"地方政府来代理经营水资源的使用权"[2]。也就是说,此处的"水权人"仍是各地地方政府,而非作为私法主体的用水农户或用水企业。这就从根本上决定了上述实践案例本质上仍是行政权对水资源使用权指标的初始配置,而非取水权的再次配置。

(二)水权转让之让与人宜限定在拥有水权许可证的水权人

并非所有水权人都可转让水权,只有经由行政许可取得水权,而且已经取得水权证者方可作为此处的让与人。也就是说,不需要取得水权许可证方能享有水权,但是尚未取得水权许可证者不可作为此处的转让人。

1.水权人不限于已取得水权证者

按照前文所述,水权的初始配置及取得一般均必须经过水资源行政机关的水权许可,获得水权许可证之后方可取得水权,[3]但也存在例外。依据《取水许可和水资源费征收管理条例》的相关规定,无须经过以上程序获取水权

---

[1] 参见崔建远:《水权转让的法律分析》,《清华大学学报(哲学社会科学版)》2002年第5期,第41页。

[2] 参见刘敏:《"准市场"与区域水资源问题治理——内蒙古清水区水权转换的社会学分析》,《农业经济问题》2016年第10期,第43页。

[3] 参见《水法》第7条、第48条。

证,但也可取得初始水权的情形包括:其一,属于农村集体经济组织及其成员的用水行为,这一用水行为的客体限定在本集体经济组织的水塘、水库中的水。其二,为城乡居民生活目的而少量取用水的行为,例如,为家庭生活和畜禽饮用目的之少量用水行为。其三,临时性的紧急用水行为,例如,旨在保护矿井安全而临时用水行为。其四,应急取水行为,例如,为消灭火灾、农业生产抗旱目的而用水的行为(第4条第1款)。

2.不取得水权证者无权转让水权

这需对上述无需取得水权许可证,但仍享有水权的情形进行分别分析。

其一,如果规定农村集体经济组织及其成员对其水库、水塘中的水进行使用的行为进行转让,则违背法律设定此项水权许可例外的目的。法律设定此项水权许可例外的原因体现为:2002年《水法》规定只有国家才能对水资源享有所有权,改变了之前《水法》关于国家、集体均可对水资源享有所有权的规定。因为,按照之前1988年《水法》的规定,上述农村主体对其享有所有权的水库、水塘中的水资源尚得取得所有权。2002年修法之后,如果农民取用该项水资源,按照一般原则就需要申请用水许可、缴纳水资源费,势必过分增加农民负担,损害农民权益。[1]可见,该规定为减轻农民负担而设,如果法律认定此项水权许可例外的用水行为可进行让与,那么就同该项规范的立法目的产生了冲突。

其二,如果规定家庭生活和零星散养牲畜的少量生活用水行为可以进行转让,则不具有正当性基础。此几项水权许可例外性规定,仅是针对城乡居民家庭生活的少量取用水活动,即均属于家庭生活用水的范畴,诸如养殖场规模的饲养生产性用水、作为自来水企业的取用水行为等均不包括在内。[2]换句话说,此项水权许可例外性规定的制度意旨在于照顾居民家庭生活的少量用水活动,若允许其进行转让,则不具有正当性基础。

其三,如果规定上述作为水权许可例外的应急性用水行为进行转让,则欠缺合理性且不易适用。作为水权许可例外的应急性用水行为,一般在时间紧迫、情况紧急的情况下发生,用水者没有申请水权证的可用时间,并且法定情形不存在之时,即为水权消灭的原因。另外,作为水权许可例外的应急性用水

---

〔1〕 参见黄建初主编:《中华人民共和国水法释义》,法律出版社2003年版,第275页。
〔2〕 参见张穹、周英主编:《取水许可和水资源费征收管理条例释义》,中国水利水电出版社2006年版,第11页。

行为,一般也是为公共利益目的而存在,且有较为严格的法定条件限制,并非为通过水权转让来追求经济效益。基于上述原因,法律如果规定上述用水行为可予让与,既不合理,亦往往无法适用。

二、可交易水权之类型界定

构建合理及完善的水权市场配置规则,必然需要界定可交易水权的类型。市场作为交易者集中进行互惠贸易的场所,必然需要以明确的产权和信息为前提。[1]基于用水目的之差异,水权具体可区分成不同种类。这至少包括:居民生活目的用水、保护生态环境目的用水、农业灌溉目的用水、工业生产目的用水、娱乐目的用水以及其他目的用水等具体类型。需要注意的是,并不是上述每种用水目的的水权类型都可进行转让,这要综合考虑该水权设立的原因及是否有利于水资源生态、环境保护等因素。另外,可用来交易的水量应当限于取水许可证所记载的取水量,且不能超过原取水期限。

(一)生活用水在符合法定条件的情况下方可转让

一般而言,法律应不鼓励将生活用水进行转让。这一类型的水权属于保障公众正常生活的必需品,其取水量通常也限定在得以满足通常性的生活用水需要的范围内。毕竟,水资源与私法上其他的物,尤其是那些具有市场属性的商品有着本质性的区别。在生活用水方面,不能将水权的市场配置作为决定性方式,否则将产生非常巨大的风险。[2]因此,应当通过立法的形式对生活用水进行最低保障,通常情况下不宜将其完全纳入市场机制。

当然,生活用水类型的水资源使用权亦是水权,其法律性质也应界定为一项私权。故此,若没有充足且正当的理由,对其转让不应一味禁止,否则也不利于水资源的节约。可行的做法是允许结余的水权予以转让,通过市场配置的方式对其进行调控,进而推进有效节水、高效用水的实现。

(二)法律不宜规定生态环境用水转让

众所周知,生态环境不同于民法上普通的私有物品,具有公共性,并且一般无法体现排他性。生态环境用水配置的目的在于保障生态系统的良性运转,并非为实现经济性利益,不符合市场配置水权的竞争机制。在一定程度上,此

---

[1] 参见[美]托马斯·思德纳:《环境与自然资源管理的政策工具》,上海三联书店、上海人民出版社2005年版,第29页。

[2] See John R. Teerink and Masahiro Nakashima. *Water Allocation, Rights and Pricing: Examples from Japan and the United States*. The World Bank Press,1993:67.

类用水往往涉及一系列的利益群体,很难将其向水源地之外进行转移。因为,水权转让更多地是在追求一种经济效益,这与生态环境用水所关注的诸如水生态景观、生物栖息及物种繁衍用水、最低生态用水保留等因素格格不入,若允许此类水权进行转让,上述因素极易被忽略。因此,在生态环境类型的水权转让领域,尚有许多问题亟待澄清。例如,此类用水符合何种法定要件方得进入市场领域?应当进行何种法定限制?此类用水从水源地转出之后,对当地生态环境产生的影响如何进行补偿?等等。这些问题均未得到理论及规范层面的回应及解决,都需要再进行深入的论证。[1]

必须区分的是,生态环境用水不宜进行转让,但当然应允许低顺位的水权(如工业用水)转让用于生态环境保护。例如,美国一些州专门制定了环境用水的优先购买许可权制度,涉及环境利益的用水优先得到照顾。政府环境保护机构通过大量购买水权,用于内径流量等环境用水,取得了环境保护的客观成效。[2]就我国而言,政府一直是借公权力行使环境保护的公共职能,通过私法手段行使环境保护职能可能是一个新的课题。但可以预见,水资源保护部门同样可通过购买水权以保护生态环境,达到履行公共职能及实现环境保护的目的。

(三)生产用水及娱乐性用水可进行交易

农业用水和工业用水均属生产性用水。基于此类型用水所具有的市场竞争特点,加之此类权利的排他性特征,我们建议此类用水可以通过市场进行再配置,并且其也应当是可交易水权的主要类型。除此以外,为娱乐性目的而取得的水权,鉴于其单纯为实现娱乐目的,因而也可由市场予以配置。

当然,正像下文我们将要论证的那样,如果在水权交易过程中,原来的用水目的发生了变化,在一些情形之下就要受到公权力的规制。

第四节 水权市场配置导致用水目的变化之法律困境及其应对

经由水权转让的市场配置可能会涉及原来用水目的的变化,这将对不同水权人的关系、水资源生态环境等产生重大影响,亦是建立水权市场配置规则

---

[1] 参见裴丽萍:《可交易水权研究》,中国社会科学出版社2008年版,第143页。
[2] See Christine Aklein. *Natural Resources Law*. Aspen Publishers,2005:884-887.

的重要考量因素。水权作为用益物权制度的设置,既要物尽其用,保证水权人对水资源能够自由、充分地行使占有、使用、收益之权利,实现使用效益之最大化,又要避免水权的滥用,将一定的公法规范引致私法领域,以防止水权的行使损害到公共利益。[1]

具体到水权转让领域而言,关于应当由谁来控制水权转让的过程,进而降低水权转让的交易成本,并减少水权转让可能带来的第三方负效应,主要有两种相互冲突的观点。一种观点认为,为更好地达到水资源之上承载利益的公共性,应当由政府来主导水权转让,即如果一个新的水权使用者较旧的水权人能够更好地实现公共利益,政府就应当将水权赋予给新的使用人,通过行政主导的方式进行水权的转让。另一种观点认为,是否进行水权转让的权利应当赋予给水权的实际权利人(私人),由其根据双方利益最大化的原则决定是否进行转让,就如同转让其他商品一样。[2]从理论上讲,这实际上涉及公私法接轨的技术问题,在水权转让领域就体现为应当在私法领域引入多少公法规定的问题,进而实现公法与私法的衔接,更好地达到此项资源自身价值的公共性。[3]申言之,具体到水权转让领域,主要涉及市场配置水权如果导致用水目的变化,公权力如何介入的问题。

一、水权市场配置可能导致用水目的变化及其法律困境

如果水权市场配置方式导致用水目的发生变化,往往要受很大限制。例如,《日本河川法》对此就采取了较为严格的规制模式,无论何种情形,均不允许水权转让前后的用水目的发生变化。只有在前后用水目的一致的情形下,方允许水权转让。[4]可见,如果用水目的不发生变化,水权市场配置方式可能会被允许。反之,水权市场配置可能导致用水目的变化时,就转变成为绝对禁止的行为了。

考虑到市场配置过程中是否导致用水目的变化,而对可否采取水权市场配置的方式甄别应对具有合理原因:用水目的前后发生变化,极易涉及众多

---

[1] 参见徐涤宇、胡东海、熊剑波、张晓勇:《物权法领域公私法接轨问题研究》,北京大学出版社2016年版,第125-126页。

[2] See Megan Hennessy. *Colorado River Water Rights: Property Rights in Transition.* The University of Chicago Law Review, 2004(71):1663.

[3] 参见苏永钦:《寻找新民法》(增订版),北京大学出版社2012年版,第57页。

[4] See John R. Teerink and Masahiro Nakashima. *Water Allocation, Rights and Pricing: Examples from Japan and the United States.* The World Bank Press, 1993:66.

用水者的利益关系、水源转出地及转让地的生态维护等众多事项,有时甚至影响到水权交易双方当地的产业结构调整。当前,理论界较过去更加关注水权转让给第三方以及整个社会所带来的社会影响问题,尤其体现在水权转让所引发的从原水源地将水资源抽调到其他地方,或者将农业用水经过水权转让转换为城市和环境用水目的等此类问题上。[1]

构建可交易水权所面临的最大挑战性问题在于:可交易水权如何能够在随着水文、气候变化而灵活调整的同时仍然满足稳定性、安全性等交易特性,这同时也是构造可交易水权制度的重中之重。[2]此外,当水权市场配置导致用水目的发生变化时,比如,把灌溉目的的水权变化成工业生产性用水目的的水权,倘若农业用水的降低致使同其相关的农业生产或税收的减少,那么,水权的市场配置方式就将损及农业生产行为、水源地的财税状况,更甚者可能涉及水权市场配置区域将来的经济社会发展。

二、应对水权市场配置导致用水目的变化之法律困境的可能参照

如果水权市场配置不会导致用水目的发生变化,原则上是否进行水权转让以及如何转让应由当事人自主决定。从经济学角度考虑,此时尽量减少对水权转让的公共管制,有利于避免僵化的官僚主义对水权转让的掣肘,[3]便利水权转让的进行。因此,在这种情形下,应将水权转让的控制权交由水权持有者享有,因为其拥有关于水权的最多信息量,最有利于对边际效应的控制,进而降低水权转让的成本。[4]

在水权市场配置导致用水目的的变化的情况下,具体有下述几种应对路径进行参照:

其一,绝对不允许通过水权市场配置导致用水目的的变化。这种规制模式以日本为典型代表。按照这种模式,水权市场配置不能导致用水目的的发生变化,《日本河川法》要求所有的水权转让都必须经过水资源管理机关的批准,

---

[1] 参见[美]A.丹·塔洛克:《水(权)转让或转移:实现水资源可持续利用之路——美国视角》,胡德胜编译,《环球法律评论》2006年第6期,第762页。

[2] 参见裴丽萍:《论水资源法律调整模式及其变迁》,《法学家》2007年第2期,第100页。

[3] 参见[德]魏伯乐、[美]奥兰·扬、[瑞士]马塞厄斯·芬格主编:《私有化的局限》,上海三联书店、上海人民出版社2006年版,第15页。

[4] See Megan Hennessy. *Colorado River Water Rights: Property Rights in Transition*. The University of Chicago Law Review, 2004(71): 1664.

并且绝对禁止水权转让由一种用水目的转变为另一种用水目的。[1]

其二,绝对不允许通过水权市场配置将较高位序用水目的的水权,变化为较低位序用水目的的水权。在这种规制模式之下,处于较低位序用水目的的用水者,通常不能受让较高位序用水目的的水权。例如,可通过水权市场配置将灌溉用水转变为生活目的用水类型,但是,不允许通过水权市场配置将农业用水变化为工业用水、娱乐性用水。[2]简言之,允许通过水权市场配置将较低位序用水目的的水权变化为较高位序用水目的的水权,但是不允许将较高位序用水目的之水权变化为较低位序用水目的之水权。

其三,通过水权市场配置导致用水目的发生变化时,应当取得公权力机关的核准。在此种规制模式之下,是否允许通过水权市场配置导致用水目的的发生变化法律并不明确表态,而将相关的决定权力授予给水资源管理机关予以核准。

其四,允许水权市场配置导致用水目的的发生变化。这是一种自由主义的规制模式,对水权市场配置所导致的用水目的的发生变化不做任何禁止或限制性的规制。

三、水权市场配置导致用水目的变化之法律困境的具体应对

如何应对水权市场配置所导致的用水目的的变化,不应一概而论,宜进行具体探讨。这体现为:

其一,水权市场配置不应任意导致用水目的的发生变化。试想,按照法律规定,用水者当然于通常情形无权任意变化用水目的,那么,这种规范亦不应凭借水权市场配置(水权转让)而产生变化。从这一角度出发可以发现,法律并不是在干预水权人对水权的自由行使,毕竟,任意变化用水目的的本身就非水权的涵盖范围。比如,用水者所取得的是一项灌溉目的的水权,其所享有的此项权利中天然不包含把水资源用作娱乐用途的权能,当然亦无权通过水权市场配置的方式,对用水目的进行变化或创制新的用水目的。

其二,应当允许通过水权市场配置,由较低位序用水目的之水权变化为较高位序用水目的之水权。也就是说,对于市场配置水权中导致用水目的的发生

---

[1] See John R. Teerink and Masahiro Nakashima. *Water Allocation, Rights and Pricing: Examples from Japan and the United States*. The World Bank Press,1993:57.

[2] 参见崔建远:《物权:生长与成型》,中国人民大学出版社2004年版,第399页。

变化,不宜不加区分地一味禁止。忌惮通过水权市场配置导致用水目的发生变化的原因之一在于,杜绝假借水权市场配置单纯变化用水目的。但是,绝对禁止用水目的变化的规定过于严厉,允许通过水权市场配置由较低位序用水目的之水权转化为较高位序用水目的之水权,方是一种合理及可行的选择。比如,通过市场配置的方式,将之前的生产性用水变化为生活用水,虽然导致用水目的发生了变化,但没有禁止的充分依据。又如,将生产性用水通过水权转让变为生态环境用水亦无不可。从比较法观察,由于生态环境用水在法律上是一种有益性用水,按照美国加利福尼亚州的规定,任何单位和个人均可以依法购买短期或长期水权,将水权项下的水量用于生态环境保护。[1]

其三,通过水权市场配置,由较高位序用水目的之水权变化成较低位序用水目的之水权时,应经公权力机关的核准。行政管制介入私法领域乃是一种不得已而为之的方式,"管制的结果取决于制度框架,以及有利于最贫困人口的特定法规和手段"[2]。这也是一些地方的实际做法。[3]基于公共利益、交易安全等因素的考虑,需要在水权转让过程中引入公法规范,对此类公法规范的违反将可能导致水权转让行为无效的私法效果。可见,水权转让作为用益物权流转的一种形式应当属于公法与私法共同管制的领域。[4]改变用水目的时,水权市场配置的当事人必须对那些经济利益之上的价值进行考量。比如,把灌溉目的之水权变为生产目的之水权时,必须考量农业生产要素。但是,对于仅是谋求经济效益的水权交易当事人而言,一般无法考量此类因素。从经济学角度而言,水权转让需要付出很高的交易成本。这些成本至少包括:对可交易水权予以量化的成本、评估对第三方可能造成不利影响的成本、水权的行政管理成本(包括解决第三方受损赔偿的诉求)、由出让方将水权交给受让方

---

〔1〕 参见胡德胜:《生态环境用水法理创新和应用研究——基于25个法域之比较》,西安交通大学出版社2010年版,第195页。

〔2〕 [德]魏伯乐、[美]奥兰·扬、[瑞士]马塞厄斯·芬格主编:《私有化的局限》,上海三联书店、上海人民出版社2006年版,第454页。

〔3〕 例如,自2015年开始,甘肃省在凉州区、民勤县、高台县等地进行的农业水权改革实践中,并未绝对禁止由较高次序的水权向较低次序水权的转让行为。但是,为了统筹区域内的年度用水总量,保障生态环境,生态环境用水目的的水权禁止向低次序的水权进行转让;农业用水性质的水权向非农行业(如工业用水水权)转让时,则必须进行水资源论证。参见胡艳超、刘定湘、刘小勇、郎劢贤:《甘肃省农业水权制度改革实践探析》,《中国水利》2016年第12期,第9页。

〔4〕 参见徐涤宇、胡东海、熊剑波、张晓勇:《物权法领域公私法接轨问题研究》,北京大学出版社2016年版,第142页。

的实际转让成本(包括由第三方承担的外部性成本)。[1]可见,这些交易成本纷繁复杂,在水权转让致使用水目的发生变化时,有些交易性成本的控制是单纯依靠私法行为所无法完成的。然而,如果绝对不允许由较高位序用水目的之水权变化成较低位序用水目的之水权,则是对水权之私权属性的一种背离。这就需要公权力加以干预,由水资源行政管理部门综合社会、生态保护及经济发展等多种因素之后判断是否可以允许此种情形的水权进行转让。比如,由灌溉目的用水转变为工业生产目的之水权、压缩农业用水许可水量需要在获得水资源行政管理机关批准后,重新办理水权许可手续。市场配置水权过程中需要经过的公权力机关的批准程序,可以看做水权交易之基础债权协议的生效要件,毕竟,债权协议的成立一般情况下仅凭当事人意思即可决定。另外,其他领域的相似立法也可作为以上论点的一种佐证。例如,若经由土地承包经营权的流转把农业用地变化为建设用地时,需要履行批准程序(《物权法》第128条)。

值得注意的是,我国针对水权交易程序的既有规范具有重大弊端,亟需进行修改。例如,2016年水利部颁布的《水权交易管理暂行办法》对取水权交易进行了较为严格的规定。一项取水权交易行为的完成至少需要经过以下程序:其一,取水权交易转让方向其原取水审批机关提出取水权交易申请;[2]其二,水资源管理机关审查水权交易申请报告,并进行现场检查;[3]其三,经水资源管理机关审批水权交易申请后,取水权交易当事人之间签订取水权交易协议;[4]其四,履行取水权交易,并依法办理取水许可证或者取水许可变更手

---

〔1〕 See Megan Hennessy. *Colorado River Water Rights*:*Property Rights in Transition*. The University of Chicago Law Review,2004(71):1664.

〔2〕《水权交易管理暂行办法》第14条规定,"取水权交易转让方应当向其原取水审批机关提出申请。申请材料应当包括取水许可证副本、交易水量、交易期限、转让方采取措施节约水资源情况、已有和拟建计量监测设施、对公共利益和利害关系人合法权益的影响及其补偿措施"。

〔3〕《水权交易管理暂行办法》第15条规定,"原取水审批机关应当及时对转让方提出的转让申请报告进行审查,组织对转让方节水措施的真实性和有效性进行现场检查,在20个工作日内决定是否批准,并书面告知申请人"。

〔4〕《水权交易管理暂行办法》第16条规定:"转让申请经原取水审批机关批准后,转让方可以与受让方通过水权交易平台或者直接签订取水权交易协议,交易量较大的应当通过水权交易平台签订协议。协议内容应当包括交易量、交易期限、受让方取水地点和取水用途、交易价格、违约责任、争议解决办法等。""交易价格根据补偿节约水资源成本、合理收益的原则,综合考虑节水投资、计量监测设施费用等因素确定。"

续。[1]

从上述取水权交易程序可以发现以下特点：首先，水资源管理机关是否允许水权交易申请，是任何一项取水权交易得以开展的必经程序。换句话说，这并非仅是取水权交易在改变用水目的之时方须履行的程序，而是所有情形的水权转让的规定动作（即便水权转让未改变用水目的），如此规定未免过于严苛。其次，水资源管理机关是否允许水权交易申请，是取水权交易当事人之间签订取水权交易协议的逻辑前提，而非先由取水权交易当事人之间签订取水权交易协议之后，再行申请水资源管理机关批准，将原取水审批机关的批准作为是否可签订取水权交易协议的前提，未免本末倒置。因此，建议对上述程序进行修改。

第五节 市场配置中的水权变动模式选择

水权转让作为一种物权变动，必然需要考虑其变动模式的选择及同我国既有的物权变动模式的协调问题。论证市场配置中的水权变动模式的立法选择，是构建我国水权市场配置规则的核心内容。

一、其他用益物权变动模式对水权变动模式选择的立法参照

不动产物权变动模式是指不动产物权产生、变更、消灭的法定方式。[2]前已述及，水权的法律性质应当界定为一项用益物权，因此，水权变动模式的选择必然要以其他用益物权的变动模式作为立法参照。

从现有的《物权法》规定来看，不同的用益物权变动所采取的物权变动模式并不完全相同。由于此类权利的客体通常是不动产，因此应适用《物权法》第9条的规定，即原则上以登记作为用益物权设立的生效要件。然而，考量既有土地登记制度的状况，《物权法》弱化了登记在用益物权设立及变动中的作用。在典型的四种用益物权中，真正实行登记生效的只有建设用地使用权，地役权和土地承包经营权的设立实行的是登记对抗主义，宅基地使用权的设立则尚未建立登记制度。[3]具体体现为：

---

[1]《水权交易管理暂行办法》第17条规定，"交易完成后，转让方和受让方依法办理取水许可证或者取水许可变更手续"。

[2] 参见王利明：《物权法》，中国人民大学出版社2015年版，第58页。

[3] 参见梁慧星、陈华彬：《物权法》（第六版），法律出版社2016年版，第228页。

其一,就土地承包经营权而言,该项权利的取得采取的是典型的债权意思主义的物权变动模式,登记的作用在于确权,而非设权;同时,在该项权利发生流转时,土地承包经营权的登记则扮演着对抗要件主义的作用,采取的是登记作为对抗要件,而非生效要件。一方面,《物权法》第127条及《农村土地承包法》第23条针对土地承包经营权的取得,仅需要土地承包经营权合同生效(即当事人的债权合意)即可设立,不要求必须进行登记,也未规定"未经登记,不得对抗善意第三人"。可见,对此采取的是一种典型的意思主义的物权变动模式。此时,县级以上地方人民政府"向土地承包经营权人发放土地承包经营权证"及"登记造册"的目的,在于"确认土地承包经营权"(《物权法》第127条第2款),具有对此项用益物权的确权功能,但并非土地承包经营权取得的要件。也就是说,"从法律规定看,登记成为一种管理的手段,并不影响土地承包经营权取得的物权效力,只有承包合同的生效才是土地承包经营权取得的必需条件。"[1]

其二,与土地承包经营权的设立采取典型债权意思主义的立法模式不同,在土地承包经营权发生流转(包括互换、转让)之时,若当事人要求登记,则登记变成了对抗要件。这具体体现为《农村土地承包法》第35条的规定,即土地承包经营权流转时,若当事人要求登记,则应进行登记,否则不得对抗善意第三人。有学者据此认为,"在发生物权变动方式的土地承包经营权流转的时候,法律则明确公示效力采取的是对抗要件主义"[2]。

其三,与土地承包经营权不同,地役权是一项重要的用益物权类型,其成立采取的是登记对抗主义。依据《物权法》第158条的规定,地役权的设立时间为地役权合同生效时,但当事人要求登记的,可进行登记,否则不得对抗善意第三人。也就是说,此时,登记与否成为了地役权的一项对抗要件。

其四,《物权法》并未规定宅基地使用权变动所应遵循的物权变动模式。具体而言,《物权法》第153条利用转介性条款,将对宅基地使用权的取得和转让交由"土地管理法等法律和国家有关规定"进行规范。但是,就现有立法而言,《土地管理法》对宅基地使用权虽有规定(第62条),但并未涉及该项权利具体的物权变动模式,并未规定宅基地使用权须登记才生效。之所以在《物权法》中对此未予规定以及《土地管理法》虽作规定但较为原则的原因在于,

---

[1] 李国强:《物权法讲义》,高等教育出版社2016年版,第113页。
[2] 李国强:《物权法讲义》,高等教育出版社2016年版,第113页。

我国不同地区关于宅基地使用权实践操作的差异较大,而宅基地使用权本身的问题又十分具体,因此,一直以来都是通常经由国家政策进行调整,即便是《土地管理法》的规定也较为原则,以便交由国家政策、法规和地方性规章对宅基地使用权进行具体的规范及调整。[1]司法实践中,虽然有的地方会要求宅基地使用权进行登记,但登记与否不影响宅基地使用权的设定。当然,这不妨碍宅基地使用权申请登记部门予以登记,也不排除某些地区主动为村民办理宅基地使用权登记。可以认为,如果对宅基地使用权进行登记的话,应当具有对抗第三人的效力。[2]另外,已经登记的宅基地使用权转让或者消灭的,应当及时办理变更登记或者注销登记(《物权法》第155条)。但是,从严格意义上讲,这种立法模式与典型的登记对抗要件主义仍然存在差异,仍然不是典型意义上的登记生效主义。

二、水权变动应采取债权形式主义变动模式

前已述及,水权转让在本质上属于一项不动产权利的变动。具体而言,它是因为水权交易合同这一债权行为所引起的用水权利于私法主体之间的一项物权变动。此项权利移转以作为私权的水权为标的,属于他物权(用益物权),即水资源用益物权,不是自物权(水资源之所有权)的变化,应认定为一种他物权的变动。水权转让为一种私权变动,通过允许民事主体平等协商,而非过多利用行政强制手段,使水权在不同市场主体之间移转,实现运用市场手段对水权再配置的目标。故此,以水权交易为核心的水权市场配置制度通常应纳入私法领域进行调整,在对水权转让进行理论解读时,也必须按照民法思维进行。水权交易属于一种物权变动范畴,一般因为水权交易协议所引起。水权转让协议构成了水权转让的债权基础,而水权转让就成为该项基础行为所产生的结果。为使水权转让得以顺利进行,除要求引起此物权变动结果的水权转让协议需要满足债权协议的条件以外,尚需要践行形式要件,进而契合物权之变动模式的要求。水权转让成为运用市场机制提升水权配置效益之有效途径,但作为水权客体之水资源具有公共性的特征,[3]在供给上具有天然性和不

---

〔1〕参见最高人民法院物权法研究小组编著:《〈中华人民共和国物权法〉条文理解与适用》,人民法院出版社2007年版,第458页。

〔2〕参见李国强:《物权法讲义》,高等教育出版社2016年版,第128页。

〔3〕参见单平基:《论我国水资源的所有权客体属性及其实践功能》,《法律科学》2014年第1期,第68—79页。

易储存性的特征,这直接导致水权转让不同于一般排他性私人物品的交易。[1]因此,水权转让须遵循何种变动模式就成为必须考虑的问题。

《物权法》只是确认了依法取得之水权"受法律保护"(第123条),对水权变动应采取何种物权模式并未进行规定。不动产变动通常需要践行登记程序,所以就不动产的物权变动而言又主要分为两种模式:其一,登记于其中具有要件作用的登记要件主义;其二,不经登记不影响物权生效,但不能对抗善意第三人的登记对抗主义。[2]从推进水权市场配置的便利进行及保护善意第三人的角度考虑,我国关于水权转让宜采用债权形式主义的变动模式,将登记作为水权变动的形式要件。

(一)水权转让协议是引起水权变动的基础行为

1.作为基础行为的水权转让协议

按照民法理论,水权转让与水权转让协议为两个不同的概念。前者在法律上的性质宜界定成一项用益物权的变动。此时,水权基于一定的原因从水权人处脱离,而移转到受让人手中。可见,它通常描述的是水权作为他物权发生变动的一种形态或事实。水权转让通常需要具有引起此种变动的事由,而当事人之间的债权协议就是引发这一变动的最常见的事由。在基于债权协议产生的水权变动中,水权交易协议作为原因行为属于一种债权行为。作为结果的物权变动与作为基础行为的债权行为是不同的,后者只会产生债务人的负担,践行形式要件之前,还不会造成物权的变动。[3]确切地讲,依据债权协议,在水权转让人与受让人之间能够产生债权债务关系的法律行为,这导致转让者负有让与水权的义务,而买受者负有履行购买水权之价款的义务。

水权转让协议在本质上应界定为一项债权合同,必须满足债权协议之成立及生效条件。也就是说,此项协议作为一项双方民事法律行为,至少需要有两项意思表示的存在,其与水权作为支配权(物权)的行使不同,并不能因单方意思表示的作出而产生法律效力。在双方法律行为中,意思表示的作出与受领具有同等重要的地位,法律行为是两个意思表示相互一致的结果。[4]

水权转让合同是水权人与受让人之间达成的,水权人将水权移转给受让

---

[1] 参见韩锦绵:《水权交易的第三方效应研究》,中国经济出版社2012年版,第7页。

[2] 参见王利明:《物权法》,中国人民大学出版社2015年版,第58页。

[3] 参见苏永钦:《寻找新民法》(增订版),北京大学出版社2012年版,第464页。

[4] 参见[德]米夏埃尔·马丁内克:《德意志法学之光:巨匠与杰作》,田士永译,法律出版社2016年版,第19页。

人,后者偿付价款给转让人之意思表示一致的合同。[1]此项协议的达成需要交易双方意思表示一致,即需要依据民事协议之要约及承诺要件进行判断。水权转让合同中的要约唯一的法律效力是赋予要约受领人通过对要约进行承诺来订立合同的权利。[2]要约是一项意思表示,旨在确定与受要约人订立的合同的特定内容。[3]相应地,承诺表示的内容必须与要约相符。[4]承诺必须与要约一致:只有这种情形才达成合意;与要约不一致的承诺表示构成拒绝。[5]具体而言,水权转让方与受让方是否达成这种一致(一致性),必须通过双方意思表示的解释进行判断。对于交易价格的确定很难完全通过行政指导的方式来实现。毕竟,水权转让价格的确定是一项单纯依靠行政指导难以完成的任务,水资源的价值会因所处的环境、时间、地点、纯度和其他特性而有所差别,因而无法具体计算和评估一升水的固定价值和成本。当然,行政指导对于水权转让的价格也应发挥一定的作用。水价对水权初始配置、水权交易以及其他水资源法律规范的制定具有重要的影响。我国之前在全国范围内应用的是单一的水资源计价方式,导致传统上水资源匮乏的地区,尤其是我国北方,水资源更加紧缺。可见,即便大多数情况下水资源匮乏是由于降雨量偏少所致,但缺少适当及合理的水资源行政管理措施,特别是水资源定价措施也是导致水资源短缺的重要因素。例如,哥斯达黎加和老挝的降水量虽然比较丰富,但水资源依然短缺的重要原因就在于水资源管理水平偏低所导致的对水资源的过度使用。[6]近年来,在我国的水资源管理实践中,很多地方的做法值得借鉴。例如,有些地方采用经由县级人民政府发放"水权证、水权卡"的方式,[7]对水权初始取得进行配置。在一定区域内,每年的水资源供应量均有定额限制,依据水资源使用人的实际用水量来计量水资源使用费,并实行"梯

---

[1] 参见崔建远:《水权转让的法律分析》,《清华大学学报(哲学社会科学版)》2002年第5期,第47页。

[2] 参见[德]维尔纳·弗卢梅:《法律行为论》,迟颖译,法律出版社2013年版,第758页。

[3] 参见[德]迪特尔·梅迪库斯:《请求权基础》,陈卫佐、田士永、王洪亮、张双根译,法律出版社2012年版,第34页。

[4] 参见[德]维尔纳·弗卢梅:《法律行为论》,迟颖译,法律出版社2013年版,第776页。

[5] 参见[德]迪特尔·梅迪库斯:《请求权基础》,陈卫佐、田士永、王洪亮、张双根译,法律出版社2012年版,第35页。

[6] 参见[美]托马斯·思德纳:《环境与自然资源管理的政策工具》,上海三联书店、上海人民出版社2005年版,第554—559页。

[7] 参见杨涛利:《节水可以卖 农民有钱赚:新疆玛纳斯县探索农业水权水价改革》,《中国环境报》2016年1月5日,第010版。

级"水价,结余的水量允许转让,而超额用水者则需要付出更高的成本。[1]这种水权改革实践的目的,即旨在通过推行水资源使用量的定额化管理,并通过水价的动态调整机制,最终实现水资源使用总量的"封顶"目标。

水权转让合同的成立与水权转让的有效与否是两个问题。对水权转让合同成立之意思表示是否具有一致性的判断及解读,并不是探求水权转让当事人真实意思的过程。在这一过程中,更具有决定性的是水权受让人所能够了解及接受的水权转让人的意思(受领人主义的规范解释)。依循此种路径,假如订立水权转让合同的要约和承诺之间存在重要的差异,那么,订立水权转让合同的目的一般就会落空。尽管水权转让的转让人与受让人达成关于水权转让的部分合意,甚至当事人认为已经达成全部合意,但可能也无法认定为水权转让合同成立(隐存的不合意)。相反,如果水权转让当事人的真实内心意思完全一致,就不会因为疏忽所导致的某些表示行为上的不一致而使订立水权转让合同的目的落空(错误名称的无害性)。[2]

水权转让必须践行的公示方式属于水权变动中的形式主义要件,会影响到水权变动(物权变动)的效力,但其不会涉及引发水权变动的债权行为之效力。很长一段时期内,我国学界及司法实务部门对水权变动有一种错误的理解,即将水权变动与水权转让协议二者的法律效力相混同,甚至认为不进行水权转让的登记非但不能产生水权变动的结果,而且会导致水权转让合同的无效。这种传统做法明显混淆了债权协议与物权变动两种制度。水权变动公示以水权转让合意的有效存在为起点,指向的最终目标是水权变动,但公示方式(水权移转登记)本身并不能决定水权转让合同的法律效力。因此,将来于相关规则设计中,应当对水权转让之形式要件(登记)的法律效力与其基础行为的法律效力进行严格区分。[3]

2. 水权转让的有因性

水权转让之基础行为(债权协议)同水权转让的关系可以从两个方面进行理解。

一方面,如果没有此项债权协议一般就无法引发水权变动。依据民法理

---

[1] 参见阳治爱:《告别"大锅水"——来自云南省砚山县农业水权改革的报道》,《人民长江报》2016年1月23日,第002版。

[2] 参见[德]迪特尔·梅迪库斯:《请求权基础》,陈卫佐、田士永、王洪亮、张双根译,法律出版社2012年版,第34—35页。

[3] 参见王利明主编:《中国民法典草案建议稿及说明》,中国法制出版社2004年版,第406页。

论,我国物权变动原则上遵循的是债权形式主义模式,且坚持物权变动的有因性,不承认无因性。引发水权转让之基础协议的效力将对水权变动的最终后果产生影响。只有在水权转让合同客观有效的情况下,才可能产生水权变动的效果。

另一方面,如果仅仅存在水权交易协议也不能生发水权变动的法律效果。依据债权形式主义,物权变动的法律效果无法基于债权协议的效力而绝对发生,还需要践行登记或交付等形式要件。[1]水权转让登记是一种法律强制性规范,属于物权法定中的内容法定的范围。如果不践行水权变更登记这一形式要件,将不能生发水权变动之法律效果。[2]也就是说,这一水权移转经由法律行为而取得、设立及移转,非经登记不生效力。因此,水权转让结果的实现必然需要至少具备两个条件:水权转让合同的有效性、水权变更登记公示行为的完成。

水权转让坚持有因性原则,意味着水权变动需要受到水权交易契约的制约。另外,水权交易契约对水权变动效力的制约应于我国既有的物权变动模式中予以讨论及展开。这种制约具体体现在以下方面:

(1)当水权交易协议依法成立且有效情况下对水权变动的影响

当水权交易协议依法成立且有效情况下,如果水权交易双方办理了水权移转登记手续,那么,水权就会从原水权人转移到受让人手中,发生水权变动的后果。需要注意的是,水权转让合同与水权变更登记并非完全割裂的两个行为,当事人转让水权的内心意思在两个行为中均有体现。其实,在水权交易契约中已经蕴含有变动水权的内心意思,并且由此契约履行所引致的当事人对初始水权登记的变更中与交易契约中关于水权变动的内心意思紧密相连,这也决定了其中的任何一个环节出现问题都将会影响到水权变动的最终实现。

(2)当水权交易协议无效情况下对水权变动的影响

在我国物权变动模式的制度安排中,在未确立物权行为无因性的情况下,水权变动结果之发生必然受到作为基础行为之债权契约效力的制约。在水权交易协议无效情况下,自然无法引发水权之变动后果。倘若出现《合同法》第52条及《民法总则》第153至第157条中关于契约无效的行为,即便水权交易

---

[1] 参见彭诚信:《我国物权变动理论的立法选择(上)》,《法律科学》2000年第1期,第74页。
[2] 参见王利明:《物权法》,中国人民大学出版社2015年版,第59页。

的双方已经对水权移转予以变更登记,也不会导致水权产生变化。

(3)当水权交易协议可撤销、可变更情况下对水权变动的影响

倘若出现《合同法》第54条及《民法总则》第147条至第151条中关于契约可撤销、可变更之行为,将对能否发生水权变动的法律效果产生实质影响。如果权利人实际上主张对存在瑕疵的水权交易契约撤销或变更,因为我国不存在物权行为无因性的缘故,水权要么不会产生变动的法律效果(撤销),抑或产生变动的范围被限制(变更)。当然,如果权利人选择不去行使上述权利,则水权交易协议的效力不受影响,水权变动自会发生。

三、践行水权移转登记公示对水权转让之影响及其公信力

若遵循我国既存的债权形式主义模式,为让水权变动的事实能够被其他人知晓,需要践行水权移转登记公示程序,进而使得水权变动能够被其他人信赖而具有公信力。

(一)践行水权移转登记公示对水权转让之影响

是否将变更登记作为水权变动的必经程序,是选择我国水权变动模式过程中需要考虑的问题。水权变动中公示原则的机理在于,任何水权人移转水权时,都会对第三人产生影响,因此,水权的变动必须公开、透明,以利于保护权利变动中所牵涉之他人的权益,保障权利交易的便利及其动态安全。因此,建立水权交易的公示原则,将水权变动的情形通过一定的公示方法进行公开,以便使第三人知晓水权变动的情况,就成为必然的要求。

水权作为一种水资源用益物权,应当进行公示公开,使第三人知晓水权的存在,方能具有物权所必备的优先性及对抗性,得以对抗第三人。水权人无法通过秘密的协议创设水权,否则,将不利于第三人利益的保护及交易安全的维护。[1]相应地,水权交易关系着用水权利从水权人向其他需用水者的变动,并且可能牵涉其他社会关系的调整。虽然水本身属于一种动产,但水资源却属于不动产范畴,相应地,水权是一种不动产权益,因此,水权的转让必须遵循关于不动产物权的变动要求,原则上需要办理水权移转登记,否则将不能产生水权移转的法律效力。[2]

---

〔1〕 参见王利明主编:《中国民法典草案建议稿及说明》,中国法制出版社2004年版,第404-405页。
〔2〕 参见崔建远:《水权转让的法律分析》,《清华大学学报(哲学社会科学版)》2002年第5期,第49页。

水权转让应实行公示登记制度，无论是获得水权还是丧失水权，都应向水资源行政主管部门办理水权登记，反之将无法产生权利变动的法律效果。这样既保护了水权人的用水权利，也保证了水权的交易安全，有利于保护善意第三人的利益。

（二）践行水权移转登记公示之公信力

水权移转登记是否具有公信力，对于第三人利益的保护关系甚大。依据物权变动的公信原则，如果交易双方转让水权时依法践行了水权变动的公示行为，即进行了水权变更登记，即使登记的水权并不真实或登记错误，但是，如果社会中的第三人相信该项水权登记簿中所记载的事项，进而同登记的水权人开展了水权交易，那么，这种实质上存在瑕疵的交易也依然能够得到法律的保护，产生如同该第三人与真正的权利人发生交易相等同的法律效力。如此规定的目的，本质上在于保障权利移转中的安全。这也是善意取得制度的内在依据。从一定意义上讲，善意取得正是物权的公信力所产生的结果。[1]正是由于水权登记之公信力的存在，才使得社会中的普通公众能够信赖公示出来的水权，而不论此项权利真实或正确与否，基于此而进行的权利交易及变动也确定性地受到法律的维护。

赋予水权变动登记之公信力的另一功能在于便利水权市场配置的开展。如果依法公示出来的水权能够被人们所信赖，那么，想进行交易的当事人就不再需要去实际调查真实的权利情况，而只要对其所看到的水权登记簿上记载的信息予以信赖。相反，如果依法公示出来的水权缺乏公信力，人们为确保交易安全，必然需要亲自再去调查该项权利的真实状况，有时这是一种需要付出巨大成本但却依然无法完成的任务，将会大大限制水权转让。同时，如果依法公示出来的水权基于其所具有的公信力，能够被人们所信赖，那么，想进行交易的当事人就不会由于忌惮此项权利的真实状态而举棋不定、裹足不前，有利于保障当事人对此项交易的合理期待，从而便利交易的开展，最终实现市场配置水权的目标。

本章小结

构建合理的水权转让规则是发挥市场对水权配置功能的规范依据。面对

---

[1] 王利明主编：《中国民法典草案建议稿及说明》，中国法制出版社2004年版，第405页。

我国当前普遍存在的对水权转让的误读,避免发生将其同水资源产品所有权之转让、供水合同债权之转让等相互混淆之现象,应对其法律性质予以界定。它在本质上应当属于物权变动的范畴,应处理好其同我国正在实行的物权变动模式及相关制度的关系。依据债权形式主义,作为债权性质的水权变动协议构成此项物权变动的基础,并会对于此项权利变动的效力发生直接影响。此外,水权变动所需践行的登记程序为水权变动之构成要件,登记完成后方可产生水权变动的法律效果。如果水权变动不会导致用水目的发生变化,原则上可自由进行。当水权转让改变用水目的时,应允许较低位序的水权转为较高位序的水权;当水权由较高位序向较低位序转让时,应取得水权许可机关的批准。

制度的构建源于理论的解读。水权配置不合理及使用效益不高的困境,在一定程度上加剧了我国当前水资源匮乏的状况,而构建合理的水权市场配置规则可缓解这一难题。水资源危机的严峻现实及水权作为私权的特性决定了对水权转让不应一味限制。经由水权之转让规则的合理构建,推行水权之市场配置制度,"使市场在资源配置中起决定性作用"[1],是现阶段许多国家正在开展的水权配置实践。[2]当然,水权转让并非允许水权人毫无限制地任意进行。当水权人将较高次序用水目的的水权转让给低位序用水目的之人时,需要行政权力的介入。水权转让的制度构建为突破单纯水资源行政管制禁锢,发挥市场配置水权的作用提供了规范依据,有助于实现通过市场手段合理配置水权之效果。

---

〔1〕 参见中国共产党十八届三中全会《中共中央关于全面深化改革若干重大问题的决定》。
〔2〕 See John R. Teerink and Masahiro Nakashima. *Water Allocation, Rights and Pricing: Examples from Japan and the United States.* The World Bank Press, 1993. 并可参见[美]里昂德·伯顿、[新西兰]克里斯·库克林:《新西兰水资源管理与环境管理政策改革》,杜群译,《外国法译评》1998年第4期;王凤春:《美国联邦政府自然资源管理与市场手段的应用》,《中国人口·资源与环境》1999年第4期;王亚华:《水权解释》,上海三联书店、上海人民出版社2005年版。

第五章

排水权的私法配置——基于 695 件排水纠纷的分析

中共中央十八届四中全会在《全面推进依法治国若干重大问题的决定》中,明确提出"加强市场法律制度建设,编纂民法典"。编纂民法典为对现有民事立法中不完善、存有漏洞的制度规范进行重新检视、探讨及设计提供了契机。[1]《民法总则》对于排水规范未予规定,而《民法通则》将处理排水问题的规范规定于所有权相邻关系中(第83条),并未将排水权作为一项独立的物权类型进行规范。《物权法》虽然就排水权已予以规范(第86条),但此种规定过于简单,不具有司法层面的可适用性,不利于排水纠纷的解决,[2]亟需检讨及完善。另外,虽然国家投入了大量的人力、物力及财力,但是,我国因降水、洪涝等所引起的排水纠纷并不能得到缓解或避免,充分说明单纯的水利工程建设并非解决上述困境的有效途径。[3]这也从侧面反映出排水权制度建设的重要性。值此《民法典》编纂之际,面对我国排水权规范存在的立法缺陷及司

---

[1] 参见单平基:《民法典编纂中恶意占有有益费用求偿权的证立及界分》,《当代法学》2016年第3期,第89页。

[2] 截至2017年9月20日,用"排水"作为关键词在"北大法意"和"万律"(Westlaw China)法律数据库中对收录案例进行搜索,共找到695条记录。经过仔细甄别、研读,本章主要法律问题的提出、分析与论证等都可以基于这些案例。

[3] 参见于凤存、王友贞、袁先江、蒋尚明:《排水权概念的提出及基本特征初探》,《灌溉排水学报》2014年第2期,第135页。

法适用困境,实有必要在考察、归纳我国处理排水权纠纷之司法裁判实践经验的基础上,借鉴其他国家及地区先进立法例,为《民法典》编纂中排水权制度的重新设计、建构提供智识支撑,进而保障关于排水权配置的立法规范设计之科学。

第一节 问题提出:排水权规范道德化安排的弊病

一、排水权规范的立法缺陷及司法适用困境

(一)排水权规范的立法缺陷

现有排水权规范呈现出一种道德化的安排。传统上,民法一般将排水权规定于所有权的相邻关系中,未将其作为一项独立的物权类型进行规定。按照民法理论,不动产的相邻关系的目的,在于通过对不动产权利人与其邻人之间法律关系的处理,更好地便利不动产权利人及其邻人对其不动产的利用。"土地所有权内容在私法上的构造特征,体现为立法者对所有权人利益与他人权利间的冲突,予以规范协调的种种努力。故而,这里的问题总是表现为'相邻关系法'问题,也就是如何针对其他所有权人的权能,或针对因所有权而受影响的第三人利益,而须对所有权人之权能进行界定。"[1]一般情形下,相邻关系制度旨在对不动产权利予以必要限缩或扩张,避免或减少由于权利人对该不动产所进行的绝对自由性支配而滋生的相邻不动产在利用上的纠纷。在此意义上,相邻关系并非一种权利,而是不动产权利人所应承担的容忍义务。

排水法律关系的调整,具体体现为《民法通则》[2]第83条的规定。就排水关系而言,不动产权利人需利用相邻不动产排水时,在合理范围内,为"有利生产、方便生活",承水义务人负有容忍义务或提供必要便利的义务。"所有权的内容因相邻空间上土地之间的毗邻而受到限制。因而法律规定了这样的义务,即总是应容忍轻微的妨害;当重大妨害是因当地惯常的方式使用另外

---

[1] [德]鲍尔、施蒂尔纳:《德国物权法》(上册),张双根译,法律出版社2004年版,第523页。
[2] 由于《民法总则》并未对相邻关系进行规范,因此,依据《民法总则》第11条"其他法律对民事关系有特别规定的,依照其规定"的规定,《民法通则》第83条的规定仍然可以适用。申言之,《民法总则》实施之后,《民法通则》并不失效,仅是二者存在冲突时应当优先适用《民法总则》的相关规定。因而,当《民法总则》缺少相关规范时,当然可以适用《民法通则》的相关规定。

一块土地而产生的后果时,也应容忍重大妨害。"[1]在司法实践中,妨碍排水有时同妨碍物权的行使相竞合。[2]但是,充斥着"有利生产、方便生活、团结互助、公平合理"等立法用语的排水规范,实际上是欲用一种道德化的方式去解决排水纠纷。毕竟,"有利生产""方便生活"均具有相对性,或者说无论对于排水权人还是承水义务人均可适用,并且是一种此消彼长的关系。可见,这种规定本质上是一种"和稀泥"式的制度规范,根本无法应对实践中排水纠纷日益频发的状况,亟需通过理论探讨进行完善。诚如大村敦志教授所言,法律事实的发现过程需要从法律规范的适合性出发,而法律规范的适用过程,无非就是通过实际案例对该规范是否妥当予以检验及确认的过程。[3]对既有的排水规范存在的缺陷进行分析,并提出相应的完善建议,以使其能够适用于排水纠纷的解决,这便是探讨排水权规范的出发点及最终目的。

与《民法通则》关于排水权规范道德化安排的状况类似,《物权法》关于相邻关系的规定(第84条[4])实际上是《民法通则》第83条的翻版。另外,《物权法》第86条专门针对排水权进行了规范,但相关规定也同样存在道德化安排的问题,在司法实践中欠缺可操作性。《物权法》第86条是关于相邻不动产权利人之间用水、排水的规定,并且将相邻用水和相邻排水关系在同一条文中采取了并列规定的方式。该条规定存在以下问题:

首先,该条规范将相邻用水和相邻排水并列规定是否合适,值得商榷。当今,水资源已经构成单独的权利客体属于国家所有,且已得到立法的确认(《水法》第3条、《物权法》第46条)。认为水资源属于土地资源的组成部分或者无主物的观点已不合时宜,而用水人需在取得取水权(《水法》第48条)的前提下方能用水。此时,需用水人仅以其拥有不动产权利或相邻关系为依据已不符合法律规定,而是应当依法获得取水权。也就是说,"对自然流水的利用"如今已不再属于相邻关系能够调整的范畴,而应属于取水权的调整范围,"对自然流水的利用"的权利主体准确地说应当是指向取水权人。也就是说,《物权法》第86条第2款对于"对自然流水的利用,应当在不动产的相邻权利

---

[1] [德]哈里·韦斯特曼、哈尔姆·彼得·韦斯特曼:《德国民法基本概念》(第16版),张定军、葛平亮、唐晓琳译,中国人民大学出版社2014年版,第135页。

[2] 参见"李桂兰与常胜军相邻用水、排水纠纷案",陕西省米脂县人民法院(2014)米民初字第00082号民事判决书。

[3] 参加[日]大村敦志:《民法总论》,江溯、张立艳译,北京大学出版社2004年版,第62页。

[4] 《物权法》第84条规定:"不动产的相邻权利人应当按照有利生产、方便生活、团结互助、公平合理的原则,正确处理相邻关系。"

人之间合理分配"的规定,明显是将应被取水权规范调整的内容错误地纳入到相邻关系制度中了,将来立法时应当进行修正。[1]

其次,该条规定也存在简单、笼统的弊病,欠缺司法操作性。尽管既有规范(《物权法》第86条)对排水纠纷的处理作出了一些原则性的规定,但是由于这种规定过于抽象和概括,进而导致其在实践中根本难以应对如后文所述的日益严峻的排水纠纷。例如,何谓"必要的便利"?通过何种标准进行具体判断?这种道德化的安排存在明显的立法缺陷,使得排水权规范缺乏司法操作性。《民法通则》及《物权法》对相邻排水的规则有所规定,但仍嫌不够。[2]诚如迪特尔·梅迪库斯所言,"案件事实的查明和法律适用经常根本不能严格分开,因为所需查明的仅仅是那些与法律适用有关的事实。所以在查明案件事实的时候,必须不断地想到所需适用的法律规范。有人形象地称之为'目光来回穿梭'(于案件事实和法律规范之间)"[3]。试想,当目光所聚焦的法律规范自身存在过于道德化的安排时,必将导致法律事实的处理无所适从。

另外,就现行的民法典草案而言,由王利明教授主持的《中国民法典草案建议稿》(以下简称"中国人民大学民法典草案建议稿")对排水权在第五编"物权"第二章"所有权"第九节"相邻关系"中进行了规定,具体体现为草案的第833条[4](自然排水)、第834条[5](人工排水)及第835条[6](雨水的排泄)的规定。

应当承认,上述草案对排水权的规定较之《物权法》第86条的现有规定在

---

[1] 参加崔建远:《物权法》(第二版),中国人民大学出版社2011年版,第217-218页。

[2] 参见崔建远:《物权法》(第二版),中国人民大学出版社2011年版,第218页。

[3] [德]迪特尔·梅迪库斯:《请求权基础》,陈卫佐、田士永、王洪亮、张双根译,法律出版社2012年版,第6页。

[4] 该草案第833条规定:"低地应当接受自高地自然流下的水以及由此带来的泥土与堆积物,低地权利人不得加以堵截,也不得要求补偿。""自然水流因不可抗力而在低地上被阻塞时,高地权利人有权在低地上自行建造必要的疏通设施。"参见王利明主编:《中国民法典草案建议稿及说明》,中国法制出版社2004年版,第119页。

[5] 该草案第834条规定:"不动产权利人为排放因正常的生产、生活所产生的废水至公共水道而必须经过邻地时,邻地权利人不得阻碍,但应以损害最小的方式进行。""因排水人所建造的排水设施而遭受损害的,有权要求排水人承担损害赔偿责任。"参见王利明主编:《中国民法典草案建议稿及说明》,中国法制出版社2004年版,第119页。

[6] 该草案第835条规定:"相邻房屋中一方房屋因自然原因而向另一方房屋或土地滴水或排放雨水的,承受滴水或排水的一方不得禁止。但是,房屋的所有人以将雨水直接倾泻到邻地上的方式建造屋顶的,承受滴水或排水的一方有权予以改建并要求赔偿损失。"参见王利明主编:《中国民法典草案建议稿及说明》,中国法制出版社2004年版,第119页。

实践可操作性方面是一种制度上的进步。但是,也存在一些问题。就"中国人民大学民法典草案建议稿"而言,具体体现为:其一,第833条第2款所规定的"高地权利人有权在低地上自行建造必要的疏通设施",但是,若给低地权利人造成损失时,应当如何处理?是否应对低地权利人进行补偿,还是低地权利人负有容忍的义务?对此,草案规定得并不明确。其二,从文义上对草案第835条中所规定的"有权予以改建"进行解释,可能容易使人产生"承水义务人有权对自己的房屋予以改建"的误读。实际上,承水义务人此时享有的应是"有权请求排水权人对其房屋进行改建"的权利,进而排除妨碍,并可要求对已造成的损害请求赔偿,不能因排水权人的不当行为而对承水义务人造成不必要的负担。其三,草案并未对"过水权""排水权人之设堰权""水流及水路变更权及其限制"等制度进行规定,构成法律漏洞。

此外,于海涌教授在其编著的《中国民法典草案立法建议(提交稿)》中关于排水权的规定体现为草案的第703条,[1]但该条规定与我国《物权法》第186条的现有规定完全一样,也同样存在本章开端我们所提到的立法缺陷。此处不赘。

因此,充斥着"有利生产、方便生活、团结互助、公平合理""提供必要便利""合理分配"等模糊用语的排水制度规范,根本无法解决社会中愈加严重的排水矛盾。尤其是现有规范所呈现的过分道德化的表述方式,更是不利于司法实践中排水纠纷的解决。

(二)排水权规范的司法适用困境

排水权规范是解决排水纠纷的制度依据。由于我国现有的排水权规范具有道德化安排的制度性缺陷,不明确、欠缺司法可操作性,导致司法实践中排水纠纷频发。

1. 司法实践中排水纠纷的主要特点

问题来源于实践。归纳而言,我国排水纠纷呈现以下几方面的主要特点:

首先,从纠纷类型看,简单、笼统且在司法实践中不具有实际适用性的排

---

[1] 参见于海涌编著:《中国民法典草案立法建议(提交稿)》,法律出版社2016年版,第141-142页。

水规则导致排水纠纷不断,引发了许多的人身[1]及财产方面的侵权[2]、行政处罚[3]、刑事犯罪[4]及群体性排水纠纷。[5]在排水权规范存在上述立法缺陷的情境下,当排水人与承水人之间不能通过约定解决排水纠纷时,排水纠纷若处理不当,不仅将由于排水冲突的存在导致该不动产难以得到充分利用,影响到不动产权利的实现,甚至可能影响到整个社会秩序的稳定。

其次,就纠纷产生的时间而言,排水权纠纷近年来呈现日趋增长的态势。尤其是2013年至2016年,三年间排水权纠纷的数量占到了本章研究的695件排水纠纷案例的65%。这也使得借助《民法典》编纂的良好契机,对排水权规范进行重新构建更加具有实践面向性及时间紧迫性。我们能够预测,如果无法构建清晰及具有正当性的排水权规范来解决纠纷,排水争端会愈加频发及严重。

第三,从排水纠纷当事人之间的关系来看,就本章所讨论的695份排水纠纷裁判书而言,由于排水行为需要利用邻地的特点,排水纠纷常常发生于邻里、亲朋之间,这一比例高达90%。这也决定了若此类纠纷不能得到妥善解决,势必影响到和谐邻里关系的构建及维系,甚至在一定程度上关系到社会秩序

---

[1] 参见"周再喜、石时香与吕青秀、周又林相邻用水、排水纠纷案",湖南省新邵县人民法院(2015)新民初字第1027号民事判决书;"保定长旺化工有限责任公司与满城县文信房地产开发有限公司相邻用水、排水纠纷案",河北省满城县人民法院(2015)满民初字第66号民事判决书。

[2] 参见"钟永春、包寿富与王明庆相邻用水、排水纠纷案",福建省龙岩市中级人民法院(2015)岩民终字第235号民事判决书;"陈书香与李华孝、严石秀相邻用水、排水纠纷案",云南省师宗县人民法院(2014)师民初字第672号民事判决书;"贺生金与王万军所有权确认纠纷、相邻用水、排水纠纷案",甘肃省镇原县人民法院(2014)镇民初字第931号民事判决书;"杨明兴与秦礼全相邻用水、排水纠纷案",贵州省余庆县人民法院(2014)余法民初字第00576号民事判决书;"盱眙县天牧绿色产业有限公司与盱眙县人民医院相邻用水、排水纠纷案",江苏省高级人民法院(2013)苏审三民申字第070号民事判决书;"毕可法、王汝敏、杨建波、毕国传与毕胜相邻用水、排水纠纷案",山东省文登市人民法院(2013)文宋民一初字第233号民事判决书。

[3] 参见"冯雷与卢天海、彭琼芬相邻用水、排水纠纷案",贵州省正安县人民法院(2015)正民初字第49号民事判决书。

[4] 参见"高宁与刘坚、刘波、李桂英相邻用水、排水纠纷案",黑龙江省泰来县人民法院(2015)泰刑执字第2号刑事裁定书。

[5] 较为典型的群体性排水纠纷参见"付昌干、潘欢民、邱松贤、孙凤雀、方明德、黄汉江、邵阳宝、周仁夫与慈溪市龙腾建材科技有限公司相邻用水、排水纠纷案",相关判决分别对应浙江省慈溪市人民法院(2015)甬慈范民初字第148号、第149号、第150号、第151号、第152号、第153号、第154号、第155号民事判决书。类似纠纷还可参见"徐善强、张文松、徐升成、张永盛与徐守宝、徐佳磊相邻用水、排水纠纷案",相关判决分别对应山东省平度市人民法院(2013)平民一初字第2927号、第2928号、第2931号、第2932号民事判决书。

的稳定。

最后,就这些排水纠纷的处理结果而言,司法机关针对众多的排水争端都是通过调解的手段来解决,即使在少部分以判决方式结案的案例中,法院也没有能够指明裁判依据以及进行充分说理。充斥着"有利生产、方便生活、团结互助、公平合理"立法用语的"和稀泥"式的制度规范,根本无法回应实践中愈演愈烈的排水纠纷。司法机关往往判令纠纷双方"采取冷静、克制、宽容的态度"[1],甚至充斥着"本院予以批评"的判决用语[2],要求当事人"应当相互容忍"[3],"与邻为善、以邻为伴、公平合理、互利共赢"[4],"相互给予方便并有所克制"[5],"着眼长远,本着和睦、协商、求同存异、互利互惠的原则处理好相邻关系"[6],并以此进行判决,或者鼓励"邻里之间协商解决"[7],惟缺少规范依据与裁判说理。令人费解的是,甚至有的法院在判决书中竟然出现"原、被告亦可本着尊重历史、有理有节和睦邻友好原则,自行协商解决邻里纠纷,动辄涉讼反不利正确妥善处理好相邻关系"[8]的裁判用语,有些法院处理排水纠纷仅指明"涉及相关排水的邻居应协商其他能够实际排水的切实可行的办法,以利于排水问题得到根本解决"[9],并未提供解决排水纠纷的具体路径,反而使得当事人依法行使的诉权变成了一种"无理取闹",不利于当事人之间矛盾的化解及排水纠纷的解决。针对法院处理排水纠纷过程中适用规范依据的模糊性与裁判说理的不充分性,很难避免出现法官恣意裁判的状况。

---

[1] 参见"陈凤娇、伍志华、伍达华与黄月兰、伍东桂、伍卓桂、伍水桂相邻用水、排水纠纷案",广东省怀集县人民法院(2015)肇怀法凤民初字第101号民事判决书。

[2] 参见"张福成与李百顺相邻用水、排水纠纷案",北京市平谷区人民法院(2014)平民初字第03557号民事判决书。

[3] 参见"周刘珍与杨春瑞相邻用水、排水纠纷案",云南省保山市隆阳区人民法院(2015)隆民初字第01354号民事判决书。

[4] 参见"李家兴与王桂林相邻用水、排水纠纷案",云南省石林彝族自治县人民法院(2015)石民初字第238号民事判决书。

[5] 参见"夏久尧与夏佳良相邻用水、排水纠纷案",浙江省绍兴市中级人民法院(2007)绍中民一终字第302号民事判决书。

[6] 参见"贺三旺与刘吉财、刘喜堂、刘得青、刘启龙相邻用水、排水纠纷案",山西省乡宁县人民法院(2015)乡民初字第01178号民事判决书。

[7] 参见"高书凯与范秋良相邻用水、排水纠纷案",河北省肃宁县人民法院(2015)肃民初字第507号民事判决书。

[8] 参见"钟永春、包寿富与王明庆相邻用水、排水纠纷案",福建省武平县人民法院(2014)武民初字第1834号民事判决书。

[9] 参见"王振与王金城、王文涛相邻用水、排水纠纷案",河北省高碑店市人民法院(2014)高民初字第9241号民事判决书。

2.我国排水纠纷的主要法律争议焦点

排水权属于水权之范畴,但与水权范畴内的汲水权、取水权等不同。取水权、汲水权是由水资源的所有权过渡至水资源的产品所有权之桥梁,取水权、汲水权行使后的法律效力就是将水资源国家所有权转化成水所有权并归属于私人享有。但是,排水权行使的法律效力恰与此相反,一部分由水权人支配的水所有权经由排水行为与水资源汇集一起,重新变成了水资源的一部分,转由国家对其享有所有权,其他部分或因为渗水而成为土地组成部分,或者被自然蒸发,进入水循环系统。简言之,此项权利并非使行为人能够从水资源之所有者那里取得水,而是使水权人通过权利的行使取得其他方面的利益,例如,排除积水隐患以使土壤湿度合适等。这也表明在不同场合中,水权可以也应当体现为多种权利形态,不同类型水权的权利行使亦会产生不同的法律效果。但是,排水权与用水权有时又相互交织。尤其在农业依靠自然灌溉耕种和水资源分配不均衡的地区,基于当地农业灌溉方式主要是雨水和零散的地表水的缘由,为引水入田灌溉,会普遍存在上游农户自行开挖小渠道拦截自然流水的现象。另外,由于水资源在干旱月份十分稀缺,有时不能同时满足上游农户和下游村民的灌溉需要,甚至有时都不能满足上游农户的需要。但在遇洪水时,又易形成洪灾。[1]当自然流水因不可抗力(如洪水)导致自然流水流向改变时,如何处理用水及排水问题就成为非常棘手的问题,仅是简单地要求"尊重历史,照顾现实"[2]有时并不能解决实际问题,因为"历史"与"现实"往往存在冲突。这可能与规划有关,既需要依法配置水资源,也需要水资源管理部门通过兴修水利等基础设施整合水资源,合理有效利用水资源。

从这一层面而言,若将水权比作一枚硬币,排水权及取水权就好似水权这枚硬币之两面。在水资源不足时,往往会产生相邻用水纠纷,包括截水、蓄水、引水冲突;在水资源过剩时,又极易引起相邻排水纠纷。关于排水权纠纷的争议焦点主要围绕自然排水及人工排水来展开。体现在:

其一,自然排水与人工排水是否应当遵循统一的排水规则?毕竟,流水的

---

[1] 参见"周胜科、雷大仙、雷大昌、周荣波、周荣华等与杨正芬、田启英、田应祥相邻用水、排水纠纷案",贵州省黔西南布依族苗族自治州中级人民法院(2015)兴民终字第375号民事判决书。

[2] 参见"周胜科、雷大仙、雷大昌、周荣波、周荣华等与杨正芬、田启英、田应祥相邻用水、排水纠纷案",贵州省黔西南布依族苗族自治州中级人民法院(2015)兴民终字第375号民事判决书。

自然排放更多体现的是一种对自然规律的遵循,[1]而人工排水过程中对邻地的利用则并非相邻不动产所有权的应有内涵。[2]若自然排水与人工排水不应遵循统一的排水规则,又将如何对二者进行区分并对其法律规范进行分别配置?

其二,自然流水的排放过程中,如何合理界定排水权人及承水义务人之权利义务的界限?如何尊重自然流水的流向?承水义务人负有何种承水义务?当水流在承水地发生堵塞时,排水权人是否享有疏水权?

其三,人工排水过程中,排水人与承水人之间的权利义务关系、排水设施的使用、过水权的行使及其界限、水流宽度的变更、设堰权等问题,也需要通过排水权规范的完善予以界定及澄清。

二、亟需解决的问题

如何将充斥着"道德化"用语表述的宣示性规定予以规范化并使其具有实践操作性,是排水权制度在《民法典》编纂中所应解决的最重要的问题。这具体体现为:

1.如何对自然流水的排放区分自然排放和人工排放,并据此确定不同的排水规范?因为前者往往与流水的自然规律相关,后者则更多地注入了人为

---

[1] 参见"林玉梨、林秀国与陈新春、陈新梅相邻用水、排水纠纷案",福建省莆田市中级人民法院(2015)莆民终字第176号民事判决书;"龚某某、龚某艳与邓某某相邻通行纠纷、相邻用水、排水纠纷案",湖南省安化县人民法院(2014)安法民一初字第1367号民事判决书;"柳忠贤、柳玉光与栖霞市臧家庄中学相邻用水、排水纠纷案",山东省烟台市中级人民法院(2015)烟民四终字第1027号民事判决书;"邓会芬、赵宪邦与赵云彪相邻用水、排水纠纷案",云南省祥云县人民法院(2015)祥民初字第816号民事判决书;"卿月英与蒋炳荣相邻用水、排水纠纷案",广西壮族自治区桂林市中级人民法院(2014)桂市民一终字第25号民事判决书;"曹务坤与曹景玉相邻用水、排水纠纷案",山东省嘉祥县人民法院(2011)嘉民重字第1171号民事判决书;"刘宗尧与李淑云相邻用水、排水纠纷案",北京市顺义区人民法院(2013)顺民初字第13507号民事判决书;"林文仁、黄树绣与罗关仲相邻用水、排水纠纷案",海南省第二中级人民法院(2014)海南二中民一终字第377号民事判决书。

[2] 参见"刘某某与陈某某相邻用水、排水纠纷案",甘肃省岷县人民法院(2015)岷十民初字第126号民事判决书;"李慎才与李义桂、李伯振、李明宝相邻用水、排水纠纷案",河北省唐山市中级人民法院(2012)唐民三终字第367号民事判决书;"义玉珠与江万斌相邻用水、排水纠纷案",广西壮族自治区桂林市中级人民法院(2014)桂市民一终字第28号民事判决书;"严庄祥、晏家碧与伍秋霞相邻用水、排水纠纷案",贵州省修文县人民法院(2014)修民初字第142号民事判决书;"吴本聪与思春明相邻用水、排水纠纷案",云南省楚雄彝族自治州中级人民法院(2014)楚中民一终字第260号民事判决书;"梁础芳与肖汉池相邻用水、排水纠纷案",广西壮族自治区容县人民法院(2013)容民初字第1634号民事判决书;"梁宏英与韦建军相邻用水、排水纠纷案",广西壮族自治区柳城县人民法院(2014)柳城民一初字第318号民事判决书。

控制的因素。

2. 如何为"有利生产、方便生活、团结互助、公平合理""必要的便利""合理分配""尊重自然流向"等原则性的立法规定提供切实可行的具体操作规范？

3. 如何在总结处理排水纠纷的司法实践经验及借鉴世界先进国家或地区关于排水权先进立法例的基础上，具体确定排水权人及承水义务人的权利义务关系，进而为排水纠纷的良好解决提供规范依据及制度保障？

4. 排水权规范如何在《民法典》中进行具体的立法设计，并实现与《民法通则》及《物权法》相关制度的体系性衔接？实际上，面对我国排水权规范存在的现有立法缺陷及由此所导致的司法适用困境，借此《民法典》编纂的良好契机重新进行制度构建，主要有两种解决路径：其一，借鉴世界主要国家或地区的先进立法例，使之成为我国排水权相关立法的有益借鉴；其二，归纳、提炼我国司法实践中的现行做法，并形成制度规范。因为，尽管排水权规范在立法上存在缺陷及不足，但毕竟在司法实践中积累了一些关于排水权的裁判经验。在对这些裁判经验进行归纳概括的基础上，提炼出排水权的一些规范也不失为制度生成的一种可行的路径。

在排水权规范的构建过程中，法律规范要尽量地精确化，以达到适用的目的。对排水权法律规范的构建及整合过程中，要尽量使规范设计具体化，进而使法院得以解释的对象不至于过大而愈发困难。[1]这就意味着排水权规范的"具体化"无论对于法官解释、适用规范，并据以进行司法裁判，还是对于引导排水行为都具有重要的价值。

总结而言，现行的排水权规则简单、笼统且欠缺司法操作性，在实践适用中遇到了许多困境，无法回应司法实践中日益频发的排水纠纷。立法应回应社会现实。值此《民法典》编纂之际，若排水问题处理不当，不仅可能影响生产生活，甚至可能危及生命、财产安全。法律规范的适用是在法律事实与规范之间的不断"试错"过程，在这一过程之中，必然要以相对精确及合理的《民法典》规范为逻辑前提。对《民法典》进行制度设计，需要整个法学界的辅助。[2]面对排水权规范的非精确化，在我国《民法典》编纂的历史性时刻，理应对此问题进行回应并作出相关制度性安排，必然呼唤着对排水权进行制度构建。

---

[1] 参见[日]大村敦志：《民法总论》，江溯、张立艳译，北京大学出版社2004年版，第63页。
[2] 参见[日]穗积陈重：《法典论》，李求轶译，商务印书馆2014年版，第7页。

在此背景下，我们尝试对排水权进行论证，指出其存在的立法缺陷及司法困境，并在总结排水纠纷之司法实践裁判经验的基础上，借助编纂《民法典》的良好契机，提出排水权的具体规范建议，进而管中窥豹，唤起立法机关对整个水权制度的重视。

第二节 自然流水之排水权及承水义务

一、尊重自然流水流向及排水权人之疏水权

（一）尊重自然流水的流向

对自然流水之排水权进行配置的原因，由自然流水的本质规律所决定。就自然流水而言，水往低处流是一种一般性的自然规律，在相邻各方形成的自然排水相邻关系中，对于自然流水，低地所有权人或者使用权人不得阻碍。[1] 水有自上而下流淌的特性，对于从高地自然流至的水（包括雨雪及池沼的溢水），低地权利人应当负有容忍的义务，即所谓的承水义务。[2] 所谓自然流至之水，包括雨水、温泉、雪解、冰融等流水类型。[3] 也就是说，在流水自然排放的情形下，依循自然规律，流水一般会由高地向低地排放。此时，处于低地段的不动产权利人理应负有承水义务。此处的承水义务人既包括低地的所有权人，也包括低地的土地承包经营权人、宅基地使用权人、建设用地使用权人、地役权人等定限物权人。毕竟，"在他人之物上的物权，从来不像所有权本身那样作为全面的支配权予以考虑，而是通过其法定内容受到限制"[4]。

就比较法而言，尊重自然流水的流向是排水权规范中一种通行的做法。世界主要国家或地区的民事立法均对尊重自然流水的流向及低地权利人的承水、过水义务作出了规定。[5] 大多数立法例都是以消极规范的形式对不可为的一些行为进行规定，并且列明相关的法律后果，而很少规定必须进行作

---

〔1〕 参见"刘立林与曾永安相邻用水、排水纠纷案"，甘肃省舟曲县人民法院（2014）舟民初字第81号民事判决书。

〔2〕 参见史尚宽：《物权法论》，中国政法大学出版社2000年版，第95页。

〔3〕 参见王泽鉴：《民法物权》（第二版），北京大学出版社2009年版，第148页。

〔4〕 [德]哈里·韦斯特曼、哈尔姆·彼得·韦斯特曼：《德国民法基本概念》（第16版），张定军、葛平亮、唐晓琳译，中国人民大学出版社2014年版，第30页。

〔5〕 参见全国人民代表大会常务委员会法制工作委员会编：《中华人民共和国物权法释义》，法律出版社2007年版，第199页。

为的事项。[1]就排水权规范而言,也是如此。例如,《荷兰民法典》第五编"物权编"第38条规定:"低地必须接受从高地自然流下的水。"[2]《瑞士民法典》第689条第2款规定:"任何人均不得改变水的自然流向,以至于给邻人造成损害。"[3]又如,我国台湾地区"民法典"第775条关于"自然流水之排水权及承水义务"规定:"土地所有人不得妨阻由邻地自然流至之水。""自然流至之水为邻地所必需者,土地所有人纵因其土地利用之必要,不得妨阻其全部。"因为土地所有人及使用权人对于依循自然规律流至的水,如果可以任意防阻,将可能损害对土地的利用及公众的公共卫生,因而,使邻地的所有人及使用人对此有承水义务,则对应的邻地所有人或使用人即享有自然排水权。[4]再如,《瑞士民法典》第689条第1款也规定:"对于高地自然流至其土地上的水,特别是雨水、冰雪融水或未设围堰的水源,土地所有权人应当承受。"[5]换言之,土地所有人对于由高地自然流经其土地之水,例如雨水、雪水或未设围障的泉水,有承受的义务。日本民法也规定了低地权利人(包括土地所有权人及使用权人)对于高地自然流水的承水义务。当水自然地由高地流往较低的地段时,低地所有人负有容忍义务(承水义务)。[6]这体现为《日本民法典》第214条之规范:"土地所有人不得妨碍邻地自然流来的水。"[7]《法国民法典》第640条也有类似的制度:"低位置的不动产应当接受高位置不动产不假人工疏导的自然排水。""低位不动产的所有权人不得筑坝阻止水的下排。""高位不动产的所有权人不得实施任何加重低位置不动产所负担的役权的行为。"[8]另外,依据《意大利民法典》第913条:"低地应当接受来自高地的非人力所为而自然流下之水。""低地的所有人不得阻碍这一排放,高地的所有人也不得加重这一排放。""对实施这块或那块土地的农业规划工程而必须改变水的自然流量的,必须对因改变流量而受到损害的土地的所有人进行补偿。"[9]简言之,从

---

[1] 参见[英]彼得·斯坦、约翰·香德:《西方社会的法律价值》,王献平译,中国法制出版社2004年版,第5页。

[2] 《荷兰民法典》,王卫国主译,中国政法大学出版社2006年版,第117页。

[3] 参见《瑞士民法典》,于海涌、赵希璇译,[瑞士]唐伟玲校,法律出版社2016年版,第245页。

[4] 参见谢在全:《民法物权论(上册)》(修订五版),中国政法大学出版社2011年版,第189页。

[5] 参见《瑞士民法典》,于海涌、赵希璇译,[瑞士]唐伟玲校,法律出版社2016年版,第245页。

[6] 参见[日]我妻荣:《我妻荣民法讲义Ⅱ 新订物权法》,有泉亨补订,罗丽译,中国法制出版社2008年版,第299页。

[7] 《日本民法典》,王爱群译,法律出版社2014年版,第44页。

[8] 《法国民法典》,罗结珍译,北京大学出版社2010年版,第191页。

[9] 《意大利民法典》,费安玲等译,中国政法大学出版社2004年版,第226页。

高地自然流至之水,低地权利人无正当理由不得妨阻。也就是说,虽然土地所有权人对于非法侵害享有"除去请求权和不作为请求权",但同时负有一定的容忍义务。诚如哈里·韦斯特曼、哈尔姆·彼得·韦斯特曼教授所言,"土地的利用必须互相协调适应;如果必须利用第1004条(注:此处指《德国民法典》第1004条第1款[1])的规定克服一块土地对其他土地产生的每个影响,那么土地几乎无法得到利用"[2]。此时,低地权利人负有"容忍义务",即承水义务。

当然,水往低处流也并不尽然。诚如史尚宽先生所言,"承水义务人,原则上为低地所有人,然固不限于此。因潮水之上升,亦得自然由低地逆流于高地。此时,高地所有人亦应有承水义务。其对称之权能,称为排水权"[3]。也就是说,基于海水的潮涨潮落、河水泛滥及海水倒灌等原因,导致水由低地自然流至高地的情形,也并不鲜见。在这些情形中,我们应当认为,邻地所有人及使用人也应当负有承水的义务。[4]换句话说,邻地的承水义务只须"自然流至之水"这一要素即可,无需水流一定由高地流向低地的要件。此项排水权以自然流水为限,例如泉水、雨水、雪水,至于究竟是流淌于地表、由地下渗出或为低地相互流动、或涨至高地者,例如海水之涨潮、或倒灌,均非所问。[5]土地所有人不得妨碍由邻地自然流至之水,是为土地所有人负容忍自然流水义务之规定。就邻地所有人而言,则享有自然排水权。自然排水权的要件"只须系'自然流至之水',纵由同一高度之地,流至他地,甚至由低地流至高地,亦非不可能之事。例如,于海潮倒灌时倒流之海水是"[6]。

针对自然流至之水,当事人应尊重历史因素和自然规律,[7]相邻各方的排

---

[1]《德国民法典》第1004条关于"除去请求权和不作为请求权"规定:(1)所有权被以侵夺或扣留占有以外的方式侵害的,所有人可以向妨害人请求除去侵害。有继续受侵害之虞的,所有人可以提起不作为之诉。(2)所有人有容忍义务的,前款所规定的请求权消灭。参见《德国民法典》(第2版),陈卫佐译,法律出版社2006年版,第354页。

[2][德]哈里·韦斯特曼、哈尔姆·彼得·韦斯特曼:《德国民法基本概念》(第16版),张定军、葛平亮、唐晓琳译,中国人民大学出版社2014年版,第131页。

[3] 史尚宽:《物权法论》,中国政法大学出版社2000年版,第95页。

[4] 参见王泽鉴:《民法物权》(第二版),北京大学出版社2009年版,第148页。

[5] 参见谢在全:《民法物权论(上册)》(修订五版),中国政法大学出版社2011年版,第189页。

[6] 姚瑞光:《民法物权论》,中国政法大学出版社2011年版,第50页。

[7] 参见"何某某与何小某相邻用水、排水纠纷案",湖北省武汉市蔡甸区人民法院(2013)鄂蔡甸民一初字第00160号民事判决书。

水方向应当按照水的自然流向及以历史形成的流向确定。[1]当事人不得通过硬化地面[2]或者在路面上修筑水泥圪梁,改变雨水流向。[3]另外,除不得建造工事直接破坏自然流向外,[4]承水义务人也不得通过堆放杂物间接改变自然流向,[5]以免妨碍或影响排水权人排水。[6]例如,在"翟碗贵与周海荣相邻用水、排水纠纷案"中,法院判决认为,原告(翟碗贵)的涉案承包地与被告(周海荣)的承包地相邻,被告的承包地地势高于原告的承包地,被告的承包地排水从原告的承包地中的水渠流淌符合自然流向,原告应当为被告排水提供必要的便利,对此造成的合理范围内的损失无权请求赔偿。[7]因此,尊重自然流水的流向应当成为排水权行使的一般性原则。[8]

尊重水的自然流向,既包括依自然规律保证地表水的排放,也包括尊重地下水的自然流向。也就是说,此处的流水不仅指地表径流,而且包括从地下渗透而来的情形。"只须自然流至,其由地面流至或透过地下而来,在所不问。"[9]低地的权利人不得妨碍自然流来之水及修筑妨碍水流设施。因为,低地权利人的上述行为构成对高地权利的侵害。同时,排水权人在对自然流水进行排放及疏浚时,也应以对承水义务人损害最小化为原则。这在司法实践中也得到了体现。排水权人利用承水地进行排水的同时不能影响承水人的生产、生活,不能从排水通道的地面排水时,应当在原排水通道安装地下水管进行排

---

[1] 参见"罗宽宝与粟丰相邻用水、排水纠纷案",广西壮族自治区柳城县人民法院(2014)柳城民一初字第1059号民事判决书。

[2] 参见"杨兴华与胡林根相邻用水、排水纠纷案",浙江省绍兴市中级人民法院(2007)绍中民一终字第706号民事判决书。

[3] 参见"辛海应、贾玉花与辛虎雄相邻用水、排水纠纷案",陕西省榆林市中级人民法院(2014)榆中法民一终字第00095号民事判决书。

[4] 参见"李宝富与李宝海相邻用水、排水纠纷案",北京市顺义区人民法院(2014)顺民初字第3456号民事判决书。

[5] 参见"黄明华与黄立刚相邻用水、排水纠纷案",广西壮族自治区荔浦县人民法院(2014)荔民初字第1761号民事判决书。

[6] 参见"艾秀林、艾关、艾红与艾以全相邻用水、排水纠纷案",云南省通海县人民法院(2014)通民一初字第556号民事判决书。

[7] 参见"翟碗贵与周海荣相邻用水、排水纠纷案",江苏省常州市金坛区人民法院(2015)坛朱民初字第00706号民事判决书。

[8] 参见"黄德松与黄献红相邻用水、排水纠纷案",广西壮族自治区平南县人民法院(2014)平民初字第287号民事判决书。

[9] 史尚宽:《物权法论》,中国政法大学出版社2000年版,第95页。

水。[1]

在水流丰沛的状况下,低地段的承水义务人不得擅自筑坝、筑堤设阻以阻碍水流、减缓水流下泻速度甚至使水流倒灌,以免妨碍或影响处于较高地段排水权人的排水。申言之,承水义务人不得擅自阻塞排水,否则应排除妨碍并承担由于排水不畅给排水权人所造成的损失。如果承水义务人所安设的设备导致自然流水无法排出时,无论其是出于故意、过失或是其他目的,均构成对承水义务的违反,排水权人有权请求其排除妨害,一直到可以自然排水为止。如果排水权人受到损害,则有权请求损害赔偿。[2]这一重要的排水原则在我国司法实践中也得到了贯彻。例如,在"柳忠贤、柳玉光与栖霞市臧家庄中学相邻用水、排水纠纷案"中,柳忠贤(原审原告、二审被上诉人)、柳玉光(原审原告、二审被上诉人)的承包地与栖霞市臧家庄中学(原审被告、二审上诉人)毗邻,之后由于栖霞市臧家庄中学修建围墙并将院墙内侧垫高,导致柳忠贤、柳玉光承包地的积水无法排出,致使栽种的果苗、果树被积水淹死。法院最终判决,承水义务人对排水权人的损失承担损害赔偿责任。[3]又如,在"邓会芬、赵宪邦与赵云彪相邻用水、排水纠纷案"中,法院责令被告(赵云彪)拆除堵塞了原告(邓会芬、赵宪邦)排水通道的混凝土挡墙,使排水权人的生活用水及房屋滴水能够正常排放到双方共用的排水沟,进而保障排水畅通。[4]另外,多个

---

[1] 参见"林文仁、黄树绣与罗关仲相邻用水、排水纠纷案",海南省第二中级人民法院(2014)海南二中民一终字第377号民事判决书。

[2] 参见谢在全:《民法物权论(上册)》(修订五版),中国政法大学出版社2011年版,第189页。

[3] 参见"柳忠贤、柳玉光与栖霞市臧家庄中学相邻用水、排水纠纷案",山东省烟台市中级人民法院(2015)烟民四终字第1027号民事判决书。相似的案例可参见"杨东生与孙振英、孙同尧相邻用水、排水纠纷案",江苏省泰州市姜堰区人民法院(2014)泰姜溱民初字第00528号民事判决书;"张福基与张荣基相邻用水、排水纠纷案",广西壮族自治区崇左市江州区人民法院(2015)江民初字第303号民事判决书;"杨恩浩、刘美生与龙正统相邻用水、排水纠纷案",云南省腾冲县人民法院(2015)腾民一初字第565号民事判决书。

[4] 参见"邓会芬、赵宪邦与赵云彪相邻用水、排水纠纷案",云南省祥云县人民法院(2015)祥民初字第816号民事判决书。相似裁判参见"郑成群与郑付想相邻用水、排水纠纷案",河南省确山县人民法院(2015)确民初字第00051号民事判决书;"白雪涛与董国才相邻用水、排水纠纷申请执行案",内蒙古自治区阿荣旗人民法院(2015)阿执字第00086号民事执行裁定书;"潘庆全与潘杰洪相邻用水、排水纠纷案",广东省茂名市中级人民法院(2014)茂中法民一终字第101号民事判决书;"郑海琴与叶伟超、张伟娟相邻用水、排水纠纷案",广东省湛江市中级人民法院(2014)湛中法民一终字第328号民事判决书。

排水权人历史形成的共有排水通道不得被随意占用,[1]亦不得占用公共道路修建工事以影响水流的排放或水流速度。[2]

承水义务人负有不得妨碍自然排水的义务。这种承水义务体现为多个方面。就承水义务人而言,对邻地不动产的行使不得妨碍相邻人的排水权,[3]不得任意毁坏排水口。[4]另外,承水义务人也不得堵塞、毁坏排水通道或封堵排水沟渠,[5]影响排水者负有排除妨碍或恢复原状的义务,应疏通排水渠道至原有的状态,以保证排水畅通。[6]若因堵塞排水通道而给排水权人造成损失,承水义务人还应进行损害赔偿。[7]同时,承水义务人既不得擅自加高排水过道的地基,导致雨水无法顺着自然排水沟流淌;[8]也无权铺设路面高于自然排水口,以免影响自然流水的排放。[9]若发生上述情事,高地的权利人(包括土地所有权人及使用权人)可主张妨害排除请求权或妨害预防请求权(《物权法》第35条),得请求低地权利人除去妨碍流水的设施或修建排水设施,或请求损

---

[1] 参见"孟小冲与李胜康相邻用水、排水纠纷案",云南省罗平县人民法院(2014)罗民初字第958号民事判决书;"卿月英与蒋炳荣相邻用水、排水纠纷案",广西壮族自治区桂林市中级人民法院(2014)桂市民一终字第25号民事判决书。

[2] 参见"曹务坤与曹景玉相邻用水、排水纠纷案",山东省嘉祥县人民法院(2011)嘉民重字第1171号民事判决书;"刘宗尧与李淑云相邻用水、排水纠纷案",北京市顺义区人民法院(2013)顺民初字第13507号民事判决书。

[3] 参见"曹世顺、曹夏华、靳宪莲与曹继承、曹古、曹士涛相邻用水、排水纠纷案",山东省微山县人民法院(2014)微民初字第195号民事判决书。

[4] 参见"蒋远生与蒋远龙相邻用水、排水纠纷案",广西壮族自治区全州县人民法院(2014)全民初字第1118号民事判决书。

[5] 参见"林玉梨、林秀国与陈新春、陈新梅相邻用水、排水纠纷案",福建省莆田市中级人民法院(2015)莆民终字第176号民事判决书;"龚某某、龚某艳与邓某某相邻通行纠纷、相邻用水、排水纠纷案",湖南省安化县人民法院(2014)安法民一初字第1367号民事判决书;"蔡永法与陆士英相邻用水、排水纠纷案",上海市宝山区人民法院(2014)宝民一(民)初字第1504号民事判决书。

[6] 相关判决参见"李国兵、余晓军与李军先相邻用水、排水纠纷案",湖北省武穴市人民法院(2015)鄂武穴民初字第00836号民事判决书;"曹祖玉、兰镇芬、曹晓金与曹大枝相邻用水、排水纠纷案",四川省荣县人民法院(2015)荣民一初字第83号民事判决书;"杜忠与杜勤相邻用水、排水纠纷案",甘肃省定西市安定区人民法院(2015)安民一初字第265号民事判决书。

[7] 参见"蔡华兰与余朝忠相邻用水、排水纠纷案",云南省双江拉祜族佤族布朗族傣族自治县人民法院(2015)双民初字第59号民事判决书;"马成义与马京亮相邻用水、排水纠纷案",河北省石家庄市中级人民法院(2015)石民一终字第01003号民事判决书;"卿月英与蒋炳荣相邻用水、排水纠纷案",广西壮族自治区桂林市中级人民法院(2014)桂市民一终字第25号民事判决书。

[8] 参见"白雪涛与董国才相邻用水、排水纠纷案",内蒙古自治区呼伦贝尔市中级人民法院(2015)呼民终字第00079号民事判决书。

[9] 参见"龚华刚、龚华生、龚建萍与周建和、周建仪相邻用水、排水纠纷案",广西壮族自治区柳州市中级人民法院(2014)柳市民一终字第1010号民事判决书。

害赔偿(《物权法》第37条)。这在比较立法例中也有体现。例如,《荷兰民法典》第五编"物权编"第39条规定:"土地所有权人不得改变流经其土地的水流或地下水的流向、流量或质量,或者使用在其土地上且与他人土地上的水直接相连的水流,从而以根据第6编第126条规定足以构成侵权行为的程度或方式妨害其他土地的所有权人。"[1]但是,这并不意味着承水义务人负有无限义务,也不意味着排水权人享有无限制的权利。有时排水需要从地下铺设涵管通过承水人的院落,铺设费用在无约定及习惯时应当由排水人承担。[2]

当恢复被堵塞、毁坏的排水通道不符合经济性原则,或者排水渠道无法恢复至原有状态时,法院可能会判决承水义务人另行修建排水沟渠,或者判决由排水权人另行修建而责令承水义务人承担相关费用。例如,在"王喜与王治海相邻用水、排水纠纷案"中,承水义务人改变开荒地山沟自然流水的流向及堵塞排水沟,造成自然排水的中断与破坏,有违相邻关系的处理原则。此时,尽可能地恢复原状、疏通历史形成的排水沟,是处理本案的途径,但承水义务人的鸡舍及其看护房已经建成,不能恢复原来山坡自然淌水的原状,法院通过判决承水义务人清除土坝、恢复开荒山沟北侧排水沟、填平挖沟、平整土塄等方式解决本案纠纷,在经济成本、处理效果上较为妥当。[3]又如,在"韦纯强与韦甫然相邻用水、排水纠纷案"中,法院判决认为,因承水人已将原排水沟填埋用于建房,恢复原水沟原状已不可能实现,但根据现场情况,承水义务人可另行修建排水渠道接通排往村外的排水沟。[4]另外,当排水暗沟因承水义务人于其上建造房屋堵塞,不可能重新打通之时,法院可能会判决由承水义务人重新修建排水沟渠,或者由排水权人重新修建,但由承水义务人承担相关修建费用。[5]

除尊重自然流向之外,排水权行使过程中当事人应当尊重历史形成的排

---

[1]《荷兰民法典》,王卫国主译,中国政法大学出版社2006年版,第117页。

[2] 参见"赵开兵与李赵张相邻用水、排水纠纷案",安徽省定远县人民法院(2015)定民一初字第00909号民事判决书。

[3] 参见"王喜与王治海相邻用水、排水纠纷案",辽宁省朝阳市中级人民法院(2014)朝民二终字第00038号民事判决书。

[4] 参见"韦纯强与韦甫然相邻用水、排水纠纷案",广西壮族自治区柳江县人民法院(2014)江民初字第861号民事判决书。相似判决参见"李家楚与刘勇、刘琼相邻用水、排水纠纷案",云南省楚雄彝族自治州中级人民法院(2014)楚中民一终字第524号民事判决书;"李家楚与刘勇、刘琼相邻用水、排水纠纷案",云南省大姚县人民法院(2014)大民初字第393号民事判决书。

[5] 参见"梁朝有与陈永林、陈万昌相邻用水、排水纠纷案",云南省高级人民法院(2013)云高民申字第59号民事判决书。

水习惯。对于历史形成的必经排水通道,承水义务人不得擅自垫高地基以影响自然流水排放,[1]对此法院会要求承水人清理填土,[2]拆除排水沟底部的建筑物,使其深度能够确保排水口及排水沟排水畅通。[3]若采取上述措施就可保障排水通畅,法院通常不会支持排水权人诉求承水义务人新建排水沟的诉讼请求。[4]反之,则需要承水义务人另行进行排水工事的施工。[5]

在有些情形下,毗邻不动产的权利人互为排水权人与承水义务人,尊重自然流向是排水权人与承水义务人均应遵守的一项义务。一方面,排水权人不得擅自改变自然流向,进而对承水位置、程度、水质等产生影响。[6]另一方面,承水义务人也不得擅自封堵排水口,[7]对自然流向进行改变,以影响排水权的实现。[8]但是,需注意的是,承水义务一般体现为一种不作为义务。也就是说,如果水流在承水义务人的土地内发生阻塞时,承水人并不负有疏通的义务。[9]谢在全先生也指出,惟此项承水义务仅系消极之不作为义务,如水流在其地内被阻塞时,则不负疏通义务。[10]承水义务人需要承担的义务是不得擅自将排

---

〔1〕 参见"王雄阔与王读信相邻用水、排水纠纷案",甘肃省静宁县人民法院(2015)静甘民初字第52号民事判决书;"韩友与孙新宝相邻用水、排水纠纷案",黑龙江省集贤县人民法院(2014)集民初字第530号民事判决书;"晏有善与晏小学相邻通行纠纷、相邻用水、排水纠纷案",陕西省西安市灞桥区人民法院(2011)灞民初字第62号民事判决书。

〔2〕 参见"张际和与张际高相邻用水、排水纠纷案",江苏省丰县人民法院(2014)丰民初字第0837号民事判决书。

〔3〕 参见"覃善然与覃君然、韦美秀相邻用水、排水纠纷案",广西壮族自治区柳城县人民法院(2014)柳城民一初字第937号民事判决书;"陈书香与李华孝、严石秀相邻用水、排水纠纷案",云南省师宗县人民法院(2014)师民初字第672号民事判决书。

〔4〕 参见"邓其秀与呷呷以铁相邻用水、排水纠纷案",四川省汉源县人民法院(2014)汉民初字第1453号民事判决书;"李树全与郭孔龙相邻用水、排水纠纷案",辽宁省北票市人民法院(2014)北民三宝初字第00171号民事判决书;"龚华刚、龚华生、龚建萍与周建和、周建仪相邻用水、排水纠纷案",广西壮族自治区柳城县人民法院(2014)柳城民一初字第734号民事判决书。

〔5〕 参见"刘敏强、刘宝庆、隋建波、刘进强与刘付强、谢玉才相邻用水、排水纠纷案",山东省栖霞市人民法院(2011)栖民一初字第1887号民事判决书。

〔6〕 参见"肖厚信与肖承忠相邻用水、排水纠纷案",江西省上犹县人民法院(2014)上民一初字第290号民事判决书。

〔7〕 参见"李绍权与张新环相邻用水、排水纠纷案",广西壮族自治区忻城县人民法院(2014)忻民初字第737号民事判决书。

〔8〕 参见"冯保良与冯世宗相邻用水、排水纠纷案",甘肃省定西市中级人民法院(2014)定中民一终字第358号民事判决书;"罗甫应、张云芬与罗甫来、唐丽英相邻用水、排水纠纷案",云南省红河哈尼族彝族自治州中级人民法院(2014)红中民三终字第451号民事判决书;"娄甲与马甲相邻用水、排水纠纷案",浙江省绍兴市中级人民法院(2013)浙绍民终字第1044号民事判决书。

〔9〕 参见史尚宽:《物权法论》,中国政法大学出版社2000年版,第95页。

〔10〕 参见谢在全:《民法物权论(上册)》(修订五版),中国政法大学出版社2011年版,第189页。

水渠道进行堵塞,否则必须承担清理堵塞物、疏通水道的义务。[1]

需要注意的是,在自然流水情形下,承水义务人不仅对排水负有容忍义务,且需承受因排水而淤积的泥沙、石头等物。例如,在"代光武与代光文相邻用水、排水纠纷案"中,法院认为,由于案件涉及的排水沟系多年前自然形成,而非被告代光文开挖形成,排水流向也自然形成。由于雨季雨水较大,原告代光武的房屋墙外及果园里淤积了泥沙、石头等物,但上述淤积物是自然原因所致,清理工作应由其自行完成。[2]正如哈里·韦斯特曼、哈尔姆·彼得·韦斯特曼教授所例举的土地所有权人需容忍一定的噪音那样,"必须总是容忍轻微的妨害;如果没有该容忍义务,虽然可能'充满宁静',但这是'墓地式的宁静',因为几乎所有的土地利用都不可避免地对毗邻的土地产生影响"[3]。因此,一定的承水义务也应当属于容忍义务的范围。"任何人必须容忍这些妨害,它们与土地所在的空间相称。空间的特征间接地确定了土地所有权的内容。"[4]

(二)排水权人之疏水权

疏水权享有及行使的目的,是为了更好地实现排水权。在自然排水的情形下,排水权人排放的水流,因自然原因或其他不可避免的因素,而在承水地发生阻塞时,处于较高地段的排水权人为除去排水障碍应享有进入承水地予以疏通的权利(《物权法》第86条第1款、第92条),并可为除去水流的障碍进行必要的施工,低地的权利人应提供必要的便利。这即为排水者具有之疏水权的直接表现。因为,如果邻地所有人及使用人对于由他人土地流至的自然流水不负有疏通的义务,那么,排水权人就应当享有疏水权,进而使流水可以

---

[1] 参见"吴永乐与张道松相邻用水、排水纠纷案",福建省南平市延平区人民法院(2014)延民初字第5022号民事判决书;"刘桂枝与杜子全相邻用水、排水纠纷案",辽宁省瓦房店市人民法院(2014)瓦民初字第2270号民事判决书;"冉启东、张宗海、张宗清、张宗芝、杨永学等与胡绍维、付品翠、胡俊相邻用水、排水纠纷案",重庆市第二中级人民法院(2014)渝二中法民终字第00907号民事判决书;"吴桂华与吴玉华相邻用水、排水纠纷案",江西省万安县人民法院(2014)万民一初字第199号民事判决书;"郭某与王甲相邻用水、排水纠纷案",山西省吕梁市中级人民法院(2014)吕民一终字第117号民事判决书。

[2] 参见"代光武与代光文相邻用水、排水纠纷案"中,云南省祥云县人民法院(2015)祥民初字第1162号民事判决书。

[3] [德]哈里·韦斯特曼、哈尔姆·彼得·韦斯特曼:《德国民法基本概念》(第16版),张定军、葛平亮、唐晓琳译,中国人民大学出版社2014年版,第132页。

[4] [德]哈里·韦斯特曼、哈尔姆·彼得·韦斯特曼:《德国民法基本概念》(第16版),张定军、葛平亮、唐晓琳译,中国人民大学出版社2014年版,第132页。

自然排放,而不至于造成损害。为此,排水权人应当享有进入邻地的权利。排水权人行使此项权利须因为自然流水在邻地发生了阻塞,而这种阻塞发生的原因是因为事变,即由于不可归责于当事人的事故或者因地震、洪水或其他不可抗力的事由。这就是邻地权利人负容忍排水权人进入其土地以进行必要疏通工事的义务。[1]

但是,若在疏水权行使过程中导致承水义务人遭受损害,后者应可请求排水权人支付补偿金(《物权法》第92条)。另外,若自然流水的阻塞原因为可归责于排水权人的事由,则对于给承水义务人所造成的损害,承水人有权依据侵权行为或所有权物上请求权请求损害赔偿或排除妨碍;反之,如果自然流水的阻塞原因属于可归责于承水义务人的事由,那么,承水义务人为避免自己担责应自行尽快进行疏通,如果因此给排水权人造成损害,排水权人也有权依据侵权行为或所有权物上请求权请求损害赔偿或排除妨碍。因此,仅有在发生事变时,即由于不可归责于当事人的事故或者因地震、洪水或其他不可抗力,方有使土地所有人享有疏水权,邻地所有人或使用人负有容忍疏水的义务。此时,承水义务人的义务形式表现为消极的不作为,即不得故意对流水加以妨阻或堵塞,但却并不负有积极的作为义务,排水权人也无权请求承水义务人进行疏通。

当然,如果承水义务人违反不作为义务,对排水权人的排水行为加以妨阻或堵塞之时,排水权人则应享有请求承水义务人除去妨害的权利。"低地所有人违反此承水义务,为防堵之设备时,高地所有人得请求损害赔偿并得请求其设备之除去。"[2]简言之,当自然流水受到阻塞的时候,承水义务人并不负有疏通义务,排水权人亦无请求承水人予以疏通的权利,也就是说,邻地所有人或使用人仅负有不得对流水进行防阻的不作为义务,不负有对阻塞予以疏通的积极义务,[3]仅当承水义务人违反其所应承担的不作为义务而对排水有妨害的情形时,排水权人方得请求承水人排除妨害。例如,若因承水义务人的行为导致水流阻塞时,承水义务人自应负有疏通的义务,[4]其应拆除阻塞排水的相

---

〔1〕 参见谢在全:《民法物权论(上册)》(修订五版),中国政法大学出版社2011年版,第189页。
〔2〕 史尚宽:《物权法论》,中国政法大学出版社2000年版,第95页。
〔3〕 参见王泽鉴:《民法物权》(第二版),北京大学出版社2009年版,第148页。
〔4〕 参见"刘敏强、刘宝庆、隋建波、刘进强与刘付强、谢玉才相邻用水、排水纠纷案",山东省烟台市中级人民法院(2015)烟民申字第258号民事判决书。

应设施以保障水道的通畅。[1]

排水权人的疏水权在一些比较立法例上也得到了承认。例如，依据《日本民法典》第215条的规范，如果水流由于自然灾害或者其他无法规避的事变在较低的地段引起阻塞时，处于较高地段的权利人有权以自身费用建造排除此类妨碍的排水工程。[2]另外，我国台湾地区"民法典"第778条关于"土地所有人之疏水权"也规定，"水流如因事变在邻地阻塞，土地所有人得以自己之费用，为必要疏通之工事。但邻地所有人受有利益者，应按其受益之程度，负担相当之费用"。"前项费用之负担，另有习惯者，从其习惯。"换句话说，自然水流因特殊情势在承水地发生阻塞时，排水权人为保障自己排水利益的实现，有权进入承水地并自行承担费用以在承水地建造必要的排水工事。当然，如果当事人（排水权人及承水义务人）之间对疏通费用另有约定或习惯者，自应遵循。[3]这就是排水权人所享有的疏水权的行使方式。"高地所有人于疏通工事必要之范围，自有进入低地之权利。低地所有人惟应消极地忍受工事之设施，并不负担积极疏通之义务。惟其费用，如有由低地所有人分担之习惯者，则从其习惯。高地所有人此项疏通权之发生，仅限于事变，即其阻塞非由于自己之过失或应负责之事由而致。如因其所设工作物破溃阻塞，则负有为疏通之义务。"[4]也就是说，不能因排水行为而给其他人及社会公共利益造成损害（《水法》第28条）。

需注意的是，当水流在承水地发生阻塞时，排水权人享有进入该承水地予以疏通的权利，但是，此时不能认为邻地承水人应履行疏通自然流水的义务，准确的说法应是排水权人具有疏水权。与此相应，邻地承水人应承担容忍排水权人进入承水地为此疏通排水工事的义务，但承水义务人并不享有请求排水权人对水流阻塞予以疏通的权利。诚如谢在全先生所言，"有问题者乃此为土地所有人之权利，而非其义务，因之，邻低地所有人无请求权，于土地所有人不行使疏水权，惟有自行疏通别无他途，该邻地所有人对自然流水亦有用水权也"。[5]当然，若因水流阻塞而给承水人的人身及财产造成损害之时，承水义

---

[1] 参见"崔治合与崔志财相邻用水、排水纠纷案"，北京市密云县人民法院（2015）密民初字第5080号民事判决书。

[2]《日本民法典》，王爱群译，法律出版社2014年版，第44页。

[3] 参见全国人民代表大会常务委员会法制工作委员会编：《中华人民共和国物权法释义》，法律出版社2007年版，第199页。

[4] 史尚宽：《物权法论》，中国政法大学出版社2000年版，第96页。

[5] 谢在全：《民法物权论（上册）》（修订五版），中国政法大学出版社2011年版，第190页。

务人享有请求排水权人予以损害赔偿的权利。

需考虑的问题是,当排水权人以自己的费用,对阻塞的排水进行必要疏通而使得承水人间接受有反射性利益时,承水人是否负有对该项费用予以合理分担的义务?因疏通阻塞的水流使承水义务人常常受有利益,为公平起见,应按照其受益之程度负担相当的费用。此时,为避免承水人构成不当得利,合理的做法应当是依据排水权人及承水义务人的受益程度对疏通阻塞物所花费的费用,按照比例在受有利益者之间进行分担。当然,对疏通费用的分担不应设置为法律的强制性规定,而应设置为但书性规定:如果排水权人与承水义务人之间对疏通费用有约定时,自然应当遵守当事人的内心意思,从其约定;相反,当事人对疏通费用另有习惯者,也应当遵循习惯。若排水权人不行使疏水权时,就排水权人与承水义务人之间所负有的相互关照义务而言,如果承水义务人自己进行疏通,也应当有权请求排水权人分担受益的费用。[1]

二、低地权利人对自然排水的承水义务及其限度

（一）承水人提供"必要的便利"的判断标准

《物权法》第86条第1款基于"有利生产、方便生活、团结互助、公平合理"等处理相邻关系的基本原则,明确了不动产权利人为相邻权利人用水、排水提供必要便利的义务。但是,该条排水权规范中何谓"必要的便利""合理分配",以及如何"尊重自然流向"并不清晰。按照司法机关对承水义务人需提供"必要便利"的界定,此处所谓的"必要",指如果承水义务人不向排水权人提供此种"便利",势必导致排水权人由于无法排水而使其正常的生产或生活受到影响。另外,承水义务人所需提供的便利不应超过其所具有的能力,应当把承水人需尽的义务限制于合理范围内,[2]避免承水义务人因此受到不合理的损害。

然而,司法机关给出的这种界定方式依然不清晰,还需提供必要的具体判断性因素。对于这一语焉不详的表述,有些法院在司法实践中秉持的界定标准为,"所谓必要,是指不向相邻权利人提供这种便利,就会影响相邻权利人正常的生产或者生活。同时,提供便利不应超过不动产权利人所具有的能

---

[1] 参见谢在全:《民法物权论(上册)》(修订五版),中国政法大学出版社2011年版,第190页。
[2] 参见最高人民法院物权法研究小组编著:《〈中华人民共和国物权法〉条文理解与适用》,人民法院出版社2007年版,第277页。

力"[1]。需要注意的是,排水法律关系并非仅发生于相毗邻的不动产权利人之间,非毗邻土地的使用权人若堵塞、破坏排水渠道造成排水权人经济损失,亦须承担排除妨碍、恢复原状、损害赔偿等法律责任。[2]另外,相邻承水义务人是否有条件向排水权人提供便利,必然受客观条件及环境的影响,承水义务人是否具有某种地理上的优势(如处于较低地段),能够制约排水权人进行排水,便成为判断他是否负有向排水人提供"必要便利"的重要判断标准。"对土地所有权而言,土地在空间上的毗邻对所有权的内容具有重要意义。基于这个判断,《德国民法典》规定了相邻权,不过,这些规定和公法上对土地所有权合乎公共利益的利用和环境保护的规定形成竞合。"[3]相邻关系(包括排水规范在内)中所包含的权利内容并非独立的权利类型,是一种法定的不动产权利义务关系,是对相邻不动产权利义务进行限制或扩张的体现,当然也不存在登记的问题。但是,它毕竟具有法定性,仍然可以具有对抗第三人的法律效力。[4]

若因排水行为给承水义务人造成损害,排水权人需要向相邻承水义务人承担损害赔偿等民事责任。对此,《物权法》第85条为调整相邻排水致损关系的法律适用问题,提供了引致性规范,而具体的调整性规范则体现为《最高人民法院关于贯彻执行〈中华人民共和国民法通则〉若干问题的意见(试行)》(以下简称《民通意见》)第99条、第103条的规定。另外,《水法》对此也有规定(第28条、56条、57条)。

(二)对自然流水使用上的合理分配

依据《物权法》第86条中第2款之前段规范,"对自然流水的利用,应当在不动产的相邻权利人之间合理分配",那么,对自然流水的利用如何在不动产相邻权利人之间进行"合理分配",则是亟需厘清的问题。这需要从以下几个

---

[1] 参见"翟碗贵与周海荣相邻用水、排水纠纷案",江苏省常州市金坛区人民法院(2015)坛朱民初字第00706号民事判决书。

[2] 参见"徐善强与徐守宝、徐佳磊相邻用水、排水纠纷案",山东省青岛市中级人民法院(2015)青民五终字第277号民事判决书;"张永盛与徐守宝、徐佳磊相邻用水、排水纠纷案",山东省青岛市中级人民法院(2015)青民五终字第285号民事判决书;"徐升成、谭华珍与徐守宝、徐佳磊相邻用水、排水纠纷案",山东省青岛市中级人民法院(2015)青民五终字第284号民事判决书;"张文松与徐守宝、徐佳磊相邻用水、排水纠纷案",山东省青岛市中级人民法院(2015)青民五终字第278号民事判决书。

[3] [德]哈里·韦斯特曼、哈尔姆·彼得·韦斯特曼:《德国民法基本概念》(第16版),张定军、葛平亮、唐晓琳译,中国人民大学出版社2014年版,第131页。

[4] 参见刘家安:《物权法》(第二版),中国政法大学出版社2015年版,第114页。

方面予以判断：

其一，当水资源不足时，合理分配自然流水应当兼顾相邻各方的利益。例如，根据《水法》第20条，对水资源的使用，应当兼顾河流的上下游、左右岸和有关地区之间的利益。

其二，应当坚持生活用水优先原则。依据《水法》第21条中第1款之规范，在水权初始配置过程中，应当坚持生活用水优先原则，优先配置给生活目的用水类型。在首先满足生活用水的前提下，应于水权初始配置过程中融入行政许可因素以修正"在先占用规则"，即法律结合"用水目的与申请时间"之考量来确立水权初始配置的先后次序。总的原则是，无论水资源是否充足，法律须将时间先后当作确立水权初始配置先后次序之基本根据；当水资源不足时，要优先考虑"用水目的"位序高者的利益，必要时可通过补偿损失的方式换取在先申请者的应得水权。[1]

其三，在司法实践中，对自然流水的使用及对水路的规划，应当尊重自然流水的自然流向。[2]一般情形下，自然流水的流向由于历史所形成，具有一定合理性，理应得到相邻不动产权利人的尊重。相反，随意改变自然流水的流向，将极易引发相邻用水纠纷，甚至引发群体性事件。[3]在特殊情形下，不动产相邻方认为确有必要改变自然流水流向的，为避免取用水纠纷的发生，应当与相邻权利人进行协商，达成相邻用水协议；当相邻用水协议内容涉及公共利益的，必须取得水资源管理机关的同意。[4]《民通意见》第98条对此也有规范，即意味着当事人应当尊重自然流水的流向，不得随意改变水路（水道）。

其四，若按照传统习惯，自然流水能够经常被低地权利人所使用，那么，此时，即便高地权利人同样有用水的需求，也应尊重自然流水的流向，无权全部截流，以免影响低地权利人的用水权。比如，《瑞士民法典》第689条第2款规定："任何人均不得改变水的自然流向，以至于给邻人造成损害。"[5]简言之，

---

[1] 如何确定水权初始配置之优先位序是一项非常重要及复杂的法学课题，对此，请参见本书第三章关于水权初始配置之优先位序规则的立法建构的系统论证。

[2] 参见"贺三旺与刘吉财、刘喜堂、刘得青、刘启龙相邻用水、排水纠纷案"，山西省乡宁县人民法院（2015）乡民初字第01178号民事判决书。

[3] 例如，2009年晋冀豫三省发生了16万民众关于清漳河用水之争。参见陈勇：《晋冀豫清漳河水权之争》，《民主与法制时报》2010年1月18日，第A7版。

[4] 参见最高人民法院物权法研究小组编著：《〈中华人民共和国物权法〉条文理解与适用》，人民法院出版社2007年版，第278页。

[5] 参见《瑞士民法典》，于海涌、赵希璇译，[瑞士]唐伟玲校，法律出版社2016年版，第245页。

不得变更自然流向而致邻人受损。我国台湾地区也有类似规定，依据我国台湾地区"民法典"第775条中的第2款："自然流至之水为邻地所必需者，土地所有人纵因其土地利用之必要，不得妨阻其全部。"原因在于，"盖流水有公共性，土地所有人不得任意处分之也。"[1]《荷兰民法典》第五编"物权编"第40条规定："毗连公共或流动水流的土地所有权人可以为灌溉、牲口饮水或其他类似目的而使用水流，只要其没有以根据第6编第162条规定足以构成侵权行为的程度或方式妨害其他不动产的所有权人。""涉及公共水流的，前款仅在该水流的目的允许的范围内适用。"[2]简言之，在自然流水为低地所必需的情形下，高地权利人纵因其需要，也不能妨堵其全部。[3]同时，低地权利人应当允许自然流水流经其地，不能擅自堵截流水而影响高地权利人的排水权。[4]

也就是说，为实现对自然流水"合理分配"的目的，排水权人在特定情形之下负有禁止妨堵的义务。基于水资源当今已成为单独的权利客体，已归属国家所有，而非作为土地资源附属的立法现状，自然流水就当然不应由任何土地权利人所独享，在相邻土地权利人均需用水的情形下，处于较高地段的土地权利人纵使其土地也有用水的必要，也无权妨堵全部的自然流水，而应保障较低地段的邻地权利人也能够享有部分的用水权。诚如《瑞士民法典》第689条第3款的规定："对于高地自然流向低地的水流，且水流为低地所必需，则高地的所有权人只能在高地不可缺少的限度内，才能对水流进行堵截。"[5]也就是说，由高地自然流向低地之水，为低地所需要者，高地所有人仅在其土地用水不可缺少的限度内，方有权进行堵截。

当然，如果应当流经较低地段，但却被处于较高地段的权利人妨堵者并非自然流水的情形，则另当别论。毕竟，这种情形与由高地所流至之自然流水不同。比如，在由处于较高地段的权利人通过开设人工水道的方式进行排水行为的情形之下，即便邻地就地势而言较排水地更低，但承水义务人也无权主张排水权人不得妨碍其用水。但是，也存在相邻土地权利人"使用邻地余水权"的例外。比如，依据我国台湾地区"民法典"第783条的规定，"土地所有人因

---

[1] 史尚宽：《物权法论》，中国政法大学出版社2000年版，第98页。
[2] 《荷兰民法典》，王卫国主译，中国政法大学出版社2006年版，第117-118页。
[3] 参见全国人民代表大会常务委员会法制工作委员会编：《中华人民共和国物权法释义》，法律出版社2007年版，第199-200页。
[4] 参见魏振瀛主编：《民法》，北京大学出版社、高等教育出版社2000年版，第239页。
[5] 参见《瑞士民法典》，于海涌、赵希璇译，[瑞士]唐伟玲校，法律出版社2016年版，第245页。

其家用或利用土地所必要,非以过巨之费用及劳力不能得水者,得支付偿金,对邻地所有人请求给予有余之水"。如此规定的原因在于,"盖水为日常家用或利用土地不可缺乏物,如果此地不能得水,邻地有余水而不许利用,就整个社会言,甚不经济也"〔1〕。此时,邻地权利人因家用或土地利用而必须利用水流,但是,承水人如果通过自己的行为进行取水,则费用、劳力花费却过于巨大,不符合经济效率原则。故此,应当允许邻地权利人通过支付补偿金的方式使用排水权人的剩余之水。

三、水流及水路变更权及其限制

在自然排水过程中,当流经相邻土地边界线的排水沟渠、通道两侧的土地属于不同的土地所有权人或用益物权人时(包括两岸土地的所有或使用分属不同权利人),水流地一岸的权利人不得擅自变更水路或宽度。例如,《日本民法典》第219条关于"水流的变更"规定,"沟渠及其他水流地的所有人,当对岸土地属于他人所有的,不得变更水路或宽度"。"两岸土地均属于水流地所有人的,该所有人可以变更水路或宽度。但是,应当将水流在邻地的相交处恢复成自然水路。""有不同于前两款的规定的习惯的,从其习惯。"〔2〕又如,我国台湾地区"民法典"第784条关于"变更水流权之限制"也有类似规定,"水流地对岸之土地属于他人时,水流地所有人不得变更其水流或宽度"。"两岸之土地均属于水流地所有人者,其所有人得变更其水流或宽度。但应留下游自然之水路。""前二项情形,法令另有规定或另有习惯者,从其规定或习惯。"如此规定的理由在于,若允许排水人任意变更水路或水流,不仅有害于对岸土地所有人或使用人的流水利用权,而且有损害对岸土地的可能。

相反,当两岸的土地及水流用地属于同一排水权人时,则可对水路及其宽度进行变更,这是土地所有权效力的体现。但是,必须具备以下要件:其一,必须位于水路(水流)两岸之土地权利同属于一人,如果不具备此项要件而变更水流或宽度者,可能属于对他人土地权利的侵害,受害人可行使物上请求权以寻求救济。其二,须为该水路之下游保留原来的自然排水出口,亦即于变更水流或宽度后,应使下游的水路仍然同上游水路相连接,使其可以形成自然的水路,因为下游土地的权利人对于流水也应享有部分用水权,不得加以妨

---

〔1〕 姚瑞光:《民法物权论》,中国政法大学出版社2011年版,第52—53页。
〔2〕 《日本民法典》,王爱群译,法律出版社2014年版,第44页。

害。若有违反,下游土地权利人可请求其为保留,若因此受有损害并可请求损害赔偿。其三,须另无相反的习惯。若有可任意变更水流或宽度的习惯,自可依据习惯,如有不得变更水流或宽度的习惯,自然不得变更。若法律另有规定者,基于特别法优先于普通法适用的一般原则,自然应当遵从。[1]基于对下游沿岸土地所有权人的用水权及下游沿岸土地本身安全的考虑,在水流与邻地交接处应恢复水流变更之前的自然水路。[2]申言之,两岸的土地所有权均属于一人时,该权利人可变更水流或宽度,但应给下游留出自然水路,[3]以免影响下游的排水及用水。对于违反此义务者,处于水流下游的权利人可以请求回复自然水路,如受到损害,并应可请求损害赔偿。诚如姚瑞光先生所言,"水流地所有人是否有水流变更权,因对岸地是否同属于自己所有而不同。如对岸之土地,非属于自己而属于他人时,倘变更其水流或宽度,则对岸地所有人,不能依原来状态用水,将受不利,故法律规定不得变更其水流或宽度。若两岸之土地,同属于自己所有,则自己变更其水流或宽度,自无不可。但下游之土地所有人,对于自然流水,亦有部分之用水权,故于变更其水流或宽度时,应留下游自然之水路"[4]。这在我国司法判决实践中体现得更为具体,如判决一方不得擅自改变排水沟的沟渠内空宽度[5],不得擅自变更历史形成的水路[6],也不得阻塞、占用双方共用的排水通道[7]。

还有一系列处理排水纠纷的司法实践也明确予以承认。当排水通道对岸

---

[1] 参见谢在全:《民法物权论(上册)》(修订五版),中国政法大学出版社2011年版,第193页。

[2] 参见[日]我妻荣:《我妻荣民法讲义Ⅱ 新订物权法》,有泉亨补订,罗丽译,中国法制出版社2008年版,第302页。

[3] 参见全国人民代表大会常务委员会法制工作委员会编:《中华人民共和国物权法释义》,法律出版社2007年版,第199页。

[4] 姚瑞光:《民法物权论》,中国政法大学出版社2011年版,第53页。

[5] 参见"朱克维、朱克俊与湛国祥相邻用水、排水纠纷案",贵州省遵义市中级人民法院(2015)遵市法环民终字第2号民事判决书;"杨荷秀、谌洪干与杨仕华、潘银翠、杨贤远、杨秋兰相邻用水、排水纠纷案",贵州省天柱县人民法院(2014)天民初字第690号民事判决书。

[6] 参见"赵某某与周某某相邻用水、排水纠纷案",甘肃省漳县人民法院(2014)漳四民初字第15号民事判决书;"尚兴贵与赵枝山相邻用水、排水纠纷案",云南省禄劝彝族苗族自治县人民法院(2013)禄民初字第764号民事判决书。

[7] 参见"潘炳坤与潘彩安相邻用水、排水纠纷案",广西壮族自治区荔浦县人民法院(2014)荔民初字第1296号民事判决书;"孙某甲与孙某乙相邻用水、排水纠纷案",云南省巍山彝族回族自治县人民法院(2014)巍民初字第374号民事判决书。

的土地属于他人时,排水权人不得任意变更水流或者宽度。[1]排水法律关系当事人不得通过修建围墙、道路等方式阻断水路[2]或使排水水路变窄[3]。若双方违反上述义务,致排水水道较之前狭窄,则行为人负有将排水沟加宽疏通的义务。[4]对于可能给排水通道的宽度产生影响的堵塞工事,排水权人有权请求排除妨碍、恢复原状。[5]如有损害,并得请求损害赔偿。例如,在"肖绯树、肖干文、肖干武、肖干卫与韦兴云相邻用水、排水纠纷案"中,原告(肖绯树、肖干文、肖干武、肖干卫)与被告(韦兴云)的房屋相邻,之后被告在翻修房屋时,南面的一段挡土墙挤占了在20多年前已经形成的双方共用的排水沟的位置,造成排水沟过窄,使原告的墙体成为排水沟一侧,水顺着墙根流下,使流经排水沟的水渗透原告的房屋墙体造成屋内地面积水,对原告房屋造成了影响,因此,原告诉请被告将挡土墙造成排水受阻的影响消除,法院最终支持了原告的请求。[6]

但是,若排水行为给承水义务人造成损害,而承水人变更水路的行为不会对排水产生影响的情况下,法院有时会允许水路宽度的变更。[4]例如,在"黄榜明与黄榜珍相邻用水、排水纠纷案"中,黄榜明(一审原告,二审上诉人)与黄榜珍(一审被告,二审被上诉人)的房屋之间原有排水水沟,之后黄榜珍改建旧屋后,占用部分水沟建造围墙,致使水沟宽度变窄,黄榜明诉求法院拆除位于排水沟上所建的围墙,保障排水通畅。法院最终以水沟的宽度变化不会

---

[1] 参见全国人民代表大会常务委员会法制工作委员会编:《中华人民共和国物权法释义》,法律出版社2007年版,第199页。

[2] 参见"尚兴贵与赵枝山相邻用水、排水纠纷案",云南省禄劝彝族苗族自治县人民法院(2013)禄民初字第764号民事判决书。

[3] 参见"唐仁凤与唐晨富相邻用水、排水纠纷案",广西壮族自治区全州县人民法院(2014)全民初字第1258号民事判决书;"贾某甲与李某某相邻用水、排水纠纷案",河北省兴隆县人民法院(2014)兴民初字第1653号民事判决书。

[4] 参见"唐某某与唐某某、陈某某相邻用水、排水纠纷案",湖南省慈利县人民法院(2013)慈民一初字第992号民事判决书。

[5] 参见"张寿明、张付才与梁瑞任、梁瑞龙相邻用水、排水纠纷案",广西壮族自治区贵港市中级人民法院(2014)贵民一终字第309号民事判决书;"常某某与魏某某相邻用水、排水纠纷案",甘肃省通渭县人民法院(2013)通义民初字第57号民事判决书;参见"聂某甲与朱某甲、朱某乙相邻用水、排水纠纷案",云南省南华县人民法院(2015)南民初字第238号民事判决书。

[6] 参见"肖绯树、肖干文、肖干武、肖干卫与韦兴云相邻用水、排水纠纷案",广西壮族自治区昭平县人民法院(2015)昭民一初字第33号民事判决书。相似判决参见"王某某与王某某相邻用水、排水纠纷案",河北省沧县人民法院(2014)沧民初字第849号民事判决书。

[4] 参见"朱锡勋与朱金次相邻用水、排水纠纷案",广西壮族自治区桂林市阳朔县人民法院(2014)阳民初字第687号民事判决书。

影响到黄榜明的房屋排水为由,判决驳回原告的诉讼请求。[1]

第三节 人工排水之权利义务配置

一、人工排水可利用邻地的例外及缘由

为人工排水,原则上无使用邻地之权利。毕竟,这可能涉及对邻地所有权行使的影响。所有权可以称作所有物权类型中最具有绝对性的一种权利,也就是说,它具有最高的效力、最充分的内涵和最广阔的外延;从一定意义上讲,人们甚至很难通过正面列举的方式说明所有权的内容,有时候只能通过了解所有权的有关限度来界定其范围。[2]与自然排水不同,人工排水是借助人工设施而非依据自然规律排放水流的行为。因此,人工排水人原则上不得享有使用邻地进行排水的权利,更不得设置屋檐或其他构筑物,以避免雨水直接倾注于相邻不动产上。雨水虽然为自然流水,但如果通过人工设置的工作物注入相邻不动产并非出于自然规律,而是由于人为所致,则此时的相邻排水关系属于人工排水关系,而非自然排水关系,受害人可以请求排除妨碍,赔偿损失。[3]

排放雨水之诉(actio aquae pluviae arcendae)在罗马法时期就已存在。"排放雨水之诉是指针对土地所有主改变雨水的自然流道,从而对邻居造成侵害的行为提起的诉讼。"[4]罗马法时期,排放雨水之诉这种救济手段的适用要求具备以下条件:首先,土地所有权人是在自己的土地上处置雨水。如果有关的处置行为发生在所有权人的土地之外,则不适用此诉讼;而且"排放雨水之诉只能对所有权人提起"。但在优士丁尼法中,此种诉讼也可以由土地的用益权受益人提起,或者针对土地的用益权受益人提起。其次,处于上方地势的土地所有权人通过施工或者拆除拦水护堤造成水流下泻,处于下方地势的土地所有主通过施工造成水漫进上方土地。在罗马法时期,如果水自然地流下,

---

[1] 参见"黄榜明与黄榜珍相邻用水、排水纠纷案",广西壮族自治区来宾市中级人民法院(2015)来民一终字第155号民事判决书。相似判决参见"庞业喜与赖家念、赖家礼、赖业斌相邻用水、排水纠纷案",广西壮族自治区浦北县人民法院(2014)浦北初字第63号民事判决书。

[2] 参见黄风:《罗马法》,中国人民大学出版社2009年版,第141页。

[3] 参见"杨新某与韦兰某相邻用水、排水纠纷案",广西壮族自治区罗城仫佬族自治县人民法院(2012)罗民初字第7号民事判决书。

[4] 黄风:《罗马法》,中国人民大学出版社2009年版,第142页。

不适用排放雨水之诉。如果所有主的施工行为是为了耕作土地的目的而实施的,则另当别论,原则上,"这一诉讼不适用于为耕种土地而以犁进行的劳作"[1]。最后,只要处于较高地势的土地所有权人"未给他人造成损害,他便不必为此承担责任"。这里所说的"损害"不包括"雨水未带来利益情况"。例如,所有主的施工阻止了以前流入到相邻土地中的雨水,使后者处于缺水状态,除非所有主故意"想给邻人造成损害",[2]否则,其不需要对后者担负赔偿之责。可见,在罗马法时期,法律更为注重对土地所有权人(所有主)的保护,忽视对承水人的权益保障。罗马法在处理排水权纠纷时,从表面上看是更多地站在了排水人的一侧,但从深层意义上讲,此处的"排水人"更应理解为"土地所有权人"。"在涉及相邻关系时,所有主必须谨慎地行使自己的权利,避免对相邻者造成侵害,否则,后者有权采取某些专门的法律救济手段以维护自己的权益。排放雨水之诉就是对所有权的行使予以限制的救济手段之一。"[3]

一般而言,并不存在为人工排水而使用邻地的权利,以免影响邻地的使用。[4]若排水人于自己土地[5]或共用的排水沟渠[6]便能解决排水问题,自无利用邻地排水的权利。"雨水虽为自然水,但非自然流动,而系由人工导引的,低地或建筑物、构筑物及其附属设施的权利人自无承水义务。"[7]申言之,如果不属于依自然规律流来的自然水流,而是因较高地段的权利人囤水而使水流流来的情形,低地段的承水地自然不负有承水的义务。"非自然流至而由人工引致之水,或设置工作物以注泻之水,则低地无承水义务。"[8]在人工排水的一般情形下,低地段的权利人可主张处于较高地段的排水人自行修建排水设施,而非利用低地进行排水。排放雨水之诉所导致的主要法律后果是恢复原状,

---

[1] 黄风:《罗马法》,中国人民大学出版社2009年版,第142页。

[2] 参见D.39,3,1,12(《民法大全选择/物与物权》,115页)。转引自黄风:《罗马法》,中国人民大学出版社2009年版,第142页。

[3] 黄风:《罗马法》,中国人民大学出版社2009年版,第142页。

[4] 参见"欧可胜与沈玉华相邻用水、排水纠纷案",广西壮族自治区柳州市中级人民法院(2015)柳市民一终字第40号民事判决书。

[5] 参见"师维勇与师维杰相邻用水、排水纠纷案",甘肃省临洮县人民法院(2014)临新民初字第273号民事判决书;"付德亮与刘玉杰相邻用水、排水纠纷案",河南省信阳市中级人民法院(2014)信中法民终字第1488号民事判决书。

[6] 参见"罗会党、杨琴与罗会春、罗雄、邢丽相邻用水、排水纠纷案",云南省弥勒市人民法院(2014)弥民一初字第836号民事判决书。

[7] 参见崔建远:《物权法》(第二版),中国人民大学出版社2011年版,第218页。

[8] 史尚宽:《物权法论》,中国政法大学出版社2000年版,第95页。

在罗马法上,"法官的职责是:如果邻居进行了施工,便命令他将之恢复原状并赔偿在争诉期后发生的损害。因为若在争诉期发生了损害,那么他只应将施工物恢复原状而不负赔偿责任"[1]。

但是,在特定情形下,法律也应设置一些例外规定,赋予人工排水权人得以享有利用邻地进行排水的权利,以实现"方便生产、便利生活"的规范目的。例如,《瑞士民法典》第690条第1款规定:"承受高地自然流水的低地所有权人,在高地排水时,也应当承受,并且不得请求赔偿。"[2]也就是说,高地排水时,低地所有人对于按照先前已形成的自然水道而流经其土地之水,须承受之,且不得请求赔偿。又如,美国大部分州同意土地所有者基于情势合理原则在其土地上对洪水进行分岔和引渠。[3]这在很大程度上是一种利益衡量方式的体现,属于通过对具体纠纷中当事人的利害得失进行利益衡量后得出的结论。[4]

在此意义上,人工排水权,是指用人为而非水流自然流淌的方式排放存在于地表或地下之水的一种排水权利。一般而言,人工排水权行使的目的,既可能是为消除蓄积之水的危害,也可能是基于水资源循环使用的目的。例如,处于地势较高地段的排水者为实现其被水浸渍的土地能够干涸的目的,应当享有利用处于较低地段的邻地进行排水的权利。又如,人工排水人需要利用相邻土地的低洼地段用来排泄生活用水、农业用水或工业用水至公共排水通道之时,相邻土地的权利人应当负有容忍义务。惟应注意的是,对低地的利用应选取尽可能对低地不造成损害或造成损害最小的方式或位置进行,若对低地造成损害应进行赔偿。[5]

另外,若低地为排水必经通道之时,排水人就有使用低地的可能。简言之,处于较高地段的排水权人为排泄家用或农业、工业用水的余水,或者为使其浸水地干涸,而必须使水流经低地方能到达公共水流、公共排水通道或下水道时,基于"有利生产、方便生活"的考量,低地权利人应当负有承水义务。也就是说,人工将水排至河渠或沟道的过程中,排水地与河渠、沟道之间有间隔,

---

[1] 参见D.39,3,6,6(《民法大全选择/物与物权》,119页)。转引自黄风:《罗马法》,中国人民大学出版社2009年版,第142-143页。
[2] 参见《瑞士民法典》,于海涌、赵希璇译,[瑞士]唐伟玲校,法律出版社2016年版,第245页。
[3] 参见[美]戴维·H.格奇斯:《水法精要》(第四版),陈晓景、王莉译,南开大学出版社2016年版,第8页。
[4] 参见[日]大村敦志:《民法总论》,江溯、张立艳译,北京大学出版社2004年版,第102页。
[5] 参见史尚宽:《物权法论》,中国政法大学出版社2000年版,第97页。

并不相邻,并且没有其他的水路可以通达,或者虽然有其他的水路但都已经被阻塞且无法疏通,或者需要花费巨大的人力、资金才能疏通,[1]于经济上考量不合理。这在司法裁判中也得到了体现。[2]例如,在"黄耀光与黄永强相邻用水、排水纠纷案"中,法院判决认为,农村集体土地使用权人需要排放家庭用水,除必须流经相邻的土地使用权人的土地外,没有其他任何渠道排水,或者只有在花费不合理的巨资后才能通水的情况下,农村集体土地使用权人才可排水通过相邻的土地使用权人的土地,但应选择对相邻土地权利人损害最小的方法排水。当排水人可通过对自己房屋所在土地的改造就能实现排水目的时,就无权使用邻地进行排水。[3]另外,人工排水权的具体行使,需要承水地与排水地之间具有相邻关系,但是,过水通过的土地则不限于与排水地紧邻的土地,凡是排水至沟渠必须经过的土地,均可以进行使用。另外,随着现代科技的进步,在社会实践中,将处于低地的水排经高地的情形也并不鲜见。当然,经过高地向低地进行排水仍然属于一种常态,并且排水通过邻地仍然应当符合必须流经邻地等其他构成要件。因此,排水经由高地的过水权的享有及具体适用,应当审慎。[4]

当然,人工排水人此时应当选取对相邻土地的低洼地段损害最小的排水方式及路径进行排水,并需要承担由于利用邻地排水而对其造成损害的赔偿责任。从比较立法例来看,世界主要国家或地区的民事立法,也会规定排水权人必须选择对低地损害最小的排水场所及方法。因为排水权人的过水行为导致邻地受有损害时,过水权人应支付赔偿金,并可请求排水权人建造流经低地的排水设施或工事。换言之,若低地所有或使用人因排水行为或排水管道而受到损害时,有权要求处于高地的排水人维护途径低地的管道的畅通,并负担相关的费用。例如,《瑞士民法典》第690条第2款规定:"如低地所有权人能够证明高地的排水使自己遭受损失,可以请求高地的所有权人承担费用以建造流经低地的管道。"[5]又如,我国台湾地区"民法典"第779条关于"土地所有人之过水权"规定中,也有类似表述。但是,关于何者是损害最小的排水处所

---

[1] 参见谢在全:《民法物权论(上册)》(修订五版),中国政法大学出版社2011年版,第191页。

[2] 参见"甲1、甲2与丙1、丙2、丙3、丙4、丙5相邻用水、排水纠纷案",广西壮族自治区玉林市中级人民法院(2012)玉中民一终字第334号民事判决书。

[3] 参见"黄耀光与黄永强相邻用水、排水纠纷案",广西壮族自治区象州县人民法院(2014)象民初字第170号民事判决书。

[4] 参见谢在全:《民法物权论(上册)》(修订五版),中国政法大学出版社2011年版,第191页。

[5] 参见《瑞士民法典》,于海涌、赵希璇译,[瑞士]唐伟玲校,法律出版社2016年版,第245页。

及方法,在有些案件中不容易进行判定,因此,当作为承水地的所有人或使用人对此有异议时,应当使过水权人或者异议人(承水地的所有人或使用人)均有权请求法院进行判定。[1]在司法实践中,高地段的排水不得对低地段的财产造成损害,若由于排水对低地造成损害发生,应给予补偿。[2]排水人"应当对合理范围内的排水水路进行修复、硬化,防止污水渗漏",给相邻方造成妨碍或者损失的,应当停止侵害,排除妨碍,赔偿损失。[3]另外,既然属于人工排水的范畴,自应允许当事人在司法实践中就排水的方式、范围、路径及违反承水义务所造成的损害赔偿等事宜进行约定。[4]当没有自然排水通道时,当事人往往通过协议的方式解决排水问题,属于当事人意思自治的范畴,法院一般应支持。[5]当事人对房屋排水有约定时,自应遵守。[6]

另外,在一些情形之下,当排水权人使用低地权利人设置的排水工作物时,原则上应当按照受益的比例,分担排水工作物设置及保管的费用。[7]对此,依据《日本民法典》第221条,"土地所有人,为使其所有地的水得以通过,可

---

[1] 参见谢在全:《民法物权论(上册)》(修订五版),中国政法大学出版社2011年版,第192页。
[2] 参见全国人民代表大会常务委员会法制工作委员会编:《中华人民共和国物权法释义》,法律出版社2007年版,第199页。
[3] 参见"白某与鲍某相邻用水、排水纠纷案",陕西省安塞县人民法院(2015)安民初字第00578号民事判决书。
[4] 参见"张立志、周桂春与张春志、张荣华相邻用水、排水纠纷案",北京市第三中级人民法院(2015)三中民终字第16344号民事判决书;"邓卓勋与邓锦飞相邻用水、排水纠纷案",广东省怀集县人民法院(2015)肇怀法凤民初字第102号民事判决书;"杨明澡与殷振汉、殷文威相邻用水、排水纠纷申请执行案",广东省和平县人民法院(2015)河和法执恢字第112号民事执行裁定书;"宗长中与宗树中相邻用水、排水纠纷案",甘肃省定西市中级人民法院(2015)定中民一终字第118号民事判决书;"王××与罗××相邻用水、排水纠纷案",甘肃省渭源县人民法院(2014)渭北民初字第146号民事判决书;"莫桂荣与莫志琼相邻用水、排水纠纷案",广西壮族自治区阳朔县人民法院(2014)阳民初字第433号民事判决书;"王国平与高玉清相邻用水、排水纠纷案",河北省滦平县人民法院(2014)滦民初字第83号民事判决书;"王国刚与高玉清相邻用水、排水纠纷案",河北省滦平县人民法院(2014)滦民初字第80号民事判决书;"付文福与高玉清相邻用水、排水纠纷案",河北省滦平县人民法院(2014)滦民初字第81号民事判决书。
[5] 参见"莫文经、莫文材、莫文初、陈兰若与莫任和相邻用水、排水纠纷案",广西壮族自治区象州县人民法院(2014)象民初字第200号民事判决书。
[6] 参见"石自有与李福华相邻用水、排水纠纷案",北京市密云县人民法院(2015)密民初字第07461号民事判决书;"周陶树与王平友相邻用水、排水纠纷案",安徽省枞阳县人民法院(2014)枞民一初字第00998号民事判决书;"李慎才与李义桂、李伯振、李明宝相邻用水、排水纠纷案",河北省唐山市丰南区人民法院(2012)丰民初字第97号民事判决书。
[7] 参见[日]我妻荣:《我妻荣民法讲义Ⅱ 新订物权法》,有泉亨补订,罗丽译,中国法制出版社2008年版,第300-301页。

以使用高地或低地所有人设置的设施"。"前款规定的情形,使用他人设施的,应当按其受益的比例分担设施的设置及保管费用。"[1]

也就是说,人工排水权行使过程中,排水人对承水地的使用并非毫无限制。具体表现为:

首先,排水线路的选择、设置及排水设施的施工及使用应当选取对邻地权利人(承水义务人)损害最小的方式进行,并于排水或施工完毕后清理现场。另外,若给承水义务人造成损害,排水权人应负赔偿责任。例如,在"董文会、崔俊勺与董占怀、张宏妮相邻用水、排水纠纷案"中,原告(董文会、崔俊勺)与被告(董占怀、张宏妮)系相邻关系,被告擅自在自家承包地里开挖水渠,且该水渠距原告房屋距离较近,对原告的房屋造成安全隐患和一定侵害,原告诉请由被告垫平所挖水渠、疏通水路,司法机关对原告的上述主张予以了支持。[2]

其次,当所排之水涉及污染及环保问题时,遵循特别法优先于普通法(民法)的理念,排水权还应当遵守特别法,如《水污染防治法》《环境保护法》的规定。例如,《水污染防治法》对排水的水质有明确的要求(包括《水污染防治法》第9条、第21条、第22条、第29—33条、第35条、第40条、第45条第1款及第2款、第49条第2款、第51条、第52条第1款及第61条),自当遵循。例如,在"廖之信与黄瑞珍、韦祥书、黄胜和、黄胜云相邻用水、排水纠纷案"中,法院判决认为,排水人可从诉争排水沟排放地面之上的雨水和生活用水,但不得向排水沟排放化粪池的污水。[3]利用排水通道排放污水的行为,将造成水质下降,影响甚至污染环境,应当受到法律的规制。[4]在与周围环境不相协调的情况下,排水通道及工事一般不得用于排放生活污水。[5]数个排水权人在雨季用作排放雨水的排水沟,不得作为生活污水排水沟使用。[6]有时,法院可能会

---

[1]《日本民法典》,王爱群译,法律出版社2014年版,第44-45页。

[2] 参见"董文会、崔俊勺与董占怀、张宏妮相邻用水、排水纠纷案",甘肃省宁县人民法院(2015)宁民初字第924号民事判决书。

[3] 参见"廖之信与黄瑞珍、韦祥书、黄胜和、黄胜云相邻用水、排水纠纷案",广西壮族自治区象州县人民法院(2014)象民初字第701号民事判决书。

[4] 参见崔建远:《准物权研究》(第二版),法律出版社2012年版,第329页。

[5] 参见"赖某某与朱某某相邻用水、排水纠纷案",广东省大埔县人民法院(2014)梅埔法茶民初字第148号民事判决书。

[6] 参见"侯凤先与李殿举相邻用水、排水纠纷案",北京市平谷区人民法院(2014)平民初字第2508号民事判决书。

通过判决埋设排水管道的方式,解决污水排放问题。[1]相反,通过排水的方式来排放污水一般会认定为构成对水资源的非法使用情形,[2]将可能遭到行政处罚或者被剥夺排水权利。[3]若因建筑、排水等行为而使水资源减少或使其受到污染,无论行为人出于故意还是过失,水源地权利人都可请求损害赔偿。若该水源属于饮用水或利用土地所必须,水源地权利人可请求恢复原状。[4]对此,我国台湾地区"民法典"第782条(用水权人之损害赔偿与回复原状请求权)也有规定。同时,《瑞士民法典》规定了为保护饮用水而对饮用水周围的土地进行征收,该法典第712条规定,"饮用水设施的所有权人有权请求对饮用水周围的土地进行征收,但应当仅以避免污染水泉之范围为限"[5]。

但是,排污权不能适用排水规范是否必须应当在《民法典》中予以明确,则是需要考虑的问题。现今,排污权已经成为了一项独立的权利类型,排污权应当从相邻排水关系中分离出去。[6]原因在于,排水权毕竟不同于排污权,当排水权表现为排污权时,其行使即便符合法定条件,无超标排放,但是,如果给他人造成了损害,仍必须承担损害赔偿责任(《侵权责任法》第65条)。也就是说,环境污染侵权责任的构成,并不以行为人的行为具有违法性为构成要件。在司法实践中,承水义务人对于排水禁止妨堵,但承水人有权防止排水权人排放污水污染承水地或水源。[7]于海涌教授在其编著的《中国民法典草案立法建议(提交稿)》中注意到了这一点,该草案第707条规定,"不动产权利人不得违反国家规定弃置固体废物,排放大气污染物、水污染物、噪声、光、电磁波辐射等有害物质"[8]。但是,关于过水权应当遵守特别法关于水质保障及

---

[1] 参见"甄森林与甄喜成相邻用水、排水纠纷案",河北省邢台县人民法院(2014)邢民初字第742号民事判决书;"毕振安与毕社久相邻用水、排水纠纷案",河南省新野县人民法院(2013)新城民初字第370号民事判决书。

[2] See John R. Teerink and Masahiro Nakashima. *Water Allocation, Rights and Pricing: Examples from Japan and the United States*. The World Bank Press, 1993: 13.

[3] 参见崔建远:《准物权研究》(第二版),法律出版社2012年版,第329页。

[4] 参见全国人民代表大会常务委员会法制工作委员会编:《中华人民共和国物权法释义》,法律出版社2007年版,第201页。

[5] 《瑞士民法典》,于海涌、赵希璇译,[瑞士]唐伟玲校,法律出版社2016年版,第251页。

[6] 参见崔建远:《物权法》(第二版),中国人民大学出版社2011年版,第218页。

[7] 参见"黄元与莫利芬相邻用水、排水纠纷案",广西壮族自治区来宾市中级人民法院(2015)来民一终字第119号民事判决书。

[8] 参见于海涌编著:《中国民法典草案立法建议(提交稿)》,法律出版社2016年版,第142页。

防治污染的规定乃是当然之法则[1],特设明文规范则是"多此一举,应属虚耗公帑,浪费司法资源","修法者不知上述原则,可见其专业知识、法律常识,两皆不足"。[2]因此,我国在将来《民法典》中可不设此特别规范,但在司法实践中,却需从法律理念及体系解释的角度予以适用及践行。[3]

在人工排水情形下,当利用邻地排水时,排水权人是否有利用邻地排水设施(如已挖建的排水沟渠)的权利?对此,基于经济性原则的考虑,应采肯定态度。诚如崔建远教授所言,"相邻排水人需要利用相邻他方的排水设施时,相邻他方应予允许。但相邻排水人应按其受益程度负担该设施的设置和保存的费用"。[4]这在有些比较立法例中也得到了承认。例如,我国台湾地区"民法典"第780条关于"他人工作物之过水使用权"规定,"土地所有人因使其土地之水通过,得使用邻地所有人所设置之工作物。但应按其受益之程度,负担该工作物设置及保存之费用"。如此规定的原因在于,土地的所有人或使用人为达到使其土地之水通过的目的,有权使用高地或低地所有人或使用人之前所设置的排水工作物。但是,应当按照其受益的程度,承担设置及保存该排水工作物的相关费用。这主要是从经济角度考虑,毕竟对排水设施进行重复设置,不仅在经济上不利益,而且可能增加对邻地的损害。然而,承水地的所有人或使用人并没有设置排水工作物,以供排水人进行排水之用的法定义务。因此,若使排水人能够无偿使用他人所设置的排水工作物,则有失公允,而应当按照排水人的受益程度,分担排水工作物所产生的相关费用。[5]此时,承水义务人则负有容忍排水权人使用其排水工作物的义务。这种规定体现了"有利生产"、经济效率的原则。"盖土地所有人因排水关系,对邻地所有人所设之工作物,如果不能使用,势必以自己费用另行设置使水通过之工作物,就整个社会言,极不经济。就邻地所有人言,土地所有人,在其地内设置工作物愈多,其土地能利用之面积愈小也。"[6]但是,需要考虑的是,土地权利人为引水或排水而使用邻地水利设施的权利,是否应当规定为一种法定权利?邻地承

---

[1] 例如,我国台湾地区"民法典"第779条第3款规定,"法令另有规定或另有习惯者,从其规定或习惯"。

[2] 姚瑞光:《民法物权论》,中国政法大学出版社2011年版,第51页。

[3] 参见"黄元与莫利芬相邻用水、排水纠纷案",广西壮族自治区来宾市中级人民法院(2015)来民一终字第119号民事判决书。

[4] 参见崔建远:《物权法》(第二版),中国人民大学出版社2011年版,第218页。

[5] 参见史尚宽:《物权法论》,中国政法大学出版社2000年版,第97页。

[6] 姚瑞光:《民法物权论》,中国政法大学出版社2011年版,第51页。

水义务人是否负有法定的容忍义务？毕竟，此处的排水不同于自然流水的排放。建议将来制定《民法典》时将此规定为："土地所有权人或使用权人因使其土地之水通过邻地需要，而使用邻地所建设之排水设施者，须依照其受益之情况，按照比例分担该排水设施之建设及维护费用。"

同时，以下问题仍需注意：其一，人工排水与自然排水不同，为自然排水（自然降水）而专门设置的特定排水通道，在排水人与承水人之间缺乏协议的情形下，不能用来排放院落积水及生活用水。[1]其二，尤其是在相邻权利人之间缺乏约定的情形下，不得利用日常的排水通道排放污水。"相邻排水人不得向邻地排放法律、法规明文禁止排放的污水。"[2]其三，当排水权人存在其他排水方式时，对生活污水的排放更无利用邻地的当然性权利。[3]其四，排水人更不能通过排水行为损害邻人的权利。例如，在"刘某某与陈某某相邻用水、排水纠纷案"中，原、被告系邻里关系，被告在原告房屋后墙处开挖水渠，将排水引入该水渠内，对原告房屋构成妨害，原告要求排除被告对其房屋的妨害、停止排水，法院支持了原告的诉求。[4]

另外，承水义务人负有不得破坏人工排水通道的义务。其一，当承水人违反该项义务时，法院有时会在判决书中明确承水义务人应恢复修建的排水沟渠的具体规格，甚至会将排水沟的位置、走向、[5]长度，以及排水沟两边沟帮的高、宽及沟底宽度等予以明确。[6]在有些案例中，排水沟渠的沟埂及沟埂内、

---

〔1〕参见"丁龙福与丁吉兴相邻用水、排水纠纷案"，山东省淄博市中级人民法院(2015)淄民一终字第93号民事判决书。

〔2〕参见崔建远：《物权法》（第二版），中国人民大学出版社2011年版，第218页。

〔3〕参见"杨兴华与胡林根相邻用水、排水纠纷案"，浙江省绍兴市中级人民法院(2007)绍中民一终字第706号民事判决书；"娄萍与马信祥相邻用水、排水纠纷案"，浙江省上虞市人民法院(2013)绍虞章民初字第76号民事判决书。

〔4〕参见"刘某某与陈某某相邻用水、排水纠纷案"，甘肃省岷县人民法院(2015)岷十民初字第126号民事判决书。

〔5〕参见"李慎才与李义桂、李伯振、李明宝相邻用水、排水纠纷案"，河北省唐山市中级人民法院(2012)唐民三终字第367号民事判决书。

〔6〕参见"吴本聪与思春明相邻用水、排水纠纷案"，云南省楚雄彝族自治州中级人民法院(2014)楚中民一终字第260号民事判决书；"梁础芳与肖汉池相邻用水、排水纠纷案"，广西壮族自治区容县人民法院(2013)容民初字第1634号民事判决书；"梁宏英与韦建军相邻用水、排水纠纷案"，广西壮族自治区柳城县人民法院(2014)柳城民一初字第318号民事判决书。

外壁所用的材料有时法院亦会在判决中进行明确。[1]其二,相邻方在修建排水设施时,不应故意加高己方地面而影响相邻方的排水。例如,在"周淑连与高文富相邻用水、排水纠纷案"中,周淑连(一审原告,二审被上诉人)与高文富(一审被告,二审上诉人)毗邻而居,双方房屋之间的原通道是供通行、排水所用,高文富在周淑连房后垫高己方地面并安设暗管排水,致使院前通道北高南低,当雨量较大时,导致周淑连房后有存水,无法满足排水需要,故周淑连诉求法院排除妨碍并赔偿损失。法院判决高文富不得将地面加高,保证周淑连房后不形成积水。[2]其三,属于集体经济组织所有的排水沟渠具有共用性质,任何属于集体经济组织成员的排水人均可使用,但均无权填堵以影响其他人的排水,也不得以任何方式干涉其他人排水。[3]其四,承水人不得擅自毁坏历史形成的排水沟渠、过水通道,[4]不得任意改变过水路径、过水口径及方式,[5]否则须承担恢复原状、损害赔偿等法律责任。[6]

二、设置屋檐排水及其限制

在通过设置屋檐排放雨水的情形中,相邻权利人在建房时应当留出足够的屋檐滴水线,不能将房屋地基全部用尽,以免使相邻房屋屋檐间距窄狭而无法排水。[7]为确保毗邻的房屋墙体不受损害,应尊重当地上下相邻房屋排水

---

〔1〕 参见"义玉珠与江万斌相邻用水、排水纠纷案",广西壮族自治区桂林市中级人民法院(2014)桂市民一终字第28号民事判决书;"严庄祥、晏家碧与伍秋霞相邻用水、排水纠纷案",贵州省修文县人民法院(2014)修民初字第142号民事判决书。

〔2〕 参见"周淑连与高文富相邻用水、排水纠纷案",北京市第三中级人民法院(2016)京03民终272号民事判决书。

〔3〕 参见"毕振安与毕社久相邻用水、排水纠纷案",河南省南阳市中级人民法院(2014)南民一终字第00422号民事判决书。

〔4〕 参见"毕德伟与朱庆义相邻用水、排水纠纷案",辽宁省绥中县人民法院(2012)绥民沙初字第00499号民事判决书。

〔5〕 参见"孟宗诚与孟宗友相邻用水、排水纠纷案",广西壮族自治区全州县人民法院(2015)全民初字第337号民事判决书。

〔6〕 参见"林南石与林孝明相邻用水、排水纠纷案",湖南省邵阳市中级人民法院(2015)邵中民一终字第494号民事判决书。

〔7〕 参见"李光伟、杨表杀与杨格报、李仕民相邻用水、排水纠纷案",贵州省黔东南苗族侗族自治州中级人民法院(2015)黔东民终字第476号民事判决书;"钟仕刚与郑小姑相邻用水、排水纠纷案",海南省第二中级人民法院(2015)海南二中民一终字第566号民事判决书;"黄国文与唐忠正、周成彬相邻用水、排水纠纷案",云南省姚安县人民法院(2015)姚民初字第132号民事判决书。

的习惯和滴水的自然流向。[1]对业已形成的屋檐滴水及其流向,不得任意改变。土地使用权转让时,受让人应当承受原承水义务。[2]若相邻权利人建房未留出足够的屋檐滴水线,导致排水对邻地房屋造成妨害时,拆除房屋并不符合经济性原则,应采取合理的方式改变排水流向。[3]为排除对毗邻房屋的损害,法院有时会要求排水人对房屋排水管道进行改造(如安装弯头),以免雨水滴至毗邻房屋的房顶、墙壁上。[4]

排水人不得设置使雨水直接倾注于承水人土地的屋顶结构或者其他排水设施。例如,依据《日本民法典》第218条,"土地所有人不得建造可使雨水直接倾注到邻地的屋顶或他处的设施"[5]。申言之,相邻不动产权利人之间临界的屋顶,不但不能越过二者土地的边界线,而且为防止雨水直接倾注于邻地承水义务人的屋顶或地面,应当与土地的边界线保持一定距离。如果相邻方擅自在本应保留的排水空间范围内修建屋顶或其他设施,则需承担排除妨碍的义务,并需要对受到损失的相邻方承担损害赔偿责任。这在我国相关的司法判决中即有体现。例如,在"崔治合与崔志财相邻用水、排水纠纷案"中,法院判决认为,崔治合(一审原告,二审被上诉人)与崔志财(一审被告,二审上诉人)系前后邻居,崔治合居后院,崔志财居前院,崔志财在其北正房后墙外半截子墙上修建的排水沟堵塞了双方中间的水道,影响了崔治合家正常排水,故崔治合要求崔志财拆除所建排水沟以利排水的请求,应予支持。[6]又如,在"田祝英与代云龙相邻用水、排水纠纷案"中,田祝英(一审原告,二审上诉人)与代云龙(一审被告,二审上诉人)系南北邻居,代云龙在修建房屋时,北屋的北墙与后院墙之间有一定距离,雨水能够从该空间中流出,后来其将该空间搭建成棚子,导致田祝英的南屋与代云龙的后院墙之间仅相距30公分,雨水会流

---

[1] 参见"董克敏与顾怀能相邻用水、排水纠纷案",贵州省雷山县人民法院(2014)雷民初字第441号民事判决书。

[2] 参见"苏明贵与罗文斌相邻用水、排水纠纷案",四川省凉山彝族自治州中级人民法院(2015)川凉中民终字第203号民事判决书。

[3] 参见"高宁与刘坚、刘波、李桂英相邻用水、排水纠纷案",广西壮族自治区昭平县人民法院(2014)昭民一初字第333号民事判决书。相似判决参见"余清静与广西宝源投资有限公司相邻用水、排水纠纷案",广西壮族自治区隆安县人民法院(2013)隆民一初字第621号民事判决书。

[4] 参见"史保顺与史礼瑞、史保印相邻用水、排水纠纷案",河南省卫辉市人民法院(2014)卫民初字第1765号民事判决书。

[5] 《日本民法典》,王爱群译,法律出版社2014年版,第44页。

[6] 参见"崔治合与崔志财相邻用水、排水纠纷案",北京市第三中级人民法院(2015)三中民终字第14110号民事判决书。

到田祝英的屋顶,田祝英诉求法院判决代云龙拆除搭建的棚子。法院判决认为,本案中代云龙建房在后,且系因事后将其建房时留出的北屋北墙与后院墙之间的空间搭建成棚子,改变了雨水流向才引发纠纷,判决代云龙对妨碍排水的设施(北屋北墙与后院墙之间的水泥板子)予以拆除。[1]另外,为解决此类纠纷,在我国司法实践中,甚至出现当排水人擅自将房屋滴水位置越过承水人房顶,对毗邻房屋造成妨害且已超过承水人本应承受的合理限度时,法院判决截除越过承水人房顶的出檐,[2]或判决对房顶重新改造或拆除的案例。[3]

从比较法角度看,通过设置屋檐排水应受到法律的限制也获得了承认。例如,按照《日本民法典》第218条关于"雨水倾注邻地设施的禁止"的规定,"土地所有人不得建造可使雨水直接倾注到邻地的屋顶或他处的设施"[4]。又如,《意大利民法典》第908条关于"排放雨水"规定,"房屋的所有人应当以将雨水排放到自己的土地上而不使其坠落到邻人土地上的方式建造屋顶"。"有公共排水系统的,应当将雨水通过屋檐或排水沟导入公共排水系统。在任何情况下,均应当遵守地方条例和有关调整水资源法的规定。"[5]再如,我国台湾地区"民法典"第777条关于"设置屋檐排水之限制"规定,"土地所有人不得设置屋檐、工作物或其他设备,使雨水或其他液体直注于相邻之不动产"。如此规定的理由在于,雨水属于自然之水的范畴,作为邻地的所有人或使用人本来应当负有承水的义务,但是,法律禁止通过上述人工方法排水的原因在于保护邻地所有人或使用人的利益。[6]就该条而言,雨水、冷气机排出的水滴或者排油烟机排出的油滴等液体,如果属于排水权人通过以屋檐、工作物或其他设备等人工导引方式注入其相邻不动产(土地或建筑物)的情形,邻地的所有人或使用人自然没有承水的义务,排水权人无权进行此种行为,否则邻地不动产权利人有权请求法院予以禁止,对相邻不动产因此所受的损害,并应负损害赔

---

[1] 参见"田祝英与代云龙相邻用水、排水纠纷案",山东省济南市中级人民法院(2015)济民一终字第1687号民事判决书。相似判决参见"景樱桃与沈永囊、沈永赞相邻用水、排水纠纷案",浙江省奉化市人民法院(2015)甬奉莼民一初字第235号民事判决书;"白某与鲍某相邻用水、排水纠纷案",陕西省安塞县人民法院(2015)安民初字第00578号民事判决书。

[2] 参见"万继远与肖太斌相邻用水、排水纠纷案",云南省永平县人民法院(2014)永民初字第12号民事判决书。

[3] 参见"郑石顿与郑海珠相邻用水、排水纠纷案",北京市延庆县人民法院(2014)延民初字第0711号民事判决书。

[4] 《日本民法典》,王爱群译,法律出版社2014年版,第44页。

[5] 《意大利民法典》,费安玲等译,中国政法大学出版社2004年版,第225页。

[6] 参见王泽鉴:《民法物权》(第二版),北京大学出版社2009年版,第149页。

偿的责任。此在区分所有建筑物上层建筑物的设备使液体流入下层的情形下，也应当可以适用。另外，此处系指土地所有人在自己的土地内设置屋檐、工作物或其他设备，而此等设备未侵入邻地而言，若已侵入邻地，则已系妨害邻地权利的行使，邻地权利人自然可以行使除去妨害请求权，请求除去越界的工作物，而非单纯请求禁止此种行为。[1]另外，依据《法国民法典》第681条："一切所有权人均应当设置屋檐，让雨水流向自己的土地或公共道路；所有权人不得让雨水倾注于相邻人的不动产。"[2]对此，我国《民通意见》也有相关规定（第102条）。

　　申言之，屋檐的设置与相邻不动产之间应当保留一定的距离，以使屋檐滴水能够流入排水渠道，而非倾注或弹落于相邻之不动产，[3]避免滴水造成邻人的房屋潮湿、霉变而影响其正常使用。[4]作为土地的权利人（包括所有人及使用人）无权通过设置屋檐或其他工作物（例如沟渠），致使雨水或其他液体直接倾注于与其相邻的不动产之上。[5]排水人的房屋屋檐更不得延伸至承水义务人的屋顶上方，因其已经超越排水人行使所有权的范围。[6]"屋檐不得逾越疆界线，一般尚须由界线留存一定之距离。此距离如何，外国民法有为具体的规定者（日民234条），有仅示其原则者（法民674条、德民907条、瑞民686条）。我民法（注：此处指我国台湾地区"民法典"；上述"日民"指日本民法典，"法民"指法国民法典，"德民"指德国民法典，"瑞民"指瑞士民法典）虽无明文，然第774条已略示其意。在都市建筑规划，一般设有此规定。然不问其所隔距离之远近，均不得使雨水直注于相邻之不动产。土地所有人违反此义务，设置工作物时，邻地所有人或承租人等有利用权人，得请求为防止雨水直注之设施。因此受有损害时，并得请求赔偿。"[7]

---

〔1〕 参见谢在全：《民法物权论（上册）》（修订五版），中国政法大学出版社2011年版，第190页。
〔2〕 《法国民法典》，罗结珍译，北京大学出版社2010年版，第198页。
〔3〕 参见"杨正贵与杨再其相邻用水、排水纠纷案"，湖南省湘西土家族苗族自治州中级人民法院（2015）州民申字第19号民事判决书；"董克敏与顾怀能相邻用水、排水纠纷案"，贵州省黔东南苗族侗族自治州中级人民法院（2015）黔东民终字第298号民事判决书；"张全福与陈宗才相邻用水、排水纠纷案"，广西壮族自治区柳州市中级人民法院（2014）柳市民一终字第977号民事判决书。
〔4〕 参见"冯安福与冯敏昌相邻用水、排水纠纷案"，云南省红河哈尼族彝族自治州中级人民法院（2014）红中民申字第29号民事判决书。
〔5〕 史尚宽：《物权法论》，中国政法大学出版社2000年版，第96页。
〔6〕 参见"孙菊珍与杜联、张成珍相邻用水、排水纠纷案"，云南省红河哈尼族彝族自治州中级人民法院（2014）红中民一终字第183号民事判决书。
〔7〕 史尚宽：《物权法论》，中国政法大学出版社2000年版，第96页。

为避免出现相邻房屋的屋檐排水纠纷,有些立法例对相邻房屋所应保持的最低距离进行了明确的规定。例如,依据《日本民法典》第234条关于"边界线附近建筑物的限制"的规定,在行为人建造建筑物时,应当自相邻不动产的边界线起保留五十厘米以上的距离。如果违反前款规定的最低距离间隔而进行建筑的,邻地所有人或其他使用人有权请求法院予以停止建造行为或改变相关建筑。但是,如果相关建筑物开始进行建造已经超过一年,或者该建筑已经竣工完成,那么,邻地权利人就只能请求损害赔偿。[1]有些立法例对此作了原则性规定(如《法国民法典》第674条)。[2]《德国民法典》第907条关于"将要发生危险的设备"也规定:"确可预见邻地上的设备的存在或使用将要造成对自己土地的不被准许的干涉的,土地所有人可以请求不在邻地上设立或保持这些设备。某一设备符合规定了与界线的一定距离或其他保护措施的州法律规定的,仅在实际发生不被准许的干涉时,才能请求除去之。""树木和灌木,不属于前款规定意义上的设备。"[3]《瑞士民法典》第686条将确定房屋之间距离的具体权限赋予给了各州的立法,"各州可以通过立法确定所有权人在进行挖掘和建造时应遵守的距离"。"各州可以通过州立法制定有关建造的其他规则。"[4]

此外,人工排水人在排水过程中应当承担破溃工作物之修缮疏通或预防义务。例如,如果乙之土地因甲之土地上为蓄水、排水或引水而设置的工作物(例如堤防、水管)阻塞、破漏而遭受损害,或有损害之虞时,乙有权请求甲疏通或修缮该工作物,必要时可请求甲实施相关预防性工事。[5]这种修缮义务的承担也可防止屋顶积水从损坏的排水管道中滴落在邻人的房屋外墙。[6]就排水过程中破溃工作物的修缮疏通或预防义务而言,排水与承水的两地不以相互邻接为必要。排水工作物的破溃、阻塞究竟是由于人为或由于事变原因,应在所不问。"此项请求,为基于所有权之妨害除去请求权之一种,其内容为

---

〔1〕 参见《日本民法典》,王爱群译,法律出版社2014年版,第46页。

〔2〕 参见《法国民法典》,罗结珍译,北京大学出版社2010年版,第197页。

〔3〕 《德国民法典》(第2版),陈卫佐译,法律出版社2006年版,第330页。

〔4〕 《瑞士民法典》,于海涌、赵希璇译,[瑞士]唐伟玲校,法律出版社2016年版,第244页。

〔5〕 参见[日]我妻荣:《我妻荣民法讲义Ⅱ 新订物权法》,有泉亨补订,罗丽译,中国法制出版社2008年版,第300页。

〔6〕 参见"乔运来、刘恩芝与襄阳家万福超市有限公司相邻用水、排水纠纷案",湖北省襄阳市襄城区人民法院(2014)襄城民一初字第00396号民事判决书。

修缮、疏通或预防,不得请求工作物之除去或蓄水、排水或引水之停止。"[1]例如,依据《日本民法典》第216条:"因他人的土地中设置的蓄水、排水或引水的设施的损害或闭塞,给自己的土地造成损害或危险的,该土地所有人应当修缮设施或排除妨碍,有必要时还应进行预防性工程。"[2]依据我国台湾地区"民法典"第776条关于"破溃工作物之修缮疏通或预防"的规定,由于土地内因为蓄水、排水等原因而发生毁坏、阻塞的状况,导致他人的土地受到损害,抑或存在导致他人之土地发生侵害的可能,作为排水者应当进行必要的修缮、疏通或预防。但是,对于修缮、疏通或预防费用的负担,有相关的习惯时,应当遵从该习惯。也就是说,一般而言,作为排水人的土地所有权人或土地使用权人应当对破溃工作物承担必要的修缮、疏通或预防义务,除非另有相关的费用担负习惯。另外,如果承水义务人因为排水工作物的破溃、阻塞而受到损害,有权向排水人请求损害赔偿。承水义务人得以请求的相对人,原则上为排水工作物所在地的土地所有人。但是,如果排水工作物的所有人与排水所在地的土地所有人非为一人时,应当向排水工作物的所有人(而非土地的所有人)主张相关的请求。如果工作物本身没有破溃或阻塞的可能,而是由于其他的原因(例如排水管道安装的不安全)有导致损害的可能时,则不应当适用上述规定,而应当依据占有妨害防止之诉请求法律救济。[3]

总结而言,人工排水人在排水过程中所应承担的破溃工作物的修缮、疏通义务,须具备以下要件:其一,由于蓄水、排水或引水的目的而设有相关的工作物。至于该工作物是设置在排水权人的土地之内或是设置于其他人的土地之内,则并无影响。如果没有设置相关的工作物,水流是因事变等原因而在邻地发生阻塞时,排水权人有权以自己的费用进行必要的疏通。但是,如果邻地所有人或使用人因此而受有利益,则应当按照其受益的程度,承担相当的费用,除非对于前项费用的负担另有习惯。其二,由于排水工作物发生破溃或阻塞而生的情事。如果并非此种情事,而是由于排水工作物的装设地点不当等其他原因所导致,则不构成此项义务的违反。至于排水工作物破溃或者阻塞的原因是由于人为或事变,以及排水权人在主观上有无故意或过失,则不受影响。其三,由于排水工作物破溃或者阻塞的原因,导致他人的土地产生实际的

---

[1] 史尚宽:《物权法论》,中国政法大学出版社2000年版,第96—97页。
[2] 《日本民法典》,王爱群译,法律出版社2014年版,第46页。
[3] 参见史尚宽:《物权法论》,中国政法大学出版社2000年版,第96—97页。

损害或者有产生损害的可能。其四,应向排水权人主张相关诉求,如果相关工作物的所有人与排水权人不同时,则可向排水权人及排水工作物的所有人分别进行请求。其五,承水义务人的请求须以请求对排水工作物进行修缮、疏通或预防为限,而无权请求停止蓄水、引水、排水或除去相关的工作物。如果承水义务人已经因此而受有损害,则可另行请求损害赔偿。排水义务人为修缮、疏通或预防时,应自行负担相关的费用,除非另有须按照相关的比例进行分担费用的习惯。[1]

三、人工排水权人之设堰权

水流地权利人为排水或利用水流的便利,经常需要设置堰。在人工排水工程中,排水权人即使对水流地(河床、流水用地)对岸的土地不享有所有权,如果由于排水需要而设置堰时,也可将堰附着于对岸的土地进行设置。堰俗称为坝。排水者在排水过程中需要设堰的情况下,有权使其堰附着于对岸的土地,谓之设堰权。堰之设置,为土地利用尤其为灌溉所必要,而于对岸之所有地损害甚少。故民法不须对岸所有人之同意,而能够使得此岸所有人得以将该堰设置在对岸之土地上,以全其效用。[2]例如,《日本民法典》第222条关于"堰的设置及使用"规定,水流地的所有权人需要设置堰的,有权将该堰设置于对岸之土地。但是,对由于设堰而发生之侵害,必须偿付赔偿金。如果对岸的所有权人也拥有该排水通道的部分权利时,其可以使用前款规定的堰。又如,依据我国台湾地区"民法典"第785条关于"堰之设置与利用"的规定,水流地的所有权人需要设置堰的,有权将其堰附着于对岸土地之上。但是,对于因设堰而给对岸地造成的损害,应当支付损害赔偿金。如果对岸的所有权人也拥有该排水通道的部分权利时,则对岸地所有人有权使用前项所设之堰。但是应当按照其所获益的状况,分担此堰建设和保管的费用,除非法律另有规定或者另有习惯调整。

一般而言,设堰权的要件如下:(1)为使用流水的目的,有设堰的必要。原因在于,既然存在设置该堰之必要,则必能够将该堰的一方得设置在对岸土地之上,始能达积水利用之目的,故此际对岸所有人自负有容忍设堰之义务。

---

[1] 参见谢在全:《民法物权论(上册)》(修订五版),中国政法大学出版社2011年版,第192—193页。
[2] 参见史尚宽:《物权法论》,中国政法大学出版社2000年版,第98—99页。

惟设堰权人针对彼岸土地所有人由于设堰产生之损失,应支付偿金。[1]例如,为家用或农业、工业用水目的有设堰以导水的必要。如果是因为诸如庭内设瀑布而设堰,则必须征得对岸地所有人的同意。(2)排水人的设堰行为,应以不损害对岸地及下游地的方法为之。例如,不得通过设堰而使水流涨溢,进而损害到对邻地的使用。(3)对于因为设堰而引发的损失,必须进行损害赔偿。需要注意的是,此项赔偿金为一种法定负担,而并非基于侵权行为所发生的损害赔偿。[2]

依据传统民法理论,设堰权应当属于地上权的范畴。所谓地上权,是指由于在他人所有的土地上拥有建筑物等作业物(包括桥梁、水渠、池塘等地面以及地下所有的人工建造物)或竹木而使用该土地的权利。[3]"盖堰不附着于对岸,不能壅水上升之目的,水流地所有人无法充分利用流水也。"[4]当然,是否可以或者应当设堰及用堰,均与地方水利紧密攸关,首先应当尊重地方习惯。如果当地有相异的习惯之时,当然应当遵从相关的习惯。[5]另外,在排水权人设堰的过程中,应当对堰进行预制性保护,防止给堰的对岸权利人造成损害,[6]如果因此而给对岸的权利人造成损害,应当进行损害赔偿。此时,如果堰对岸的土地所有人或使用人使用该堰时,则应当依据损害的抵销制度,互相担负赔偿金。就诉讼当事人而言,"用堰权之保护,其原告为对岸之所有人、共有人及土地利用权人。被告为设堰人。请求之标的,为堰之使用之容忍"[7]。也就是说,对岸土地的权利人在水流地的一部分属于其所有时,可以使用其堰,但需按照受益的比例分担堰的设置、管理及维护费用(《日本民法典》第222条)。简言之,对岸土地的权利人负有容忍设置堰的义务,但可取得赔偿金;在不损害排水权人对堰的使用,且分担上述相关费用的情形下,也应享有对堰的使用权。[8]"盖水流地之一部既为对岸地所有人所有,则其依法亦有用

---

〔1〕 参见谢在全:《民法物权论(上册)》(修订五版),中国政法大学出版社2011年版,第193页。
〔2〕 参见史尚宽:《物权法论》,中国政法大学出版社2000年版,第99页。
〔3〕 参见[日]田山辉明:《物权法》,陆庆胜译,法律出版社2001年版,第199页。
〔4〕 姚瑞光:《民法物权论》,中国政法大学出版社2011年版,第53页。
〔5〕 参见史尚宽:《物权法论》,中国政法大学出版社2000年版,第100页。
〔6〕 参见"段振华与段三明相邻用水、排水纠纷案",河南省温县人民法院(2014)温民祥初字第00270号民事判决书。
〔7〕 史尚宽:《物权法论》,中国政法大学出版社2000年版,第100页。
〔8〕 参见[日]我妻荣:《我妻荣民法讲义Ⅱ 新订物权法》,有泉亨补订,罗丽译,中国法制出版社2008年版,第302-303页。

水权与设堰权,自以准许其使用水流地所有人已设之堰为宜,如此两得其利,有益于社会经济也。"[1]

若不许对岸土地的权利人使用此岸水流地权利人已设之堰,那么,对岸权利人必然需要另行设堰,不符合经济性原则。诚如史尚宽先生所言:"该有流水地一部之对岸所有人,有使用水流之权能,从而亦得设堰使附着于其对岸。如此双方对岸所有人二重设堰,未免不经济,故不如使有使用水流权能之对岸所有人得使用他方对岸所有人所已设之堰。"[2]反之,此时若对岸权利人另外需要再行设堰,不但可能无适当的处所或位置可设,而且劳费增多,就整个社会而言,极不经济。故法律应当特设对岸地的权利人,有权分担设置及保存费用,而使用水流地所有人已设之堰的规定。[3]一般而言,用堰权的要件如下:(1)对岸地的权利人须有使用水流地的权能。拥有水流地一部分的对岸权利人应当享有用堰权,应该无异议。但是,如果对岸地的权利人不享有该水流地的一部分时,是否也应当享有用堰权,虽然并非没有疑问,但从经济性效用考虑,应当认定为在不妨碍水流地所有人使用此堰的情况及范围内,也应当享有使用此堰的权利。通常情况下,沿岸地的权利人以水流地的中央为界,而分有水流地。(2)用堰权人必须依据其所获利益的状况,分担此堰建设和保管的相关成本。例如,依据用水量或灌溉土地的面积,按照相应的比例进行分担。但是,在一些情形下,用堰权人无需支付偿金,也不得由设堰权人受领偿金,而是适用损害相抵规则。[4]

第四节　排水权规则在民法典中的立法设计

一、排水权于《民法典·物权编》予以规范配置

当前立法虽然对排水问题进行了规范,但充斥着"有利生产、方便生活、团结互助、公平合理""必要的便利""合理分配"等词语的立法规范,仍秉承的是用道德观念去解决排水纠纷所引起的相关法律问题的思维逻辑,无法为一系列排水纠纷的解决提供清晰的规范依据及法理基础。毫不讳言,充斥着

---

[1] 谢在全:《民法物权论(上册)》(修订五版),中国政法大学出版社2011年版,第193页。
[2] 史尚宽:《物权法论》,中国政法大学出版社2000年版,第99页。
[3] 参见姚瑞光:《民法物权论》,中国政法大学出版社2011年版,第53页。
[4] 参见史尚宽:《物权法论》,中国政法大学出版社2000年版,第99-100页。

道德说教性立法用语的"和稀泥"式的制度规范,根本无法解决实践中愈演愈烈的排水纠纷。当前,在我国学界正紧锣密鼓地编纂《民法典》的历史性时刻,最理想的解决路径应当是将相关的争议问题在民法典中予以规范,进而使民法成为构筑社会关系的规范基础。[1]

在我国当前编纂《民法典》的历史性时刻,排水权规则应当如何在其中进行规范配置,就成为必须回答的问题。这至少需要从形式体例编排及内容规范设计两个方面进行回应。"编纂民法典的任务是,对现行民事法律规范进行系统、全面整合,编纂一部内容协调一致、结构严谨科学的法典。"[2]排水权在《民法典》中的规范配置安排,具体体现在:

其一,就形式体例编排而言,应将排水权规范纳入《民法典》的"物权编"中予以规范。一方面,无论是从正面将排水权定性为水权的一种(与取水权相对),还是从反面将排水权认定为对所有权的一种行使限制,在学界对《民法典》中设置"物权编"已基本达成共识的情况之下,[3]都意味着应将排水权规范在《民法典》"物权编"中进行规范。另一方面,虽然《物权法》对排水权的既有规范配置存有缺陷,但将来在对其进行完善之时,便于同已有规范进行衔接及协调。

其二,将排水权置于《民法典》"物权编"予以规范的编排体例,也符合世界主要国家或地区关于排水权规范的通行立法例。例如,《法国民法典》将其规定于"第二卷 财产及所有权的各种限制"的"第四编 役权或地役权"(第640条至第643条)中;[4]《日本民法典》将其规定于"第二编 物权"的"第三章 所有权"中(第214条至第222条);[5]《意大利民法典》将水权的相关规定放在

---

[1] 参见[日]大村敦志:《从三个纬度看日本民法研究——30年、60年、120年》,渠涛等译,中国法制出版社2015年版,第9页。

[2] 2016年6月27日,全国人大常委会法制工作委员会主任李适时在第十二届全国人民代表大会常务委员会第二十一次会议上关于《中华人民共和国民法总则(草案)的说明》。参见扈纪华:《民法总则起草历程》,法律出版社2017年版,第134页。

[3] 学界对"物权编"作为独立的一编在《民法典》中予以规定已达成共识。参见王利明:《民法典的时代特征和编纂步骤》,《清华法学》2014年第6期,第10页;梁慧星:《松散式、汇编式的民法典不适合中国国情》,《政法论坛》2003年第1期,第13页;郭明瑞:《民法典编纂中继承法的修订原则》,《比较法研究》2015年第3期,第87页;崔建远:《编纂民法典必须摆正几对关系》,《清华法学》2014年第6期,第52页;李永军:《民法典总则的立法技术及由此决定的内容思考》,《比较法研究》2015年第3期,第2页。

[4] 参见《法国民法典》,罗结珍译,北京大学出版社2010年版,第191-192页。

[5] 参见《日本民法典》,王爱群译,法律出版社2014年版,第44-45页。

了"第三编 所有权"的"第二章 所有权"中（第913条至第917条）;[1]《瑞士民法典》也将其规定于"第四编 物权法"的"第十九章 土地所有权"中（第689条至第690条）;[2]《荷兰民法典》将其置于第五编"物权编"中予以规范;[3]我国台湾地区"民法典"也将其规定于"三、民法物权编"的"第二章 所有权"中（第775条至第785条）。

二、排水权的《民法典》规范配置

在我国未来《民法典》"物权编"中，应当结合我国立法现状，借鉴发达国家或地区的先进经验，完善排水权规范。体现为：

第N条 ［对自然流水的排水权］[4]：不动产权利人不得妨碍由邻地自然流至的雨水、冰雪融水、泉水、涨潮之水等自然流水。

土地权利人对于邻地必需的自然流至之水，纵使其有利用的需要，也无权防阻全部流水。

第N+1条 ［对排水工作物破溃的预防或修缮疏通义务］[5]：排水人对排水工作物因破溃、阻塞给相邻不动产权利人造成损害或有损害之虞时，负有修缮、疏通或预防的义务。

第N+2条 ［不得将雨水直注于相邻不动产］[6]：排水人不得通过设置屋檐或其他设施，使雨水或其他液体直注于相邻的不动产。

第N+3条 ［疏水权］[7]：排水人有权以自己的费用对在邻地阻塞的水流进行疏通。

相邻不动产权利人受有利益者应按受益程度分担费用。

对费用负担有习惯者，从习惯。

第N+4条 ［人工排水权］[8]：不动产权利人为使浸水之地干涸，或排泄

---

[1] 参见《意大利民法典》，费安玲、丁玫、张密译，中国政法大学出版社2004年版，第226-227页。

[2] 参见《瑞士民法典》，于海涌、赵希璇译，[瑞士]唐伟玲校，法律出版社2016年版，第245页。

[3] 参见《荷兰民法典》，王卫国主译，中国政法大学出版社2006年版，第117页。

[4] 该条设置参考《法国民法典》第640条、《日本民法典》第214条、《荷兰民法典》第五编"物权编"第38条、《意大利民法典》第913条、《瑞士民法典》第689-690条、我国台湾地区"民法典"第775条。

[5] 该条设置参考《日本民法典》第216条、我国台湾地区"民法典"第776条。

[6] 该条设置参考《法国民法典》第681条、《日本民法典》第218条、《意大利民法典》第908条、我国台湾地区"民法典"第777条。

[7] 该条设置参考我国《水法》第28条、《日本民法典》第215条、我国台湾地区"民法典"第778条。

[8] 该条设置参考《日本民法典》第220条、《瑞士民法典》第690条、我国台湾地区"民法典"第779条。

家用或其他用水而必须经过邻地者,应选择对邻地损害最小的排水通道或方法进行。由此给邻人造成损害者,应予赔偿。

第 N+5 条 [邻地工作物的使用权][1]:不动产权利人因使其土地之水通过邻地需要,而使用邻地所建设之排水设施者,须依照其受益之情况,按照比例分担该排水设施之建设及维护费用。

第 N+6 条 [排放污水行为之禁止][2]:排水人不得向相邻地排放污水,由此给邻地造成损害者,应予赔偿。法律另有规定的除外。

第 N+7 条 [使用邻地余水权][3]:不动产权利人为生活或灌溉目的用水者,在通过其他方式难以实现或花费巨大时,有权向邻地权利人请求使用节余之水,但应支付相应补偿。

第 N+8 条 [变更水流权及其限制][4]:排水人对处于其不动产范围内的水流及其宽度享有变更的权利,但应当将水流在邻地的相交处恢复成自然水路,并不得损害邻人的权利。

当水流通道彼岸的土地属于其他人所有之不动产时,排水人单方无权对该水流及其宽度进行变更。

第 N+9 条 [设堰权][5]:排水有设堰的必要时,排水人有权将堰设于对岸。但因此给对岸不动产权利人造成损害者,应予赔偿。

对岸不动产权利人对前款所设之堰拥有使用权,但须按照其所获利益状况支付此堰之建设及维护等费用。

对前两款情形,法律另有规定或另有习惯者,从其规定或习惯。

本章小结

排水权规范是处理排水纠纷的制度基础。现有排水规范呈现道德化的特性,且简单、笼统,欠缺司法操作性,极易滋生法官对排水纠纷恣意裁判的风险。比较立法例关于排水权的相关规定及我国司法实践关于排水权纠纷的裁判经验,可为我国《民法典》编纂中排水权规范的重构提供借鉴素材。基本原

---

[1] 该条设置参考《日本民法典》第221条、我国台湾地区"民法典"第780条。
[2] 该条设置参考《侵权责任法》第65-68条。
[3] 该条设置参考我国台湾地区"民法典"第783条。
[4] 该条设置参考《日本民法典》第219条、我国台湾地区"民法典"第784条。
[5] 该条设置参考《日本民法典》第222条、我国台湾地区"民法典"第785条。

则是,自然排水及人工排水规范应当分置,在自然排水情形下,一般应当尊重自然排水的流向并赋予排水权人必要的疏水权,但若对承水义务人造成损害时,需承担损害赔偿责任;在人工排水情形下,原则上无利用邻人的土地进行排水的权利,但为实现其被水浸渍的土地干涸的目的,抑或排泄家用或其他用水过程中使其能够到达排水通道,就有权使该水流经过邻人土地,但不得任意变更水流及水道宽度,并需合理行使设堰的权利。

结 论

水权配置不合理是引起用水争端的重要原因,亟需通过水权配置研究以寻求私法应对。面对当前用水矛盾日益突出以及水资源短缺、枯竭、配置不均的局面,针对水资源属于国家所有且不可交易的法规范现状,应突破单纯依靠行政手段配置水资源的禁锢,积极通过水权配置制度的研究探寻私法应对水资源危机的路径。

在私法视野下研究水权配置问题,必然需要对私法配置水权的正当性进行理论证成。水权的私权定性直接决定着运用私法配置水权的理论正当性。与传统立法例不同,当今,水资源之日益短缺甚至枯竭的现状,在凸显其价值重要性的同时,也使其在法律层面上能够构成独立的权利客体,而非土地的组成部分。公法因素以行政许可的方式介入水权的初始配置过程,不会改变水权作为一项私法权利的本质属性。将水权定性成一项用益物权,能够体现水权的特性,易于掌握水权的内涵,尤其是现今《物权法》已对取水权的用益物权属性予以立法确认的情形下,基于体系性法律解释方法,也符合物权法定原则。

理顺水资源之上权利划分的层次性,并借此证成水权的生成路径,是对水权进行配置的逻辑前提。从理论上对水资源之上权利划分的层次性进行证成,在为水权生成及私权定性寻求母权基础及理论根基的同时,也有利于克服当前学界对水资源国家所有权"平面化"定性的弊端。水资源全民所有居于水资源权利"金字塔"顶层,直接决定着水资源在宪法层面及民法层面的归属——国家所有,也影响着水权的设定前提——平等取得机会。但是,水资源全民所有并不是法学领域的一种所有权形态,需要过渡到宪法层面上的国家所有权(《宪法》第9条)才能使水资源获得法律保护,并需要进一步向民法层面的国家所有权予以转化(《物权法》第46条)。此时,水资源方能成为私法上所有权的客体,并得以通过权能分离理论派生出他物权性质的水权(《物权法》第123条)及生成水资源产品所有权。强调权利层次性并非否定权利平等性,而是理顺不同权利之间的过渡、转化、派生及生成关系,进而体现水权配置所旨在实现目的的公共性。证成水资源之上权利划分的层次性,既有利于厘清几种权利之间的关系,更可为水资源权利范畴内全民、国家与私人关系的处理提供有益参照,进而构筑起一个精致严密而井然有序的水资源权利体系,使得全民、国家、私人利益都在水资源权利谱系中得以整合。

在探求水权生成路径的基础上,需要对水权初始配置之优先位序规则进行合理建构。毕竟,这是水权初始配置制度的核心。我国确定水权初始配置位序之现行规范过于简单,且在司法实践中缺乏可适用性,导致用水冲突频发,需借鉴先进的现代水权许可制度予以完善。具体思路是,在水权取得过程中融入行政许可因素以修正"在先占用规则",即法律结合"用水目的与申请时间"之考量来决定水权初始配置的具体先后次序。总的原则是,无论水资源是否充足,法律须把"时间"当做决定初始水权配置次序的基本根据;当水资源不足时,要优先考虑"用水目的"位序高者的利益,必要时可通过补偿损失的方式换取在先申请者的应得水权。水权初始配置之优先位序规则的成败取决于人们在多大范围、多大程度上享用到应享的水资源。法律的终极目标是对人的真正关切,建构水权初始配置之优先位序规则的全部努力也正在此。

在完善水权初始配置制度的前提下,构建合理的水权转让规则是发挥市场对水权配置功能的规范依据。传统单纯依赖行政强制方式配置水权的模式,导致水权配置不合理及使用效益不高的困境,并在一定程度上加剧了我国当前水资源匮乏的状况,而构建合理的水权市场配置规则可缓解这一难题。面对我国当前普遍存在的对水权转让的误读,避免发生将其同水资源产品所有权之转让、供水合同债权之转让等相互混淆之现象,应对其法律性质予以界定。水权转让在本质上应当属于物权变动的范畴,应处理好其同我国正在适用的物权变动模式及相关制度的关系。依据债权形式主义,作为债权性质的水权变动协议构成此项物权变动的基础,并会对于此项权利变动的效力发生直接影响。此外,水权变动所需践行的登记程序为水权变动之构成要件,登记完成后方可产生水权变动的法律效果。如果水权变动不会导致用水目的发生变化,原则上可自由进行。当水权转让改变用水目的时,应允许较低位序的水权转为较高位序的水权;当水权由较高位序向较低位序转让时,应取得水权许可机关的批准。水权转让的制度构建为突破单纯水资源行政管制禁锢,发挥市场配置水权的作用提供了规范依据,有助于实现通过市场手段合理配置水权之效果。

若将水权比作一枚硬币,排水权及取水权就好似这枚硬币之两面,而排水权规范是处理排水纠纷的制度基础。如何将充斥着"道德化"用语表述的宣示性规定予以规范化并使其具有实践操作性,是排水权制度在《民法典》编纂中所应解决的最重要的问题。比较立法例关于排水权的相关规定及我国司法实践关于排水权纠纷的裁判经验,可为我国《民法典》编纂中排水权规范的重构提供借鉴素材。基本原则是,自然排水及人工排水规范应当分置,在自然排水情形下,一般应当尊重自然排水的流向并赋予排水权人必要的疏水权;在人工排水情形下,原则上无利用邻地排水之权,但为实现其被水浸渍的土地干涸的目的,抑或排泄家用或其他用水过程中使其能够到达排水通道,方有权利用邻地排水。应对排水权的私法配置规范进行具体条文设计,克服既有规范所呈现的道德化、简单及在司法实践中不具有可适用性的弊病,并为我国《民法典》编纂中排水权规范的重构提供借鉴素材。

总结而言,本书主要论证了以下观点:第一,通过私法手段配置水权,有利于定分止争,减少滥用、乱用及抢占水资源的状况,实现合理配水、有效节水、高效用水目标,为解决用水、排水纠纷、规范水权转让及提高用水效益提供规范依据。第二,在论证水资源之上权利划分层次性的基础上,探究水权成立及配置的母权基础,为水权的生成及配置提供私法理论支撑。第三,明晰水权初始配置之优先位序规则,有利于为水权初始配置纠纷的解决提供理论及制度依据。这是水权初始配置制度的核心内容。第四,探讨水权市场配置规则的私法构建路径,既有利于修正、完善物权法理论,也有利于将水权配置纳入市场机制,进而发挥市场对水权的再配置作用。第五,对水权配置中的公权力进行角色定位。水权初始取得中,行政机关许可水权时应综合生活、生态、生产、娱乐及其他用水等多种因素;水权市场配置中,将高位序的水权(如生活用水)转让给低位序用水目的(如娱乐用水)之人时,亦需公权力介入。最后,对取水权初始取得过程中的优先位序以及排水权规范在《民法典》编纂中的制度安排进行了规范设计,以期为《民法典》编纂中相关制度的规范安排及司法实践中纠纷的解决提供理论支撑及智识支持。相信本书于私法视野下对水权配置相关问题的探讨,能够对水权的合理配置及在更大程度上发挥水资源的效益起到促进作用。

参考文献

一、中文著作

1. 曹康泰. 中华人民共和国水法导读. 中国法制出版社, 2003.
2. 常鹏翱. 物权法的基础与进阶. 中国社会科学出版社, 2016.
3. 陈慈阳. 环境法总论. 元照出版有限公司, 2012.
4. 陈新民. 德国公法学基础理论(上册). 山东人民出版社, 2001.
5. 崔建远. 民法总则: 具体与抽象. 中国人民大学出版社, 2017.
6. 崔建远. 物权法(第四版). 中国人民大学出版社, 2017.
7. 崔建远. 准物权研究(第二版). 法律出版社, 2012.
8. 丁渠. 最严格水资源管理制度河北实施论. 中国检察出版社, 2013.
9. 房绍坤. 用益物权基本问题研究. 北京大学出版社, 2006.
10. 韩德强. 环境司法审判区域性理论与实践探索. 中国环境出版社, 2015.
11. 韩洪建. 水法学基础. 中国水利水电出版社, 2004.
12. 韩锦绵. 水权交易的第三方效应研究. 中国经济出版社, 2012.
13. 何海波. 法学论文写作. 北京大学出版社, 2014.
14. 胡德胜. 生态环境用水法理创新和应用研究——基于25个法域之比较. 西安交通大学出版社, 2010.
15. 扈纪华. 民法总则起草历程. 法律出版社, 2017.
16. 黄风. 罗马法. 中国人民大学出版社, 2009.

17. 黄萍. 自然资源使用权制度研究. 上海社会科学院出版社,2013.
18. 江平. 中国物权法教程. 知识产权出版社,2007.
19. 李国强. 物权法讲义. 高等教育出版社,2016.
20. 李宜琛. 日耳曼法概说. 中国政法大学出版社,2003.
21. 梁慧星、陈华彬. 物权法(第六版). 法律出版社,2016.
22. 梁慧星. 民法总论. 法律出版社,2017.
23. 梁慧星. 中国民事立法评说：民法典、物权法、侵权责任法. 法律出版社,2010.
24. 梁治平. 清代习惯法：社会与国家. 中国政法大学出版社,1996.
25. 梁治平. 法律的文化解释. 生活·读书·新知三联书店,1994.
26. 林诚二. 民法总则(上册). 法律出版社,2008.
27. 刘家安. 物权法(第二版). 中国政法大学出版社,2015.
28. 刘世庆、巨栋、刘立彬、郭时君等. 中国水权制度建设考察报告. 社会科学文献出版社,2015.
29. 雒文生、李怀恩. 水环境保护. 中国水利水电出版社,2009.
30. 裴丽萍. 可交易水权研究. 中国社会科学出版社,2008.
31. 苏永钦. 民事立法与公私法的接轨. 北京大学出版社,2005.
32. 苏永钦. 寻找新民法(增订版). 北京大学出版社,2012.
33. 隋彭生. 用益债权原论：民法新角度之法律关系新思维. 中国政法大学出版社,2015.
34. 孙宪忠. 国家所有权的行使与保护研究. 中国社会科学出版社,2015.
35. 孙宪忠. 争议与思考——物权立法笔记. 中国人民大学出版社,2006.
36. 孙宪忠. 中国物权法总论(第三版). 法律出版社,2014.
37. 王利明、杨立新、王轶、程啸. 民法学(第五版). 法律出版社,2017.
38. 王利明. 物权法. 中国人民大学出版社,2015.
39. 王利明. 物权法研究(第四版)(上、下卷). 中国人民大学出版社,2016.
40. 王利明. 中华人民共和国民法总则详解(上、下册). 中国法制出版社,2017.
41. 王伟中. 中国可持续发展态势分析. 商务印书馆,1999.
42. 王亚华. 水权解释. 上海三联书店、上海人民出版社,2005.

43. 王泽鉴. 民法物权(第二版). 北京大学出版社,2010.

44. 魏振瀛. 民法(第七版). 北京大学出版社、高等教育出版社,2017.

45. 谢在全. 民法物权论(上、中、下册). 中国政法大学出版社,2011.

46. 徐涤宇、胡东海、熊剑波、张晓勇. 物权法领域公私法接轨问题研究. 北京大学出版社,2016.

47. 尹飞. 物权法·用益物权. 中国法制出版社,2005.

48. 尹田. 物权法(第二版). 北京大学出版社,2017.

49. 尹田. 物权法理论评析与思考(第二版). 中国人民大学出版社,2008.

50. 于海涌. 中国民法典草案立法建议(提交稿). 法律出版社,2016.

51. 曾世雄. 民法总则之现在与未来. 中国政法大学出版社,2001.

52. 张穹、周英. 取水许可和水资源费征收管理条例释义. 中国水利水电出版社,2006.

53. 张新宝.《中华人民共和国民法总则》释义. 中国人民大学出版社,2017.

54. 朱庆育. 民法总论(第二版). 北京大学出版社,2016.

55. 朱岩、高圣平、陈鑫. 中国物权法评注. 北京大学出版社,2007.

二、中文译著

1. [美]阿兰·兰德尔. 资源经济学. 施以正,译. 商务印书馆,1989.

2. [德]本德·吕斯特、阿斯特丽德·施塔德勒. 德国民法总论(第18版). 于馨淼、张姝,译. 法律出版社,2017.

3. [美]本杰明·N.卡多佐. 法律的成长. 董炯、彭冰,译. 中国法制出版社,2002.

4. [美]本杰明·N.卡多佐. 法律科学的悖论. 董炯、彭冰,译. 中国法制出版社,2002.

5. [英]彼得·斯坦、约翰·香德. 西方社会的法律价值. 王献平,译. 中国法制出版社,2004.

6. [意]彼德罗·彭梵得. 罗马法教科书(修订版). 黄风,译. 中国政法大学出版社,2005.

7. [日]大村敦志. 从三个纬度看日本民法研究——30年、60年、120年. 渠涛,等译. 中国法制出版社,2015.

8. ［日］大村敦志. 民法总论. 江溯、张立艳，译. 北京大学出版社，2004.

9. ［日］大桥洋一. 行政法学的结构性变革. 吕艳滨，译. 中国人民大学出版社，2008.

10. ［美］戴维·H. 格奇斯. 水法精要（第四版）. 陈晓景、王莉，译. 南开大学出版社，2016.

11. ［英］戴维·M. 沃克. 牛津法律大辞典. 李双元，等译. 法律出版社，2003.

12. ［意］登特列夫. 自然法：法律哲学导论. 李日章、梁捷、王利，译. 新星出版社，2008.

13. ［德］迪特尔·梅迪库斯. 请求权基础. 陈卫佐、田士永、王洪亮，等译. 法律出版社，2012.

14. ［英］F.H. 劳森、B. 拉登. 财产法. 施天涛，等译. 中国大百科全书出版社，1998.

15. ［法］弗朗索瓦·泰雷、菲利普·森勒尔. 法国财产法（上、下册）. 罗结珍，译. 中国法制出版社，2008.

16. ［英］弗里德利希·冯·哈耶克. 法律、立法与自由（第一卷）. 邓正来，等译. 中国大百科全书出版社，2000.

17. ［美］盖多·卡拉布雷西、菲利普·伯比特. 悲剧性选择——对稀缺资源进行悲剧性分配时社会所遭遇到的冲突. 徐品飞、张玉华、肖逸尔，译. 北京大学出版社，2005.

18. ［德］哈里·韦斯特曼、哈尔姆·彼得·韦斯特曼. 德国民法基本概念（第16版）. 张定军、葛平亮、唐晓琳，译. 中国人民大学出版社，2014.

19. ［美］霍尔姆斯·罗尔斯顿. 哲学走向荒野. 刘耳、叶平，译. 吉林人民出版社，2000.

20. ［美］杰克·唐纳利. 普遍人权的理论与实践. 王浦劬，等译. 中国社会科学出版社，2001.

21. ［日］近江幸治. 民法讲义Ⅱ 物权法. 王茵，译. 北京大学出版社，2006.

22. ［奥］凯尔森. 法与国家的一般理论. 沈宗灵，译. 中国大百科全书出版社，1996.

23. ［美］康芒斯. 制度经济学（上）. 于树生，译. 商务印书馆，1962.

24. ［日］芦部信喜. 宪法. 李鸿禧，译. 元照出版公司，2001.

25. ［美］罗伯特·D.考特、托马斯·S.尤伦. 法和经济学（第三版）. 施少华、姜建强，等译. 上海财经大学出版社，2002.

26. ［德］罗伯特·阿列克西. 法概念与法效力. 王鹏翔，译. 商务印书馆，2015.

27. ［美］罗斯科·庞德. 普通法的精神. 唐前宏，等译. 法律出版社，2001.

28. ［美］曼瑟尔·奥尔森. 集体行动的逻辑. 陈郁、郭宇峰、李崇新，译. 格致出版社、上海三联书店、上海人民出版社，2011.

29. ［日］美浓不达吉. 公法与私法. 黄冯明，译. 中国政法大学出版社，2002.

30. ［德］米夏埃尔·马丁内克. 德意志法学之光：巨匠与杰作. 田士永，译. 法律出版社，2016.

31. ［加］莫德·巴洛、托尼·克拉克. 水资源战争——向窃取世界水资源的公司宣战. 张岳、卢莹，译. 当代中国出版社，2008.

32. ［德］卡尔·拉伦茨. 德国民法通论（上、下册）. 王晓晔、邵建东、程建英，等译. 法律出版社，2003.

33. ［德］萨维尼. 当代罗马法体系（第一卷）. 朱虎，译. 中国法制出版社，2010.

34. ［澳］斯蒂芬·巴克勒. 自然法与财产权理论：从格劳秀斯到休谟. 法律出版社，2014.

35. ［日］穗积陈重. 法典论. 李求轶，译. 商务印书馆，2014.

36. ［美］汤姆·泰坦伯格. 自然资源经济学. 高岚、李怡、谢忆，等译. 人民邮电出版社，2012.

37. ［美］托马斯·思德纳. 环境与自然资源管理的政策工具. 上海三联书店、上海人民出版社，2005.

38. ［德］维尔纳·弗卢梅. 法律行为论. 迟颖，译. 法律出版社，2013.

39. ［德］魏伯乐、［美］奥兰·扬、［瑞士］马塞厄斯·芬格. 私有化的局限. 上海三联书店、上海人民出版社，2006.

40. ［日］我妻荣. 我妻荣民法讲义Ⅱ 新订物权法. 罗丽，译. 中国法制出版社，2008.

41. ［德］乌尔里希·克卢格. 法律逻辑. 雷磊，译. 法律出版社，2016.

42. ［美］乌戈·马太. 比较法律经济学. 沈宗灵，译. 北京大学出版社，2005.

43. [法]雅克·盖斯旦、吉勒·古博. 法国民法总论. 陈鹏、张丽娟、石佳友,等译. 法律出版社,2004.

44. [以色列]尤瓦尔·赫拉利. 人类简史:从动物到上帝. 中信出版社,2014.

45. [美]约翰·G.斯普林克林. 美国财产法精解. 钟书峰,译. 北京大学出版社,2009.

46. [英]朱迪·丽丝. 自然资源:分配、经济学与政策. 蔡运龙、杨友孝、秦建新,等译. 商务印书馆,2002.

三、中文论文

1. 曹方超. 建国家级水权交易平台破解缺水难题. 中国经济时报,2016年7月8日.

2. 曹明德. 论我国水资源有偿使用制度——我国水权和水权流转机制的理论探讨与实践评析. 中国法学,2004(1).

3. 陈华彬. 我国民法典物权编立法研究. 政法论坛,2017(5).

4. 陈旭琴. 论国家所有权的法律性质. 浙江大学学报(人文社会科学版),2001(2).

5. 陈仪. 保护野生动物抑或保护国家所有权. 法学,2012(6).

6. 陈勇. 晋冀豫清漳河水权之争. 民主与法制时报,2010年1月18日.

7. 池京云、刘伟、吴初国. 澳大利亚水资源和水权管理. 国土资源情报,2016(5).

8. 崔建远. 编纂民法典必须摆正几对关系. 清华法学,2014(6).

9. 崔建远. 民法分则物权编立法研究. 中国法学,2017(2).

10. 崔建远. 水权与民法理论及物权法典的制定. 法学研究,2002(3).

11. 崔建远. 水权转让的法律分析. 清华大学学报(哲学社会科学版),2002(5).

12. 崔建远. 自然资源国家所有权的定位及完善. 法学研究,2013(4).

13. 单平基、彭诚信. "国家所有权"研究的民法学争点. 交大法学,2015(2).

14. 单平基. 论我国水资源的所有权客体属性及其实践功能. 法律科学,2014(1).

15. 单平基. 我国水权取得之优先位序规则的立法建构. 清华法学,2016

(1).

16. 法制日报社. 黑龙江规定气候资源属于国家所有. 法制日报,2012年6月16日.

17. 高远至、于文静. 水权改革:开启用水新时代. 黄河报,2015年2月5日.

18. 葛云松. 物权法的扯淡与认真——评《物权法草案》第四、五章. 中外法学,2006(1).

19. 巩固. 自然资源国家所有权公权说. 法学研究,2013(4).

20. 巩固. 自然资源国家所有权公权说再论. 法学研究,2015(2).

21. 龚向和. 国家义务是公民权利的根本保障——国家与公民关系新视角. 法律科学,2010(4).

22. 龚向和. 理想与现实:基本权利可诉性程度研究. 法商研究,2009(4).

23. 关涛. 民法中的水权制度. 烟台大学学报(哲学社会科学版),2002(4).

24. 郭明瑞. 关于物权法公示公信原则诸问题的思考. 清华法学,2017(2).

25. 郭明瑞. 民法典编纂中继承法的修订原则. 比较法研究,2015(3).

26. 韩大元. 论社会变革时期的基本权利效力问题. 中国法学,2002(6).

27. 胡鞍钢、王亚华. 从东阳—义乌水权交易看我国水分配体制改革. 中国水利,2001(6).

28. 胡艳超、刘定湘、刘小勇、郎劢贤. 甘肃省农业水权制度改革实践探析. 中国水利,2016(12).

29. 刘红梅、王克强、郑策. 水权交易中第三方回流问题研究. 财经科学,2006(1).

30. 黄锦堂. 财产权保障与水源保护区之管理:德国法的比较. 台大法律论丛,2008(3).

31. 李慧. 7省区将启动水权试点. 光明日报,2014年7月24日.

32. 李艳芳、穆治霖. 关于设立气候资源国家所有权的探讨. 政治与法律,2013(1).

33. 李鹰. 规范水权交易的基本制度——解读《水权交易管理暂行办法》. 中国水利报,2016年7月14日.

34. 李永军. 民法典总则的立法技术及由此决定的内容思考. 比较法研究,2015(3).

35. 李永燃、李永泉. 我国农民集体土地所有权的性质与构造——以日本民法上的入会权为借鉴. 西南交通大学学报(社会科学版),2010(4).

36. 梁慧星. 松散式、汇编式的民法典不适合中国国情. 政法论坛,2003(1).

37. 梁上上. 利益的层次结构与利益衡量的展开——兼评加藤一郎的利益衡量论. 法学研究,2002(1).

38. 刘斌. 浅议初始水权的界定. 水利发展研究,2003(2).

39. 刘峰、段艳、马妍. 典型区域水权交易水市场案例研究. 水利经济,2016(1).

40. 刘茂林、陈明辉. 宪法监督的逻辑与制度构想. 当代法学,2015(1).

41. 刘敏. "准市场"与区域水资源问题治理——内蒙古清水区水权转换的社会学分析. 农业经济问题,2016(10).

42. 刘卫先. 对我国水权的反思与重构. 中国地质大学学报(社会科学版),2014(2).

43. 刘子衿. "风光"买卖——黑龙江明令,多省潜行,气象系分羹新能源. 南方周末,2012年8月23日.

44. 吕忠梅. 物权立法的"绿色"理性选择. 法学,2004(12).

45. 裴丽萍. 水权制度初论. 中国法学,2001(2).

46. 彭诚信、单平基. 水资源国家所有权理论之证成. 清华法学,2010(6).

47. 彭诚信. 我国物权变动理论的立法选择(上). 法律科学,2000(1).

48. 彭诚信. 自然资源上的权利层次. 法学研究,2013(4).

49. 邱源. 国内外水权交易研究述评. 水利经济,2016(4).

50. 税兵. 自然资源国家所有权双阶构造说. 法学研究,2013(4).

51. 孙礼. "锄头放水"到"账簿卖水"——江西基层水权改革加速推进. 人民长江报,2016年3月12日.

52. 孙宪忠. "统一唯一国家所有权"理论的悖谬及改革切入点分析. 法律科学,2013(3).

53. 田东奎. 民国水权习惯法及其实践. 政法论坛,2016(6).

54. 王灿发、冯嘉. 从国家权力的边界看"气候资源国家所有权". 中国政法大学学报,2014(1).

55. 王凤春.美国联邦政府自然资源管理与市场手段的应用.中国人口·资源与环境,1999(4).

56. 王洪亮.论水权许可的私法效力.比较法研究,2011(1).

57. 王洪亮.论水上权利的基本结构——以公物制度为视角.清华法学,2009(4).

58. 王建平.乌木所有权的归属规则与物权立法的制度缺失——以媒体恶炒发现乌木归个人所有为视角.当代法学,2013(1).

59. 王军权、蓝楠.信托制度在水权出让环节的作用研究.中国地质大学学报(社会科学版),2017(5).

60. 王雷.我国民法典编纂中的团体法思维.当代法学,2015(4).

61. 王利明、易军.改革开放以来的中国民法.中国社会科学,2008(6).

62. 王利明.论国家作为民事主体.法学研究,1991(1).

63. 王利明.民法典的时代特征和编纂步骤.清华法学,2014(6).

64. 王灵波.论公共信托理论与水权制度的冲突平衡——从莫诺湖案考察.中国地质大学学报(社会科学版),2016(3).

65. 王小军、陈吉宁.美国先占优先权制度研究.清华法学,2010(3).

66. 王涌.自然资源国家所有权三层结构说.法学研究,2013(4).

67. 汪恕诚.水权和水市场:谈实现水资源优化配置的经济手段.水电能源科学,2001(1).

68. 魏衍亮、周艳霞.美国水权理论基础、制度安排对中国水权制度建设的启示.比较法研究,2002(4).

69. 夏明、郑国楠.国外水权水市场观澜.中国水利报,2015年12月17日.

70. 徐显明."基本权利"析.中国法学,1991(6).

71. 徐祥民.自然资源国家所有权之国家所有制说.法学研究,2013(4).

72. 阳治爱.告别"大锅水"——来自云南省砚山县农业水权改革的报道.人民长江报,2016年1月23日.

73. 杨解君、赖超超.公物上的权利(力)构成——公法与私法的双重视点.法律科学,2007(4).

74. 杨立新.民法分则物权编应当规定物权法定缓和原则.清华法学,2017(2).

75. 杨涛利. 节水可以卖 农民有钱赚:新疆玛纳斯县探索农业水权水价改革. 中国环境报,2016年1月5日.

76. 于凤存、王友贞、袁先江、蒋尚明. 排水权概念的提出及基本特征初探. 灌溉排水学报,2014(2).

77. 张俊峰. 前近代华北乡村社会水权的形成及其特点——山西"滦池"的历史水权个案研究. 中国历史地理论丛,2008(4).

78. 张力. 论国家所有权理论与实践的当代出路——基于公产与私产的区分. 浙江社会科学,2009(12).

79. 张璐. 中国自然资源物权的类型化研究//陈小君. 私法研究(第7卷). 法律出版社,2009.

80. 张翔. 基本权利冲突的规范结构与解决模式. 法商研究,2006(4).

81. 张翔. 基本权利的受益权功能与国家的给付义务——从基本权利分析框架的革新开始. 中国法学,2006(1).

82. 张翔. 基本权利的双重性质. 法学研究,2005(3).

83. 张志坡. 物权法定缓和的可能性及其边界. 比较法研究,2017(1).

84. 张梓太、陶蕾. "国际河流水权"之于国际水法理论的构建. 江西社会科学,2011(8).

85. 郑航、许婷婷、李鹏学、杨锦、曹进军. 干旱流域自流灌区农户水权交易行为分析. 水利发展研究,2016(5).

86. 郑玲. 对"东阳—义乌水权交易"的再认识. 水利发展研究,2005(2).

87. 郑贤君. 方法论与宪法学的中国化. 当代法学,2015(1).

88. 周亚. 明清以来晋南龙祠泉域的水权变革. 史学月刊,2016(9).

89. 周永坤. 论宪法基本权利的直接效力. 中国法学,1997(1).

90. 朱福惠. 公民基本权利宪法保护观解析. 中国法学,2002(6).

四、英文论著

1. Andrew P. Morriss. *Lessons from the Development of Western Water Law for Emerging Water Markets: Common Law vs. Central Planning.* Oregon Law Review, Vol.861,2001.

2. [美]贝哈安特. 不动产法(英文影印本第3版). 中国人民大学出版社,2002.

3. Charles J. Meyers. *The Colorado River.* Stanford Law Review,

Vol.19,1966.

4. Chennat Gopalakrishnan, Asit K. Biswas, Cecilia Tortajada. *Water Institutions: Policies, Performance and Prospects*. Springer-Verlag Berlin Heidelberg,2005.

5. Christine Aklein. *Natural Resources Law*. Aspen Publishers,2005.

6. Christopher A. Riddle. *Human Rights, Disability, and Capabilities*. Palgrave Pivot, New York,2017.

7. Dan Tarlock. *The Future of Prior Appropriation in the New West*. Natural Resources Journal, Vol.41,2001.

8. David H. Getches. *Water law in a nutshell (3rd ed)*. West Publisher Company,1997.

9. David H. Getches. *Water Law*. Saint Paul Minnesota Press,1984.

10. David Ingle Smith. *Water in Australia Resources and Management*. Melbourne: Oxford University Press,1998.

11. David M. Flannery, Blair D. Gardner and Jeffrey R. Vining. *The Water Resources Protection Act and Its Impact on West Virginia Water Law*. West Virginia Law Review, Spring, 2005.

12. Douglas Jehl. *A New Frontier in Water Wars Emerges in East*. New York Times, Mar.3,2003.

13. E. Fisher. *Water Law*. Law Book Co of Australasia Press,2000.

14. Ellen Hanak, Huntington Beach. *Stop the Drain: Third-Party Responses to California's Water Market*. Contemporary Economic Policy, Vol.23,2005.

15. F. H. Lawson and Bernard Rudden. *The Law of Property,2d ed*. Oxford University Press,1982.

16. Fabian Schuppert. *Introduction: Justice, Climate Change, and the Distribution of Natural Resources*. Res Publica,Volume 22,2016.

17. Felix S. Cohen. *Dialogue on Private Property*. Rutgers Law Review, Vol.9,1954.

18. George Duke. *The Weak Natural Law Thesis and the Common Good*. Law and Philosophy, Vol.35,2016.

19. Guido Calabresi, A. Douglas Melamed. *Property Rules, Liability Rules, and Inalienability: One View of the Cathedral*. Harvard Law Review, Vol.85,1972.

20. H. L. A. Hart. *Essays in jurisprudence and philosophy*. Oxford University Press,1983.

21. H. S. Gordon. *The Economic Theory of a Common Property Resource: The Fishery*. Journal of Political Economy, Vol.62,1954.

22. Hakkon Kim, Kwangwoo Park, Doojin Ryu. *Corporate Environmental Responsibility: A Legal Origins Perspective*. Journal of Business Ethics, Vol.140,2017.

23. Hardin. *The Tragedy of the Commons*. Science, New Series, Vol.162,1968.

24. Hugh Breakey. *Who's Afraid of Property Rights? Rights as Core Concepts, Coherent, Prima Facie, Situated and Specified*. Law and Philosophy, Vol.33,2014.

25. Iriam Seemann. *Water Security, Justice and the Politics of Water Rights in Peru and Bolivia*. Palgrave Macmillan, London,2016.

26. James Gordley. *Foundations of Private Law: Property, Tort, Contract, Unjust Enrichment*. Oxford University Press,2006.

27. Jan Hancock. *Environmental Human Rights: Power, Ethics and Law*. Ashgate Publishing Limited Press,2003.

28. Jeremy Nathan Jungreis. *"Pemit" Me Another Drink: A Proposal for Safeguarding the Water Rights for Federal Lands in the Regulated Riparian East*. Harvard Environmental Law Review, Vol.29,2005.

29. John R. Teerink and Masahiro Nakashima. *Water Allocation, Rights and Pricing: Examples from Japan and the United States*. The World Bank Press,1993.

30. Joseph L. Sax. *Rights that Inhere in the Title Itself: The Impact of the Lucas Case on Western Water Law*. Loyola Law Review, Vol.26,1993.

31. Joseph L. Sax. *The Limits of Private Rights in Public Waters*. Environmental Law, Vol.19,1989.

32. Joseph W. Dellapenna, *The Law of Water Allocation in the Southeastern States at the Opening of the Twenty First Century*. Arkansas Little Rock Law Review, Vol.9,2002.

33. Joseph W. Dellapenna. *Global Climate Disruption and Water Law Reform*. Widener Law Review, Vol.15,2009.

34. Joseph W. Dellapenna. *The Law of Water Allocation in the South eastern States at the Opening of the Twenty-first Century*. Arkansas Little Rock Law Review, Vol.9,2002.

35. Joshua Getzler. *A History of Water Rights at Common Law*. Oxford University Press,2004.

36. Lee, Boehlje, Nelson and Murry. *Agricultural Finance*. Lowa State University Press,1988.

37. Margarita V. Alario, Leda Nath Steve, Carlton-Ford. *Climatic Disruptions, Natural Resources, and Conflict: the Challenges to Governance*. Journal of Environmental Studies and Sciences,Vol.6,2016.

38. Maria Rosaria Marella. *The Commons as a Legal Concept*. Law and Critique, Volume 28,2017.

39. Mariana Valverde. *From Persons and Their Acts to Webs of Relationships: Some Theoretical Resources for Environmental Justice*. Crime, Law and Social Change, Volume 68,2017.

40. Megan Hennessy. *Colorado River Water Rights: Property Rights in Transition*. The University of Chicago Law Review, Vol.71,2004.

41. Nandita Singh. *The Human Right to Water: From Concept to Reality*. Springer International Publishing, Switzerland,2016.

42. Oliver Wendell Holmes. *The Common Law*(1881). Reprinted in The Collected Works of Justice Holmes, Complete Public Writings and Selected Judicial Opinions of Oliver Wendell Holmes, ed. by S. M. Novick. Chicago, IL: University of Chicago Press,1995.

43. Olivia S. Choe. *Appurtenancy Reconceptualized: Managing Water in an Era of Scarcity*. Yale Law Journal, Vol.113,2004.

44. Richard A. Epstein. *Possession as the Root of Title*. Georgia Law Review, Vol.13,1979.

45. Richard A. Epstein. *Why Restrain Alienation?* Columbia Law Review, Vol.85,1985.

46. Richard Bartlett. *A Comparative of Crown Right and Private Right to Water in Western Australia: Ownership, Riparian Right and Groundwater*. The University of Western Australia Press,1997.

47. Robert Cooter and Thomas Ulen. *Law & Economics (fifth edition)*. Addison Wesley Publishing, 2008.

48. Robert E. Beck. *Water and Water Rights*. Michie Company Press, 1991.

49. Russ Harding. *Groundwater Regulation: An Assessment*. Mackinac Center for Public Policy, April, 2005.

50. Steve Vanderheiden. *Human Rights, Global Justice, or Historical Responsibility? Three Potential Appeals*. The Journal of Value Inquiry, Vol.51, 2017.

51. Ugo Mattei. *Comparative law and economics*. Michigan University Press, 1997.

52. W. Montgomery. *Environmental Geology* (6th ed). The McGraw-Hill Companies, Inc., 2003.

53. William H. Hunt. *Law of Water Rights*. The Yale Law Journal, Vol.17, 1908.

54. World Bank. *Dealing with Water Scarcity in Singapore: Institutions, Strategies, and Enforcement*. World Bank Analytical and Advisory Assistance (AAA) Program China: Addressing Water Scarcity Background Paper July 2006, No.4.

55. World Bank. *Evolution of Integrated Approaches to Water Resource Management in Europe and the United States: Some Lessons from Experience*. World Bank Analytical and Advisory Assistance (AAA) Program China: Addressing Water Scarcity Background Paper April 2006, No.2.

56. World Bank. *Water Resources Management in an Arid Environment: The Case of Israel*. World Bank Analytical and Advisory Assistance (AAA) Program China: Addressing Water Scarcity Background Paper July 2006, No.3.

57. World Bank. *Water Resources Management in Japan Policy, Institutional and Legal Issues*. World Bank Analytical and Advisory Assistance (AAA) Program China: Addressing Water Scarcity Background Paper April 2006, No.1.

后 记

本书是国家社科基金青年项目"私法视野下的水权配置研究"（13CFX101）的研究成果，也是我关于水权研究的第二本著作。本书较第一本著作《水资源危机的私法应对》，在一些问题的论述上有一些展开，权且作为十年来自己对水权研究的阶段性总结。

本书的"第三章 水权初始配置之优先位序规则的立法建构""第四章 水权市场配置规则的私法选择"的主要内容已于《清华法学》《东南大学学报（哲学社会科学版）》等CSSCI期刊上发表。当然，均已按照要求标注为国家社科基金项目的研究成果。在此，要对上述期刊以及编辑、匿名外审专家表示衷心感谢。毕竟能够发表水权这类小众、引用量较少的学术论文的期刊，总是令人肃然起敬。

感谢恩师彭诚信先生。即便是我博士毕业之后，导师仍然把我作为尚未毕业的学生进行指导，本书的许多章节都留有恩师指导的印记。师生情谊，一生珍藏！

感谢一路走来众多师友的陪伴、支持和帮助。请原谅我为避免挂一漏万而不能在此列举您的名字。此刻，都已浮现于脑海。

感谢东南大学法学院的各位领导、同事和同学们。我自博士毕业入职东南大学以来，在教学工作、课题研究、学术写作以及日常生活中受到她（他）们的许多关照和支持，也一起亲历和见证了东南大学法学院取得的跨越式发展。

感谢我的家人对我的支持和宽容。因为本书，少了许多陪伴她（他）们的时光。当然，这也让我更加珍视家人。

  这本著作也入选了"东南学术文库"，在此也对东南大学社科处以及东南大学出版社的编辑老师表示由衷感谢。

单平基

2019年6月21日

东南学术文库
SOUTHEAST UNIVERSITY ACADEMIC LIBRARY

已出版的图书

《法律的嵌入性》
张洪涛 著 2016

《人权视野下的
中国精神卫生立法问题研究》
戴庆康 等著 2016

《新诗现代性建设研究》
王珂 著 2016

《行为金融视角
——企业集团内部资本市场效应》
陈菊花 著 2016

《明清小说戏曲插图研究》
乔光辉 著 2016

《世界艺术史纲》
徐子方 编著 2016

《马克思对黑格尔的五次批判》
翁寒冰 著 2016

《中西刑法文化与定罪制度之比较》
刘艳红 等著 2017

《所有权性质、盈余管理与企业财务困境》
吴芃 著 2017

《拜伦叙事诗研究》
杨莉 著 2017

《房屋征收法律制度研究》
顾大松 著 2017

《基于风险管控的社区矫正制度研究》
李川 著 2017

《中华传统美德德目论要》
许建良 著 2019

《城市交通文明建设的法治保障机制研究》
孟鸿志 著 2019

《立法对法治的侵害》
高照明 著 2019

《超级"义村":未完成的集体组织转型》
王化起 著 2019

《民生保障的国家义务研究》
龚向和 等著 2019

《私法视野下的水权配置研究》
单平基 著 2019

"东南学术文库"丛书可通过东南大学出版社天猫旗舰店,以及当当、亚马逊、京东等网店购买。